MUJERES, MITOS Y DIOSAS

TEZONTLE

MARTHA ROBLES

Mujeres, mitos y diosas

Consejo Nacional para la Cultura y las Artes

Fondo de Cultura Económica

México

Diseño de interiores de Francisco Muñoz Inclán
Ilustraciones de Jorge Novelo

Primera edición, 1996
Primera reimpresión, 1997

D. R. © 1996, Consejo Nacional para la Cultura y las Artes
Av. Revolución, 1877; 01000 México, D. F.

D. R. © 1996, Fondo de Cultura Económica
Carretera Picacho-Ajusto, 227; 14200 México, D. F.

ISBN 968-16-4915-X

Impreso en México

Prólogo

Antes que nada, refirió Platón, tenemos que conocer la naturaleza humana y sus vicisitudes, porque nuestra índole primitiva no era como la conocida, sino diferente. En primer lugar, eran tres y no dos los géneros de los hombres. El andrógino, aunque participaba de lo masculino y femenino, era una sola cosa, como forma y nombre, príncipe de ambos sexos, masculino y femenino, y no sumido en el oprobio, según se le consideró después.

En segundo lugar, la forma de cada individuo era en su totalidad redonda, su espalda y sus costados formaban un círculo. Tenía cuatro brazos y cuatro piernas, así como dos órganos sexuales, dos rostros distintos y opuestos con sus respectivas orejas en una sola cabeza, sobre un cuello circular. Caminaba en posición erecta, hacia adelante o hacia atrás; pero si deseaba correr giraba en forma de campana, al modo de los acróbatas, con brazos y piernas al piso hasta caer en posición vertical, lo que le daba gran velocidad, semejante a la rueda.

Eran tres los géneros así constituidos, porque el macho fue en un principio descendiente del Sol, la hembra de la Tierra y el que participaba de ambos sexos provenía de la Luna, inseparable de los anteriores. Los hombres fueron circulares a semejanza de sus creadores, terribles por su vigor. Su gran arrogancia los llevó a intentar una escalada del Olimpo para desafiar a los dioses, quienes, en la duda de fulminarlos con un rayo y extirpar su linaje, como lo hicieron con los gigantes, o modificarlos para no quedarse sin los sacrificios con que los honraban, acudieron a Zeus en busca de una respuesta. Agudo, el Padre del Cielo discurrió separarlos en dos para debilitarlos, segar sus licencias y multiplicarlos en número para adquirir más devotos: "Caminarán erectos sobre las piernas —dijo ante los olímpicos— y si persisten en su arrogancia, de nuevo los cortaré en dos, para que en lo sucesivo anden en una pierna, saltando a la pata coja".

A todo hombre que Zeus iba fragmentando, Apolo le daba vuelta al rostro a la mitad del cuello, en el sentido del corte, y lo curaba de sus heridas. Luego, a estirones, el dios sanador jalaba la piel de

7

arriba abajo y de lado a lado para juntarla en el vientre y, como si anudara una bolsa, sellaba el sobrante en lo que llamamos ombligo. En su mayor parte, alisaba las arrugas que le quedaban y al final moldeaba sus pechos con un escalpelo. Con ser laboriosa, descubrieron los inmortales que su obra fracasaba porque cada parte, al reparar en su soledad y sentirse perdida sin el cobijo faltante, emprendía la aventura de buscar a su otra mitad. Parchadas, pariendo como cigarras, con los genitales hacia atrás y la cabeza adelante, aquellas criaturas sufrieron la soledad más profunda. Desasistidas, se abrazaban con tal ansiedad que no comían ni hacían nada para no separarse. Cuando una de las mitades moría de tristeza o inanición, la restante buscaba otra cualquiera y volvía a enlazarse, sin reparar en que la elegida fuera varón o lo que ahora llamamos mujer. Los seres que triunfaban sobre el hambre dejaban de reproducirse porque no hacían sino sufrir añoranza y estrecharse entre sí imbuidos de miedo; así, aquella humanidad incipiente comenzó a extinguirse en vez de multiplicarse.

Compadecido de este antecedente trágico del humano destino, Zeus discurrió otra traza para que, si en el abrazo sexual tropezaba el varón con la mujer, engendraran y perpetuaran su raza; y, si se unían macho con macho, hubiera al menos hartura, tomaran reposo y centraran su atención en el trabajo y las demás cosas de la existencia. Mudó entonces las vergüenzas de los hombres hacia adelante e hizo que mediante ellas tuviera lugar la generación en sí mismos, a través del macho en la hembra, lo que los obligaba a moverse y contraer responsabilidades.

Reunificador de su antigua naturaleza, el amor se hizo connatural a los hombres y símbolo de una equidad que no podía ser mancillada por ninguna de las secciones, a menos que estuvieran dispuestas a repetir el castigo de su extinción. Apolo enseñó la fuerza curativa de la unidad; pero los demás inmortales jamás discurrieron el modo de atinar con la justa mitad, no obstante los trabajos de la laboriosa e inestable Afrodita, tal vez por temor a la fuerza que adquiere la pareja perfecta que, al fundirse en amor y piedad, suscita el deseo de virtud, reanima el surtidor de heroísmo y despierta una urgencia de moralidad que permite a los hombres encarecer su divinidad.

Equivocarse en la contraseña implícita al elegir mujer o varón ha provocado el más profundo desasosiego. Lejos de ser curativas, las malas alianzas engendran odios y multiplican la injusticia ancestral. Por encima de su obvia infecundidad, los enlaces entre varones afines crearon, al decir de Platón, una maravillosa sensación de amistad, de intimidad y de amor que les dejaba fuera de sí y les impedía separarse siquiera un instante, tal vez porque en ellos quedaba un remanente de turbación o de espera angustiosa superior al surgimiento de una luz propia que les permitiera vencer su estado de postración. Éstos eran los que pasaban su vida entera en mutua compañía, consolándose de su nostalgia inmemorial por el otro yo y apegados, en cierto modo, al temor a la soledad que sintieron las unidades recién fragmentadas que andaban como perdidas, inmersas en su desconcierto imperioso, sin rumbo preciso ni clara conciencia de su sentido de ser. Aquejados de cierta incompletez que no atinaban a definir, jamás lograban el sentimiento de integridad que camina con la grandeza ni experimentaban esa armonía que antecede a la plenitud. Al paso del tiempo, tales parejas no podían decir qué era en realidad lo que deseaban unos de otros ni qué de sí mismos, salvo que no se concentraba en los placeres afrodisiacos la sola causa de su complacencia, sino que aspiraban al reconocimiento de la equidad exacta para alimentar un afán de solicitud que solía desvirtuarse, durante la madurez y el envejecimiento, en la persecución insaciable de jóvenes para ver si llenaban así el hueco de su alma.

La naturaleza fue diseñada, si atendemos el mito de las mitades exactas, de mujer y varón dotados de idéntica inteligencia sobre atributos distintos; sin embargo, en vez de explorar el potencial de su respectiva diversidad, hubo tiempo de sobra para ejecutar por su cuenta la correlativa obra de fragmentación emprendida por la mano del dios. El varón, por ejemplo, se dedicó a cultivar su interés en unos cuantos aspectos de la realidad, mientras que las mujeres ampliaron su perspectiva para considerar, de manera simultánea, lo inmediato y necesario desde su función maternal, inclinada a proteger y desarrollar la vida, en la que fincaban su sentido de ser.

Con las teorías orientales de hace miles de años, podemos creer que la feminidad consiste de una vigilante continuidad vital que aun de manera simbólica, en el estallido de los sentidos o en las perversiones que la empujan a practicar el desprecio, compromete su poder desde el surtidor íntimo de la creación. Una creación que era privativa del poder absoluto de Dios y que, al discurrir el proceso reproductivo de la humanidad, compartió con nosotras para que participáramos de su esencia en la doble tarea de preservar la especie al ser fecundadas por el varón e inspirar el movimiento hacia el despertar racional, como claramente se ejemplifica en el Génesis con la expulsión de la primera pareja del paraíso. Este privilegio, visto como instrumento de redención en la cultura judeocristiana, nos permite pensar, actuar y perfeccionarnos intuitivamente. La individualidad se fortalece, por tanto, en la medida en que una mujer comprende las habilidades múltiples de su intelecto, su gracia equilibradora y su afán de servicio.

Nada mejor que el tránsito de la oscuridad hacia la luz para ilustrar la misión femenina. Diseñada para la reproducción, su talante es dinámico, mientras que el masculino tiende a contemplar y moverse por la inspiración divina que encarna la compañera. La nuestra es una divinidad vigilante, legada a la mujer para acentuar la naturaleza del ser y participar de esta forma primordial de creatividad, que es la propia del arte y la historia. Si por definición la alianza heterosexual acentúa la mutua identidad y afianza el despertar hacia la claridad, la homosexual en cambio padece el sufrimiento más terrible: ser enigmática.

Ser un enigma y vivir como tal, según lo pensó María Zambrano, "sólo es propio de lo que siendo o pretendiendo ser uno, está aprisionado en la multiplicidad, y sujeto a padecer sus propios estados". Esto no lo sufren los dioses por bastarse a sí mismos y estar más allá del principio de contradicción; les ocurre a los hombres cuando, en su afán de evitar padecimientos y saltarse el imperativo del cambio o del movimiento para sortearlos, multiplican su yo en el anhelo de homologarse, lo que implica una negación y es clave de las ansias de fuga que los inmovilizan, de manera contraria a lo que indicarían sus deseos.

Podríamos suponer que el trastorno al reacomodar mitades dispersas se convirtió en caos y en una sanción unívoca que produjo la infamia que ha nutrido de vicios a la humanidad. Al fracasar los hombres en su batalla contra los dioses, optaron por la vía más sencilla de dominar a las mujeres y, después, a otros hombres más débiles mediante prácticas de creciente abyección, inseparables de la idea de pecado que sobrevino a través de Lilith primero y luego de Eva y su estirpe. A más primitiva la índole de las parejas reunidas por apetito sexual, por sometimiento o por el ímpetu de guerrear, mayor inclinación a la injusticia hasta tipificar el desprecio. Tales han sido los triunfos de la sinrazón: injusticia y brutalidad; por consiguiente, la conquista progresiva de la armonía es lo único que nos permite ascender a partir del reconocimiento del otro complementario. Sin tal requisito resultan imposibles la tolerancia y los repartos equitativos de derechos y obligaciones, que en nuestros días consagra la democracia.

En el eterno combate entre los atributos correlativos de cada género, se incrementa la hostilidad a causa de las contradicciones. De tal modo, atenazados por la obsesión de poder y no poder, los varones guerrean de maneras diversas y se concentran en una sola tarea, sea práctica o racional. Las mujeres, en cambio, continúan sin alarde su aptitud de preservar la vida como figura divinizada, a menos que incurran en perversiones que las desvíen de su cometido. Gracias a su intuición amorosa, desde tiempos inmemoriales gobiernan por lo bajo el orden presente y futuro de la conciencia. Con peculiaridades que en ocasiones separan a la mujer de las diosas y que la orillan a desvirtuar su misión de perfeccionamiento interior, según el carácter de cada pueblo, el aprendizaje y el sedimento de la cultura, surgen las Heras enfermas

por su Zeus lujurioso, las Afroditas en pos del amor; una Circe hechicera, regenta de sus dominios y tan dotada en el arte de la palabra como hábil para transmutar a los hombres en cerdos; hay también Casandras portadoras del don de la profecía, aunque condenadas a no ser creídas; Ateneas combativas, esposas que dirigen el hacha contra el marido e incurren en el síndrome de una Clitemnestra sin recurso de salvación; Medeas matricidas, enloquecidas por desamor y abandono; o Ledas ingenuas que, sentadas en sus banquitos al pie del hogar, son seducidas por un cisne que las penetra deslizándose por el pecho.

Por sobre el fascinante corredor de las sacerdotisas, brotan los furores de Olimpias insaciables y crueles, intercalados en el drama inaudito de Sisigambis, en el oscuro declive de una Estatira que muere pariendo y llorando, como ocurriera al imperio persa al ser conquistado por Alejandro el Grande, y que después se incorpora a la historia como víctima de los mandos cambiantes que mutilaron el porvenir esperanzador de su estirpe.

Hay Yocastas trágicas, suicidas por su dolor y engendradoras de una Antígona heroica que desafía la ley del tirano para cuidar tanto el honor familiar como la ley de los dioses; hay también, sembradas por el mundo como semillas variables del universo creador, vírgenes inmóviles y arquetipos de la piedad que son veneradas por su paciente solicitud o, como en el caso de la Guadalupana, consagradas por la maternidad absoluta en la misericordia perfecta en favor de los hombres. Existen doncellas enmudecidas, Marías intermedias entre la espada y la cruz, amantes confinadas en la pasión conventual, Heloísas radiantes que increpan a Dios por padecer tan infinita crueldad, Isoldas confusas, Dalilas intrépidas, Cleopatras que oscilan entre el ímpetu redentor de la patria, el acicate de inmortalidad y una entrega amorosa teñida del imposible sueño imperial que, en ocasiones, las aproxima a lo mejor de sí mismas y, en otras, las conmina a ceder a la tentación del abismo y concluir sus aspiraciones hundiendo los dedos en el cestillo de higos habitado por el áspid portador de la muerte.

No faltan las Hipatías desolladas por su vigor racional ni las mujeres de nuestro tiempo que, en medio de gran confusión, provocada por el cúmulo de equivocaciones de una humanidad que ha pretendido volverse deidad material, decidieron romper el cerco de oscuridad y por fin se atrevieron a decir en voz alta que sí, nuestra feminidad es conductora del atributo creador, enlace entre la vida, el impulso de muerte y la esperanza de redención. Sus primeras empresas, no obstante, absorbieron lo propio de nuestra edad: apetito de información, avidez de conocimiento, urgencia por competir en los juegos del mando, anhelo de gloria y placer y, a veces, también, contagio de las que se creían libertades en horas de odio social, de rupturas espirituales frente a nuevos dominios religiosos y de desvaríos infiltrados de pavor a morir.

Mujeres en cierta manera quebradas, ellas padecieron acomodos y consecuencias de las guerras mundiales que han venido a consolidar el desorden mediante la violencia del conservadurismo y de su contraparte, la transgresión. Sintieron la necesidad de buscar algo distinto, de romper con ataduras que las marginaban de las actividades de la cultura selecta, privativa hasta entonces de los hombres y, en especial durante las décadas en torno del medio siglo, las más audaces probaron el acre sabor de la frustración. Mientras despuntaban públicamente por sus obras de vanguardia, en la intimidad decaían como si obedecieran un secreto estigma, ya observado a propósito de las ménades.

Como las posteriores, que hoy nos perturban, aquéllas no eran sino libertades envueltas en humo, invariablemente tramadas de vileza y disolución que, por desgracia, probaron con más o menos intensidad algunas de las que se consideraban grandes talentos del arte de la palabra, como Djuna Barnes, Virginia Woolf, Jane Bowles o Anaïs Nín, hijas de la desesperación y del cansancio de ser, reproductoras de aquella división primordial que, si en las páginas se volcaba con lucidez, al violentar su destino y no saber qué hacer con su vida se revertía contra su propia naturaleza hasta sumirlas en tan atroz depresión que en su inconsciencia perdieron los límites del impulso suicida, que algunas cumplieron.

Simone de Beauvoir advirtió los deslices de la injusticia fincada en la diferencia sexual, que se practica más y peor donde privan los autoritarismos políticos, los monocredos y la intolerancia racial. Valientemente emitió un grito de alerta, sacudió a las mujeres occidentales, reveló los indicios de una esclavitud ancestral y llamó "el segundo sexo" a ésta su primera denuncia a modo de testimonio internacional, que al punto sería acompañada de brotes de rebeldía, movimientos liberadores, protestas contra la desigualdad femenina y demandas que enlazaron luchas viejas y nuevas, seculares o súbitas para reconquistar, en un mundo entregado completamente a la turbulencia, la dignidad por la que las mujeres habremos de recobrar el sentido de ser, si es que en el siglo por venir las generaciones valoran el verdadero significado unificador de la supervivencia en nuestro planeta.

Mujeres y diosas compartimos un mismo destino tramado de fatalidad. No importa cuándo ni cómo se subleve, sueñe o batalle un miembro de nuestro sexo, siempre ha de toparse con el reto invariable de la subcondición de debilidad que le atribuyen los hombres, quizá porque ha sido lenta y accidentada nuestra propia aceptación del compromiso que sella el poder de crear, que se atribuyó sólo a Dios. No es que debamos cambiar el fondo moral ni que tengamos que reinventar lo que, durante milenios, lentamente se ha depurado como norma de convivencia familiar y social, sino que resulta inminente recobrar la forma de equipar el fundamento de la concordia. En este sentido, no hay modestia mayor que aceptar el valor de esa gracia femenina, que es tan nuestra como unívoca de feminidad, y honrarla sin soberbia en el puntual cumplimiento de nuestra misión. Una misión regulada por la bondad, ceñida por la virtud, a la manera de la grandeza, y especialmente por el amor en su calidad original, como enlace unificador de lo disperso y envilecido.

Si el amor anima, fortalece e impulsa, el pensamiento descifra su esfuerzo generador. Escindir el amor en humano y divino, según lo postula María Zambrano, marca el tránsito, sella la diferencia y favorece la continuidad entre el amor como potencia cósmica y el amor en su expresión terrestre, cuya historia sigue las leyes del ser humano y en su distinción por sexos complementarios engendra la realidad cuando pone en movimiento a la inteligencia, mientras que la energía amorosa celeste se deslinda de lo verdaderamente divino, lo absoluto y patente por sí mismo.

Hasta parece propia de cierto atavismo la preferencia de los varones por sustituir con falsos dominios tramados de despotismo la creatividad femenina que proviene de la mítica división primordial; pero está visto que donde impera la injusticia desde este deslinde de derechos por géneros, que margina a las mujeres en beneficio de los varones, se forman culturas propensas a la bajeza y a repetir la abyección, como claramente se observa en Latinoamérica, en África y, desde luego, en las teocracias musulmanas.

No es casual que, enmudecidas y temerosas como hemos sobrevivido durante siglos las mexicanas, sólo destaque Sor Juana Inés de la Cruz, un verdadero portento del virreinato. Inclusive en nuestros días, hay pocas mujeres que se atrevan a reconocer su propia potencia, levanten su espíritu y esgriman la voz, la pluma, sus obras o sus actos como un principio purificador. Tal es el imperativo que fue inseparable del crecimiento intuitivo y de la razón excepcional de la monja jerónima, que no sólo exigió el empuje del pensamiento, sino que mezcló la aflicción a su proceso esclarecedor y, no obstante el acoso eclesial que la hizo abjurar de su indudable conquista sobre la inmovilidad, desarrolló por sí misma una poderosa feminidad que estaba como en tinieblas, amordazada por la Colonia, condenada al silencio y quizá autocomplacida en su estéril resignación.

Después de esta victoria suya, ganada en perpetua vigilia, otra vez recayó sobre las mexicanas el escollo del yugo y su retorno a un silencio tan tenebroso que no puede menos que actuar como elemento de retroceso y signo de vaciedad, ya que la mujer no está hecha para ser ni multiplicar su potencia en oscuridad. Éste es el símbolo engendrador y la reciedumbre que representa una Juana Inés de la Cruz, quien paladeó su liberación en la renuncia aparente y, al prefigurar las posibilidades creadoras de su palabra, reconoció que a ninguna mujer, por excepcional que sea, está dado salvarse ni hundirse sola. De ahí su vigencia y la fascinación que suscita su vigorosa individualidad, tan contrastante como complementaria de la mística Teresa de Jesús.

Se dirá que las soberanas han repetido los vicios del poder material que se tenían por privativos de los varones, que al desencadenar su crueldad acometen con todo y se dejan caer en un infierno sin límite adonde van a parar generaciones enteras a consecuencia de sus errores y que, como podrá leerse en ejemplos contenidos en esta obra, no se sustraen de los defectos propios de la naturaleza humana; pero hay que insistir en que si sus desviaciones resultan tan aberrantes se debe precisamente a que, en su descenso, la mujer está violentando su fundamento y que una misma experiencia repetida durante miles de años demuestra cómo, a pesar de prejuicios y de la abrumadora información que en nuestra era perturba el entendimiento, distrae la intuición y nos aparta de la sabiduría a la que estamos llamadas como seres pensantes.

A la condición femenina no se le permite ninguna posibilidad intermedia: es o no mujer, asume o niega su cometido, encarece o desvirtúa su gracia, se afirma en su movimiento connatural o cede a la tentación del abismo y se lleva consigo al hombre y a los seres que la acompañan.

Intuitivamente, las generaciones reconocen a quien es de la que no lo es. "Gran mujer", dice el lugar común, cuando se percibe una personalidad radiante y se respira a su alrededor la autoridad que prodiga una feminidad consumada en el alto reconocimiento de sí en servicio de los demás. Y se la llama mujer, acaso sin reparar en la levedad vigorosa que inspira su gracia o esa elegante armonía que, en mezcla de dolor y alegría, difunde tanto el cuestionamiento crítico de su realidad como el saldo esperanzador que anima su certeza vital.

Si una mujer está lograda en su entendimiento connatural, emprende su despertar y se afirma en sus atributos de misericordia y bondad; si en cambio se niega y abomina de la parte de divinidad que se le ha encomendado, incurre en las peores bajezas, con la salvedad de que en su caída arrastra todo consigo, ya que ella, por su sello esencial, forma, deforma o destruye al varón. De ahí la secreta secuencia de un machismo que no existiría si las madres, las amantes, las esposas, las hermanas o las amigas no inspiraran esa negación de sí mismas quizá por temor, por olvido de su sentido de ser o, lo que es peor, por renunciar al alto deber de conducirse como instrumentos de la esperanza.

Y éste fue el propósito que perseguí al escribir *Mujeres, mitos y diosas*: participar de una aventura hacia la propia liberación, compartir con ustedes un recorrido que, aunque breve y acaso limitante, por poco representativo, al menos contribuye a entender los vericuetos de una feminidad que, sin distingo de tiempo ni lengua, demuestra una sola experiencia: cuando cede a la tentación de la caída, la mujer participa de lo peor de su naturaleza; en cambio, si se acepta como manifestación de lo divino, asciende hacia la claridad y completa su empresa con alegría. La que entiende y comparte redobla su esperanza de continuidad digna en un mundo que ya no ofrece oportunidades de error porque hemos atentado de raíz contra los principios fundamentales, incluso contra la misma vida.

Por la vía de la creatividad entendí que únicamente la pasiva resignación es peor al miedo a lo desconocido o al autodesprecio que suele acometer a algunas mujeres que ignoran su potencial. Asombrada ante el poder que se le reconoce al vigor femenino en ciertas filosofías orientales, escuché de Siri Singh Sahib que la mujer desencadena una verdadera tragedia cuando, al pararse frente al espejo, abomina de su naturaleza radiante a cambio de aceptar las mentiras externas sobre una supuesta belleza que la ha reducido a máscara o caricatura de divinidad. Lo verdaderamente bello de la feminidad irradia con la integridad esencial, la propia de la armonía con una misma y el universo.

En el entendimiento y la aceptación de la propia gracia se fincan las libertades y el derecho a exigir en respuesta la gallardía masculina. Si una de nosotras, sin distingo de cultura o edad, no se considera bella, competente y capaz de mover el mundo mediante su impulso vital, su gracia se revierte contra las demás y se hace cómplice de la dramática confusión que caracteriza nuestro tiempo.

Tlalpan,
Diciembre, 1995

Diotima
y el amor

PLATÓN es el creador de la forma filosófica del simposio. Por este recurso del diálogo, organizó tanto la vida social de su Academia como la interpretación de sus preocupaciones fundamentales, casi siempre relacionadas con la sugerente figura de Sócrates, quien lleva la batuta en la célebre discusión a la mesa de Agatón, donde Fedro, el primer orador de *El banquete,* emprende la tarea de encomiar a Eros, lo que, tras apretadas discusiones sobre los apetitos y funciones del amor desde la perspectiva de Pausanias del eros vil y del eros noble, dará motivo al sofista para exponer su doctrina mediante el relato de su presunta conversación con Diotima, una sacerdotisa de Mantinea, de quien, real o inventada como recurso retórico, sólo se sabe que fue autora de un sacrificio que conjuró la peste de Atenas durante 10 años.

A ella le atribuyó Sócrates la simiente de una concepción amorosa que derivó en corriente educadora que supera la costumbre espartana y ateniense de la pederastia o de la amistad masculina inspiradas o sancionadas por Eros y proveniente de la vida en los campamentos guerreros de la época migratoria de las tribus.

Al menos como ideal ético vinculado con el signo creador del yo que sólo puede superarse con eficacia al relacionarse con un tú, el discurso de Diotima completa las sugerencias de la función amorosa aportadas por el resto de las intervenciones, las cuales, en conjunto, ofrecen aspectos cambiantes y complementarios de lo que, en síntesis, se congregaría en el ideal platónico. La rica y hermosa lectura de *El banquete* permite concluir que el eros nace, efectivamente, del anhelo metafísico del hombre por una totalidad del ser, inasequible para siempre a la naturaleza del individuo. Tal anhelo innato lo convierte en un simple fragmento, evocador del mito de las mitades expuesto por Aristófanes y referido en el Prólogo, que suspira por volver a unirse con su parte correspondiente durante todo el tiempo en que lleva una existencia separada y desamparada. La reunión afortunada, de esta manera, resulta la meta del eros y el instrumento más eficaz para formar la personalidad y emprender el proceso de perfeccionamiento con que el hombre habrá de restaurar el sentimiento de armoniosa plenitud perdido al ser quebrantado en su unidad por los dioses.

Platón elige el discurso idealista del joven Agatón como fundamento para incorporar la reflexión dialéctica del maestro Sócrates, caracterizado por su búsqueda de la verdad, inseparable de la belleza, y en este caso apoyado en las sabias palabras de Diotima para redondear su célebre intervención. Agatón personifica a Eros como potencia divina que tiene que adquirir cualidades humanas. Es joven, refinado y muestra tal levedad que, al poseer todas las virtudes, resulta el mejor de los dioses. Sólo mora en lugares floridos y perfumados. Su reino es el de la voluntad y de él derivan la justicia, la sabiduría, la prudencia y la valentía. Es, además, un gran poeta y enseña a serlo a los otros. Suaviza el portento olímpico con la belleza perfecta y enseña sus facultades a la mayoría de los inmortales.

La postura que adopta Sócrates es intermedia entre lo hermoso y lo feo, entre lo imperfecto y la perfección absoluta, entre lo mortal e inmortal y entre la sabiduría y la ignorancia; por tanto, Eros no puede ser un dios, porque no participa de la bienaventuranza característica de las entidades. Eros es un gran demonio o furor que actúa de intérprete entre los hombres y los dioses. Llena el abismo entre lo terrenal y divino y mantiene unido al universo. Vástago de la riqueza y la pobreza, su sello es la dualidad y puede florecer, morir y resucitar en una misma jornada ya que su talante consiste en tomar y desparramarse; sin saber nada, cree saberlo todo; intuye, adivina, sospecha y también desvirtúa lo real, a pesar de que en su esencia es el conducto perfecto hacia la verdad.

En este punto la sabia Diotima explica el anhelo de la belleza a modo de aspiración del hombre a la felicidad. El sofista acude a la recreación de esta sacerdotisa de Mantinea, única mujer a quien reconoce sapiencia e inclusive considera maestra, para exponer su ideal erótico como un principio entre la filosofía y la religión ya que, según recordó el sofista, le era difícil hablar por sí mismo de lo que no conocía. De este modo, se refiere a la dicha como un ansia inherente a la naturaleza y, por tanto, se le debe encauzar y modelar de manera creativa, con toda conciencia. Para Diotima, la relación de eros armoniza la difícil situación entre el pensamiento y la vida, toda vez que entraña tanto la referencia como la expectativa a un bien perfecto.

Con gran agudeza observó Werner Jaeger en su aún insuperable *Paideia* que, gracias a la referencia de Diotima,

el eros se convierte de un simple caso específico de voluntad en la expresión más visible y más convincente de lo que constituye el hecho fundamental de toda ética platónica, a saber: que el hombre no puede nunca apetecer lo que no considere su bien. El que el lenguaje, a pesar de todo, no llame eros o erân a toda voluntad, sino que reserve esa palabra y ese verbo para designar ciertos anhelos, encuentra según Platón cierto paralelo en otras palabras como poiésis, "poesía", que aun significando simplemente "creación" es reservada por el uso para un determinado tipo de actividad creadora.

No únicamente por su revolucionaria originalidad, sino porque esta interpretación fue atribuida a una mujer singular, consideramos importante transcribir un fragmento de aquel discurso que, ante este breve desfile que muestra la situación de la mujer en el mundo en épocas y concepciones diferentes, nos permite completar una idea de la feminidad inseparable del principio creador de eros que en nuestra época de tribulación cobra una vigorosa actualidad si consideramos que sólo mediante un profundo cambio de la conciencia del bien y de nuestra misión unificadora en el mundo, las mujeres podemos participar en la indispensable reconquista de la armonía entre el pensamiento, la vida y el sentido purificador del arte como vía hacia la búsqueda de la verdad y lo bello:

...Pues bien, si tienes la convicción de que el amor versa por naturaleza sobre aquello que hemos convenido tantas veces, no te extrañes. En este caso, por la misma razón, la naturaleza mortal busca en lo posible existir siempre y ser inmortal. Y solamente puede conseguirlo con la procreación, porque siempre deja un ser nuevo en el lugar del viejo. Pues ni siquiera durante este periodo en que se dice que vive cada uno de los vivientes y es idéntico a sí mismo, reúne siempre las mismas cualidades; así, por ejemplo, un individuo desde su niñez hasta que llegue a viejo se dice que es la misma persona, pero a pesar de que se dice que es la misma persona, ese individuo jamás reúne las mismas cosas en sí mismo, sino que constantemente se está renovando en su aspecto y destruyendo en otro, en su cabello, en su carne, en sus huesos, en su sangre y en la totalidad de su cuerpo. Y no sólo en el cuerpo, sino también en el alma, cuyos hábitos, costumbres, opiniones, deseos, placeres, penas, temores, todas y cada una de estas cosas, jamás son las mismas en cada uno de los individuos, sino que unas nacen y las otras perecen. Pero todavía mucho más extraño que esto es el hecho de que los conocimientos no sólo nacen unos y perecen otros en nosotros, de suerte que no somos idénticos a nosotros ni siquiera en los conocimientos, sino que también le sucede a cada uno de ellos lo mismo. En efecto, lo que se llama "repasar" tiene lugar porque el conocimiento puede abandonarnos, pues el olvido es el espacio de un conocimiento, y el repaso, al crear en nosotros un nuevo recuerdo a cambio del que se ha marchado, conserva el conocimiento, de suerte que parezca que es el mismo de antes. De este modo se conserva todo lo mortal, no por ser completamente y siempre idéntico a sí mismo como lo divino, sino por el hecho de que el ser que se va o ha envejecido deja a otro ser nuevo, similar a como él era. Por este medio, Sócrates, lo mortal participa de inmortalidad, tanto en su cuerpo como en todo lo demás; lo inmortal, en cambio, participa de ella por otro diferente. No te admires, pues, si todo ser estima por naturaleza a lo que es retoño de sí mismo, porque es la inmortalidad la razón de que a todo ser acompañe esa solicitud y ese amor.

Ten por seguro, Sócrates, que esto es así si quieres echar una mirada a la ambición de los hombres, de no tener en la mente una idea de lo que he dicho, te quedarías maravillado de su insensatez, al pensar en qué terrible estado les pone el amor de hacerse famosos y de dejar para el futuro una fama inmortal. Por ello están dispuestos a correr todos los peligros, más aún que por sus hijos, a gastar dinero, a soportar cualquier fatiga y a sacrificar su vida. Pues ¿crees tú que Alcestis hubiera muerto por Admeto o Aquiles por vengar a Patroclo, o vuestro Codro por salvaguardar la dignidad real de sus hijos, si no hubieran creído que iba a quedar de ellos ese recuerdo inmortal de su virtud que tenemos ahora? Ni por lo más remoto. Es en inmortalizar su virtud, según creo, y en conseguir un tal renombre, en lo que todos ponen su esfuerzo, con tanto mayor ahínco cuanto mejores son, porque lo que aman es lo imperecedero. Así, pues, los que son fecundos según el cuerpo se dirigen en especial a las mujeres, y esta es la forma en que se manifiestan sus tendencias amorosas, porque, según creen, se procuran para sí, mediante procreación de hijos, inmortalidad, memoria de sí mismos y felicidad para todo el tiempo futuro. En cambio, los que son son según el alma..., pues hay hombres que conciben en las almas, más aún que en los cuerpos, aquello que corresponde al alma concebir y dar a luz. ¿Y qué es lo que le corresponde?: la sabiduría moral y las demás virtudes, de las que precisamente son progenitores los poetas todos y cuantos artesanos se dice que son inventores. Pero, con mucho, la más grande y la más bella forma de sabiduría moral es el ordenamiento de las ciudades y de las comunidades, que tienen por nombre el de moderación y justicia. Así, cuando alguien se encuentra a su vez preñado en el alma de estas virtudes desde niño, inspirado como está por la divinidad, al llegar a la edad conveniente desea ya parir y engendrar, y también él, según creo, se dedica a buscar en torno suyo la belleza en la que pueda engendrar, pues en lo feo jamás engendrará. Siente, por tanto, mayor apego a los cuerpos bellos que a los feos, en razón de su estado de preñez, y cuando en ellos encuentra un alma bella, noble y bien dotada, muestra entonces extraordinaria afición por el conjunto y al punto encuentra ante ese hombre abundancia de razones a propósito de la virtud y de cómo debe ser el hombre bueno y las cosas a que debe aplicarse, e intentará educarlo. Y por tener, según creo contacto y trato con lo bello, alumbra y da vida a lo que tenía concebido desde antes; a su lado o separado de él se acuerda siempre de ese ser y con su ayuda cría en común con él el producto de su procreación, de tal manera que es una comunidad mucho mayor que la de los hijos la que tienen entre sí los de tal condición,

y un afecto mucho más firme, ya que tienen en común unos hijos más bellos y más inmortales. Es más, todo hombre preferiría tener hijos de tal índole a tenerlos humanos, si dirige su mirada a Homero, a Hesíodo o a los demás buenos poetas y contempla con envidia qué descendencia han dejado de sí mismos, que les procura inmortal fama y recuerdo por ser ella también famosa o inmortal; o si quieres —agregó—, hijos tales como los que ha dejado Licurgo en Lacedemonia, salvadores de Lacedemonia, y por decirlo así de la Hélade. También Solón entre vosotros es honrado por haber dado vida a las leyes y muchos otros hombres lo son en otras muchas partes, tanto entre los griegos como entre los bárbaros, por haber mostrado muchas y bellas obras y engendrado una virtud de todo género. En honor de estos hombres son muchos ya los cultos que se han instituido por haber tenido tales hijos; en cambio, no se han instituido todavía en honor de nadie por haberlos tenido humanos. Éstos son los misterios del amor, Sócrates, en los que incluso tú podrías iniciarte [...]*

El amor, como dijera Aristófanes, no se proyecta solamente hacia la otra mitad de nuestro ser o bien sobre su totalidad, a menos que por tal se entienda lo bueno y lo perfecto. Y si Diotima nos facilitó el instrumento para interpretar un anhelo inherente al bien, gracias a la posterior *Ética nicomaquea* de Aristóteles podemos inferir que el amor, unívoco de la condición femenina, es la forma más acabada de la perfección moral y, por lo tanto, un impulso de cultura en el más profundo sentido de la palabra.

---

* Platón, *El Banquete, o del amor, Obras Completas,* traducción del griego, preámbulos y notas por María Araujo, Francisco García Yagüe, Luis Gil, José Antonio Miguez, María Rico, Antonio Rodríguez Huescar y Francisco de P. Samaranch, *Introducción a Platón* por José Antonio Miguez, Madrid, Aguilar, 1966, 2a. reimp., 1979, pp. 586 y ss.

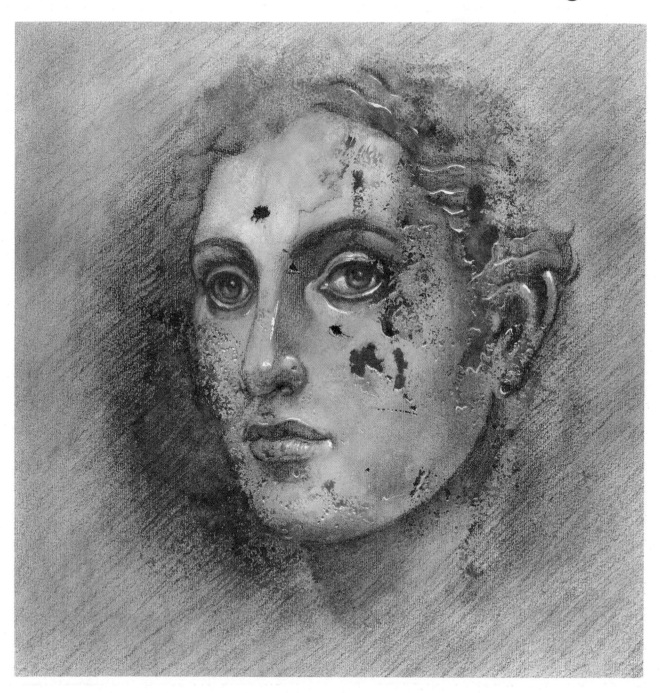

Nyx

Lejos de ser perfecto, como los pasos que leemos en el Génesis, el principio creador entre los griegos no provino de una idea de eternidad ni del aliento vital de un dios todopoderoso que del caos extrae la luz y con ella emprende el resto de su obra, hasta coronar con el hombre el devenir de los cielos y del mundo natural. En su primera jornada hizo la luz, aunque no hubiera nada que alumbrar. El universo era un caos informe y sobre la faz del abismo reinaba la noche. "Que exista la luz", dijo, y la luz existió. Entonces llamó el dios judeocristiano a la luz día y a la tiniebla noche. Pasó una tarde, pasó una mañana y al oscurecer separó las aguas de las aguas e hizo una bóveda intermedia que fue la bóveda celeste. El día segundo ordenó que las aguas se juntaran bajo el cielo e hizo aparecer los continentes. Mar fue la masa líquida y tierra nombró a los continentes. Verdeó la tierra para engendrar a la semilla por especies y árboles frutales. El día tercero hizo dos lumbreras en el cielo, regentes de la noche y las estrellas, para marcar el ciclo del día y la oscuridad, para señalar las fiestas y la cuenta de los años y los días. En la jornada cuarta, todas ellas elegidas en tiniebla, creó a los animales. El agua conoció la vida en flotación, la tierra el andar en movimiento y más allá, bajo el techo de los cielos, las aves fundadoras de la dinámica del vuelo. "Creced y multiplicaos —les ordenó—: llenad las aguas del mar; que las aves se reproduzcan en la tierra." Al día siguiente continuó la empresa con las fieras de la tierra, con animales domésticos y reptiles abundantes, también separados en especies. "Hagamos al hombre a nuestra imagen y semejanza —dijo al fin de todo—, que ellos dominen los peces del mar, las aves del cielo, los animales domésticos y todos los reptiles." Varón y hembra los creó, los bendijo y exclamó: "Mirad, os entrego las hierbas que engendran semillas sobre la faz de la tierra; y los árboles frutales que engendran semilla os servirán de alimento; y a todos los animales de la tierra, a todas las aves del cielo, los reptiles —a todo ser viviente—, y la hierba verde les servirá de alimento".

Al ver Dios su obra consumada el sexto día, dejó

transcurrir una tarde y una mañana más. Otra vez en la tiniebla del silencio repasó cómo quedaron concluidos el cielo, la tierra y sus muchedumbres de vegetales, animales y gente. Entonces consagró la séptima jornada y descansó Dios de su tarea. La dinámica del mundo adquirió su propio ritmo y se establecieron para siempre los ciclos de la vida y la muerte.

Los antiguos griegos no compartieron esta idea de la creación. Su idea de orden se desprendió con el silencio desde el abismo primordial, raíz del movimiento y de la vida. Según Hesíodo, del Caos nacieron Érebo y la negra Noche y de la Noche surgieron Éter y Hémera, fruto de sus amores con Érebo. Madre de la Luz, Nyx sin embargo no gestó dioses de luz ni de justicia, porque éstos provinieron de la Tierra, madre, como ella, de monstruos y de hombres. De ancho pecho, Gea sirvió de sede firme a mortales e inmortales hasta que Eros fue incubado por la Noche en el huevo primordial. Así es como el amor se arraiga en la tiniebla y por él la oscuridad adquiere el sello de la unión fecundadora. Así, también, se engendraron las simientes inmortales, la materia de los dioses y su reino olímpico.

Compleja como es, esta cosmogonía mediterránea no eleva a diosa a la Noche ni la primera generación de entidades proviene de actos supremos de voluntad. Lo animado nació del mismo Caos. Nyx es principio, impulso creador, como el infierno, la tierra y el cielo y, como cada uno de ellos, creó su propia descendencia, no a la manera del Génesis, sino por una lógica de fecundidad secreta, por obra de la potencia multiforme.

Los protogriegos eran tribus arias venidas del norte que llegaron a instalarse a orillas del Mediterráneo. Tenían creencias viejas y no se sabe en dónde comenzó el misterio que durante siglos cultivaron sobre el origen de las cosas. Asentados en ciudades, organizaron sus mitos y sus cultos; pero no sería hasta fines del siglo VIII y la primera mitad del VII anterior a nuestra era que, con la escritura, Hesíodo aportó una genealogía de la creación. Ahí, junto con otras potencias estrictamente míticas, la Noche destaca como depositaria de un saber elemental que parece constituido para recordar las limitaciones de nuestra condición. Melesio y Lamisco el Sabio afirmaron que lo que se produjo al principio existe ahora y existirá en el porvenir, como la tierra, el cielo y la Noche, como el bien y el mal, como la duda sobre la oscuridad y su contrastante lucidez. Por eso la Noche es referencia obligada en el curso del ser, porque es lo que hace posible que todo aparezca y se distinga por su claridad.

La mayoría de los vástagos nocturnos son abstracciones, símbolos terribles que intimidan tal vez para ordenar los ciclos de la vida y la muerte. Como el linaje de la Tierra, Nyx fue pródiga en figuras del bien y del mal. En su *Teogonía,* Hesíodo refiere que sus hijos son Moro, de quien poco se ocupó la mitología; la Negra Ker y Tánatos, los tres vinculados a la muerte. También parió a Hipno y dio a luz a la tribu de los Sueños. Después, sin acostarse con nadie, parió a Momo, al doloroso lamento y a las Hespérides, a cuyo cuidado quedaron las famosas manzanas de oro que recibiera Hera en sus esponsales con Zeus.

La Noche engendró también a las Moiras, proveedoras del bien y del mal, a quienes los mortales llamaron Cloto, Láquesis y Átropo, y a las Keres, vengadoras despiadadas, que en su cólera sagrada persiguen sin cesar a los mortales e inmortales que delinquen para infligirles castigos ejemplares.

Al final, la funesta Noche parió a Némesis, azote de todos los mortales, y selló su casta al dar a luz a Engaño, a Afecto, a la terrible Vejez y, desde luego, a la violenta Eris quien, a su vez, sería la madre del Olvido, la Fatiga, el Hambre, los Dolores que hacen llorar, las Batallas, los Asesinatos, las Masacres de hombres, así como de las Riñas, las Falsedades, los Discursos, las Ambigüedades, la Mala Ley, la Ofuscación, los Amigos íntimos, las Complicidades y de Horco, el que mayor desgracia causa a los mortales cuando alguien comete perjurio de manera voluntaria.

A la Noche se refiere la primera lección moral que fundaría nuestra civilización contemporánea; a ella también corresponde el desafío de la razón creadora que Platón asoció con el mito de la Caverna, y por los avatares de su amplia descendencia confirmamos que, antes que todo, a los griegos interesaba lo bello. Su intención estética explica el sentido de espacio que atribuyeron al Caos, un espacio moldeable, dispuesto a la dinámica del orden y en caso alguno condenado al desfiguro.

Según Aristófanes, la Noche, cuando la Tierra, el Aire y el Cielo aún no existían, engendra un huevo en el seno infinito del Érebo, y de ese huevo sale Eros, el Amor o, más exactamente, el principio de atracción que permitirá juntarse a las criaturas para crecer, multiplicarse y participar de la lucidez y lo bello. Esta sola referencia dotaría de divinidad a la potencia nocturna ya que, salido del huevo primordial, Eros se unió de noche al Caos alado en el vasto Tártaro e hizo nacer la raza de los pájaros, la primera en aparecer de las especies vivientes. De este modo, antes de que el Amor uniese todos los elementos y aun antes de que existieran los inmortales, las aves poblaron el universo quizá para acentuar la importancia del vuelo, la libertad cifrada en su condición.

Hermoso, si lo hay, este vínculo nocturno de Eros y los pájaros contrasta con la estirpe tenebrosa de los azotes para todos los mortales. La Noche parió al Destino, pero también al Sueño y a los Ensueños. Abuela de las Penas, fue su hija la Rivalidad, aunque ya estaba Amor en el mundo para ennoblecer los trabajos de sus hermanas nefastas. Sin Nyx, la luz carecería de sentido y el sello solar de Apolo jamás reinaría al lado de la esperanza. De la tiniebla son los anuncios de ligereza y realidad. Tras ella camina la lucidez prometedora que llega después de una angustiante espera. La oscuridad aprieta un gemido, pero también anticipa el nuevo orden de dioses, semidioses, héroes y hombres portadores de una transparencia que opone a Tánatos la fascinación de la aurora.

Lilith

UN DEMONIO nocturno, la pasión de la noche, ángel exterminador de parturientas, asesina de recién nacidos, seductora de los durmientes, una ramera voluntariosa o, para el más sano juicio, una poderosa voluntad que no se doblega ante la presión masculina y prefiere la transgresión antes que el vasallaje: Lilith es ímpetu sexual, una emancipada en fuga, sombra maligna por haberse creído en igualdad con los hombres y la más remota invención femenina, que transitó al judaísmo posbíblico desde la antigua Sumeria como la primera mujer de Adán, creada como él del polvo e insuflada con aliento divino para fundar nuestra especie sin aparente superioridad del varón sobre la mujer, hasta enfrentar en el lecho el desafío de su sometimiento, que provocó una rectificación mitológica mediante la supuesta debilidad de Eva.

Poco, muy poco sabemos del que podría considerarse antecedente mítico de un feminismo condenado de raíz, demonizado por pretender cierta satisfacción sexual y señalado con idéntico desprecio en Babilonia, en las tablillas hebreas o en la tradición legendaria que alcanza la cábala y el hermetismo de la Edad Media. Unos la describen alada y de cabellos largos, semejante a los querubines; otros la dotan de colmillos feroces y la desposan con el demonio Sama'el. La llaman Reina del Inframundo por sus aspiraciones pecaminosas, o disminuyen sus actos reivindicativos situándola como instigadora de amores ilícitos. El cabalista del siglo XIII Yitshaq ha-Cohen y sus sucesores la separan en dos: Lilith la Vieja, esposa de Sama'el, y Lilith la Joven, unida a Asmodeos, otro de los principales demonios, también conocido como Ashmed'ai, y no faltan asociaciones con los vampiros que se alimentan de sangre para revivir en tinieblas su poderío.

Sea cual fuere el surtidor de esta imagen, el resultado es el mismo en casi todas las culturas que reconocen en las mujeres una potencia sexual de inequívoca peligrosidad, sobre todo en el momento en que las tribus transitaron hacia un patriarcado que, para legitimarse, tenía que descalificar la autoridad femenina considerándola, cuando menos, perturbadora del lecho conyugal. Lilith enseña que, antes de que Eva reconociera la belleza del cuerpo, la mujer estaba hecha para asumir su erotismo con el mismo vigor con el que imponía su presencia en un mundo sometido absolutamente a los dictados divinos. Era el mundo señalado por el poder de crear, distintivo de las mujeres. De ahí que, al establecer las primeras leyes humanas, a imagen y semejanza de Dios, Lilith tuviera que ser censurada para ceder su signo fundador a una Eva nacida de la costilla de Adán, inferior por su debilidad, aunque también responsable de la pérdida de la inocencia humana.

En general, las versiones coinciden con lo consignado durante el siglo XVII en el *Alfabeto* de Ben Sira, cuyos comentarios bíblicos aluden a la disputa por la equidad entre Lilith y Adán, que concluiría con la expulsión del edén evocada en el Génesis. Al crear a Adán, Dios extrajo también a la mujer del barro, para que el hombre no estuviera solo sobre la tierra, y la llamó Lilith, que en voz sumeria equivale a aliento. Tan pronto como los dos se juntaron, la pareja comenzó a discutir porque ella se oponía a permanecer abajo del hombre en el momento de copular. Aferrada a su convicción de igualdad, Lilith le exigió a Adán modificar la postura para que ella también disfrutara el amor. Indignado, Adán se negó alegando que era propio del hombre tenderse sobre la mujer y no accedería a sus deseos. Lastimada en su orgullo, Lilith pronunció el inefable nombre de Dios y, enfurecida por la actitud del marido, lo abandonó para siempre.

"Somos los dos iguales —le dijo Lilith antes de emprender su carrera demonizada—, puesto que provenimos del mismo barro." No consiguió justicia ni Adán atendió su necesidad, por lo que de esa disputa provino la primera ruptura matrimonial y las consecuentes venganzas mutuas que derivaron en hechos de sangre. Adán se quejó ante Dios y para satisfacer las querellas de su siervo la divinidad envió tres ángeles a la Tierra para traerla a su lado con la amenaza de que, en caso de no acceder, haría matar cada día a cien de sus hijos.

Los mensajeros Sennoi, Sansanui y Samangaluf emprendieron su búsqueda por llanos, montañas y ríos hasta encontrarla por fin en el mar Rojo. Allí le imploraron a Lilith que accediera al regreso, que se plegara a los caprichos de Adán y evitara con su obediencia la cólera del Creador. Como ella persistió en oponerse, los ángeles le advirtieron que recaería de manera inevitable en ella y sus hijos el castigo supremo. Humillada en lo más profundo, Lilith o la Eva primera, como la llamarían indistintamente los lectores bíblicos, juró vengarse haciendo lo propio con los recién nacidos que encontrara a su paso. Si eran varones, podría degollarlos desde el alumbramiento hasta el octavo día de su edad, acaso coincidente con la fecha dispuesta para la circuncisión; y respecto de las niñas, su amenaza de muerte se prolongaba hasta el día vigésimo de su nacimiento, lo que sugiere la alusión a algún ritual equivalente o similar a las múltiples formas de mutilación femenina que aún se practican entre musulmanas de hoy. Su juramento, sin embargo, deslizó una esperanza de salvación, pues prometió no dañar a las criaturas que ostentaran un amuleto con los nombres de los tres ángeles, cuya protección alcanzaba también a las embarazadas en la hora del parto.

La idea de una madre buena y una mala, encarnadas por Eva y Lilith, ha perdurado hasta nuestros días, a pesar de que en Eva recaiga también la maldición proveniente de su pecado de orgullo. Y el orgullo congrega todas las supersticiones vinculadas con la seducción femenina, que a través de los mitos se manifiesta desde el simple deseo de equidad hasta los encantamientos de la hechicera que doblega con procedimientos ilícitos la voluntad de los hombres.

La imagen del demonio nocturno que se desliza en el lecho del incauto durmiente es, sin embargo, la preferida en las religiones modernas. El ejemplo de una instigadora inclinada al mal es la que mejor expresa los prejuicios que reinan sobre la función perturbadora de las mujeres, eternas responsables del pecado original que condujo a los hombres a perder su candor, a avergonzarse del propio cuerpo y a atentar contra el mandato divino al pretender la inmortalidad.

Refundida con su tentación de igualdad, se dice que Lilith habita desde tiempos inmemoriales en las profundidades del mar y que allí la retienen con reiteradas censuras los guardianes supremos para que no regrese a alborotar la vida de los hombres y de otras mujeres. Sin embargo, su sombra resurge de tiempo en tiempo, cuando el clamor de reciprocidad se infiltra en el alegato de derechos y libertades o cuando una mujer descubre el significado recóndito de su creatividad.

Y Lilith no es solamente la abandonada, sin lecho propio, que viaja con la venganza teñida de sangre joven; también representa a la mujer suplantada por otra inferior y sumisa, por la simple costilla del hombre dominador, por la esposa que renuncia a su propio erotismo a cambio de la seguridad conyugal. La mano de Lilith se resiente en las iras matrimoniales, en los deseos incumplidos, en las rupturas de la pareja, en la emancipación frustrada y en los castigos que recaen sobre las mujeres que desobedecen las normas.

Eterna inconforme, su discrepancia esencial la vincula con el demonio, con la inadaptación y el rencor. Por eso está ahí, arrojada al abismo, sumida en la profundidad del océano, atormentada por sus deseos; pero firme en su voluntad superior y siempre en la orilla de normas que no acepta ni consigue modificar. Lilith sigue con el sello de su perversión faunesca en la frente y condenada a engendrar criaturas demonizadas, seres fantasmales, nocturnos como ella y sus sueños maltrechos. Rediviva e infatigable, Lilith se aloja en cada mujer que imagina posible la verdadera equidad, en cada mujer que perturba las ensoñaciones de otros, en la que menciona el inefable nombre de Dios no para acatar su mandato, sino para acentuar el aliento transformador de su propia creatividad.

Lilith es, por todo eso, la pasión de la noche, la criatura más temida y ángel que vaga con la esperanza de restaurar el orden trastornado, a pesar del dolor y del olvido.

Eva

SOBRE una ancestral herencia de mujeres batalladoras, sensuales y de fecundidad sugestiva que anticipaba en la remota mitología una esperanza liberadora, la tradición religiosa de nuestra era agregó, fortalecida, la personalidad culpable de una Eva que por irreflexiva es tentada por el diablo a pecar. Una Eva que, al comer el fruto del árbol de la sabiduría, seduce a Adán y pone en marcha los hechos que concluyen con la expulsión de la pareja del paraíso y marcan el principio, para la humanidad, de un estado de ser sellado por el dolor, el trabajo y la muerte.

El dolor, ese castigo que estrena la humana conciencia desde que la Diosa deja de ser diosa para convertirse en hija-esposa de Adán, avanza con la sensación de vergüenza que sufren los dos por haberse apartado de Dios y provocar la caída a consecuencia de su descubrimiento de eros; es decir, de su deseo de gobernar su propia sexualidad. La mujer, desde entonces, arrastra el triple prejuicio de ceder al llamado del diablo, atreverse a incitar al pecado no a cualquier hombre, sino al más inocente y puro, al que, habiendo resistido el poder de la serpiente maligna, es seducido por su inclinación a sucumbir ante la imagen perfecta de su creador, y ser culpable de la pérdida del paraíso. Una imagen controversial porque, a pesar de todo, en la supuesta debilidad implícita de Eva camina la libertad de tomar sus propias decisiones. Es ella, en su renacimiento como la primera mujer representativa, quien explora una experiencia espiritual vivificante y profana, auténticamente suya. Es Eva también la que arrastra la peculiaridad de un carácter pensante que, aunque dispuesto al empleo de artimañas y con el suficiente poder de preferir por la propia fuerza moral, desatiende el mandato divino y asume el derecho de vivir entre el bien y el mal, entre el riesgo de equivocarse y atinar con una emancipación generadora del nuevo orden y del porvenir humano en su plenitud racional.

Según el mito del Génesis, Adán es la figura de la excelencia. Su voluntad triunfa sobre el Maligno, porque siendo más temeroso que Eva no se atreve a atacarlo. De antemano reconoce su inferioridad y no

29

transgrede las leyes. Su soberbia surge con la seducción de la mujer. Frente a su firmeza destaca una víctima fácil, quizá porque el demonio reconoce en el fin de la diosa que asume su humanidad algo de su misma condición, la que, ángel a la diestra del Padre, lo movió en su hora a envidiar la omnipotencia infinita y a encarnar el mal absoluto a través de su rebelión.

En uno de los más complejos y perdurables mitos, el de la fundación de la especie, se traman los elementos de la relación de pareja a partir de lo que San Agustín calificara de vanidad femenina, la verdaderamente inestable en el entendimiento de su suprema responsabilidad; es decir, la expresada en la soberbia, que es, desde siempre, el más abominable de los pecados, según los dogmas modernos. Se refiere San Agustín al amor a su propio poder, al orgullo distintivo del ángel que la persuade de que comiendo del fruto prohibido adquirirá una divinidad semejante a su hermoso cuerpo y, con ella, el poder de convertir a los dos en reyes del mundo.

De atenernos al mensaje dogmático, estaríamos ante la definición femenina de la lucha por el poder absoluto. Se trata de un complicado afán de dominio que surge de la curiosidad del ser creado por la perfecta creación del Creador, ya que Dios moldea a Adán del barro y lo anima con su soplo divino, mientras que Eva se forma de su costilla, lo que presupone una inteligencia femenina engendrada de carne y hueso, imposible de manifestarse en el barro primordial, a pesar de que la carga de virtud plena se concentrara en la natural modestia masculina, en todo satisfecha con los dones prodigados en el edén.

Hasta parece que, desde sus orígenes, la mujer fuera incapaz de soportar la felicidad completa o de ser otra cosa que hija-esposa del hombre, del Dios-Padre y centro de la dinámica del pecado y su redención. En su tendencia a rebelarse por la vía de la sensualidad, que la mayoría de los teólogos han asociado además con la codicia, se puede leer también la preexistencia del impulso de cambio, esa necesidad típicamente humana de la esperanza, que nos lleva a suponer que hay algo más, distinto y mejor de lo que conocemos y tal vez logremos a modo de recompensa por develar un misterio; en este caso, el del árbol del bien y del mal que fue dispuesto por Dios en el paraíso a sabiendas de que tarde o temprano sus criaturas probarían de él y que, una vez condenados al trabajo con esfuerzo, participarían del desarrollo del mundo pariendo con dolor y redimidos por el placer; luego, vueltos a sancionar a intervalos de grandeza y declive, de razón y de sinrazón.

Sujeta a mayores interpretaciones que las que suscita la pasiva figura de Adán, Eva sugiere las dos posturas opuestas del raciocinio; una, común entre teólogos viejos y nuevos, es que es atraída por la serpiente porque carece de fuerza moral y sólo obedece al dictado de su sensualidad; en la otra, adoptada por el feminismo psicoanalítico, Eva es la diosa ante la muerte de Dios en la humana conciencia. Se dejó seducir por el demonio precisamente porque contaba con un razonamiento electivo superior al del compañero, a pesar de que en las religiones contemporáneas su mérito es remplazado por una deidad masculina y única, Dios-Padre, el que crea y actúa por sí mismo.

Es probable que el brote de cambio proviniera de su conciencia primordial de fecundidad, ya que la mujer estuvo hecha para eso, para crear o engendrar vida, lo que equivale a existir para el movimiento y, como se sabe, la condición de la actividad civilizadora es el cambio de un estado a otro, lo que de todas maneras explica su espíritu transgresor.

Ella, desde el punto de vista del Génesis, el Nuevo Testamento, el Talmud, el Corán, el hadith y la mariología, es la menos racional, la más profana de la pareja y culpable de la caída de la humanidad. Responsable del pecado original y heredera del poderoso carácter de las diosas paganas, inspira una doctrina que sólo adquiere sentido por la expiación purificadora. Eva es portadora además del signo perverso de la palabra, ya que todo indica que la serpiente hablaba y que el lenguaje resultó de una conspiración entre el reptil con cabeza y lengua masculina y la seductora creada para ser ayudante y servir a los designios de Dios por medio del hombre. Su sexualidad es la preocupación esencial de la tradición de Occidente, de donde se desprende el prejuicio de la feminidad perversa que ha estigmatizado las flaquezas masculinas a causa de las mujeres.

Diosa edénica, la costilla de Adán no desatendió el signo fálico de la serpiente ni se apartó del encantamiento distintivo de la sensualidad profana. Eva diabólica, al ingerir el fruto prohibido seduce al padre-amante porque está imbuida de los poderes malignos; esposa de Adán, reconoce en los regustos sensuales el doloroso precio del placer, pero también la piedad y la humana comunión redentora que la reconcilia con la esperanza, base inequívoca de la creación; diosa-madre, es la creada creadora, consciente de su fertilidad sucesiva e inclinada a la comprensión de otras debilidades por las que habrá de continuarse su batalla paradisiaca entre el absoluto infinito y la mortalidad cambiante, entre la sinrazón de la perfecta inocencia y la racionalidad responsable, siempre dinámica y liberadora, a pesar

del temor a caer. Restauradora, Eva engendra la vida y sus leyes ordenadoras, quizá como reacción para moderar su poder o tal vez como la forma que el ser humano requiere para armonizar el recuerdo de lo perdido, la realidad que se sufre "con el sudor de la frente" y el deseo de restauración de la inamovible excelencia protagonizada por un idílico Adán que surge, florece y se esfuma en su ostensible infecundidad.

La historia de Eva es, a fin de cuentas, la historia de una idea de la vida y del mundo. Es también referencia iluminadora de la palabra, simiente de las ideologías más sugestivas e instrumento dual entre la luz y la oscuridad. Deseo y remordimiento, goce carnal, imaginación fundadora y fuerza liberadora: ella es la mujer, la diosa, la madre y amante, la abnegada paridora de hombres que cursa los siglos con la señal de la caída; pero también con la conciencia electiva de quien se atrevió a develar el misterio más alto, el de la sabiduría que entrañaba el árbol proscrito, el discurrido por Dios para que los hombres soñaran su propia divinidad, aun a costa de aniquilar la supuesta semejanza con el Creador.

Eva es, en síntesis, el talento culpable que se arrepiente de su elección racional, un pensamiento generador de contradicciones y el primer intento de enriquecer el goce heredado con el sueño de la divinidad, consumada en el acto de la creación.

Con la humanización de Eva, el mundo emprendió la etapa de la muerte de Dios y el renacimiento racional por medio de la pasión y el olvido. Eva encarna en cada mujer que piensa. Eva renace en la que, por su talento creador, repite los ciclos de la caída, la culpabilidad castigada y la restauración del orden de una imparable fecundidad.

Isis

En LA noche de los tiempos, más allá del alcance de la memoria y del esplendor constructivo de templos piramidales, los egipcios fundaron un credo a partir de la idea de la muerte y de la vida más allá de la vida. Sagrada y eterna, aquella visión universal del difunto dominó el pensamiento mítico de un pueblo que supo mirar en el Nilo el palpitar primero del pensamiento. Bajo la doble figura del orden delimitado por ciclos de luz y oscuridad, inundación y sequía, o materia y espíritu, atinaron con un equilibrio entre la flotación y el abismo del que derivaron un concepto de Estado y cultos regidos por un rey-sacerdote cuya autoridad absoluta, concebida en función de la agricultura, tributaba a las fuerzas naturales y, en especial, a las diosas madres. De ahí la fuente de transmisión faraónica por la vía femenina y la fidelidad a una idea religiosa de la familia que, durante miles de años y centenares de dinastías, reprodujo el modelo fundado por los hermanos Isis y Osiris, padres de Horus, cuyo mito demuestra la preeminencia tomada por el dios masculino sobre la diosa fecunda.

El origen del panteón egipcio es uno de los más oscuros, pero invariablemente está ceñido al signo de luz o Ra, consagrado por siempre en el principio regente y creador. Lejos de borrar su memoria, el tiempo ensanchó una vasta familia de dioses que, desde los días en que sólo existía el océano de cuyo huevo provino el Sol, crecieron y se multiplicaron sus atributos para proveer de deidades no sólo el curso de los asuntos humanos, sino las concepciones más complejas del más allá, cifradas por el aliento viajero del Bá.

Solar hasta en el complemento de la tiniebla, esta civilización crece en torno de un apretado concepto de la familia que sella el poder con la imagen de rivalidades hermanas que luchan a muerte entre sí, como lo hicieron los faraones hasta la caída final de los ptolemaicos a manos de los romanos. De los egipcios tomaron los griegos lo fundamental de sus mitos y por ellos se inspiró la vertiente de los misterios donde abrevaron innumerables credos. Isis en especial, inclusive hasta nuestros días, prevaleció como sombra benéfica en la auscultación del saber,

33

quizá por su don esotérico, por su celosa misión de mantener la legalidad y por su afán protector de iniciados que auscultan la raíz profunda de las evoluciones humanas.

Únicos poseedores de la verdad, guardianes secretos de la escritura y de los cambios espirituales, los sacerdotes del Nilo decían que en el principio de todo el Sol engendró por sí mismo a Geb, Shu, Tefnut y Nut y que, al posarse sobre los tres primeros, éstos elevaron a su hermana Nut hacia el cielo para emprender su jornada de transmutaciones creativas. Geb fue la Tierra que se tendió sin tardanza sobre las aguas para prodigar su simiente. Mientras ella saturaba su vientre con nueva vida, Shu y Tefnut desplegaron su ser en la atmósfera con el viento intermedio, y Nut se multiplicó con los astros en el techo celeste hasta formar, en conjunto, el universo adecuado para alojar vida y muerte en el orden preciso del movimiento que va de lo material a lo espiritual y del tránsito del espíritu a la concepción infinita del alma, recompensada según los dictados de la balanza reguladora del bien y del mal.

Cielo y Tierra, llamados aún Nut y Geb, engendraron a los cuatro dioses rivales, hermanos y amantes, que fundaron la historia política del legendario Nilo. De la complejidad pasional entre Osiris, Isis, Neftis y Seth provinieron las luchas del bien y el mal, la vida y la muerte, la idea del Oriente y del Occidente y una apretada doctrina, inseparable del mundo y del inframundo, que vino a determinar los ciclos de alianza y persecución que aparecen en todas las actividades divinizadas y señaladas por el poder.

Desposado con Isis, el sabio Osiris gobernó Busiris, en el bajo Egipto, hasta que Seth, acosado por la envidia y congruente con su invariable perversidad, dio muerte a su hermano de manera tan brutal que, a resultas de una conspiración, destazó su cadáver en 14 pedazos y los ocultó en lugares recónditos para que nadie pudiera juntarlos ni volverlo a la vida. Después, entronizado, Seth desplegó durante años el mal de que era capaz y no desperdició lugar ni ocasión para hostigar los dominios de sus dos hermanas restantes, quienes no tardaron en escapar para evitar mayores calamidades.

El mito de Isis florece con la aventura de rescatar los fragmentos amados. Primero se alió con su hermana Neftis para buscar y reunir los pedazos ya que, según las creencias del Nilo, sin cuerpo ni sepultura el alma del muerto quedaba condenada a vagar en vez de gozar del eterno reposo del inframundo; después celebró ritos amatorios con el cadáver hasta reanimar la esencia de su divina fecundidad, gracias a sus atributos mágicos.

Velada, semioculta a la luz de la luna, Isis removió hasta el fondo de las arenas empeñada en rehacer el cuerpo de Osiris. Auxiliada por Anubis, el dios chacal de los cementerios, colocó piernas, brazos, tronco, cuello y cabeza con tal minuciosidad que, aunque se notaran los cortes pequeños o grandes, la figura del dios quedó casi completa al pie de su sepultura.

Acaso descuartizado con saña, Isis jamás encontró el falo, lo que significaba que Osiris no podría recobrar en el otro mundo su antigua fertilidad. Sin embargo, obró el prodigio de la preñez de Isis y ésta dio a luz a Horus, el poderoso regente que habría de vengar a su padre en una feroz batalla contra la fuerza del mal; luego, el germen de Horus permaneció bajo la forma del simbólico halcón, a quien pronto se lo invocó como el "ojo de Ra" porque al retar a su tío Seth, éste le arrancó un ojo y lo dividió en ocho pedazos. De ellos, Thot encontró sólo siete para integrarlos al grupo de misterios regentes que aparecen en tumbas, templos, muros y sellos del alto y del bajo Egipto. En la compleja combinación de ocho veces ocho que daba el 64, que era tenido por emblema de perfección, los sacerdotes cifraron una difícil guía del destino que regulaba el saber y los principios morales en los que se fincaba su religión.

En este sentido, hay que recordar que son 64 los hexagramas del *I Ching* o libro sapiencial chino y que ocho veces ocho equivalía en general tanto a la expresión de la experiencia mundana como a la pluralidad que entraña el destino. Y vislumbrar el destino era precisamente uno de los atributos de las sacerdotisas consagradas a Isis, quienes, al modo de Isa, la pitonisa de la era de los atlantes, tenían que velarse a la altura del entrecejo para cubrir el destello de su poder ocular.

Isis, por su parte, aferrada a la dignidad real que le otorgó su padre Geb, confirmó que fueron 72 los cómplices del envidioso Seth y que entre todos descuartizaron a Osiris para instaurar en el delta un orden opositor que seguramente modificó el viejo sistema tribal. Enamorada, en vano preguntó Isis sobre los pormenores del crimen; en vano buscó con su hermana hasta en el puerto de Biblos el miembro perdido y a su pesar dejó mutilado a Osiris. Su amor, sin embargo, imbuye al cadáver de nueva vida y Osiris, con su legendaria resurrección, abre a los hombres la ruta hacia la prevalencia espiritual de ultratumba.

Al instaurarse el culto de Osiris, las religiones egipcias se ensanchan gracias a la conciencia que Isis despierta en los hombres al plantear el problema del bien y el mal. Además de su sello solar, éste es el mito del principio moral y, al elevarlo a juez y regente del mundo destinado a los muertos, Osiris crea la primera figura jurídica instituida en una civilización.

Inseparables de remotos acontecimientos históricos, Isis, Osiris y Horus abandonaron su carácter de mito agrario para enseñorear el emblema político de la familia real, particularmente en torno de los indicios monárquicos de las ciudades del delta asociados con el florecimiento de sus minas de oro. De entonces data también la invención de la escritura y las artes por Thot y la versión legendaria de que, a los 28 años de su reinado, cierto Osiris monárquico es víctima de una conjura de Seth, quien lo arroja al Nilo ayudado por 72 conjurados. Cuando Isis lo encuentra, Seth mutila su cuerpo en los 14 pedazos que repartirá entre sus cómplices. Reunificado por Isis, con excepción del falo, Osiris la fecunda milagrosamente, sin intervención de la carne, y da a luz a Horus, futuro conquistador de Egipto, vengador de Osiris y simiente del mito que perduraría en la divisa de todos los faraones.

Osiris, dios y juez del oeste, se transfiguró en modelo, para todos los tiempos, del proceso de resurrección que transita de la luz solar a la luz nocturna, de la vida material a la del espíritu, de la temporalidad a la intemporalidad y de los cultos de fertilidad presididos por el amplio linaje de deidades que gobiernan la vida después de la vida al ocultismo que alcanza la cábala. Osiris, además, completó la potencia jurídica de su esposa Isis, la del mayor simbolismo en el ritual femenino de la conservación de los cetros.

Misteriosa, diosa madre y transmisora del

símbolo real, Isis estuvo dotada con atributos lunares. Es la entidad que resguarda los acontecimientos nocturnos de la misma manera que guía el trasfondo del pensamiento a la luz, en el doble sentido de conducir al difunto por el camino del inframundo y durante el despertar de la inteligencia al mundo de la claridad. Es la regente de los poderes mágicos, de los que se valió para resucitar al marido. Es la madre real y la gran maga, adorada en su tierra hasta el ascenso del helenismo, y es, en los tiempos de Roma, una de las mayores deidades así ponderadas por Apuleyo y Plutarco. Velada durante la celebración de los ritos, Isa fue la expresión del sacerdocio de Isis en el Templo del Sol y la Luna, situado entre los pies de la Esfinge.

Hera

EL ARQUETIPO de Hera perdura en cada mujer que se desposa creyendo que el matrimonio consuma la satisfacción femenina. Fiel a pesar del maltrato de Zeus, infatigable celosa que vaga por entre recovecos coleccionando evidencias de la lascivia de su marido, Hera es la diosa privada de todos sus atributos, excepto del don de la profecía, que ejerce en boca de humanos o bestias, para vengarse en los hijos o amantes de Zeus, principalmente en contra de Heracles, el más aborrecido de todos. A primera vista, su vínculo marital parece de amor-odio; pero en realidad cultiva la posesión con la argucia de las mujeres que, escudadas en sus derechos, espían, humillan, vigilan, persiguen y chantajean al hombre mediante presiones que comienzan con llantos sutiles y van derivando en ciclos de furia y repulsa hasta coronar con rencor una supuesta debilidad atribuida al engaño.

Patrona de las casadas, su mundo adquiere sentido en función del esposo. En Hera recaen virtudes y supersticiones del prototipo que sostiene el hogar con el ideal del marido exitoso, reconocido por su poder y destacado en su empresa. Convencida de que la unión marital es sagrada, Hera vive en cada mujer que permanece a la sombra del varón, rendida a sus ligas indivisibles, obcecada, doliente y furiosa. Manipuladora, ejerce su mando como adversaria en la cama; pero, al sufrir la cruda moral frente al paisaje devastador de sus celos, soporta el castigo más allá del respeto, aun cuando Zeus reconoce su astucia para enceguecerlo ante el error evidente, como ocurre respecto de los héroes homéricos en la *Iliada.* Sagaz y vivísima, emite palabras rabiosas, jura, promete, amenaza o afrenta con altanería sin par; los otros dioses la juzgan o intervienen en contra o en favor de la relación y siempre acaba rendida a la voluntad del marido. Contra su naturaleza impulsiva, inferior a la del belicoso Ares o a la de la batalladora Atenea o inclusive a la del vigoroso Heracles, Hera opone una actitud comprensiva, según corresponde a su jerarquía, y no es difícil encontrarla representando un papel de oficiosa social hasta para adoptar a los peores engendros de Equidna y Tifón que en su hora utilizaría contra Heracles. Hesíodo le atribuye la crianza del león de Nemea, un monstruo invulnerable, nacido de Equidna y Tifón, así como de la perversa Hidra, la venenosa serpiente de agua dotada de muchas cabezas que vivía en los pantanos de Lerna, cerca de Argos, quien a su vez alumbraría a Quimera, tricéfala de rápidos pies, violenta y tan enorme como terrible. Al cortarle una cabeza a Hidra le salía otra peor. Tanto a ella como al león los vencerían Heracles y Yolao, su compañero de armas, como parte de sus trabajos. Yolao chamuscaba en vano los muñones de Hidra con tizones ardientes y Heracles, lejos de darse por vencido, mojaba sus flechas en la sangre enemiga para hacer incurables sus heridas y derrotarla junto al cangrejo que la auxiliaba por órdenes de la diosa. Aplastado por los heroicos pies, el cangrejo acabaría convertido en la constelación de Cáncer. Quimera, por su parte, sería después abatida por Pegaso y el valiente Belerofonte.

A diferencia de la criminal Medea, que asesinó a su rival y a sus propios hijos antes de abandonar para siempre al esposo, Hera se confinaba en la oscuridad a rumiar sus fracasos o emprendía largos viajes para reganar la confianza perdida a consecuencia de sus torpezas. De vuelta en su silla mítica, allí estaba otra vez, entronizada, celosa de sus dominios, cuidadosa y furibunda, gobernando por lo bajo al marido, atando cabos a la sospecha, endureciendo las reglas de un amañado juego hogareño, ofuscada en su posición y guiada por el prejuicio de la vida en común, aunque los hechos probaran que su actitud era la ruta más clara hacia la desdicha.

Hija mayor de Cronos y Rea, Hera nació en la isla de Samos, donde Cronos devoraba vivos a sus hijos desde el sagrado vientre, para que ninguno de ellos obtuviera la dignidad real sobre los inmortales, que él ostentaba. El estrellado Urano y la madre Tierra profetizaron que uno de sus vástagos lo destronaría. En su destino estaba cifrada la condena de sucumbir por obra de Zeus y, siempre al acecho, astuto de mente, el Crónida se tragaba uno tras otro a los engendros de Rea hasta que antes de dar a luz al último de ellos, el gran Zeus, la diosa acudió a la protección de sus padres para salvarlo. Cobijada por la rápida noche, Urano y Gea la enviaron a Licto, donde ninguna criatura arroja una sombra, para que pudiera parir y ocultar al recién nacido en una escarpada cueva rodeada de árboles, bajo la entraña terrestre, en el monte Egeo.

Allí, después de bañarlo en el Neda, el pequeño Zeus permaneció en Creta, vigilado por la abuela, donde lo criaron con miel y leche en cuna de oro la ninfa-cabra y la ninfa-fresno, al lado del chivo-Pan, su aliado y hermano adoptivo. Transcurrió su infancia en medio de hábiles artimañas para que su padre no lo encontrara y de allí salió preparado para vencerlo.

Víctima de la argucia de Rea, Cronos engulló una piedra envuelta en pañales creyendo que triunfaría sobre los dictados del Hado; sin embargo, descubrió el engaño y se dedicó a perseguir al niño durante el mítico rastreo que no tuvo término hasta que Zeus, disfrazado de su copero y aconsejado por Metis, mezcló sal y mostaza a su dulce bebida para que vomitara, ilesos, a la muchedumbre de hijos que el Tiempo conservaba en su estómago. Esta piedra emblemática, antes que a sus hermanos y hermanas mayores, fue lo primero que arrojó Cronos durante su legendaria náusea y la que cifró la batalla posterior en contra de los Titanes, que entronizó a los olímpicos, la segunda y más perdurable generación de dioses.

Luego, por liberar a los cíclopes que Cronos había confinado en el Tártaro, éstos recompensaron a Zeus con el trueno, el relámpago y el rayo, hasta entonces ocultos entre los pliegues de Gea. Hades le dio el yelmo de la invisibilidad y Poseidón un tridente al que sería el Padre del Cielo. Los gigantes de los cien brazos, en lo más cerrado de la batalla, lanzaron rocas contra los demás titanes y el alarido del chivo-Pan los puso en fuga para sellar la victoria. Desterrados en una isla lejana, los titanes nunca volvieron a perturbar a la Hélade porque Atlas, su jefe de guerra, fue condenado a cargar el firmamento en la espalda como castigo ejemplar. Zeus, por su parte, se apoyó en los dones supremos para gobernar sobre mortales y dioses e hizo venerar la piedra sagrada en Delfos, donde permanece hasta la fecha.

Donde concluye el mito de Cronos que encumbra al de Zeus, comienza el de una Hera que fue nadie hasta desposarse con el Padre del Cielo. De ella se dice que sus nodrizas fueron las estaciones y que en Arcadia la tuteló Temeno, el hijo de la tierra Pelasgo o Antigüedad. Quizá en Cnosos o en la cima del Thornax, en la Argólida, la cortejó Zeus transmutado en cuco, un ave trepadora que suele poner sus huevos en los nidos ajenos. Taimado y embaucador, como perdiz se arrastraba graciosamente en el suelo o ella la calentaba en su seno. Hera le hablaba y le confiaba sus sueños hasta que, sorpresivamente, Zeus reasumió su verdadera figura para violarla, llenándola de vergüenza y desesperación.

Típica joven que en medio de atroces conflictos tiene que casarse para restituir la pérdida de su virginidad, Hera, doncella idealista, se convierte en esposa y madre por excelencia. Pese a la furia de Rea, que previó la lujuria de su futuro yerno y que por oponerse a la unión fue violada también por Zeus transfigurado en serpiente, todos los dioses acudieron con regalos a sus esponsales. De Gea obtuvo el célebre árbol con manzanas de oro que Hera plantó en su jardín, en el monte Atlas, para ser resguardado por las Hespérides. Por una de esas manzanas, arrojada con saña por Eris entre diosas rivales, surgió la expresión de "manzana de la discordia", citada por vez primera en los cantos de Homero, en uno de los episodios centrales de la guerra de Troya.

Hera y Zeus pasaron su noche de bodas en Samos. Una larga noche de 300 años, sembrada de altercados, intrigas y humillaciones recíprocas, de la que Hera salió a bañarse para recuperar su virginidad en las proximidades de Argos, en la fuente de Canatos, donde estuvo la estatua en la que aparecía sentada en un trono de oro y marfil. En medio de dudas sobre el origen verdadero de la preñez de Hera, el mito la atribuye a que tocó cierta flor; de ella nacieron Ares, dios de la guerra y quizá también su gemela Eris, la Discordia; Hefestos, regente de herreros, caldereros y alfareros, quien la aprisionó en un ingenioso trono, con brazos que se cerraban a su alrededor, porque no le creyó que lo había engendrado por sí misma, sin la intervención directa de Zeus; la diosa permaneció en cautiverio hasta que Dioniso embriagó al cojo Hefestos y lo llevó de nuevo al Olimpo para liberarla y hacerse su aliado; y Hebe, la más pequeña y asociada por su peculiar concepción con una lechuga, quien fue copera de los olímpicos hasta casar nada menos que con Heracles.

Cansada de los petulantes excesos de Zeus, Hera conspiró en su contra con Poseidón, Apolo y los demás olímpicos, excepto Hestia, creyéndose superior al Padre del Cielo en argucia y autoridad. Sorprendido Zeus en su lecho, los rebeldes lo inmovilizaron anudándolo cien veces con cuerdas de cuero crudo y pretendieron darle un golpe de Estado. Con el rayo a resguardo, celebraron con insultos y burlas su triunfo y desoyeron las amenazas del Padre del Cielo. Mientras deliberaban el nombre del sucesor, se acaloraron los ánimos de la familia divina y sobrevinieron pendencias que hicieron temblar el Olimpo. La prudente Tetis previó el estallido de una guerra civil y, para evitar la catástrofe, corrió en busca de Briareo, uno de los gigantes, para que empleara simultáneamente sus cien brazos y desanudara al cautivo antes de que los demás intervinieran para impedirlo.

Por haber encabezado la confabulación contra él, Zeus colgó a Hera del firmamento con un brazalete de oro en cada muñeca y un yunque pendiente de cada tobillo. A pesar de sus gritos dolientes, nadie se atrevió a intervenir para no acrecentar la cólera de su jefe que, con el rayo o sin él, repartía castigos aquí y allá. Condenados a construir la ciudad de Troya, Poseidón y Apolo fueron enviados a servir al rey Laomedonte, y Hera sólo pudo ser liberada cuando el resto de olímpicos, a regañadientes y entre las habituales pendencias de la familia divina, juraron fidelidad y obediencia a Zeus.

La historia de Hera se disipó, desde entonces, en los pequeños asuntos con los que cada mujer repite en la intimidad los ciclos de revancha y sublevación marital, que han encumbrado el patriarcado de nuestra cultura.

Alcmene

Los dioses remotos se apasionaban como los hombres, pero no batallaban ni se divertían como ellos. Al concluir la empresa de la creación, los más hábiles vencieron a los atlantes y, una vez instaurado el orden olímpico, se entregaron al ocio en la edad de bronce, mientras el fuego, el aire, el agua y la tierra atinaban con sus propios dominios y el lenguaje se convertía en una de las mayores defensas de las comunidades tribales. Para la historia del ser y de la cultura, éste sería uno de los capítulos más intensos del pensamiento mítico. Además de que a las divinidades les dio por entremeterse hasta en los pormenores de los asuntos de los mortales, el mundo clásico respondió al desafío de la supervivencia con hazañas que iniciaron la glorificación de los héroes.

Era la hora de los portentos, del ascenso de fortachones y semidioses engendrados con el ímpetu sobrante de los creadores. En los pueblos, las aventuras heroicas dieron pie para que los dioses mostraran sus preferencias o desahogaran revanchas. Se multiplicaron las pruebas para honrar a los hombres y los vientres de algunas mujeres probaron la gestación de una nueva raza de ninfas, doncellas, faunos, guerreros, héroes o sátiros que prodigaron la materia sublime en el resto de la existencia hasta alcanzar la generación de artistas, filósofos, gobernantes y sabios, que emprendieron la humana aventura de la creación al reconocer en su espíritu el inmenso placer de entender, construir y elaborar cosas bellas que engrandecieron su sentido de ser en el mundo.

La argucia, si acaso, era el único peldaño de la razón apreciado durante la edad de los mitos. Lo importante era vencer la índole burda de un tiempo anterior a las leyes y al orden civilizador. Y por la fuerza o por medio de engaños se probaba la superioridad de unos sobre otros. Salvo por la desmesura en el uso de atributos supremos, no existía gran diferencia entre el acontecer del Olimpo y la vida de los mortales. Violadores, tramposos u oportunistas, los dioses se timaban entre sí del mismo modo que se valían de los hombres para instigar o desplegar facultades a discreción. Zeus, sobre todo, aprovechaba su fascinante facilidad para transfigurarse de ave en reptil, de serpiente en águila o de perdiz en ganso no para hacer el bien, sino para satisfacer su lujuria. También se valía del rayo, interponía nubarrones en días clarísimos, incitaba al ataque a monstruos dormidos o permitía que sus subalternos practicaran cualquier suerte de tropelías. Jefe supremo, oscilaba entre el orden y el caos, lo que acabó por probar que, en cuestiones de autoridad, nadie está exento de la tentación del abuso.

Los inmortales eran campeones del disimulo. No menospreciaban ninguna maniobra cuando se trataba de intrigar o cumplir un capricho. Zeus, dominador persistente, no regateaba los atropellos hasta consumar con éxito su aventura. Tampoco escatimaba energía, imaginación ni facultades al cortejar a diosa, ninfa, casada o doncella, aunque es de notar que jamás pudo persuadir a ninguna bajo su forma real ni conoció reciprocidad amorosa de entre la multitud de mujeres que poseyó con violencia y siempre encubierto por el sinfín de mentiras que, si bien no ayudaron al orden del mundo, sí enriquecieron la fantasía con su caudal de prodigios.

Se atrevió a parar el tiempo, por ejemplo, para poseer a Alcmene en un instante equivalente a tres noches. Alcmene, acrecentada su virtud desde que juró a Anfitrión, su marido, no estrenar el tálamo nupcial hasta que éste vengara a sus ocho hermanos asesinados por Pterelao, el rey de los telebeos, veía pasar con indiferencia los obcecados cortejos de Zeus y ni el deseo de Anfitrión reblandecía el odio con el que sobrellevaba la prolongada carga de su virginidad, a causa de las pendencias que provocara la posesión del ganado y su posterior expulsión de la Argólida a Tebas.

Nada más enterarse de que el aguerrido Anfitrión exterminaba por fin a los últimos telebeos, que incautaba la copa de oro del recién degollado Pterelao como divisa de su victoria y que emprendía su retorno al hogar ensayando dulces palabras de amor, para que el Padre del Cielo se quedara aturdido por una pasión que lo enceguecía. "Sólo con ella —dijo a los otros dioses— engendraré al mejor de los hombres, al que por su fuerza dignifique mi nombre y se eleve por sus hazañas sobre el resto de los mortales."

Entonces Zeus decidió asumir la apariencia del incauto Anfitrión y poseerla mediante un complicado engaño. Antes de presentarse en la alcoba de Alcmene con la impostura del triunfo, Hermes, por orden del jefe, hizo que Helios apagara los fuegos solares, detuvo la Luna, separó los caballos del Tiempo de su carro de Horas y ordenó a Morfeo adormecer a los hombres durante tres noches continuas para que nadie se interpusiera en la infame tarea de Zeus, pues una criatura tan grande como la que se proponía engendrar no podía concebirse con prisa.

Consumado el deseo, amaneció con normalidad. Las Horas se uncieron al tiro y el tiempo siguió su curso. El episodio de Alcmene fue lo único que no compartió la amañada parálisis. Casi al instante, cuando se presentó el verdadero Anfitrión ante ella, la escena ocurrida se duplicó, salvo que ahora por los verdaderos protagonistas. Anfitrión saludó a la amada con el relato de sus hazañas y ella parpadeó perturbada. Como sería de esperar, al mostrarle la copa incautada la envolvió con dulces requerimientos convidándola a cumplir su promesa.

—¿Cómo es que no estás satisfecho? —repuso; recomienzas el relato como si nada, como si no me hubieras descrito una por una las muertes del enemigo y mi respuesta en el lecho tampoco bastara. Mal puedo moverme de tanto que me has amado durante ésta, la más larga noche con la que nos han cobijado los dioses. "¿Qué es lo que dices, esposa mía? Aquí están los hombres que me acompañan, aquí mi esclavo Sosia y a tus pies la evidencia de mi venganza cumplida... Piso el umbral tras un largo viaje y ninguna otra cosa que no sea el deseo habrá de cumplir mis ansias."

No bien acababa de sorprenderse con lo que le refería la virtuosa Alcmene, cuando un rayo se interpuso entre ellos, por lo que Anfitrión se dio cuenta de que nada menos que Zeus se le había adelantado. El adivino Tiresias confirmó la sospecha de que el Padre del Cielo lo había hecho cornudo. Reconstruyendo la trampa, se dieron cuenta de que también Hermes participó en el engaño al hacerse pasar por Sosia, el esclavo que guardaba la alcoba para comunicar la victoria del amo y el que, en una de las numerosas versiones del mito del nacimiento de Heracles, protagoniza el diálogo fundador del doble que se define bajo su nombre hasta nuestros días.

—¿Quién eres? —preguntó Hermes al esclavo con entrenada saña.

—Soy Sosia, enviado de mi amo Anfitrión para anunciar la victoria a su esposa.

—¿Sosia? ¿Qué haces delante de mi portal? Yo soy Sosia y esclavo del señor de esta casa.

—Eso es imposible —repuso el verdadero esclavo—. Yo soy Sosia.

—¿Cómo te atreves a decirme que te llamas Sosia si yo me llamo Sosia y soy Sosia? —dijo enojado el dios a lo que, desconcertado, repuso el infeliz engañado—: si tú eres yo y eres Sosia, entonces, ¿quién soy yo?

—Tú eres nadie mientras yo sea Sosia. Cuando me canse de ser Sosia, entonces te daré permiso de ser el esclavo que fuiste y llamarte otra vez Sosia.

Reconstruyendo el suceso, se dieron cuenta de que el amo, la copa, el esclavo, todo allí se había desdoblado por obra de Zeus, con excepción de la deshonrada Alcmene. Consciente de que contra el dios no era posible emprender ninguna revancha, algunos creen que Anfitrión se apresuró a preñar a la esposa, que de golpe entendió que ya se movía en su vientre la materia del dios.

Nueve meses después Alcmene habría de parir gemelos, Heracles e Ificles; el primero, producto de su relación con Zeus; el segundo, de Anfitrión. Antes de llamarlo Heracles o "Gloria de Hera", se le nombró Triseleno o hijo de la luna que fuera triplicada por el dios para acrecentar la fuerza del niño que, según Diodoro, desde antes de concebirlo se convirtió en el mayor orgullo del Padre del Cielo y, por tanto, en móvil de los insufribles celos de Hera, quien no cejó en su intento de destruirlo desde el momento en que su marido anunció a la asamblea del Olimpo que el que nacería al despuntar la aurora, antes que todos los descendientes de Perseo, sería el jefe de los argivos.

Heracles, enlace entre la rivalidad de los dioses y las aspiraciones de los mortales, se transformó desde entonces en el héroe por excelencia, que no sólo derrota a Hera, sino que se hace acreedor a la inmortalidad como recompensa de sus trabajos.

Alcmene, Hera y Heracles forman un triángulo simbólico en la escena helénica. Mujer, diosa y héroe superdotado físicamente reúnen entre sí el repertorio de cualidades y defectos que anteceden al estado de conciencia que permite a todos los seres circunscribir su situación en el Olimpo y el mundo.

Pese a sus diferencias, los une una misma confusión de funciones respecto del ideal de humanidad apenas deslindado en los mitos y del proceso espiritual mediante el cual llegaron los griegos a construir una poderosa civilización a partir de la idea de destino, desde sus estados más primitivos hasta la experiencia organizada de la educación, por la que elevaron sus capacidades a un rango superior. Por cuanto entraña el nacimiento y posterior desarrollo de Heracles, o Hércules, como se modifica su nombre mediante el filtro latino, advertimos que la hebra de curiosidad que devino en la más alta conquista de la lógica y de la abstracción filosófica procede de la lucha esencial entre el poder de la voluntad, la voluntad de actuar y el poder de modificar los elementos primarios de la conducta y la adversidad, indivisibles de la doble figura de la sobrevivencia y la muerte. De allí la carga vital, creadora y plástica que entrañan los mitos, verdadera fuente de nuestro pensamiento inclinado a la búsqueda de una grandeza inseparable de la voluntad altísima de un pueblo que aprendió a esculpir su destino desde un profundo y casi instintivo sentimiento de dignidad.

Alcmene es la mujer seducida por un dios que carece de voluntad para determinar su destino; ni con su divinidad consigue Hera gobernar a plenitud el suyo, porque su historia transcurre entre desvaríos de sus celos humanizados y empeños divinos, casi siempre supeditados a las acciones de Zeus, su marido y regente supremo; y Heracles, uno de los mayores héroes de la Antigüedad, requiere una fuerza sobrehumana para vencer las pruebas que lo harán acreedor no del control de su propia vida, sino de la inmortalidad, por la que honrará para siempre al Padre del Cielo que lo engendró.

El tiempo de los mitos, anterior al de la tragedia, cuando aprendieron los hombres a luchar con su alma contra el destino y a reconocer su propia potencia, nos brinda la lección de cómo se trama la vida desde la hondura del miedo. Y el miedo fue lo primero que se atrevió a desafiar el héroe, antes de pretender igualarse a las entidades y mucho antes de cualquier brote de inteligencia educada. Experimentaban un miedo distinto al padecido por nuestras mentalidades complejas; estaba mucho más apegado al instinto y desprovisto de expectativas, que ahora se acompañan de melancolía. Luchar por vivir los sustraía no solamente de padecimientos imaginarios, sino que encauzaba su enorme energía para imaginar sucesos y personajes extraordinarios. La naturaleza los cobijaba; pero también los intimidaba su profusión de tormentas, rayos, centellas, sequías, huracanes o eclipses, así como su abundancia de fieras y elementos desconocidos, contra los que tenían que batirse auxiliados por la magia o la bondad de los dioses.

Y eso es lo que resalta en la figura del héroe y su fuerza: magia, custodia divina y el hallazgo de la valentía temeraria, atributos que hicieron de Heracles modelo de arrojo para cualquier guerrero. Un modelo que, en su caso, comenzó a manifestarse desde antes de su nacimiento cuando, a causa de los alardes de Zeus ante los otros olímpicos, Hera enloqueció por los celos e ideó patraña y media para impedir que el hijo de Alcmene naciera en la aurora y fuera, según lo anunciado, el jefe de los argivos. De Zeus consiguió la promesa de que si a la casa de Perseo le nacía algún príncipe antes del anochecer, sería rey supremo, aunque hubiera anunciado el cetro en favor del hijo del Alcmene.

Que de un salto abandonó Hera la cima del

Alcmene

Olimpo, escribió Homero en la *Iliada,* y llegó a Micenas, donde sabía que en la casa de Perseo estaba Nicipa, esposa de Esteleno, en su séptimo mes de embarazo; le indujo el alumbramiento para que el sietemesino se adelantara al producto de Zeus y gobernara por derecho propio en Argos, ya que era por madre y padre descendiente directo del noble Perseo. Luego corrió a Tebas a sentarse con las piernas cruzadas frente a la alcoba de Alcmene, ató en nudos su ropa y entrelazó todos sus dedos para demorar los trabajos de Ilitía, la diosa del parto, hasta que el prematuro Euristeo, hijo de Nicipa y Esteleno, estuviera durmiendo plácidamente en su cuna.

Disgustado porque el nacimiento de Heracles ocurrió con retraso, Zeus no tuvo más remedio que cumplir su promesa para mitigar el furor de Hera. Asió de la cabellera a su hija mayor, Até, quien le impidió mirar el engaño, y le hizo girar la cabeza para lanzarla a la tierra mientras gritaba iracundo que en castigo nunca le permitiría pisar otra vez el Olimpo. En una de las versiones del mito, a cambio de no violar su palabra jurada, convenció a su esposa de que su hijo Heracles accedería a la divinidad en caso de realizar 12 trabajos que indicaría el propio Euristeo cuando reinara sobre los pueblos argivos; otra asegura que cuando, víctima de una horrenda locura, Heracles asesinó a su esposa y a sus hijos, acudió a Delfos en busca de algún sosiego; allí, el oráculo dijo que para expiar sus crímenes debía realizar las 12 memorables tareas impuestas por Euristeo, en las que fincó la leyenda de su inmortalidad.

Sea cual fuere la versión más acertada, lo innegable es que Alcmene repudió a Heracles desde el instante del nacimiento; a su gemelo Ificles lo cobijó por ser hijo de matrimonio y al primero lo abandonó tras las murallas de Tebas. Vigilante desde su trono olímpico, Zeus acechaba minuto a minuto los movimientos del niño. Vengador y avezado, hizo pasear a Hera por los linderos de Tebas con la entrenada Atenea para que por casualidad se encontraran a la criatura. "Mira, querida Hera, ¡qué niño saludable y robusto!", le dijo Atenea a su maternal compañera, quien más tardaba en lamentarse por su abandono que en descubrirse el pecho para amamantarlo. Heracles chupó del pezón con tal fuerza que la diosa lo arrojó de sus brazos, atravesada por el dolor. Expulsó un chorro de leche tan vigoroso que ascendió al firmamento para convertirse en la Vía Láctea. Allí reparó en la treta de Zeus y allí mismo el niño llevó en su nombre la gloria de Hera quien, a su pesar, le había transmitido en la leche el aliento inmortal.

Condenada a participar de su crianza, Hera tuvo que recoger al pequeño en la llamada "llanura de Heracles" y aceptar la treta de Zeus, aunque eso no mitigó su aborrecimiento del héroe, pues desde entonces lo persiguió para descargar en sus obras los celos que la enardecían contra Zeus.

Alcmene, por su parte, después de amamantar a los niños, corroboró la divinidad del mellizo Heracles cuando, dormidos cada uno sobre sendos escudos de bronce recubiertos con suaves vellones, fueron amenazados por un par de serpientes de escamas azuladas que Hera soltó en el umbral con la intención de provocarle la muerte. Ificles lloró de miedo al observar que los ojos de los ofidios arrojaban llamas y escurría veneno por sus colmillos. Heracles, en cambio, esperó a que las culebras se aproximaran lo suficiente para pillarlas y las estranguló, una en cada mano, de un solo apretón.

Ante la escena, no dudó más Anfitrión: Ificles era su propio hijo y Heracles de Zeus. Al menos reconoció que el dios no poseyó con violencia a Alcmene, aunque las consideraciones amorosas que tuvo con ella asumiendo su propia figura no se debieron a ninguna amabilidad, sino al interés de engendrar al primer hombre que accedería a la inmortalidad por sus propios méritos. Y la eligió por virtuosa y firme en sus convicciones, porque así como su voluntad era inquebrantable, también cumplía su palabra, como si se tratara del mejor de los dioses.

De las numerosas relaciones entre los dioses y los mortales, nacieron los fundadores míticos del linaje heleno. Hesíodo cantó que aquellas mujeres, las mejores de todos los tiempos, soltaron su cinturón para unirse con dioses. Alcmene, por su figura y su ánimo, sería la más insigne de todas, no solamente por su vínculo con Zeus, sino por el nacimiento de Hércules, el "defensor contra la destrucción de hombres y dioses". En su leve aparición por el mito, Alcmene sugiere el trasfondo religioso y moral que ya se gestaba en la edad de bronce. En la virtud que rige su vida individual se leen los indicios estructurales de una sociedad campesina que, con el heroísmo de sus mejores hombres, emprendió una larga carrera hacia la expresión más alta del pensamiento.

Deméter

Aunque inferior en categoría a Afrodita, Atenea, Artemisa o Hera, Deméter gozó de un lugar especial en el Olimpo, no por su belleza ni su inteligencia, sino por su signo primaveral, que la elevó a patrona de las cosechas. Como Hera y Hestia, diosa del hogar doméstico, la diosa de los campos de cebada fue devorada al nacer por su padre Cronos y rescatada por Zeus y su madre Rea del vientre del Tiempo. De su relación incestuosa con Zeus tuvo una hija que en su doncellez fue llamada Core y después Perséfone, al ser raptada en las colinas de Eleusis por su tío Hades, dios de los infiernos.

Algunos dicen que Deméter parió a Dioniso, vástago de Zeus; otros, que Perséfone lo concibió en el Tártaro, cuando fue fecundada por Hades transmutado en serpiente. Cualquier relación de Dioniso con Dione, la diosa del roble; con Ío y con la propia Deméter, diosa del cereal, o con Perséfone, diosa de la muerte, se explica porque el mito dionisiaco comenzó a partir del prototipo de un rey consagrado que era abatido ritualmente por la diosa armada de un rayo para ser devorado por la sacerdotisa durante las ceremonias anuales que se celebraban en su honor. Al margen de este vínculo probable con la deidad de los placeres y del vino, a Deméter se le atribuyen algunos amoríos deliciosos, como el protagonizado con Poseidón cuando, llorosa y desalentada, vagaba en busca de su hija y él, transfigurado en veloz corcel, corrió tras ella no exactamente para procurarle consuelo, sino para disfrutar su reconocida pasión.

Se sabe que Deméter, cansada de preguntar aquí y allá sobre el paradero de la joven, se olvidó de coqueteos y ayuntamientos con titanes o con dioses y comenzó a pacer, transformada en yegua, con el ganado de un tal Onco, supuesto vástago de Apolo, que reinaba en un lugar de la Arcadia llamado Onceium. Segundo inventor de la brida, después de Atenea, custodio de los equinos e indudable precursor de las carreras, Poseidón la reconoció sin dificultad y al punto la cubrió bajo la forma de un vigoroso semental. De esa unión forzada, como casi todas las emprendidas por los dioses, nacieron la ninfa equina Despena, y Arión, célebre caballo cimarrón que suele asociarse con Pegaso y los manantiales de agua, aunque Pegaso fuera a su vez engendrado por Poseidón con Medusa. Impetuosa como era, la ira de la ultrajada Deméter fue de tales consecuencias que desde entonces se la adoró en la región bajo el apelativo de "Deméter Erinia" o, en nuestra lengua, "Deméter la Furia".

Poca importancia habría adquirido Deméter, la de cabeza de yegua, de no haber sufrido en su hija la agresión de Hades, también miembro de la primera generación de olímpicos, engendrado por Cronos y Rea, que de un día para otro decidió que necesitaba una esposa y, sin detenerse ante nadie, tomó a la inocente Core para entronizarla en el Tártaro, lo que equivalía a interrumpir su existencia para hacerla reinar sobre los muertos.

La figura de Deméter, a pesar del signo de fecundidad que la envuelve, está rodeada de complicados misterios. Se la relaciona con las fases de la luna, con el cambio de las estaciones y con prácticas de la maternidad doliente. Sus iniciados celebraban ritos en su honor, quizá asociados con los ciclos de fertilidad y como desafío a las tinieblas; algo parecido a una lucha incesante contra la muerte mediante el recomienzo de la vida. Hesíodo le atribuye un hijo llamado Plutón, símbolo de la riqueza, fruto de sus amores agrestes con el gigante Iasio, lo que ha hecho suponer a los mitógrafos que así significaban los griegos que el único y más auténtico origen de la riqueza es precisamente la agricultura.

Deméter, pese a su sensual evocación como yegua apasionada y a sus amoríos en praderas con titanes y dioses, encarna una maternidad tan recelosa y posesiva que hasta parece que no fuera su hermano

Hades el responsable de su desolación y de sus mayores vicisitudes, sino el hecho mismo de que su hija emprendiera una aventura sexual con el tío, sin distingo del lugar donde al fin se desposaría, y que de esa aventura ella eligiera permanecer al lado del amado. El destino hizo reinar a Hades en el Tártaro y para él el amor estaba proscrito. Se quejó de que no había en el mundo ni en el Olimpo diosa, ninfa o mujer que accediera de buena o mala manera a compartir la profundidad de ultratumba.

Que Hades se prendara de la doncella de hermosos tobillos cuando en las praderas floridas bailaba graciosamente con sus amigas, las hijas de Océano, es imagen hasta cierto punto común en la fábula griega. Homero canta en su *Himno a Deméter* que las muchachas estaban contentas, recogían azafrán, hermosas violetas, lirios, jacintos, rosas y narcisos que la tierra había engendrado por voluntad de Zeus para cautivar a las niñas de rostro chapeado. Lo distinto, y el episodio que fortalece al mito, es la actitud de la madre, de esa diosa aparentemente feliz en su silla de oro, gozosa durante sus andanzas ocasionales, siempre fecunda y sin tribulaciones hasta la hora en que algo entrañable, su fruto precioso, le es arrancado, raptado en la tierra en un intimidante carro tirado por corceles negros para transportarlo al infierno, donde habitaban los muertos.

Lloraba Core en su cautiverio sombrío, añorando la vida, y lloraba la madre mientras la buscaba en cada rincón del mundo. Ayunaban las dos, se llamaban una a la otra hasta que, para retenerla en el Tártaro en bien de su amo, el jardinero le hizo comer bajo engaños los granos nefastos, la granada de los muertos que además la haría prenderse de Hades hasta encenderse de amor, a pesar de que el efecto del infierno fuera precisamente volver su corazón en hielo.

Cuando la diosa supo que la pequeña había desaparecido —contó Homero—, rompió su diadema sobre su cabellera divina, cubrió sus hombros con un velo sombrío y se lanzó como un pájaro por tierra y por mar en busca de su hija perdida. Envejecía de tristeza, pero nadie le quiso decir la verdad. Nadie se atrevió a confesar que el dios de la muerte había raptado a la joven. No hubo ave que se atreviera a portar para ella mensaje consolador y así anduvo durante nueve días con sus noches, con antorchas ardientes para alumbrar las cavernas, hasta toparse con Hécate, quien, conmovida, por fin le susurró la verdad: "A tu hija la han raptado", le dijo temblando. "¿Quién?", repuso la madre desesperada. "Hades", respondió la vieja y, al principio, Deméter no le creyó: "Es mi hermano, jamás me faltaría de semejante manera".

Para confirmar la noticia, Hécate le aconsejó consultar a Helios, que todo lo ve y todo recuerda desde su trono, en el techo del cielo. Convencida por fin, Deméter se presentó ante Zeus para exigirle justicia; pero Hades se le había adelantado con rogativas en la asamblea del Olimpo y, a la manera de los políticos de todos los tiempos, alegó ante Poseidón y Zeus que también merecía una esposa. "A diferencia de ustedes, deidades solares, yo estoy forzado a vivir en los oscuros confines y allí sólo encuentro mujeres destruidas por el dolor. Ustedes se repartieron el cielo y el mar. Ustedes eligen y se divierten con doncellas o diosas; yo, en cambio, reino sobre el desolador paisaje de la penumbra y sobrellevo mi cetro en gélida soledad."

Responsable de la justicia, ordenador de los asuntos del Olimpo y del mundo, a Zeus se le plantea un dilema terrible. Core es su hija, Hades su hermano y Deméter la madre doliente, y con ninguno de los tres quería enemistarse. Confiado en la guía del destino, primero envió a Hermes con la consigna de hacerle entender a Hades que tenía que encontrar otra joven para desposarse sin tantas contrariedades; luego pidió a Deméter comprensión para sortear las pruebas que solucionarían el enredo con equidad. A su hija la hizo llamar de regreso, a condición de que no hubiera probado el alimento de los muertos que Ascalafo, el jardinero del Tártaro, le hace morder en el instante de despedirse, a las puertas del Tártaro.

El hecho o clave mítica está en el momento en que Deméter acepta el trato con Zeus y con Hades después de enterarse de que su Core es ya Perséfone, enamorada de Hades y virtual regenta del infierno, porque a su pesar ha comido los granos fatales. Así es como, doliente aún, jura la diosa tender en el mundo un paisaje desolador, reflejo de su vaciedad, de su sentimiento de despojo, de su maternidad agredida. Deméter funda el invierno para espejear su tristeza. Ensombrece la tierra con árboles sin hojas, campos resecos, flores marchitas, y multiplica la escena de hombres y animales que mueren de hambre debido a que nada puede crecer sin su voluntad.

Así, antes de que la persuadieran los dioses de bendecir otra vez la tierra para devolverle su fertilidad y el ciclo de las cosechas, Deméter vaga como sombra de su sombra, bañada en lágrimas y demacrada a causa de su prolongado ayuno; erra Deméter sin rastro de su frescura ni de su fascinante jovialidad. Madre mancillada, durante su pesar amohína su antigua sensualidad; vuelta ella misma en Hécate, está ahora lejos de parecerse a la amante que prendara a Zeus; Deméter es una pobre doliente encanecida y profundamente marcada por la sensación de impotencia que la domina. En su rostro lleva la huella desoladora de la pena y, como en una oración, se la ve susurrando que nada, salvo el retorno de Core, podría reanimarla.

Inseparable de las antorchas, así es como en el mito Deméter tributa la muerte de Core y acuerda con Zeus que, para actuar en justicia, la joven distribuirá su tiempo entre el mundo de los vivos y el Tártaro. A cambio de ver a Core otra vez a su lado, aunque sea por unos meses al año, como dictaminara el Padre del Cielo para compensar la desdicha de Deméter, ésta se compromete a regresar el verdor a la Tierra durante ese periodo, el suficiente para hacer crecer la semilla. Accede a hacer de los cultivos recipiente exacto de los ciclos de vaciedad y de vida. Los meses restantes, cuando Perséfone reina en el infierno, corresponden a la estación invernal, al periodo del frío en que el mundo se vuelve sombrío y desesperanzado. Una vez que Perséfone retorna a las praderas, estalla la primavera, florecen las plantas y todo se dispone a una nueva cosecha. El mito cuenta también que, en testimonio de gratitud por haber recobrado a su hija, Deméter regaló al rey de Eleusis, hijo de Triptólemo, una espiga prodigiosa cuyas virtudes él debía transmitir, montado en un carro alado, para revelar el secreto de cómo domesticar la vegetación y el arte de la agricultura. A Deméter se consagró Eleusis, capital del Ática, porque, según el mito, fue en sus praderas donde Hades robó a Core y donde la propia diosa anunció vengarse con el invierno y la siembra de la muerte si no le regresaban los dioses a su hija.

Según otra versión, Deméter se encontró con Hécate, la diosa-luna, y juntas fueron a ver al dios-sol, el poderoso Febo o Helios, para que él describiera los pormenores del rapto. Si bien aceptó el Sol haberlo atestiguado, no les dijo en dónde ocurrió exactamente ni quién era el dios responsable.

Ante el abominable silencio de Helios, Deméter abandonó el mundo de los dioses, iracunda y apesadumbrada. A los congregados en el Olimpo juró jamás regresar ni acordarse de ellos. Así es como en el festival de la semilla se evocaba a la diosa velando su pena a la orilla de un pozo, el pozo de la Virgen, esperando que alguien le viniera a informar dónde encontrar a la doncella.

Durante los festivales, solía recordarse que Deméter, mientras permaneció en Eleusis aguardando noticias, sirvió como niñera envejecida en una mansión próxima al pozo de la Virgen, su principal santuario, donde parecía Hécate en su fase envejecida, una Hécate inseparable de Perséfone.

Ningún labriego pasaba por alto la condena de Deméter a la tierra. Se representaba en un desfile la imagen sombría del año aquel en que no habría fruto ninguno hasta que los sufrimientos determinaran a Zeus y a todas las deidades a ir, una tras otra, a suplicarle a Deméter que aplacara su ira.

Sin embargo, Deméter logró que la liberada Perséfone se acompañara de Hécate para volver a su lado al Olimpo durante los meses primaverales. Ya en la gloria, la tierra reverdeció y las flores brotaron con los granos portadores de la vida. No caben por eso los hombres ni las doncellas en el ritual de las tesmoforias, según se corrobora en la comedia de Aristófanes *Las tesmoforiantes*.

Éste es uno de los misterios relacionados con las rogativas de fecundidad de los cereales en honor de

Deméter

Deméter que se llevaban a cabo en Atenas durante los días 11 al 13 del mes pianepsión (octubre/noviembre), época de la cosecha, cuya ceremonia se apartaba de la liturgia porque las tesmoforiantes sacrificaban lechones y revolvían sus restos con tierra para fomentar la fertilidad de ésta.

Durante aquellos días, las mujeres dormían en tiendas cercanas a los santuarios. No podían faltar los excesos carnales después del ayuno ni los actos dionisiacos alusivos quizá a las andanzas de Deméter en las praderas ni a sus gozosos encuentros sexuales. Casi nada quedó del trasfondo del culto. Secreto como era, el tiempo se llevó el misterio. De no ser por indicios trágicos, por algunas pinturas y por los informes parciales de Jenofonte, ni esto elemental sabríamos respecto a los complicados quehaceres sagrados de las mujeres de Grecia en honor de su diosa.

Core

Entre los griegos abundan los mitos relacionados con el amor. Los dioses practican una sexualidad ardorosa, inseparable de la pasión y del uso de artimañas, que incita los sentidos y procrea rivalidades que a su vez eslabonan otras historias prodigiosas. Todo comienza por algo insignificante, una voz, la ráfaga del deseo, un pequeño juego en las praderas; después, el drama se desencadena y se deja ir, se pierde en el cauce siempre incierto de la flama o de los estallidos impredecibles de los más afectados, casi siempre mujeres. Cada episodio toma rumbos inauditos y, de tan fantásticos, sus enredos se oyen en el Olimpo, como el aire que gime en la oscuridad del otoño.

Y de esa materia está hecha la potencia helena, de la misma pasión que nutre el miedo a la muerte. Sus mitos espejean un imparable vaivén entre la bajeza y la grandeza, entre el dolor y el placer, entre la fuerza y la debilidad o entre el orden y el caos. Y es que fueron ellos los que representaron con mayor lucidez la verdadera condición humana. Por medio de sus historias nos internamos en los vericuetos de la conducta, aprehendemos el sentimiento de orfandad que nos lleva a postular un poder superior y descubrimos que, cuanto más humanizados y diversos, sus dioses nos enseñan que no es de un solo poder el camino de la libertad ni la tolerancia, sino que más hombre es el hombre cuando puede crear entidades que abarquen las posibilidades del sueño y la razón. Antes que otras civilizaciones, los griegos supieron también que la humanidad tiende más a la locura insana que al amor divinizado, más a la perversidad que a la prudencia y más al poder excluyente que a las normas ordenadoras.

Los mitos por eso enardecen, porque fueron forjados al calor de la luz en los días en que la criatura humana sólo entendía revelaciones y mensajes consagrados; y esto ocurrió cuando por sus venas corría la materia divina y el cuerpo tributaba sus dones al atizar la conducta con el mechero de la pasión.

El hombre, devoto de la magia, inclinaba su cuerpo con sencillez ante los poderes supremos al percibir que algo distinto ocurría en sus rincones recónditos. Lo abrasaba entonces su hilo interior y sólo hallaba sosiego al descargar su efusión.

Mundo de magia, de juego, agresión y brutalidad, sólo mediante fábulas se percibe el alcance de este signo en el que andan mezclados el furor y la imaginación. Baste repasar algunos mitos para darnos cuenta de cómo los asuntos entre los propios dioses o entre dioses y hombres eran sanguinarios y a la vez creativos, cuando era posible creer en raptos mágicos y en acuerdos sensatos, en gestaciones heroicas o en alumbramientos portentosos.

Core, por ejemplo, engendrada por Zeus y Deméter, suscitó la pasión del tenebroso Hades cuando aquélla paseaba con sus amigas tocando la flauta por alguna campiña, cantando y recolectando las flores primaverales. Y cómo no iba a prendarse de ella ese barbudo dios de la muerte e impío dueño del inframundo si jamás mereció para sí ningún culto, templo o tributo a causa de su intimidante fama como amo de las sombras. Descubrió a su sobrina Core, fresca, sonrosada, jovial y en todo contraria a las mujeres que habitaban su reino de tristeza y desesperanza, y con ello quedó asentado que el amor es posible inclusive en la inerte-ultratumba. Reconoció en ella la sensualidad de Deméter y el vigor supremo de Zeus. La observó diferente entre el resto de las muchachas y no dudó: raptaría a Core para calentar la gelidez de su corazón, para resistir a su lado el paisaje de la tiniebla o para entibiar el horror que le provocaba el espectáculo de la muerte.

Hades la acechaba a distancia y a veces se aproximaba. Core no se fijaba en él, pues las doncellas son precisamente doncellas por su natural inocencia y candor. Sin embargo, el dios del inframundo, enamorado, fue al Olimpo a pararse ante Zeus para que le permitiera desposarse con ella. Que no le otorgaría ni negaría su consentimiento, le respondió el hábil dios, acompañado de Apolo, pues no ignoraba lo difícil de tal situación. No sólo se las vería con Deméter, sino que él tampoco podía permitir que su propia hija se fuera a reinar al Tártaro. Negarle el favor a su hermano, el más temible de los hijos de Cronos, conllevaba por otra parte el peligro de desatar en el mundo la fuerza que Hades ejercía sobre los muertos. La figura de Core representó, desde entonces, uno de los peores retos para el Padre del Cielo. Antecedente de la justicia suprema, Zeus consideró que a todos estaba obligado a satisfacer, inclusive a él mismo, pues en el juicio comprometía su deber paterno. Incapaz de discurrir la respuesta, dejó al destino el veredicto final, aunque sabiamente antepuso la condición de que si Core en su estancia obligada en el Tártaro no había probado la granada letal podía regresar con su madre. La vaguedad, en este caso, determinó el curso de los sucesos, igual que en la vida.

Y así se portó Zeus ante la rogativa de Hades, sin afirmar ni negar nada. En situaciones como ésta, era costumbre que el Padre de los Cielos espetara dobles y triples mensajes hasta desatar el conflicto entre los agredidos, sin perder su arbitraje ni el mando, pues él mismo, transmutado o no para realizar sus caprichos sexuales, solía involucrarse en complicados ultrajes, en enredos apasionados o en crímenes no desprovistos de intrigas con diosas o con mujeres. Sin embargo, tratándose del destino conyugal de Core, era obvio que debido a la doble autoridad divina y paterna de Zeus, Deméter jamás le perdonaría desposarla con su propio hermano, el más abominable de todos, porque se trataba nada menos que del dios de los infiernos.

Es comprensible que nada fuera peor para las expectativas de una joven excepcional que la de pervivir en ese mundo subterráneo, custodiado por monstruos, como Cerbero, que impedían el acceso a los vivos, a la alegría y a los placeres del corazón. Alguna vez Orfeo y Heracles pudieron penetrar en vida el reino tenebroso, sólo porque burlaron a los monstruos que resguardaban la entrada. Uno por salvar a la amada y el otro para rescatar a Perseo, conocieron ambos en su viaje pormenores del silencio y de la sombra; pero el infierno era, del modo mejor que quisiera mirársele, lo más abominable para quien sólo merecía iniciarse en los juegos del amor y del deseo.

Dubitativo frente al dilema de poderes que planteaba Hades de una parte, y de otra la adivinada indignación de su otrora amante y madre de la joven, Zeus prefirió no comprometerse con ninguno. Eso permitió que Hades raptara a la doncella mientras ésta recogía flores quizá en Sicilia, en Hermione, en Pisa, en algún lugar florido de Creta o tal vez en Eleusis, como aseguraban los sacerdotes de Deméter cuando discutían la mítica trayectoria de la madre.

Dueña de los secretos del lecho, indiferente a las ligas del matrimonio y famosa por sus correrías amorosas con Yaco, el titán de quien se prendara en las bodas de Cadmo y Harmonía, Deméter perdió la alegría para siempre al enterarse de que su pequeña Core había desaparecido. Así, decidió emprender su búsqueda por regiones distantes. Anduvo la madre nueve días con sus noches de sitio en sitio sin comer ni beber, llamándola a voces, como si el viento llevara su nombre para conmover los infiernos; pero éstos no se conmueven ni hay en su gélida profundidad ningún rescoldo que procure rectificación ni cambio en la actitud radical de las Moiras.

Deméter, quebrantada, preguntaba aquí y allá sobre el paradero de Core. Describía sus cabellos dorados, la sonrisa jovial de la casi niña que apenas tenía cabeza para entender el horror que sellaba su vida. Clamaba piedad la diosa, amenazaba, rogaba, pero nadie daba señales de darse cuenta del rapto ni aparecían testigos que supieran dónde y cómo recogía flores cuando el malévolo dios extendió sus manos huesudas para subirla a su oscura carroza. La vieja y misteriosa Hécate, cuya presencia solía anticiparse por el aullido de algunos perros, fue la única que, en tenebroso susurro, dijo al oído de Deméter que creyó haberla oído gritar con angustia en alguna pradera. "¡Un rapto, un rapto!", aseguró que gritaba Core, pero que a pesar de su prisa no llegó a tiempo para salvarla.

Desesperada de vagar, amaneció Deméter el décimo día con la amenaza de impedir que la tierra produjera frutos y alimento si su Core no aparecía sana y salva. Entonces, Triptólemo, el rey de Eleusis, o acaso su padre Celeo, temeroso de que su pueblo sufriera las consecuencias del hambre y la penuria, le reveló a la diosa el nombre del raptor, que no tardó en ser confirmado por Helios, quien todo lo vio desde su trono solar. Previamente, poco antes de desencadenar los efectos de su furia, Zeus envió a Hermes con un mensaje al Tártaro y otro para Deméter: "Si no devuelves a Core estaremos todos perdidos", y a ella: "Podrás tener de nuevo a tu hija a condición de que no haya probado el alimento de los muertos".

Sin embargo, había transcurrido tiempo

suficiente para que Core fuera engañada y comiera seis granos de la granada de los muertos que, además de desprenderla de la vida, la hicieron prendarse de Hades al grado de no querer separarse de él. Como todo ignoraba sobre el acuerdo de Zeus, la joven no dejó de llorar hasta que vio que los emisarios divinos llegaban por ella en el carro de Hermes. Calculador, Hades miraba y esperaba. No bien la ayudaba Hermes a subirse al carro dorado, cuando uno de los jardineros gritó que no podía irse de ahí la doncella porque él mismo la había visto comer las semillas. Hades ordenó entonces a Ascalafo trepar a la parte trasera del carro y acompañarlos a deliberar ante Zeus en nombre de la justicia.

Al enterarse de que todo estaba perdido, Deméter juró no volver nunca al Olimpo. Tampoco conjuró su maldición y dijo que viviría para vengar en la forma de un insalvable invierno la pena de su hija.

Ante tal dilema, Zeus acudió a Rea, la madre de Hades, de Deméter y de él mismo, en pos de consejo y ayuda. Le rogó que persuadiera a Deméter y buscó, con su divina intervención, un acuerdo justo para todos los implicados, porque a estas alturas ni para un dios era posible retroceder el tiempo ni volver las cosas como eran antes del rapto. Se acordó que Core, desposada con Hades y renombrada Perséfone, pasaría tres meses al año como reina del Tártaro y los nueve restantes ascendería a la tierra para reunirse con su madre, a condición de subir y permanecer acompañada de Hécate, quien desde entonces se convirtió en su custodia.

Agradecida, aunque no tan conforme, Deméter fundó las estaciones, reguló el ciclo de las cosechas y fue llamada Diosa del Pan y Señora de las Semillas; Perséfone, por su parte, se entronizó en el Tártaro, aprendió a amar a Hades y vagó durante el periodo indicado en las praderas mediterráneas, donde aún se respira su aliento florido y se escucha su canto primaveral.

Para Robert Graves, Core simbolizó al grano verde, el más tierno y esperanzador; Perséfone a la espiga madura y Hécate al cereal cosechado. Es decir, el mito involucra a Deméter frente al binomio Core/Perséfone o doncella/reina del infierno, lo que equivale a un signo agreste y un credo unívocamente asociados con el cultivo de la tierra.

Asegura Robert Graves que el rapto de Core por Hades centra el mito en la trinidad helénica de dioses que se amaridaba forzosamente con la triple diosa prehelénica que concentra sus asuntos mayores: Zeus con Hera, Zeus o Poseidón con Deméter, y Hades con Core.

En los tiempos primitivos, esos vínculos remontaban la usurpación de los hombres en los misterios agrícolas o de fecundidad femeninos; de ahí que el episodio en el cual Deméter anuncia que ya no habrá de proporcionar cereal a los hombres de no regresarle a Core no es sino otra versión de la intrincada conjura de Ino, la hija de Cadmo y Harmonía y esposa de Atamante, también vinculado al mundo tenebroso, para destruir la cosecha y la obra del cónyuge aborrecido.

Aplicado al ceremonial litúrgico de Grecia, el mito de Core aclara por qué solían enterrar los labriegos una muñeca de cereal en el invierno, para desenterrarla después, al empezar la primavera. Costumbre que por cierto sobrevivió en el campo durante la época clásica y, con variaciones, vino a influir en los pueblos rurales de la región hasta el medievo.

Perséfone quiere decir "la que trae quebrantos". También se la conocía en Atenas por Parsaffata, que a su vez significaba "la que fija la destrucción"; con este símbolo pasaría al depósito mitológico de Roma, pues Proserpina era para ellos "la terrible" ninfa que durante los ritos sacrificaba al rey sagrado. El título de Hécate, por su parte, equivale a "un centenar" y se refiere a los cien meses lunares de un reinado, acaso el de Perséfone en el infierno, y a la cosecha cien veces lograda.

Afrodita

EN EL principio de los tiempos Eros fue incubado por la Noche para obrar el prodigio de la creación. Al Amor lo precedieron los portadores del destino y otros símbolos adversos relacionados con el olvido, el temor, la abominable vejez, la insidia o el odio. Hasta entonces la luz no alumbraba esa región oscura de la existencia; por tanto, para afirmar su sentido vivificante, la potencia nocturna engendró el móvil complementario de Afecto, para que sirviera de guía positiva a las complicidades y de contrapunto a los dolores que hacen llorar.

Antes del todo animado, se resentía la ausencia de signos para abatir el hambre, la violencia, los crímenes y demás acciones aciagas de aquellos vástagos tenebrosos, nietos del Caos, cuya obra en el mundo aún suscita tristeza y arrastra el vacío que se percibe en el corazón en ocasiones desventuradas. El inigualable vigor de Eros, relacionado con sacudimientos revolucionarios o de renacimiento interior, creó uno de los sentidos más hondos del ser: puso en movimiento la vida, activó los sentidos y provocó el despertar de las emociones tanto en los seres pequeños como en los héroes. Perturbó el orden y, figurado como un Ker alado, al modo de la Vejez o la Peste, aún realiza sus travesuras disparando al azar sus flechas doradas para incendiar a sus víctimas sin distingo de sexo o edad.

Hay quienes dicen que Eros, anticipado al nacimiento de todos los dioses, fue contemporáneo de la Tierra y del Tártaro durante el impulso primero del Caos; otras versiones lo tienen por fruto de los ayuntamientos de Afrodita con Zeus o que, según versiones sumadas al paso del tiempo, fue engendro de Arco Iris y del Viento Oeste, lo que acentúa su carácter simbólico al relacionarlo con la inocencia perfecta y con los juegos de luz que alegran el ánimo para recompensar las tormentas.

Su libertad indómita, sin embargo, se parece a la de las criaturas nocturnas que nada ni a nadie respetan. Su goce consiste en alterar lo apacible y, a diferencia de las demás entidades, el Amor transmite en su infancia eterna el sello de un engañoso candor que enmascara lo inesperado con esa inocente perversidad que en ocasiones altera a sus víctimas, cuando caen en estado de desamor o sufren el pánico que suele enturbiar la esperanza de los amantes.

Propio de Eros es la unidad. Por él fue posible el abrazo primero, el del Cielo y la Tierra, que procuró el nacimiento de todos los seres divinos y humanos. Emblema de la perfecta armonía, gracias a él se impulsó la fecundidad, que el arte de la seductora Afrodita embelleció con multitud de actitudes que ponen a los amantes en estado de alerta frente a los daños que mengüen su estado de adoración. Eros y Afrodita gobiernan juntos lo secreto y lo público. Son indiscretos, apabullantes y deliberadamente perturbadores. Con ingenuidad aparente, se mira a la joven hermosa y al niño alado como un par de criaturas inofensivas; pero son capaces de sacudir hasta las piedras o de remover las capas más duras del corazón.

Ella con su ceñidor mágico; él con su arco y sus flechas en la aljaba; los dos se acompañan para cautivar a capricho, aunque pretendamos negar sus influjos en favor de la conveniencia y la seguridad. Su poder es sutil al principio: un estremecimiento aquí, el suspiro que brota allá, la curiosidad que se aviva al reconocer al amado y la chispa levísima que de pronto se enciende como leño reseco; después, flechados sin remedio, los enamorados sucumben al estallido y el mundo parece pequeño para colmar la pasión. Surgen trampas, se interponen obstáculos o se reparten mal las dosis de amor para impedir la reciprocidad o arrastrar a la muerte a los que no consiguen consumar su furor. Para escasos afortunados, el destino otorga la gracia de restaurar la unidad a condición de que la libertina Afrodita no retire sus dones de las parejas estables.

Cuando se emprende el cortejo, se embellecen los cuerpos, los sentidos se afinan con el deseo de agradar y los movimientos se dulcifican. Si Eros fusiona, Afrodita aproxima; ella provoca el deseo, despliega atenciones que divinizan a los amantes y los hace sentirse eternos, leves, hermosos y únicos. Confiados en el inagotable poder de la diosa, unos descuidan los riesgos en la ruta de los ajustes y entonces ocurren las indeseadas reacciones: si ceden a la frivolidad, perpetran el caos; otros no comprenden las leyes de Amor hasta que el sufrimiento les enseña a relacionarse con sabiduría para cultivar el sosiego de las parejas que, en estaciones de reconocimiento sexual, cambios internos y satisfacciones armónicas, absorben el elíxir afrodisiaco. La mayoría no desentraña jamás la materia amorosa ni comprende sus desvaríos. Para ellos es más sencillo ceder a la tentación del combate que persistir en los corredores emocionales de dos que se aman. Por eso la insidia reina a sus anchas cuando fracasa la seducción y las entidades nocturnas se apoderan de los mortales sin el favor de la tregua.

Adorados por la magia envolvente de sus mercedes, Amor y Afrodita prodigan o niegan su gracia a los mortales, y los infortunados se van de esta vida sin conocer los regustos de los placeres sensuales. También suscitan recelos, desencadenan tragedias y remueven las conciencias dormidas de quienes creen que poseen para siempre al cónyuge, hasta descubrir que las travesuras de Eros han provocado la destrucción de su pequeño universo domiciliario.

Afrodita, la más deseada y temida, inseparable de su corte de cupidos, se incorporó a la asamblea de dioses no por compartir con ellos un mismo origen, sino por el secreto atractivo de su ceñidor, que hacía que quienes la vieran se prendaran de ella hasta caer en delirio. No satisfecha con seducir ni con soltarse provocadoramente la túnica, la más bella criatura tentaba a hombres o dioses con el sinfín de artimañas y sortilegios que ahora llamamos "afrodisiacos". Jamás le importó la fertilidad, pues para eso estaban las protectoras del matrimonio o la familia; tampoco practicó virtudes domésticas ni corresponde a su signo atadura ninguna. Afrodita es a la libertad lo que el calor a la flama. En su nombre se multiplicaron aromas, roces, brebajes, texturas, semillas, invocaciones, encantamientos, cualquier cosa o recurso, con tal de adueñarse hasta del hondo aliento del ser amado.

Infiel eterna, desleal y batalladora, la portadora del amor se distingue por su argucia amañada. Su magia entraña el misterio de la transformación y, a pesar de la rabia que despierta en otras mujeres y diosas, sólo ella es capaz de administrar la pasión y manipular a su antojo a la humanidad. Cura, restaura, une lo disímil, embellece lo feo, encuentra mitades perdidas, concilia, ilumina, hechiza el instinto, enceguece al más lúcido y colma de satisfacciones que no se sustituyen con otros deleites.

Natural compañera de Ares, sus relaciones con el dios de la guerra confirman que batallar y amar son pasiones afines, al modo del impulso y la acción. Incontrolables los dos, ambas deidades traman la historia del hombre y en sus avatares arrastran los móviles que suelen acompañar al poder. Escogió por esposo al incauto Hefestos, hijo de Hera, y al punto lo hizo cornudo. Feo y laborioso, su dominio sobre la forja y el yunque de nada sirvieron para borrar su cojera ni menos aún para mitigar su debilidad. El pobre Hefestos la amaba como el que más; pero Afrodita iba y venía por lechos y campos floridos sembrando deleites en el reino de los instintos.

Suscitó guerras históricas, como la memorable de Troya. Inspiró las más grandes tragedias y crímenes espantosos. En su nombre cayeron reinos y hombres que se tenían por guerreros temibles. Hay mujeres que, al modo de las antiguas griegas, la invocan con devoción. Ruegan a voces su gracia. Renuncian a todo con tal de compartir su poder o, en casos extremos, acuden al misticismo para inquirir en la divinidad lo que los hombres por sí mismos no son capaces de provocar.

Su mito es uno de los más perdurables porque a Afrodita, ayer como hoy, la envuelve un indescifrable misterio. Se la odia y se la llama, y ella está ahí, siempre al acecho de la pasión, siempre hechizante, siempre certera.

La interpretación de Hesíodo ilumina el mito de Afrodita con signos de sensualidad que la colocan por encima de cualquier fantasía antigua o moderna sobre la versatilidad del amor. Escribió en su *Teogonía* que en la primera generación de dioses, cuando Gea dio a luz a Urano, semejante a ella misma, esperaba que el dios del cielo la protegiera por todas partes y sirviera de asiento seguro para los dioses felices; pero el astuto dios, que en la mitología griega no destacó por sus hazañas ni logró importancia similar a la de sus descendientes olímpicos, sólo mostró verdadera grandeza cuando, imbuido de amor, se desplazó entre la noche y abrazó a Gea, extendiéndose sobre ella; luego, una vez definido como la primera deidad masculina, fundó la rivalidad sexual y el afán de dominio.

Además, Gea alumbró por sí misma, sin el auxilio del delicioso amor, a las grandes montañas, que serían morada de ninfas, y al estéril mar de impetuosas olas. Más tarde decidió unirse a Urano, pues el cosmos no contaba con otra cosa que no fuera el producto de la propia creación. Del maridaje entre el Cielo y la Tierra nacieron Océano, Ceo, Crío, Hiperión, Jápeto —nombre que acaso inspirara el del Geppeto, el amoroso carpintero que construyó a Pinocho y, con él, uno de los últimos mitos en la edad contemporánea—, así como Tea, Rea, Temis, Mnemósine, Febe, la coronada de oro, y a la amable Tetis. Al final de tan larga estirpe nació Cronos, el más astuto y temible de todos, el dios que se llenó de odio hacia su padre porque éste preñaba una y otra vez a su madre, pero no dejaba salir del vientre a los hijos y ella, para protegerlos, los escondía bajo sus pliegues profundos.

Antes de concebir al furibundo Cronos, la Tierra engendró a los tres cíclopes de orgulloso pecho y un único ojo circular en el entrecejo, Brontes, Estéropes y el violento Arges, quienes le regalarían a su joven sobrino Zeus el trueno y el rayo, sus divisas supremas, cuando éste emprendió la lucha contra su padre el Tiempo. Vástagos asimismo de Gea, perturbadores por su maldad, Coto, Briareo y Giges fueron los monstruos de 100 brazos y 50 cabezas que decidieron el triunfo de Zeus sobre los titanes, aliados de Cronos. Tales gigantes, al igual que las Furias, nacieron cuando la sangre del castrado Urano fecundó la Tierra, quien más tarde habría de dar a luz a Tifón, producto de su relación con su hijo Tártaro.

Antes de que Afrodita existiera, Urano impedía los alumbramientos de Gea para que su terrible progenie no mirara la luz ni lo desafiara. Hinchada y adolorida, suspiraba la Tierra, pero sin dejar de preñarse otra vez. Se lamentaba entre juramentos y venganzas malignas, mientras el Cielo se enseñoreaba orgulloso de sus malas acciones, hasta que, cansada de sujetarse a sus normas, construyó una hoz para batirlo e instigó a sus hijos a enfrentarse con él para hacerlo pagar sus ultrajes.

Sólo Cronos atendió el llamado materno y, armado con la hoz acerada, se lanzó contra él en una emboscada. Esperó que Urano se tendiera otra vez sobre su madre en la negra noche y a toda prisa segó sus genitales de un solo golpe. No obstante su corte certero, escaparon algunas gotas de sangre sobre la Tierra cuando arrojó el miembro al mar, las cuales fecundaron a Gea para procrear a las poderosas Erinias, a los grandes gigantes y a las ninfas llamadas Melias.

El miembro de Urano quedó ahí, mecido vigorosamente por las olas, arrojando una espuma que se alargaba en el ir y venir de las aguas. La espuma navegó primero a Citera y después las corrientes la orientaron a Chipre, donde se formó de ella una hermosa muchacha, ceñida con la más bella corona, que tomaría de la espuma su nombre: Afrodita, aunque además la llamarían Citeria por su primer desembarco cuando, desnuda sobre una concha, navegaba buscando morada. Isla insignificante, Citera fue sin embargo referencia de paso. De ahí se trasladó Afrodita al Peloponeso y después a Pafos, en Chipre, donde se instituyó la sede principal de su culto. Acompañada de Eros, brotaban las flores donde posaba sus pies y las Estaciones, hijas de Temis, la adornaban con vestimentas cambiantes. Rodeada de sugestivas palomas, emblema de la lascivia, la nacida de la espuma se hizo acompañar del apuesto Hímero hasta que la joven se incorporó en el Olimpo a la tribu de dioses, quienes no tardaron en hacerla uno de ellos, a pesar del enojo que provocara en la corte de diosas.

Patrona del amor, la belleza, el deseo y, por

añadidura, la fertilidad, Afrodita inspiró desde entonces la intimidad, los engaños, las dulces sonrisas, el placer, el afecto y la mansedumbre que su padre Urano llamaba Titanes al injuriarlos.

En la natural confusión mitográfica, se considera también a Afrodita hija de Zeus y Dione, la diosa del roble, donde anidaban las palomas y los gorriones. Lo cierto es que su vínculo con la espuma celeste, que serpentea fortalecida por el oleaje, embellece su posición de seductora sin par. Amante infatigable, no se le conoce reposo sexual. Eligió como esposo a Hefestos, el herrero cojo constructor de las armas aqueas, aunque desde antes de consumar sus esponsales su pasión se inclinó por el impetuoso Ares, el pendenciero patrón de las guerras, con quien engendró a Fobos, Deimos y Harmonía, que hizo pasar como hijos de matrimonio.

Si Afrodita no hubiera permanecido demasiado tiempo en el lecho con Ares, los rayos de Helios no los habrían delatado. Enceguecido de celos, Hefestos forjó una red de bronce tan fina, imperceptible y resistente como tela de araña y la ató por todos los lados del tálamo nupcial. Afrodita regresó de Tracia cargada de excusas para justificar ausencia tan prolongada; pero Hefestos, lejos de manifestar disgusto, le anunció que él mismo estaba por vacacionar un largo periodo en Lemnos, su isla predilecta. Según lo previsto, Ares no tardó en acudir al llamado de Afrodita, y al punto se tendieron los dos a continuar sus amores sin imaginarse que caerían enredados en la trampa tendida amañadamente a su alrededor.

Cuando quisieron levantarse, los amantes se dieron cuenta de que, desnudos y sorprendidos, tenían que esperar el regreso de Hefestos para ser liberados. Y como el cojo se tardaba creyendo que los hacía sufrir alargando su ausencia, ellos se aprovechaban en nombre de la pasión.

Encolerizado, el herrero no se contentó con corroborar el adulterio de su mujer, sino que a voces llamó al resto de los dioses para que todos atestiguaran su deshonor. La lección, sin embargo, no se hizo esperar: divididas por pudor o porque ya percibían el brote de una íntima seducción, las opiniones vertidas frente al enredo de los amantes no satisficieron al mancillado. Por su parte las diosas, revestidas del entrenado pudor con el que administraban a discreción una falsa debilidad, se negaron a presenciar el aprieto y mejor se quedaron a chismorrear en sus aposentos.

Los dioses mal oían los alegatos de Hefestos porque cada uno se deleitaba con las formas sabrosas de la bella Afrodita, envidiando la suerte del atrapado y sonriente Ares. Que no pondría en libertad a su esposa, gritaba el herrero, hasta que le regresaran todos los regalos que había hecho a su padre Zeus para que intercediera en favor de sus esponsales infortunados. Mientras el insultado vociferaba babeante de rabia, sin que ninguno le contestara en favor o en contra, Apolo comenzó a susurrar con disimulo al oído de Hermes:

—Oye, ninguna es mejor que Afrodita. Lo de Ares no es trampa ni nada, sino un premio envidiable. ¿No te gustaría estar en su lugar, a pesar de la red?

Por su propia cabeza, Hermes juró a Apolo que no con una, sino con tres redes y a costa de los castigos y la desaprobación de todas las diosas estaría en lugar de Ares en la cama con Afrodita, aunque fuera una sola vez. El comentario los hizo reír tan ruidosamente que el cuarto se estremeció y

Zeus, con entrenada solemnidad para no regresar los regalos, dictó su sentencia: no correspondía a él, Padre del Cielo, ni a ninguno de los dioses olímpicos allí presentes, intervenir en asuntos privados de marido y esposa. Vergüenza debería darle a Hefestos por exhibirla desnuda, en brazos de amante tan pendenciero y a todas luces más apto que él, pues Ares aparecía victorioso y hasta divertido en situación tan ridícula. Hefestos, en cambio, orgulloso de la perfección de su red invencible, actuaba como las comadres vulgares al publicar su desgracia y, para colmo de tontería, aun se atrevía a requerir la devolución de sus dones sin reparar en que los dioses jamás regresan ninguna ofrenda, mucho menos tratándose del codicioso Padre del Cielo.

Las situaciones más dramáticas suelen coincidir con las de mayor ridículo. Afrodita atrapada en el lecho con su amante por la red del laborioso Hefestos, a la vista de todos los dioses, constituye una de las escenas más divertidas de la mitología griega. De ella se desprenden numerosas aventuras de la diosa y otros sucesos reveladores de la naturaleza de los inmortales. Para Ares, por ejemplo, no representaba ninguna afrenta la reclamación del esposo ofendido. Dios de la guerra, más bien se deleitaba con sus rabietas y, sin separar su cuerpo del de Afrodita, aprovechaba la vulgar ocasión para lanzar bravuconerías o desafiar por tonto al infeliz Hefestos, ya que no eran de honor, por cierto, los cuidados que prodigaba su infiel esposa.

Parado en silencio en uno de los lados de la cama, Poseidón se enamoró de Afrodita al mirarla desnuda, pero hizo lo posible para que no lo notaran. Sintió que el fuego lo devoraba, creció su miembro por el deseo y no tuvo en su mente nada

más que la obcecada intención de unirse también con ella, aunque el precio fuera el mayor castigo. Amo de los caballos, dios del mar y de los terremotos, también sabía de sacudimientos imprevisibles; atenazado por los celos que sentía secretamente por Ares, aparentó estar del lado de Hefestos y tomó la palabra para exponerles una solución que creyó conveniente.

—Ya que Zeus se niega a ayudar al esposo agredido —dijo Poseidón ante los amantes que seguían en la cama— y no accede a regresar los regalos que Hefestos le hiciera para ganar su favor al desposar a Afrodita, yo me encargaré de forzar a Ares para que pague el equivalente y satisfaga su honor ofendido.

—Sí, sí, eso está muy bien. Yo deseo esa satisfacción —repuso el infortunado Hefestos en tono tan lúgubre que a todas luces dejaba notar su dolor de enamorado ofendido—; pero si el pendenciero Ares no cumple, como es de esperar, tú ocuparás su lugar en la red y, según lo juré en su momento, no podrán salir tú ni Afrodita hasta que me considere completamente desagraviado.

Sabio como era, Apolo soltó una carcajada por tan ingenua proposición.

—¿Quedarse en la red, dijiste? ¿En compañía de Afrodita? Mi pobre Hefestos —dijo el bello, virtuoso y maduro Apolo—, ¿te das cuenta de lo que has discurrido?

—Es que no puede creer que Ares incumpla —se apresuró a intervenir Poseidón con nobleza aparente—. Pero si así fuera, si Ares faltara a su palabra y se fuera por ahí a continuar sus bellaquerías, yo estoy dispuesto a cumplir por él y también a desposar a Afrodita para rescatar su honor y protegerla de nuevos acechos.

Los dioses allí congregados deliberaron entonces, siempre movidos por la simpatía de la apetecible Afrodita, y decidieron que Hefestos debería liberar a su rival Ares para que éste regresara a la Tracia sin causar más problemas y que Afrodita tendría que volver a su nativa isla de Pafos, en Creta, para que la espuma que la engendró renovara su virginidad en el mar.

La indiscreción de Hefestos, para desgracia suya, lo señaló en la historia de todos los tiempos como el más grande y candoroso cornudo. Olvidada del episodio, Afrodita se bañaba en sus aguas primordiales coqueteando como si nada, mientras Hefestos continuaba sufriendo al calor de su forja. Allá la fue a alcanzar Hermes, para confesarle su amor y halagarla con dulces palabras. Afrodita, según su costumbre, se soltó el mítico cinturón para tenderse una noche con él sobre las tibias arenas cretenses y juntos engendraron a Hermafroditos, esa criatura extraña, sujeta de cultos e interpretaciones acomodaticias, que se distinguiría por su doble sexo desde que, según remotas versiones, fue amado por Salmacis, la ninfa de la fuente donde solía bañarse. Prendada de su belleza sin par, rogó con la mayor devoción a los dioses que fundieran sus cuerpos en uno solo para que perdurara por siempre su abrazo. Los dioses atendieron su ruego y de la fusión de Salmacis y Hermafroditos surgió la quimera bisexual, que en parte recuerda el mito platónico de los seres que fueron divididos en mitades complementarias.

Según lo acordado y toda vez que Ares incumplió su promesa, lo mismo que Hefestos, quien jamás llegó a divorciarse de Afrodita, ésta también accedió a los requerimientos de Poseidón, con quien procreó a Rodos y Herófilo. Al tiempo, Homero cantaría en sus *Himnos* otros amoríos memorables de la diosa, como el protagonizado con el hermoso y libertino Dioniso, del que vino a nacer una monstruosa criatura, emblema de la fealdad, que apenas podía caminar por la desmesura de sus genitales. De este niño, llamado Príapo, se cuentan muchas leyendas; la más difundida lo relaciona con los celos eternos de Hera quien, afectada por los inútiles requerimientos de Zeus a Afrodita, se vengó en este hijo dotándolo del más obsceno de los aspectos para que nadie olvidara los efectos de la lujuria de la diosa nacida de la espuma; sin embargo, apacible como era, Príapo se convirtió en el jardinero por excelencia, en honor de su madre. Desde entonces se lo representó acompañado de los instrumentos para dedicarse al cuidado de las flores primaverales.

Algunos mitógrafos aseguran que Zeus, disgustado por la indiferencia de su hija adoptiva, la obligó a enamorarse perdidamente de un mortal, no obstante sus exigencias de diosa. En el mito afrodisiaco, ciertamente, se cuenta que quizá Eneas fuera hijo de Afrodita, producto de sus ayuntamientos con el troyano Anquises, rey de los dardanios y nieto de Ilo, a quien ella engañó al adentrarse en su choza disfrazada de una princesa frigia. Ataviada de suave túnica roja y calzada con sandalias que mal se notaban por su tejido finísimo, Afrodita amó con intensidad al troyano en un lecho formado con pieles de osos y leones, mientras a su alrededor zumbaban arrulladoramente miles de abejas.

Al despertar, en la aurora temprana, la diosa le reveló su identidad al monarca y le hizo jurar silencio para que nadie supiera que se había acostado con él. Horrorizado, Anquises recordó que mirar la desnudez de una diosa arrastraba en castigo la muerte y de rodillas clamó piedad. Con astucia, fingió Afrodita que le perdonaba la vida y le anunció la paternidad de un niño que no tardaría en afamarse por sus hazañas. Homero recuerda que, pasado el espanto primero, Anquises volvió a ser el mismo y que al ser inquirido al beber con sus compañeros sobre si no preferiría dormir con una mujer real, hermosa y al alcance de su mano, mortal como ellos, y no con la misma Afrodita, él respondió que le parecía absurda la pregunta porque, habiendo conocido el placer de una y de otra, cualquier comparación le resultaba disparatada.

Vigilante de los hechos humanos y divinos, Zeus vivía con un ojo en alerta sobre los asuntos del mundo y con toda claridad escuchó las jactanciosas palabras de los troyanos. No bien acababa de alardear Anquises, cuando entre él y los demás bebedores dejó caer su rayo desde el Olimpo, que con seguridad le habría causado la muerte de no haber interpuesto Afrodita su cinturón para proteger al amado. Todo se estremeció de repente.

Llovieron chispas aquí y allá y, a pesar de que la diosa había desviado el rayo maléfico, la sacudida dañó al infeliz hablador, quien nunca más pudo caminar erguido ni disfrutar de los placeres del lecho.

Afrodita, conmovida aún por los rescoldos de la pasión, nunca dejó de manifestar su preferencia por los troyanos durante la memorable batalla contra los griegos. Inclusive continuó visitando a Anquises hasta que se cumplió el nacimiento de Eneas. Al darlo a luz, sin embargo, mágicamente se borró su deseo, desapareció su interés y nunca más posó sus ojos en él.

Inagotables, las hazañas de Afrodita se descubren en su hora olímpica y, después, en todas las aventuras de los amantes. Su hechizante figura se invoca por guerreros y reyes, por pastoras y refinadas mujeres. Y allí está Afrodita al acecho, seduciendo con su belleza perfecta, con la mano dispuesta a la altura del ceñidor para soltarse la túnica en las ocasiones menos previstas.

Las Gorgonas

D E LUZ y de oscuridad, bellas, horrendas, aguerridas, insidiosas, sensuales, hechiceras, amables, piadosas o batalladoras: de todo abarcó la mitología helena tratándose de mujeres y diosas. La conducta y los sueños encontraron a la depositaria adecuada para simbolizar la diversidad de la vida, y con el conjunto formaron un vasto diccionario de nombres, rostros y edades que perdura a pesar de los siglos como la más alta lección de humanidad. Ninfas, vírgenes, madres, amantes o quimeras, los griegos cultivaron la costumbre de dotar a cada una de individualidad a partir de las primeras generaciones de dioses, quizá para subrayar su certeza de que el ser es único e irrepetible, porque está llamado a consumar la misión que, desde antes del nacimiento, determina el destino.

Hay un signo distintivo del carácter, pero también una cualidad que califica al personaje, lo que hace de la literatura griega un paseo exuberante de voces y modalidades que definen la vida. Así como Circe es la hechicera de hermosos cabellos, la Aurora temprana tiene dedos de rosa; Nemerte tiene la misma inteligencia que el padre, y las 50 hermanas que nacieron del estéril mar Nereo y Dóride, la hija de Océano, se distinguen unas por sus mejillas o sus tobillos y, otras, por sus delicadas acciones hogareñas.

Las deidades del mar, Ceto y su hermana-esposa Forcis, por su parte, engendraron a las Grayas de hermosas mejillas, canosas de nacimiento, a quienes los inmortales y los hombres llamaron ancianas. También a Penfredo, de túnica sin igual; a Enío, de manto azafranado, y a las tres Gorgonas, que habitaban en el límite de la noche junto a las Hespérides de armoniosa voz, cuya tarea consistía en resguardar el manzano de frutas de oro, que Gea regaló a Hera en sus esponsales con Zeus. Las Hespérides además vigilaban el árbol de Ladon, el dragón abatido por Heracles, de donde procedían las manzanas que arrojaba a su antojo la ágil cazadora Atalanta, quien se negó a desposarse a menos que apareciera el hombre capaz de vencerla en la carrera; a los derrotados los condenaba a morir. Hipómenes aceptó el reto; para ello, Afrodita lo aconsejó y le regaló tres manzanas de oro a modo de subterfugio para distraer a la competidora. Al dejarlas caer a intervalos en su recorrido, Atalanta no resistió la tentación de pararse a recogerlas y, desde luego, perdió la carrera.

A las Gorgonas Esteno, la poderosa; Euríale, la gran viajera, y la desventurada reina Medusa, según Hesíodo, correspondió encarnar la monstruosidad femenina. Las primeras eran inmortales y exentas de vejez. La tercera, la más astuta, era mortal. Con ella yació el suave Poseidón, el dios del mar de azulados cabellos, hijo de Cronos y Rea, en el prado más mullido, entre flores primaverales. Tan perturbadora como aberrante, en Medusa convergen ese tipo de sugerencias que suelen incitar el rechazo de nuestra cultura judeocristiana y la atracción del misterio. Es la diosa del sexo y, por la abundancia de sangre que brota de su cabeza coronada de serpientes, también simboliza la fecundidad. De ahí que a sus encuentros con Poseidón se deban las referencias amatorias en campos floridos o en lugares en que, a causa del coito allí celebrado, suele crecer la yerba.

Narra Hesíodo en su *Teogonía* que, cuando Perseo le cortó la cabeza a Medusa, surgieron el inmenso Crisaor y Pegaso, cuyos nombres se deben a que Crisaor llevaba una espada de oro en sus manos, y Pegaso por haber nacido junto a las fuentes de Océano. Al abandonar la tierra en pleno vuelo, esta suerte de caballo alado se arrimó a la región de los inmortales y habitó desde entonces en la morada de Zeus para ayudarle a cargar el trueno y el rayo. De la unión de Pegaso con Calírrade, hija de Océano, nació el tricéfalo Gerión, muerto a manos de Heracles en Eritea, junto a los bueyes de patas de rueda, el día en que se llevó a estos animales de ancha frente a la sagrada Tirinto.

La fecunda y tenebrosa Ceto, madre de las Gorgonas, engendró en una cueva a otro monstruo femenino, en nada parecido a mortales ni a dioses, la divina Equidna, de vigorosa mente, mitad joven de hermosas mejillas y ojos vivaces, mitad serpiente terrible, enorme, brillante y salvaje. Inmortal y pérfida, Equidna es la eterna joven retenida por los árimos bajo tierra por siempre. Aceptó los amoríos de Tifón, el transgresor insolente, y parió nada menos que al perro Orto para Gerión y después al salvaje Cerbero, el perro de broncínea voz infernal, portador de 50 cabezas, insaciable y feroz. En tercer lugar, Ceto engendró a Hidra de Lerna, la perversa madre de Quimera, que exhala indómito fuego, enorme, de rápidos pies y violenta. Hidra fue criada por la diosa Hera, quien quedó inmensamente irritada contra el fortachón Heracles porque, hijo de Zeus y tutelado por Atenea, mató finalmente a su protegida, con ayuda del belicoso Yolao.

En este universo de monstruos y personajes nocturnos, las Gorgonas representan una forma auxiliar de lucha de los hijos de la Tierra contra el poder de los dioses. Criaturas aladas y con serpientes en vez de cabellos y manos de bronce, su deliberada fealdad se acentuaba por la nariz achatada, cara redonda y larga lengua expuesta entre feroces colmillos de jabalí. Reinterpretadas al paso del tiempo, evocan las deformaciones de la conciencia, que en psicoanálisis se consideran pulsiones pervertidas: sociabilidad, sexualidad y espiritualidad.

Célebre por su facultad de volver piedra cualquier cosa o ser que mirara, Medusa sobrevivió hasta los días del Renacimiento no solamente como emblema protector de las armaduras y equipo de guerra, sino por la fuerte culpabilidad que suscita en quien mira su cabeza decapitada, la cara del inconsciente que impide cualquier gesto reparador. Y es que no basta la visión de la verdad, no es suficiente con enfrentar la culpa, hay que resistirla porque, en su horror implícito, el espanto del propio descubrimiento paraliza a quien se ve a través de él. Quizá por sus efectos inhibidores más ocultos, su cabeza fue sepultada bajo un túmulo en el ágora de Argos, donde se creía en su doble capacidad de intimidar a enemigos y amigos.

Sobre todo a partir del siglo V a. C., el rostro de Medusa comenzó a humanizarse. Es la joven alada con cabeza de serpientes, de quien Heracles robó uno de sus cabellos para regalarlo a Estérope, uno de los tres cíclopes nacidos de Gea y Urano, llamado también Relámpago. Se dice que este cabello tenía la virtud de producir tormentas y que fue utilizado para defender del ataque enemigo a la ciudad de Tegea. En numerosos relieves y en algunas estatuas aparece inclusive una medusa con rasgos bellos en el instante de su muerte.

Sujeta también a la interpretación de numerosas versiones, la mítica Medusa está sin embargo vinculada con la batalladora Atenea, a quien responsabilizan de sus poderes funestos. Inclusive se ha llegado a suponer que Palas, el gigante cabrío alado, era el padre de Atenea y que ésta agregó su nombre al suyo después de que, al tratar de violarla, ella lo despojó de la piel, con la que hizo la égida que siempre la acompaña, y también le arrancó las alas, que desde entonces puso en sus propios hombros. Otros helenistas aseguran que la piel de su escudo no era de Palas, sino de la gorgona Medusa, que obtuvo al desollarla, después de haber sido decapitada por Perseo.

Bellas en un tiempo, las Gorgonas habitaban en lo que hoy conocemos por Libia, en el extremo occidente del padre Océano y, desde sus orígenes, simbolizan el enemigo que debe vencerse. Al parecer, el ensañamiento de Atenea contra Medusa provino de uno de sus olímpicos ataques de celos, cuando cierta noche la Gorgona se acostó con Poseidón en uno de sus templos. Furibunda, la diosa la transformó en el monstruo alado de ojos deslumbrantes que lleva la lengua colgando entre colmillos de fiera. La armó de garras afiladas y le puso serpientes en vez de cabellos. Después la condenó a convertir en piedra a los hombres que cruzaran por su mirada y a causar horror con sólo evocar su nombre.

Robert Graves asocia a las Gorgonas con la diosa triple. Se dice que llevaban máscaras destinadas a espantar a los extraños para alejarlos de los misterios que entrañaban sus rostros. Lo cierto es que para Homero sólo existía una Gorgona, refundida en el Tártaro en forma de espectro, que causó el terror de Odiseo. Consta, no obstante, que los panaderos de Grecia pintaban máscaras de gorgona en sus hornos para que los entremetidos se guardaran de curiosear y de dejar pasar la corriente de aire que echara a perder el pan.

Son muchos los atributos asignados a la decapitada Medusa. Al parecer, Atenea regaló a Asclepios, el fundador de la medicina, dos redomas con la sangre que se derramó del cuello de la Gorgona al desprenderse la cabeza en el momento de la estocada. Con el líquido extraído de las venas del lado izquierdo podía resucitar a los muertos, mientras que con la sangre del lado derecho mataba instantáneamente. También se creía que la sangre había sido repartida entre diosa y médico; que Asclepios la usaba para curar, mientras que la diosa la destinaba a destruir e instigar las guerras que después tutelaba, y que Erictonio había recibido a su vez de la diosa dos de aquellas gotas para matar y curar y él mismo las había atado a su cuerpo de serpientes con cintas doradas para prodigarlas a conveniencia.

El mítico Perseo, verdugo de Medusa, ofreció la cabeza de ésta en prenda para ayudar a Polidectes a casar con Hipodamia, porque el último no tenía caballo ni oro para competir con la riqueza de sus rivales. Atenea, enemiga jurada de Medusa, para consumar su venganza se propuso ayudar al guerrero al escuchar su conversación. Lo condujo primero a Dicterión, en Samos, para que la reconociera entre las máscaras que allí solían exhibirse de las Gorgonas. Luego le advirtió que no la mirara de frente, sino en reflejo, y le regaló un escudo brillantemente pulido para espejearla. Hermes le entregó una hoz diamantina para decapitarla; después de repasar la advertencia, Perseo se dirigió al pie del monte Atlas para robar de las hermanas de las Gorgonas, las tres Greas, parecidas a cisnes, el único ojo y un solo diente que tenían entre sí, con la promesa de devolverlos a condición de que le dijeran dónde vivían las ninfas del Estigia, de quienes debía obtener un par de sandalias aladas, un zurrón mágico para guardar la cabeza cortada y el yelmo negro de la invisibilidad que pertenecía a Hades.

Cuando las Greas se pasaban el diente y el ojo de una a otra, se deslizó Perseo detrás de su triple trono y se los arrancó de las manos con suma facilidad, con lo que obtuvo la información requerida. Después recogió de las ninfas el zurrón, las sandalias y el yelmo y se dirigió a la otra orilla del mar, donde encontró dormidas a las Gorgonas, entre restos de hombres y fieras petrificados por Medusa desgastados por las lluvias. Fijó los ojos en el reflejo del escudo, según lo indicado, y le arrancó la cabeza con un solo golpe de hoz. Ante su asombro, en el instante surgieron del cadáver el caballo alado Pegaso y el guerrero Crisaor con una espada de oro en la mano y completamente desarrollados. Como él ignoraba que habían sido engendrados por Poseidón en el templo de la ofendida Atenea, se apresuró a guardar la cabeza en el zurrón y huyó empavorecido hasta ponerse a salvo en el sur, a pesar de que Esteno y Euríale, al ser despertadas por sus sobrinos, se levantaron a perseguirlo. Medusa, desde entonces, quedó sumida en el misterio hasta asociarse con el enigma del animal marino que lleva su nombre.

Eris y Erinias

ALGUNOS dicen que Eris y su hermano gemelo Ares fueron concebidos por Hera cuando la diosa tocó cierta flor que podría ser respecto del homicida la maya o espina blanca, mientras que para engendrar la Discordia tocó la flor negra o endrino, de donde la también llamada Disputa vino a absorber la cizaña. Portadora de humores perversos, Aris tiene en las Erinias o Furias su contraparte perfecta al infiltrar en el alma terribles castigos a la conducta lesiva. Eris se deja notar al estallar un problema; sin embargo, como las Arpías, las Erinias adquieren formas de perro o serpiente: reptan, ladran, muerden el corazón y siembran de terror la conciencia. Si Eris persigue la satisfacción de crear altercados, las Furias aparecen como instrumento de las venganzas divinas ante las faltas humanas. La Discordia, según Homero, es menuda al principio y se encrespa; luego, vigorosa e hiriente, yergue la cabeza hacia el cielo y se arrastra con el resto del cuerpo en el suelo envenenando lo que encuentre en su ruta.

Hijas de la sangre del mutilado Urano, la cual fertilizó a Gea, a las poderosísimas Erinias se las padece a solas, aguijonean la conciencia con remordimientos y, para infligir castigos, inducen estados cambiantes de autodestrucción, que pueden variar desde simples sentimientos de culpa hasta las más complejas expresiones de autodesprecio. A diferencia de Eris, que manipula el repudio para coronar su discordia con odios públicos, las Erinias se encargan de velar desde dentro el mantenimiento del orden y la prevalencia de la ley natural. Sancionan además los excesos malsanos, generalmente en privado, aun a pesar de los otros dioses y por encima de las reservas de voluntad que, para acallarlas, interponen los hombres cuando el tormento les roba el sueño o les impide el sosiego. Vengadoras del mal, vedan y advierten primero; pero, desatendidas, condenan sin límite y aniquilan desde la hondura del ser con la eficacia de la carcoma.

Nadie se escapó antes de sus sanciones. Nadie se escapa ahora. Las Erinias acuciaron a Edipo al conocer la verdad de su doble crimen y movieron su mano para arrancarse los ojos con la vana intención de apartarlas de sí con su carga de culpas. Pudo vencerlas al final de su vida cuando, en la paz del alma, recobrada por mediación de otros dioses, expió con sufrimiento y dosis de claridad la tiniebla de su conciencia. Para liberarse de los sufrimientos provocados por las Erinias, los hombres inventaron el acto de confesarse como vía de compensación o acaso de intercambio de un sacrificio por otro. Las Erinias cursaron los siglos, poderosas e inamovibles, hasta alojarse en el alma del hombre contemporáneo, caracterizado por su personalidad culpable. Entonces surgió el psicoanálisis y la humanidad exploró los vericuetos de la conducta para mitigar por la ciencia o la religiosidad su vigoroso furor. Por eso no es diferente el sufrimiento de Orestes que puso en movimiento a las Erinias por haber dado muerte a Clitemnestra, su madre, y hermana de Helena de Troya, del padecer de una mujer sin nombre que, por la perfidia de Eris, asesina a su propio hijo. A Orestes lo seguían las Erinias cual perros de caza, sin concederle un instante de paz; a la filicida de hoy la acosan con el sigilo de la serpiente letal y con no menos potencia de la que, entre nosotros, movió la mano de Jorge Cuesta a mutilarse primero de horrenda manera y después ahorcarse en la misma bañera en la que, en medio de un río de sangre, buscó una vía de expiación a su posible tormento incestuoso.

Las Erinias, deidades de signo dual, al ser vencidas por la bondad y por la purificación interior adquieren el nombre de Eumédidas por eufemismo de las Benévolas, cuando la razón, simbolizada por Atenea, reconduce la conciencia hacia estados favorables a la armonía. Alecto, Trisifona y Megara son los nombres de las tres Furias en su modalidad de espíritus crueles, que reptan en el inframundo torturando a los criminales.

Y si Ares, el tracio, ama desde tiempos inmemoriales la batalla por sí misma, Eris provoca la ocasión de batirse a través de rumores, inculcando los celos o despertando otras pasiones perversas. Ninguno de los gemelos elige partido o prefiere una facción sobre otra porque su complacencia es el odio, como quedó asentado en la *Ilíada* cuando Eris, por no haber sido invitada al convite de bodas del legendario Teseo, donde asistían otras diosas, decidió interponerse en la conversación amistosa de Hera, Atenea y Afrodita haciendo rodar una manzana dorada a sus pies en la que inscribió la leyenda "para la más bella", que se convertiría en la causa primera de la guerra de Troya, ocurrida en la generación posterior.

Tampoco Pirítoo, el hijo de Zeus y rey de los lapitas, que bajo la forma de un caballo semental corrió alrededor de Dias antes de seducirla, invitó a los gemelos a sus esponsales con Hipodamia, la domadora de caballos, a pesar de que acudieron, además de su amigo Teseo, rey de Atenas, el resto de los dioses olímpicos, porque recordó el daño que Eris había provocado en las bodas de Tetis y Peleo; sin embargo, la Discordia acabó por vengarse. Al banquete llegaron más huéspedes de los que podía contener el palacio y sus primos los centauros, junto con Néstor, Ceneo y otros nobles tesalios se fueron a sentar a las mesas dispuestas en una cueva cercana a la sombra de grandes árboles.

Se dice que, desacostumbrados al vino, los centauros lo olieron entonces por vez primera y, cautivados por su fragancia, rechazaron la leche agria que les habían puesto delante. Corrieron a llenar sus cuernos de plata y bebieron como venía el licor de los odres, sin mezclarlo con agua, hasta perder el sentido. Cuando la novia fue con su séquito a saludar a los que comían y bebían en la cueva, Euritión se levantó furibundo de un salto, derribó con violencia la mesa y la sacó arrastrándola del cabello. Los otros centauros siguieron su ejemplo nefasto y, tras romper mesas y vociferar, violaron masivamente a los muchachos y las muchachas que departían en el interior de la cueva.

Indignados, el rey Pirítoo y su paraninfo Teseo, recubierto con su piel de león, corrieron a salvar a la novia. Le rebanaron a Euritión ambas orejas y la nariz en señal de venganza y lo arrojaron de la caverna con la ayuda de otros lapitas. Dirigida por Eris y Ares, comenzó una feroz batalla que duró hasta el anochecer con un pavoroso saldo de heridos y muertos. Tal es el origen de la legendaria enemistad entre los lapitas y los centauros, a quienes Homero distingue como "fieras velludas" y, sus vecinos, los lapitas, como "desmenuzadores de pedernal".

Los trabajos de Eris son tan inmemoriales como incontables. Movió la mano de Caín para asesinar por envidia a su hermano Abel con una quijada de burro. Selló con inquina la historia de José y sus hermanos. Impidió consumar los amores de Julieta y Romeo, a causa de las disputas entre Capuletos y Montescos. Llenó de injurias la boca de Salomé para que decapitaran a Juan el Bautista porque se sintió despechada. Eris estuvo también en la lengua de Herodes al condenar a muerte a los niños para acabar con el Rey de Reyes y después, imbuida de su sed de conflicto, agitó a la turba para crucificarlo cuando hizo a Poncio Pilato lavarse las manos en público como signo de cobardía.

Sin embargo, estos innumerables crímenes no quedan impunes porque tras la Discordia avanzan las Erinias agitando el espíritu con sus pavorosos sentimientos de culpa, los cuales, cuando no provocan la autodestrucción y más muertes, tienden a animar fundaciones civilizadoras para expiar con actos de redención las faltas que se debaten en la conciencia contra los imperativos morales.

Aunque poderosos, los gemelos Eris y Ares no son invencibles. Reinan ahora en un mundo cada día más turbio y desasosegado; pero contra ellos se interpone la lucha de la razón y el imperio del orden jurídico. Anuladas en parte por el fanatismo y el deseo de exclusión, las Erinias no parecen caber en la conciencia de esta humanidad distraída con persecuciones y movimientos de odio; sin embargo, las Furias de la conciencia persisten en su labor vengadora porque en tanto exista la Discordia y su crimen inseparable estarán ellas con su veneno letal para inyectarnos remordimientos y tormentas internas.

Otros dioses de la Antigüedad se olvidaron o sus atributos se disiparon en las conquistas humanas; de Ares, Eris y las Erinias, en cambio, tenemos noticia cada minuto, en público y en privado. No existe hombre que no haya sido tocado por ellos ni conciencia que no se debata, en mayor o menor grado, contra el influjo de la cizaña o la culpa. Ahí están, siempre a la cabeza de la conducta, animando las luchas entre el orden y el caos, entre la perversidad y el sosiego de alma.

Las Moiras

HIJAS de Nyx y de Cronos, el más joven de los titanes, a las Moiras las envuelve el misterio que suele acompañarse de intimidación y temblor cuando pensamos en el destino. También se las llamó Parcas o Hilanderas, por la imagen que del nacimiento, la vida y la muerte sugieren sus triples tareas de hilar, medir y cortar la existencia.

Vestidas las tres de blanco, las Moiras ejercen el supremo poder de la Necesidad o la Parca Fuerte, al que los mismos dioses están sometidos, a pesar de que Zeus se atribuyera el derecho de jefaturar sus tareas. Cloto, Láquesis y Atropos, residentes del Olimpo y compañeras de las nueve Musas, con quienes solían cantar y danzar presididas por Atenea, al parecer sólo aceptaban presiones de Apolo, el dios de la profecía, de quien se creía que podía influir en el hado.

Aunque todos coincidan en que las Moiras "dan a luz", reparten la suerte de las personas, gobiernan sus vidas y determinan la muerte de cada quien, existen diferentes versiones sobre su origen, el ejercicio de sus funciones y el trato que mantenían con los otros dioses. Para Hesíodo, las viejas hilanderas son hijas de Nyx y, de manera alegórica, de Zeus y Temis, la Justicia. Cloto es la hilandera que sostiene la rueca; Láquesis, la trasegadora del hilo, y Atropos, la menor en estatura y la más terrible, la implacable que corta la hebra con sus abominables tijeras. De las tres, a ésta se la tenía por furia ciega porque, aunque se opusieran todas las divinidades en su conjunto, ella determinaba el "hasta aquí y no más allá", según respondiera el hijo de Ulises, Telémaco, al deseo de Néstor de que fuese ayudado por Atenea para ser señor libre, como se lee en la *Odisea*. Salvo milagros posteriores, como el de Lázaro, no sabemos de ninguna entidad que pueda devolver la vida a quien ha muerto ni remontar el tiempo para modificar el pasado. Tales son los dominios oscuros de las Moiras, pues son ellas las responsables de hacer que el destino se cumpla de acuerdo con el final que a cada uno le corresponde.

Se creía que era Zeus quien pesaba la vida de los hombres y que, al informar a las Hilanderas sus conclusiones, podía intervenir para salvar o condenar a quienes él dispusiera, cambiando el hilo de la vida en el huso de Cloto o al ser medido por la vara de Láquesis o que era capaz de influir sobre Atropos en el movimiento letal de sus tijeras; pero los hechos demostraron que ni él, que a sí mismo se llamaba "jefe de las Parcas" al pretender la soberanía suprema sobre los hombres, a propósito de que desapareciera Láquesis en el culto de Delfos, estaba por encima del rigor de la muerte. Por eso, en Hesíodo son prioritarias las Moiras, y su reino no sólo parece intocable en Heródoto, en los trágicos o en el mismo Platón, sino que imbuye el pensamiento de Roma bajo la figura de Parcas —Nona, Decuma y Morta—, quienes invariablemente infiltran con su oscuridad misteriosa los enigmas de todo el medievo hasta alcanzar nuestra civilización, con la misma certeza que llevó a la diosa Atenea a asegurar que "de la muerte no salva a la humana criatura ninguna deidad cuando la Determinación ha elegido".

Fueron inútiles los ruegos de Tetis a Zeus en favor de su hijo, cuando supo que la dañosa Moira dispuso su muerte temprana. Con ostensible impotencia, se lamenta Zeus por la ceguera de Héctor, que nada imagina de cuán cercano se encuentra su fin. Lo observa en todos sus movimientos, desde que se coloca la armadura de Aquiles y, no obstante su compasión suprema y su voluntad de hacerlo sucumbir con grandeza, sigue a distancia su inevitable carrera hacia la muerte. Sabe que Apolo abandona a su protegido en el momento en que se manifiesta el poder del destino y que, frente a la Necesidad, no le quedaba más que acatar la que sería sin duda una catástrofe.

El nombre de Moira se pronunciaba con reverencia, con la idea de la mortalidad y la certeza de referirse al sentido más elevado en la consumación del destino. Imbuidos de vanidad, los hombres supusieron que podrían dirigir su propio destino, que el hado sería tan flexible como la temeridad juvenil o como la falsa prudencia de quienes creen evitar los fallos de las Moiras eludiendo peligros innecesarios. De eso y de las tentativas de nuevos dioses o de inventos científicos se ríen las Parcas, como se rieron cuando Apolo las pretendió emborrachar para salvar de la muerte a su amigo Admeto.

Según Robert Graves, el mito de las Moiras parece arraigado en la remota costumbre de tejer las señales de la familia y del clan en los pañales del recién nacido, aunque en realidad ellas o las tres Parcas constituyen la triple diosa Luna, de ahí sus túnicas blancas y el hilo de lino que, en la modalidad de Isis, se consagra a la gran diosa. Moira significa "una parte", "una fase". La luna tiene tres fases o partes o personas distintas en una: la luna nueva o la diosa doncella de la primavera, en el primer periodo del año; la luna llena, equivalente a la diosa ninfa del verano o segundo periodo, y la luna vieja, diosa vieja del otoño, considerado el último periodo.

Los héroes homéricos se refieren a la Moira o Aisa como si la gran diosa determinara el destino en colaboración con los otros dioses; pero tarde o temprano se confirma que el hado es tan inamovible como fiel al tamaño de la hebra medida por Láquesis, la trasegadora. Homero representa el hado como un hilo enrollado en cada hombre, precisamente porque en sus evocaciones poéticas jamás descuida la función de las Hilanderas, únicas responsables del acontecer de los hados, en cuyo concepto caben todas las interpretaciones que existen respecto de la buena o la mala suerte.

Ananke era llamada la Necesidad o hado ineluctable. A partir de la creencia en su determinismo o en su posible flexibilidad, las edades han inventado credos y formas diversas de vincularse a los dioses con la ingenua intención de alterar el poder opresivo de aquélla. Inclusive se ha llegado al extremo de discurrir una vida feliz después de la muerte para mitigar el efecto tremendo que en la conciencia produce la certeza de finitud. Existen también numerosas doctrinas más refinadas que acuden a la fórmula de subsistir en sustancia, de eternizar el espíritu, de gozar de la gloria de Dios o de padecer un castigo sin calendario por las faltas cometidas en este mundo.

Las ofertas contra las Moiras son abundantes y tan inútiles, que lo único con lo que la razón ha atinado para hacer soportable la idea de la muerte es esta abstracción de la vida después de la vida. Los dioses, desde tiempos inmemoriales, actúan del lado de la vida. Cuando reinan en la tiniebla o se ligan con el inframundo sus acciones adquieren un tono de extrañamiento o caen en cierta tentación de repetir al revés los hechos de la existencia porque, como no sea invertir lo conocido y temido, ni las entidades tienen poder para discurrir otros hados.

Amamos nuestra presencia en el mundo cuanto más clara tenemos la significación de la muerte, el fin último y definitivo. En la gloria o en el infierno, al igual que ocurriera respecto del Hades, nada pueden hacer los dioses en favor de los muertos porque las Moiras han sustraído a éstos del tiempo, su movilidad no se rige ya por nuestra certeza de estar en presente, recordar el pasado y esperar el porvenir. Las Moiras los han señalado, medido y cortado, según los precisos hilos de la Necesidad.

Tras las Moiras y sus enigmas prevalece un mismo trasfondo frente a lo incognoscible. Hijas de Urano y de Gea, las considera la teogonía órfica; para Epiménides, Cronos y Eunomia son los padres no solamente de las Moiras, sino también de Erinia y de Afrodita, porque en su bosque de Sijión las Hilanderas tenían su templo donde consagraban ofrendas, por su mediación, para los dioses de la tierra y los de debajo de la tierra. Para otros poetas, Eunomia, Dike y Eirena o el Orden, el Derecho y la Paz son sus hermanas, hijas también de la Noche. Por eso aparecen tan a menudo en compañía de los viejos poderes del orden, con Erinia y sobre todo con Temis, como puede leerse en la *Iliada*.

Sea cual fuere su verdadero origen, por encima de una muchedumbre de hermanas y de vínculos con multitud de divinidades y a pesar de las formas distintas con que las generaciones pretenden abarcar o vencer al destino, de las Moiras aún puede decirse lo que Hesíodo escribió sobre ellas: vigilan con similar rigor las infracciones de los dioses y de los hombres y no quedan tranquilas hasta que el transgresor recibe su merecido.

De la tragedia a la historia

Circe

Una de las figuras más fascinantes del mundo homérico es Circe, hábil en toda suerte de encantamientos y quien apreciaba en muy poco a la especie humana. Amaba en cambio la luz y en su honor se llamaba Aurora la isla abundante en robles y otras especies de árboles donde ella reinaba. Tejía y a veces cantaba en las terrazas de su palacio, situado en un claro del bosque rondado por leones y lobos que no eran nacidos de fieras, sino hombres transmutados en bestias a causa de sus hechizos.

Hermana de Eetes, el dios de la mente perversa, Circe era una potente deidad de habla humana. Conocía el vigor secreto de las yerbas y practicaba los más finos deleites del erotismo. Su sensualidad la llevó a disfrutar los goces de la comida y a percibir sin dificultad los deseos de sus visitantes por sus matices de voz y la hondura de sus miradas. Su devoción por el esplendor provenía de la línea paterna, de la misma manera que por su madre aprendió a dominar las palabras, pues, afamada por sus hermosos cabellos, Circe era hija del Sol, que dio luz a los hombres, y su madre fue Persa, engendrada a su vez por Océano.

Y a su isla de Eea fue a parar Odiseo cuando navegaba hacia el este en busca de Ítaca tras librar sus últimas peripecias en el país de los lestrigones, isla gobernada por Lamo y resguardada en su angosto puerto por dos promontorios; algunos sitúan tal país en algún punto del noroeste de la Sicilia, donde además se sentían tan de cerca la mañana y la noche, que los pastores que conducían sus rebaños a casa a la puesta del sol se cruzaban en el camino con los que iban al campo al amanecer. Abundaban allá los riscos y peligrosos peñascos, donde Ulises y todos sus hombres serían atacados con piedras por los salvajes, antes de que aquéllos pudieran botar sus naves. Hábil como era para discurrir artimañas, el héroe consiguió salvarse gracias a que pudo cortar el cable de su bajel con la espada mientras exhortaba a sus hombres a remar con todas sus fuerzas para librarse de caer otra vez en el Hades.

Tras un largo viaje y con la única nave que no fue

destruida por aquellos voraces caníbales, vinieron Ulises y sus hombres a atracar en un puerto espacioso de Eea, en cuya playa pasaron tendidos dos días con sus noches, presas del dolor y el cansancio. Cuando la aurora temprana anunció la llegada de un día tercero, Ulises subió a una atalaya para ver si advertía la presencia de mortales y al cabo de luengos caminos que cruzaban el espeso encinar divisó una cortina de humo donde estaba el palacio de Circe. Allí comenzó el episodio más apasionado de su odisea, el que menos describe Homero en sus cantos y el más poblado de sugerencias sobre el sentido de patria y la batalla del héroe entre la pasión y el pasado.

Ya eran bastantes las peripecias sufridas para descuidarse al llegar a tierras desconocidas; pero no faltaban los imprudentes que en su insana curiosidad se atrevían a desoír los consejos de Ulises de contener sus instintos y observar con cautela antes de poner en riesgo sus vidas. Lo curioso es que reincidieran en todos los casos y que a causa de la osadía los veteranos que acompañaban a Ulises fueran cayendo hasta dejarlo prácticamente solo en los últimos trechos de su legendario periplo. En Eea, cuando echaron suertes para decidir quiénes explorarían la isla y quiénes vigilarían el navío, tocó a Euríloco, el más cercano a Odiseo, ponerse a la cabeza de 22 tripulantes que emprendieron la marcha en medio de sollozos desconsolados.

Paso a paso, por entre encinos y robles, ascendieron la cuesta y alcanzaron la cima donde se encontraban las casas de Circe en sitio abrigado; allí rondaban los leones y lobos moviendo las colas, los cuales en vez de atacarlos se erguían sobre sus patas traseras y los acariciaban. Desconcertados, los navegantes se preguntaron qué cosa querían decirles aquellas bestias para comportarse de tal manera, pues lo natural hubiera sido que los devoraran, no que les lamieran las manos. Así que los siguieron hasta el claro del bosque y divisaron a Circe sentada frente al telar en actitud complaciente, labrando un extenso, divino, brillante, sutil y gracioso tejido, como obra que era de diosa. Cautivados por su cantar bien timbrado, al punto la llamaron a voces creyendo que se trataba de una doncella indefensa. Sin embargo, desconfiado, Euríloco se mantuvo a la zaga, sin dejarse mirar por la de hermosos cabellos. Sonriente y en medio de fórmulas obsequiosas, Circe invitó a los hombres a comer a su mesa y se los llevó consigo al interior del palacio.

Que todos la siguieron allá sin saber lo que hacían, relató Euríloco a Ulises, y que los hizo sentar en sillones magníficos para agasajarlos con queso y harina, y miel verde y un vino fuerte de Pramno, en el que ocultaba la yerba que les hacía olvidar a la patria. Voraces como eran, los hombres acabaron con los manjares y de un sorbo bebieron el perverso licor por el que no solamente olvidaron al punto la patria, sino que, al ser tocados por la vara de Circe, comenzaron a transmutarse en cerdos hasta que perdieron completamente sus rasgos humanos. La cabeza, los pelos, las patas y la forma de caminar eran de cerdos, aunque su mente siguiera intacta. Por eso lloraban con pena de hombres y al mismo tiempo chillaban como marranos; y después, en su encierro, comían las bayas de corno, las bellotas y los hayucos que Circe les arrojaba.

Euríloco se salvó del hechizo por no haberse acercado a la de hermosos cabellos. Todo lo vio desde afuera, asomado a una ventana, o a distancia de las zahúrdas para no ser pillado por la diosa de la mente perversa. Sus ojos se llenaban de llanto al anunciar a los del bajel la amarga fortuna de sus amigos. Intimidados por el relato, algunos quisieron botar al punto la nave para no compartir semejante ruina y aun Euríloco mismo suplicaba a Ulises por Zeus, abrazado de sus rodillas, que no lo hiciera volver al palacio de Circe, porque la experta en venenos era también ama de los engaños y que hicieran lo que hicieran ninguno podría librarse de sus hechizos.

Ulises no era hombre al que doblegaran los desafíos. Escuchó los pormenores de Euríloco y hasta donde pudo lo consoló; pero no dijo que fueran a huir de la isla ni que decidiera dejar a su suerte a los que mudaron en bestias. Más bien quedó picado de tentación y, tras decir al amigo que podía resguardarse en la nave mientras él con su lanza emprendía la aventura de derrotar a la diosa, inició desde el mar el camino por el valle sagrado para acercarse a la casa de Circe, sin llevar el apoyo de ningún valiente. Lejos, muy lejos de donde Ulises escudriñaba, unos se lamentaban por su destino, otros se resignaban por sentir ya de cerca la hondura del Hades y algunos más secretamente esperaban que algún dios protector se interpusiera entre la rica en venenos y el héroe de Troya. Y como todo en Homero está poblado de magia y encantamiento, en medio de un apretado macizo de robles vino a esperar a Ulises el de la vara de oro, el gran Hermes, bajo la figura de un joven al que el bozo empieza a apuntar en la edad más graciosa.

Se dice que el dios apretó con la suya la mano de Ulises y, cortándole el paso para que ya no avanzara, le dijo estas palabras:

—¿Cómo vas, desdichado, tú solo a través de estas breñas, ignorando el país y sin saber lo que pisas? Tus amigos en casa de Circe como cerdos están encerrados en las zahúrdas. ¿Has venido por acaso a salvarlos? Ni tú mismo de allá volverías, quedarás donde ellos y no habrá para ninguno regreso. Detente, Ulises, y escucha el remedio para librarte de tantos males que acabarían con tu recuerdo y tu gloria, con tu esperanza de mirar otra vez la patria.

Dócil al llamado del dios, Odiseo se detuvo y escuchó como escuchaban aquellos hombres la revelación superior. Supo por Hermes que existía en la región una raíz saludable que le permitiría conservar la cabeza y abolir el efecto de aquella yerba que los hacía olvidar a la patria. "Mas te voy a explicar —dijo el núbil divino— las maléficas trazas de Circe. Un mal tósigo hará para ti, lo pondrá en la comida, mas con todo no habrá de hechizarte. Será tu defensa la triaca que yo te daré, pero a condición de hacer esto: cuando Circe te mande correr manejando su vara, tú saca del flanco tu agudo cuchillo y le saltas encima como ansiando su muerte. Al momento verás que, asustada, te invita a que yazgas con ella: no habrás de rehusar aquel lecho divino para que suelte a los tuyos y a ti te agasaje en sus casas, pero exígele el gran juramento que tienen los dioses de que no tramará nuevo daño, no sea que te prive de fuerza y vigor una vez desarmado."

Dicho esto, el divino Argifonte le entregó al héroe una yerba con flores del color de la leche y negra raíz, que le enseñó a distinguir para que no le faltara. Molu, la llamaban los dioses, y era dura y reacia a salir de la tierra, pero de arranque fácil para la mano sagrada. Así, sin más, partió Hermes de regreso al Olimpo, a través de la isla y sus bosques, mientras que Ulises, en sentido contrario, se encaminaba hacia el palacio de Circe agitado por mil desazones.

Cuando Ulises, aún angustiado, pisaba el umbral de la diosa de hermosos cabellos, Circe salió a recibirlo con solicitud sospechosa. Iba rodeada de seductoras doncellas y seguida por fieras tan dóciles que parecían sus mascotas. Lentamente, como si cumpliera un ritual, guardó su tapiz, los hilos de colores brillantes con la lana de los cestillos y lo hizo pasar cuando despuntaba la aurora temprana. Situado en la cima del monte, desde cada rincón del palacio se divisaba una apretada arboleda precedida en su frente por un pantano y cercada por la franja azulosa de un mar tan manso, que costaba creer que hacía poco los vientos habían reducido a astillas algunas naves de Ulises y a otras las habían arrastrado a tierras desconocidas.

La diosa leyó en el gesto del héroe su fatiga. Adivinó también su ansiedad y la urgencia de acogida hogareña, pues vagaba hacía años presa de confusión y de enredos olímpicos. Se alejaba de Ítaca cuanto más próxima se vislumbraba la patria o perdía hombres y naves frente a los más inusitados peligros; ahora sorteaba a la tejedora de hechizos a riesgo de transmutarse él mismo en marrano o de caer en sus redes eróticas.

Circe sentó a Ulises en un sillón tachonado de plata y bajo sus pies dispuso el taburete bordado por ella misma. Sin desperdicio de tiempo, mezcló en una copa de oro un vino sabroso con el brebaje maligno para que el huésped olvidara la patria. Él, precavido y consciente de que bajo su belleza cautivadora la maga practicaba regustos perversos, olió por lo bajo la flor del conjuro y recordó al apurarlo la advertencia de Hermes. Cuando Circe lo tocó con su vara en el hombro para transmutarlo en

marrano y llevarlo con sus amigos a la pocilga, Odiseo desenfundó su cuchillo en ademán de matarla. Se miraron los dos frente a frente y, antes de que emitieran palabra, un halo de amor los envolvió sin desearlo.

Nunca antes la diosa se había arrodillado, como ahora ante Ulises, a llorar a los pies de hombre alguno. Abrazó sus rodillas con aflicción evidente y preguntó por qué se había resistido al hechizo que con tanta eficacia había practicado con otros mortales.

—¿Acaso eres tú aquel Ulises mañero que según predicción del Argifonte de báculo de oro habría de llegar en su negro bajel desde su retorno de Ilión? ¿Eres el anunciado cuya mente indomable desafiaría mi poder? Baja tu espada, Odiseo, y subamos los dos al lecho sagrado para que unidos en descanso y amor confiemos uno en el otro. Yo tejeré después, te deleitaré con mi canto y tú gozarás en sosiego sobre cómoda colcha donde recibirás mis cuidados y podrás recobrarte mientras reemprendes tu ruta.

Ulises la dejó hablar y esperó. Circe abundó en promesas estirando hacia él los hilos de su magia proscrita; pero él recordó que todas las hechiceras acaban por destruir al amante, que en medio de goces le sacan la sangre en odres pequeños y que de un día para otro no quedan más que huesos y piel resecos, un alma estéril que, sin ninguna potencia, desciende hasta el Hades. Así, prevenido, acudió una vez más a su astucia para urdir el modo de doblegarla:

—¿Cómo, Circe, pretendes de mí que sea blando contigo si convertiste a mis hombres en cerdos y a mí, ya probado el brebaje para olvidar la patria, me invitas con dolo a pasar a tu lecho? Tú me deseas desarmado para atraparme con otros ardides. No accederé a tu deseo hasta que no me des tu palabra y

Circe

empeñes juramento de diosa de que no has de tramar nueva treta en mi daño.

Así fue como, en medio de ritos sagrados, Circe empeñó el juramento por los dioses benditos de volver a su forma humana no sólo a los compañeros de Ulises, sino a los que tenía en cautiverio bajo la apariencia de bestias y aun prometió no hacer nada en su contra cuando estuviera dormido. Confiado en la palabra suprema de la diosa, el héroe se dejó conducir por las siervas, hijas de fuentes, bosques y ríos, que en medio de gran bullicio le preparaban sus galas. Una tendía por los troncos bellos tapetes recubiertos de púrpura; otra ponía por delante las mesas de plata con los cestillos; una más, tras mezclarlos en perfecta armonía, escanciaba los vinos con regusto de miel en hermosas jofainas; en tanto que la portadora del agua limpiaba las gotas sobrantes del ánfora, y avivaba a distancia la hoguera bajo el caldero la vigilante del trípode. En cuanto se dejó sentir el hervor en el bronce, invitó Circe a Ulises al baño para ahuyentar de sus miembros el cansancio roedor, y ella misma, con habilidad entrenada, se encargó de lavarlo y ungirlo después con grasa luciente.

Por mejores que Ulises hubiera probado los baños por manos lozanas, el de la diosa se distinguía por abundantes deleites que despertaban en él sensaciones dormidas, no obstante continuar en alerta frente al peligro. Con un ojo atisbaba la túnica y el espléndido manto de púrpura con el que Circe lo revestía con gestos reverenciales, y con el otro cuidaba los alimentos a cargo de las doncellas. Descansó sin atreverse a probar los manjares, porque su mente continuaba ocupada previendo calamidades que de menos podrían reducirlo a prisionero de los encantos de la diosa hechicera.

Al notar su gran pesadumbre, la tejedora lo instó de nuevo a confiar en su juramento divino; pero Ulises repuso que cómo esperaba de él actitud diferente si sus amigos seguían hechizados en las zahúrdas en vez de tenerlos a salvo a su lado. Circe, en su afán de despertar el amor por la vía del poder, se dirigió a las pocilgas para liberar a los hombres según lo acordado y, en señal de que estaba dispuesta a cumplir los mejores oficios con tal de llevarse al héroe a su lecho y quizá retenerlo, hasta los rejuveneció al regresarles su humanidad mediante un nuevo filtro. Uno por uno se iban irguiendo los navegantes, maravillados no nada más por sentirse otra vez en su cuerpo y dueños de todos sus movimientos, sino por resurgir con aspecto y bríos juveniles.

Propio de los héroes homéricos, los hombres rompieron en llanto y sin dejar de gemir se congregaron alrededor de Odiseo para cogerle las manos en señal de agradecimiento. Contraria a la costumbre de nuestro tiempo, la Antigüedad se distingue por la figura del hombre que solloza, berrea y derrama lágrimas abundantes casi por cualquier motivo. La mujer, en cambio, domina sus emociones, conserva su reciedumbre ante el dolor o, en su desasosiego, puede gritar e indignarse; pero difícilmente se abandona a los extremos sentimentales en los que incurren los hombres, sean dioses, guerreros o reyes. Circe, sin bajar de su pedestal de diosa, cuando más se conmueve por el grupo de humanos cuya aflicción refuerza su deseo de volver a la patria; antes bien, por condescender y agradarlos, les espeta otra muestra de su poder al ofrecerle a Odiseo ocultar el tesoro, las jarcias y provisiones en una cueva hasta que repararan el barco y estuvieran en condiciones de emprender el regreso.

—Arrastremos primero la nave hacia tierra —les dijo Ulises a los hombres que permanecían escondidos en el bajel— y llevemos el tesoro y las jarcias hasta la gruta vecina; luego, aprestaos a seguirme al palacio de Circe donde veréis a los otros que ya comen y beben en abundancia.

Receloso, Euríloco descreyó no de Ulises, sino de los ardides de la hechicera porque habiéndolos engañado una vez podría engañarlos dos veces, pero en esta ocasión en voz de Odiseo y bajo el embrujo de apetitosos festines amenizados por ninfas. Así que, en vez de seguirlo como ya se aprestaban sus compañeros a hacerlo, Euríloco los conminó a guardarse del aparente embeleso, pues ya eran bastantes los sufrimientos que llevaban a cuestas para agregar uno más por esta imprudencia.

—Recuerden —les dijo— tantas locuras que trajeron la muerte a nuestros compañeros cuando perdimos el rumbo; recuerden al cíclope, los vientos furiosos, la destrucción de las naves... Recuerden la patria lejana y las familias que los esperan. Por muchos que sean vuestros males, cualquier muerte es odiosa a los pobres humanos... Mejor acosemos las vacas del Sol y, cogiendo las más saludables, hagamos sacrificio a los dioses. Si atracamos en Ítaca al fin, nuestra tierra paterna, lo primero será levantar nuevos templos. Mejor quiero morir boquiabierto en las olas que ir dejando a pedazos la vida en esta isla temible.

En vano Euríloco les habló mientras se quedaba a la zaga, porque los demás emprendieron la marcha detrás de su líder, ansiosos del baño, las túnicas y los mantos velludos con que Circe y sus ninfas los esperaban. Así comenzó esta aventura que duraría algunos años en la isla de Eea, sin sospechar que si para unos no habría regreso, para otros aguardaban mayores dificultades, si no es que la muerte.

La que se pensaba en principio estancia de tránsito en su ruta hacia Ítaca se prolongó porque Ulises sucumbió a los encantos de Circe. No fue que lo hubiera hechizado con alguna sustancia, sino que la diosa acudió a sus hilos de amor para atarlo a su lecho, mientras que a los demás, para que no protestaran, les recomendaba masajes y sueño porque se veían abatidos por el recuerdo tenaz de las malas jornadas.

Según el calendario de Homero, un año duró el amorío del héroe con la diosa, cuyos frutos fueron los nacimientos de Agrio, Latino y Telégono, de quienes poco evocó la memoria poética, ya que la historia se concentró en Odiseo y el mito de sus encuentros felices con Circe en medio de banquetes de carnes sin fin y de vino exquisito en la isla de Eea, donde, además de marranos consagrados particularmente a la diosa Muerte, alimentados con cornejo de Cronos, existía un cementerio sembrado de sauces dedicados a Hécate.

Por la *Odisea* vino a saberse que, cuando al año cumplido tornó la estación en que suelen hacerse más largos los días, vinieron los hombres a Ulises a querellarse porque en su alma sentían los furores de una honda melancolía. Mientras estuvieron reunidos comiendo tasajos a la hora de irse la luz en torno del líder, el que hablaba en nombre de los demás decidió que era tiempo de que Ulises volviera su mente a la patria ya que, si era cierto el decreto divino de salvarse y regresar a la tierra, no debían aplazar su partida por más que en la isla se encontraran gozando acogedores cuidados.

Al imaginarse en la despedida, un rayo le atravesó el corazón a Ulises; añoraba la patria, pero supo en su alma que amaba a la diosa y que en dualidad tan extrema no sería él quien decidiría, sino el destino que todo prescribe y aun al gozar nos condena a sufrir tal vez porque no hay recompensa sin el costo de alguna renuncia. A pesar del aguijón de la pena, nada dijo a sus hombres del padecer que sentía. Era raro en un griego el silencio y más raro aún en un héroe que a solas padeciera tristeza, ya que todo se ventilaba en corrillos y la intimidad escasamente ocurría. Mucho debió dolerle a Odiseo prometerles que apelaría a su palabra de Diosa para que Circe cumpliera la promesa de que les ayudaría a emprender el regreso, pero lo hizo esa tarde.

No fueron esa noche ni la siguiente jornadas sencillas para Odiseo, porque en su interior crecía la tenaza de una pasión que tendría que olvidar a cambio de continuar su trayecto. Ninguna noticia había tenido de Ítaca durante ausencia tan prolongada. Quizá sospechaba que todavía lo aguardaba Penélope, espantando a los pretendientes que lo daban por muerto; pero a riesgo de encontrarla casada y de que su hijo Telémaco jamás conociera el alcance de sus hazañas por haber crecido mientras él guerreaba con los aqueos, dudaba entre quedarse y volver. Así de fuerte era su arraigo en la isla de Eea, cuando menos igual a su incertidumbre. Secretamente sabía que Afrodita no otorga dos veces la fortuna amorosa y que al hacerse a la mar emprendería la inexplorada ruta de los faltantes que lo marcaría de por vida. Así que al adentrarse en el lecho labrado de Circe abrazó las rodillas de la diosa implorando clemencia:

—Tiempo es ya de que cumplas, ¡oh, Circe!, tu antigua promesa de ayudar mi regreso a la patria. Me impele el deseo de volver, igual que a mis hombres, cuyas súplicas quiebran mi alma con lamentos sin fin cada vez que me dejas a solas con ellos.

Sin renunciar a su aspecto de diosa, en Circe surgió una tristeza desconocida. Quería retenerlo como su amante y hechizarlo por atributo supremo; pero el dejo de humanidad que se descubría a su pesar invalidaba su tentación de acudir a tretas para retenerlo presa de nuevos encantamientos. No se explicaba qué era lo que añoraba el amado de una Ítaca tan lejana, o qué pretendía recobrar en un lecho ya frío o cuáles rebaños reclamaría si partió a batallar hacía tantos años, cuando las fuerzas no declinaban aún en su cuerpo ni lo surcaban las cicatrices de la memoria.

—A disgusto no habré de mantenerte a mi lado —le dijo la diosa—. ¡Oh Laértida, Ulises mañero, retoño de dioses! A disgusto tampoco has de seguir en mi casa. Me humanizas el corazón y dejas intacta mi condición superior. Veo tu futuro y veo el mío. Veo la distancia y el mar que se tiende entre tu patria y la mía. Veo la tristeza como una tiniebla y sin embargo seré yo la que guíe tu camino para impedir nuevos yerros. Partirás, lo sé yo, aunque no te esté dado un regreso sencillo ni libre de pruebas que te interponen los dioses.

Le dijo que al hacerse a la mar lo primero que debía hacer era reunirse con el adivino Tiresias para que le profetizara la suerte aunque para ello, refundido como estaba éste en la región de los muertos, debía atreverse a descender en su negro navío en el oscuro palacio de Hades y de la horrenda Perséfone, al que ningún vivo había llegado antes.

—El soplo del Bóreas conducirá tu nave —le dijo— hasta que hayas atravesado el océano y divises los bosques de chopos y sauces inertes. Allí atracarás tu bajel y a solas, como yo te lo ordeno, te dirigirás al pie de una peña de agua ruidosa donde confluyen el río de las Llamas y el río de los Llantos. Allí abrirás una zanja y en torno libarás a todos los muertos vertiendo, primero, una mezcla de leche con miel y después vino dulce y agua; por encima echarás blanca harina y los honrarás largamente. Sacrificarás un carnero joven y una oveja negra a Perséfone y a Hades, orientando el testuz hacia el Érebo. Dejarás que la sangre penetre en la zanja y mientras aguardas la llegada del ciego Tiresias, a quien Perséfone prodigó sensatez y razón entre todos los muertos, ahuyentarás con tu espada a las ánimas que pretendan seguirlo. Aparta tu rostro del río y no mires la turba de hombres privados de vida. Entonces ordena a los tuyos poner al fuego las reses invocando a los dioses y no permitas que los residentes del Hades te toquen ni toquen la sangre inmolada hasta haberte encontrado con el sabio adivino.

Al alborear, Circe misma revistió con túnica y manto a Odiseo y para despedirlo ella sacó sus galas preciosas. Ciñó su cintura con hilos de oro y tocó su cabeza con velo para que la tristeza no perturbara el bullicio de los que partían. Ninguno, hasta entonces, sabía que la meta era el Hades para pedirle el oráculo al alma del cadmio Tiresias. Al enterarse de tan macabra aventura, rompieron en llanto y todos se retractaron en vano. Se arrancaban de pesar los cabellos, clamaban piedad a Odiseo y se rasgaban las prendas; pero por más que gimieran de nada les serviría: en Tiresias aguardaba la voz del destino y todo estaba dispuesto para asumir su palabra.

Obligados por Odiseo, por fin se embarcaron todos, menos el imprudente Elpénor que, en su embriaguez, se había dormido en el techo y al despertar aturdido cayó de cabeza hasta el suelo. "¡Pensar —dijo Ulises— que llegarías al Tártaro a pie antes que yo con mi nave!" Le prometió sepultura digna y se hizo a la mar empujado por un viento suave proporcionado por Circe.

Allá se quedó la diosa, mirando desde un peñasco cómo se alejaba el amado, con la pena en el alma y su humanidad recién estrenada. Lloraba como las mujeres abandonadas porque como maga estaba consciente de que tarde o temprano, y después de sortear nuevas dificultades, Odiseo y sus hombres volverían a la patria y para ellos no habría regreso. Él se daría cuenta en Ítaca de lo perdido en la isla de Eea, cuando sus noches se hicieran tan largas y frías que no existiría Penélope ni espacio capaces de hacerlo sentir en casa. Lloraría la ausencia de Circe con nostalgia profunda. Vagaría envejecido gritando su nombre, suplicando otra oportunidad a los dioses, hasta que se recogiera en su lecho y por fin emprendiera su último viaje.

Para Circe, en cambio, ni la muerte le estaba permitida, porque las diosas no mueren; la diosas no descienden al Tártaro. Vagaría en círculos con sus hilos dorados y durante las tardes tejería en el telar nuevos mantos. Con la aurora temprana recorrería los caminos de arena mirando las aguas que no le dejaron más que la sombra de su Ulises amado y alguna vez, al correr de los siglos, se transmutaría en otra divinidad menos sensible a los delirios humanos.

Medea

LA VIDA de hoy, sembrada como está de tragedia y comicidad, nos impide ver a las Medeas, Circes, Yocastas o Electras de la Antigüedad en su dimensión de mujeres: una potencia en lucha contra la determinación de los dioses que prefirió el dolor, el enfrentamiento o la muerte a la humillación de rendirse a la fatalidad. A cuestas llevaban el fardo de su pasado, los nombres y las hazañas de sus padres y abuelos, las obras de sus maridos o amantes y, como si fuera poco, también las de sus hermanos e hijos. Verdaderos semilleros de la memoria del porvenir, sus cuerpos debían ser tan recios como su voluntad o sus vientres; y, sus palabras o su intuición, la espada que no esgrimían para batallar por su honor o por la conquista del bienestar que la sociedad les impedía lograr por sí mismas.

Nuestro mundo sobrepoblado y tendiente a homogeneizar la conducta también distrae la imaginación para valorar el significado de una Medea de poderosa individualidad, que fue engendrada por la oceánida Idía. Según algunas versiones, era nieta del Sol, el fuego por excelencia, la luz más perfecta, el temible Helios, e hija nada menos que del cólquide Eetes, el dios de la mente perversa, hermano de la hechicera Circe, de quien Odiseo se apasionó en una estación de su periplo de encantamientos.

Otros la tienen por hija de Eetes y Hécate, la misteriosa diosa que, según Hesíodo, fue hija a su vez de los titanes Perses y Asteria, hermana de Leto. No menos revelador que su parentesco con Tetis y el Sol, padres de Circe y de Eetes, descender del seno de Hécate equivale a vincularse con la única deidad femenina a la que se le permitió conservar sus poderes durante el reinado de Zeus, el señor de los cielos y jefe de los olímpicos. A Hécate la consideró Diodoro patrona de las sibilas y, de acuerdo con la tradición, era la fuente por excelencia de bendiciones para los hombres. Prodigaba riqueza, victorias y sabiduría; guiaba con buena fortuna a los navegantes; afianzaba la mano de los cazadores y aplicaba sus artes para enderezar en favor de sus elegidos las torceduras con que se divertían las otras deidades.

Sin la intervención de Medea, quien dominaba el arte del encantamiento que heredó de su madre, carecería de sentido la aventura de los argonautas, esos héroes que navegaron bajo la guía de Jasón, rey legítimo de Yolco en Tesalia, que fue destronado violentamente por Pelias, vástago del dios Poseidón y de Tiro, de quien anunció la profecía que sería asesinado por un descendiente de Eolo que aparecería ante él calzado con una sola sandalia. Protegido y criado por el centauro Quirón, Jasón aprendió de él las habilidades guerreras y disfrutó sus cuidados en los momentos difíciles durante el tiempo en que el héroe debía consumar sus hazañas.

El presagio que recaía sobre Pelias se cumplió cuando, ya adulto, Jasón retornó a Yolco para reclamar su herencia real. Entonces se paró frente a él con una sola sandalia porque la otra la había perdido al vadear un río con una anciana en sus brazos, que no era otra que la olímpica Hera, amañadamente disfrazada de vieja. Espantado ante la señal, Pelias prometió devolverle el trono si primero recobraba el célebre vellocino de oro, el del carnero que transportó a Frixo y Hele, el cual, custodiado por un dragón que no dormía nunca, permanecía colgado en la arboleda del dios Ares, situada en la Cólquide, la región dominada por el malévolo Eetes.

Al corroborar que no tenía más remedio que aceptar la difícil empresa que le interponía su enemigo, Jasón envió heraldos para difundir la noticia por toda Grecia y pudo reunir a unos 50 héroes tesalios. Se embarcaron en el puerto de Págasas en un navío al que llamaron *Argo,* que significa "Rápido", en honor de su constructor y compañero de travesía, de donde vinieron a identificarse como "argonautas", para iniciar una de las aventuras más fascinantes de la mitología helena. Nadie sabe con exactitud quiénes y cuántos eran aquellos hombres porque los "catálogos" que se han conservado difieren sensiblemente entre sí, según las épocas en que se inscribió o reelaboró la leyenda. Las listas de Apolonio de Rodas y de Apolodoro coinciden en que el navío era para 50 remeros y unos cinco espacios de más destinados a médicos y quizá a Jasón. Con Heracles a la cabeza, tenido por el hombre más fuerte que jamás ha existido y ahora divinizado, entre los miembros del grupo más destacados estaban los Dióscuros, Cástor y Pólux, hijos de Zeus y Leda, así como sus primos, los también gemelos Idas y Linceo. El timonel Tifis aceptó la misión en obediencia a un mandato de Atenea, a quien le debía el aprendizaje del arte de la navegación, aunque tuvo que ser sustituido por Reengino, hijo de Poseidón, cuando murió en el país de los mariandinos. No podían faltar Orfeo, el músico tracio que, además de marcar la cadencia a los remeros, los prevenía contra la seducción de las sirenas, y cuando menos tres adivinos notables: Idmón, Anfiarao y el lapita Modso. El heraldo de la expedición fue Etálides, hijo de Hermes. Seguían los dos hijos de Bóreas, Zetes y Calais; el luchador Policeudes, así como Periclímeno, el hijo de Neleo y Acasto, que se les unió a última hora. En el impresionante listado de nombres relacionados con reyes o dioses, Apolodoro incluyó el de Atalanta, la única mujer de la tripulación; pero, por desgracia, se desconoce su desempeño.

Respecto de la construcción y de las características del barco hay hermosas anécdotas que corresponden a la importancia de la aventura porque revelan cómo intervenían los dioses en los asuntos humanos. Escogida con minuciosidad, hicieron traer la madera de Pelión y, paso a paso,

Argos fue ayudado por Atenea en la construcción de la nave para que la medición de las tablas correspondiera a su ensamblaje perfecto y sus dimensiones a la seguridad requerida para resistir los embates de Océano y del viento. La diosa misma talló la proa en el trozo de un roble sagrado de Dodona y la dotó de palabra para que fuera capaz de profetizar y de advertir de los peligros a los navegantes.

Antecedido del indispensable sacrificio en honor de Apolo y de escuchar en voz de Idmón que los augurios eran favorables y todos regresarían sanos y salvos, excepto él mismo, porque perecería durante el último viaje a causa de una herida infligida por un jabalí, los héroes botaron la nave en la playa de Págasas, en medio de una gran concurrencia.

Todas fascinantes y dignas de considerarse entre las grandes novelas, las peripecias de los argonautas comienzan cuando, en su primera escala, anclaron en la isla de Lemnos. Allí se encontraron con que, en su totalidad, los pobladores eran sólo mujeres, ya que ellas, a consecuencia de una maldición de Afrodita que les provocó un olor fétido y repulsivo por no adorarla, habían exterminado a los hombres —con la secreta excepción de Toante, rey de la ciudad de Mirina—, porque las rechazaron y se fueron con sus vecinas para ayuntarse con ellas. Hipsípila se apiadó de Toante, su padre, y decidió perdonarlo al entregarle la espada con la que debía matarlo. Con el pretexto de ir a purificar al dios de la matanza de la noche anterior, Hipsípila llevó a su padre al amanecer a la playa, desde el templo de Dioniso, donde lo mantuvo oculto. Conducido por su hija, salió Toante en el carro ritual, disfrazado hábilmente con los atavíos dionisiacos y consiguió hacerse a la mar en una barca destartalada que,

según Apolodoro, le permitió desembarcar en Cisinos, una de las islas Cícladas, que entonces se llamaba Énoe. Al enterarse las otras mujeres de que se había salvado el monarca, vendieron como esclava a Hipsípila y la humillaron públicamente. Lejos de ser violadas y maltratadas, según la costumbre, las lamnitas se valieron de los argonautas para engendrar a sus hijos. De hecho, escribió Diodoro, Hipsípila se unió a Jasón y procrearon a Euneo y Nebrófono, lo que indica que era larga la travesía e indefinido el periodo de estancia en cada lugar, como suele ocurrir en los mitos, siempre intemporales y ajenos al curso del calendario.

Diodoro incluyó a Heracles y Polifemo en la empresa de Jasón, aunque sus destinos se apartarían al tocar tierra en Misia debido a que Hilas, amante del héroe, fue raptado por las ninfas, que se enamoraron de su belleza al separarse del grupo en busca de agua. Al escuchar sus gritos, acudieron en su auxilio Heracles y Polifemo con la espada desenvainada creyendo que se trataba de algún ataque pirata. La nave zarpó mientras tanto y los tres desaparecieron de este relato.

Medea surge en escena cuando, después de sortear innumerables apuros en los que los hombres tuvieron que batirse inclusive contra las harpías, la expedición costeó el Termodonte y el Cáucaso para llegar a la Cólquide por el río Fasis. Experto en interponer los más terribles obstáculos a hombres y héroes, Eetes se comprometió a entregar el vellocino de oro si Jasón lograba vencer peligros que parecían imposibles, como ocurriera respecto de los trabajos de Heracles. Le exigió uncir al arado un par de bueyes feroces con pezuñas de bronce que echaban fuego por la boca y arar un campo para sembrarlo con la mitad de los dientes del dragón que Cadmo había recibido de Atenea, de los que surgirían hombres armados para atacarlo.

Mientras Jasón se preguntaba cómo podría uncir semejantes toros, Medea se prendó de él y, temerosa de que su padre lo destruyera, a escondidas prometió aplicar sus poderosas hechicerías si le juraba desposarla y llevarla consigo de regreso a la Hélade.

Para Diodoro, Medea era una princesa de sentimientos humanizados: por esa emoción que se infiltró en su naturaleza divinizada, se enamoró de Jasón a primera vista y en su delirio incurrió en las acciones más atroces. Sujetas al deseo, al botín o a la fatiga de los varones, las mujeres eran repudiadas con la misma arbitrariedad con la que las desposaban, mercadeaban o confinaban y no había dioses, poderes ni mando que las librara de un absoluto sentimiento de indefensión. De ahí la actualidad de Medea y del dolor que la llevó a empuñar la daga una y otra vez hasta dirigirla contra sus propios hijos cuando, despechada por el tramposo Jasón y exiliada de Corinto por Creonte, corroboró que su mundo carecía de esperanza.

Tema de una de las más estremecedoras tragedias de Eurípides, ya que las que le dedicaron Esquilo y Sófocles se perdieron, a Medea se la conoce por partes, como piezas aisladas de un rompecabezas que evoca leyendas, mitos y hazañas recompuestos de aquellos héroes enfrentados con seres y situaciones extraordinarios. El perjurio de Jasón completa el binomio dramático de una mujer que tuvo que darse cuenta de que no importaba cuán poderosos fueran su magia, su elevado linaje, su entrega al amado ni su crueldad porque bastaba ser despreciada en el lecho para perder su rostro y su posición en el mundo.

La primera Medea es la del desafío temerario: una doncella que, flechada por Eros, traiciona a su padre con tal de cautivar al extranjero que habrá de probarse frente a las fuerzas oscuras bajo la protección de Hera y Atenea. Al escuchar las demandas de Eetes a cambio del vellocino y recibir de Jasón la promesa exigida de que por todos los dioses le sería fiel hasta la eternidad, preparó un ungüento con el zumo color de sangre de azafranes de doble tallo que, frotado durante un día en el cuerpo de Jasón, en su escudo y su lanza, lo protegería en el bosque sagrado de los toros de Hefestos y así no podría ser dañado por acero ni fuego. Le reveló, además, que en cuanto sembrara los dientes nefastos brotarían de ellos hombres hostiles, con sus armas en ristre para atacarlo. Que a distancia los divisara en conjunto —insistió— y esperara a que se agruparan para arrojarles piedras al centro; entonces la confusión los haría luchar entre sí y él podría exterminarlos.

Enfurecido por la victoria del héroe, Eetes no sólo se negó a cumplir su promesa; sino que, en venganza por la derrota, se propuso incendiar el *Argo* y acabar con su tripulación. Adelantándose, Medea condujo a Jasón junto al vellocino en el templo secreto y, tras adormecer al dragón con uno de sus prodigiosos brebajes, se apoderaron de él a espaldas del rey, en tanto los argonautas atacaban a los soldados. Huyeron a mitad de la noche burlando los filos e hicieron la nave al mar. Medea asumió un doble mando para salir del país y se llevaron consigo a su hermano Apsirto en calidad de rehén.

Como no existe tragedia sin la intervención de los dioses, y de ella se dan cuando menos cuatro o cinco interpretaciones distintas de los sucesos, consideramos que la de Medea se desencadenó cuando Eetes navegó tras los argonautas, enfurecido por la osadía de su hija. Ella, sintiéndolo cerca, asesinó y descuartizó a su hermano y, uno por uno, arrojó sin piedad los pedazos al agua en direcciones opuestas y así obligar a sus perseguidores a retroceder. Exasperado, Eetes ordenó a sus remeros que se detuvieran para reunir los miembros de Apsirto y perdió al enemigo por recobrar lo que le quedaba del hijo. Tanto era su dolor que, después de enterrar los fragmentos en Tomos, envió un gran número de colcos en pos de la *Argo* con la advertencia de que, si no conseguían traer de regreso a Medea, recibirían en castigo la muerte.

Hasta parece que los inmortales estuvieran atentos al acontecer de la tierra y que, picados de cierto tedio, buscaran cualquier excusa para entrar en acción porque no bien se aclaraba la sangre del joven en la escena de la traición cuando el Olimpo se estremeció. Los dioses se dividieron en contra o en favor del suceso, de acuerdo con las rivalidades no tan secretas de cada entidad. Irritado por el asesinato del hijo menor de Eetes, Zeus envió vientos tan recios que los argonautas desviaron su ruta hacia Yolco cuando costeaban el río Eridano en medio de gran tempestad. Al bogar frente a las islas Apsírtides, supieron los navegantes que no cesaría la cólera del dios si no se orientaban por el mar de Cerdeña hasta la isla de Eea, en Ausonio, antiguo nombre de Italia, para suplicar ante Circe que los purificara del crimen.

Una tras otra se sucedieron desgracias durante su accidentado regreso. Iban los argonautas imbuidos de miedo; pero no sucumbían. Al pasar junto a las sirenas, cantó Orfeo con tonalidades tan dulces que pudo contrarrestar la melodía subyugante de sus rivales. Únicamente Buto se arrojó para nadar tras

ellas y se hubiera ahogado de no intervenir Afrodita. Aunque a salvo, de todas maneras quedó fuera de la aventura, porque la diosa lo colocó en Lilibeo y allí se quedó para siempre con alguna mujer de aquella región.

Los demás continuaron hasta desembarcar en Corcira, donde Alcínoo reinaba sobre los feacios. Por una de esas casualidades comunes en la mitología de los griegos, los argonautas perdieron su nave. Unos se refugiaron junto a los montes Ceraunios; otros, por el rumbo de Iliria, colonizaron las islas Apsírtides, y los menos se presentaron a la vista del rey para disponer su retorno. El matrimonio de Jasón no se había realizado porque, como habría de corroborarse después, él carecía de interés por esta princesa bárbara y sin duda planeaba desatender su promesa en alguna estación del trayecto, cuando ya no necesitara de sus hechizos y pudiera sentirse a salvo. Sin embargo, quiso el destino cambiar sus planes, ya que Alcínoo, avisado por los mensajeros de Eetes, dijo que se encargaría de devolver a Medea si es que aún era virgen. Intimidado por la posible venganza que recaería sobre él, Jasón requirió el auxilio de Areté, esposa del rey, y se celebraron secretamente los esponsales del héroe y Medea en la cueva de Cratis. Al despedirlos, Areté regaló a Medea 12 siervas para que distrajeran a los viajantes de las tribulaciones de la jornada.

Previsto hasta en pormenores por la reina de los feacios, este servicio no se hizo esperar porque durante la noche, mientras navegaban por el rumbo de las cumbres Melantias, Apolo los sorprendió lanzando destellos en medio de la tormenta. A duras penas fondearon en una isla a la que llamaron Ánafe por habérseles mostrado el dios y la isla de manera inesperada. Tras levantar un altar en honor del dios, le ofrecieron sacrificios y celebraron un animado festín antes de continuar hacia Creta. Cuanto más complicada la travesía, mayor la necesidad de Medea. Sus artes superaban el vigor de las armas y su astucia era mayor que la valentía de los argonautas. Ella sola se enfrentó al hombre forjado en bronce que, según afirman, era un regalo de Hefestos a Minos para guardar la seguridad de la isla. Su tarea consistía en arrojar peñascos tres veces al día a todos los barcos foráneos; y también recorrer las aldeas de Creta tres veces al año, de manera pausada, mostrando las leyes de Minos inscritas en placas de bronce. Hombre o toro, aquella criatura nombrada Talo estaba animada por una única vena ardiente que le cruzaba desde el cuello hasta los tobillos, donde se cerraba la circulación con un clavo de bronce. Los argonautas fueron atacados con piedras; pero la diestra Medea consiguió llegar hasta él y aplicarle una de sus pócimas que le provocaron locura súbita. Dicen que le prometió hacerlo inmortal y que, en su delirio, aprovechó la confusión para extraerle la aguja y causarle la muerte. Lo cierto es que Talo perdió su líquido y quedó yacente frente a la expectación de los colcos.

Cuatro meses duró la aventura hasta que regresaron por fin a Yolco, donde descubrieron que, al enterarse de que venía Jasón con el vellocino de oro para reclamar el cetro que por derecho le correspondía aunque no mostrara singular interés por arrebatarlo a su tío, el desconfiado Pelias, para amedrentarlo, ordenó matar a su padre. En vez de aceptar la sentencia, Esón le pidió a su medio hermano, el usurpador Pelias, la gracia de suicidarse en el ara del sacrificio bebiendo con lentitud la sangre del toro, lo que causó que su propia esposa lo

maldijera al ahorcarse ella misma y dejar en total orfandad al pequeño Prómaco, a quien Pelias hizo saltar los sesos golpeándole la cabeza contra el piso del palacio antes de que desembarcaran los argonautas en el puerto de Págasas y de que se alegaran nuevos derechos de sucesión.

Medea se comprometió a dominar la ciudad ella sola y, acaso bajo el aspecto de una anciana arrugada, se anunció sacerdotisa y ordenó a los centinelas que la dejaran pasar. Asombrados por tan extraña presencia, los guardias abrieron las puertas de Yolco para que Medea y sus 12 esclavas, también extrañamente ataviadas, provocaran en sus residentes un frenesí religioso tan desquiciante que cuando se quitó su disfraz frente a Pelias juraron que, por el poder de Artemisa, aquella mujer dominaba el secreto de rejuvenecer.

Según lo dispuesto, Jasón se presentó al enemigo con el vellocino oracular y sagrado que había sido llevado al país de Eetes por el rey Frixo, sobrino de Minos, cuando estaba a punto de ser sacrificado en el monte Lafistio. Se miraron los dos frente a frente como si intercambiaran sentencias. Nada le dijo Pelias del fin de su padre ni de cómo se ahorcó su madre; mucho menos del asesinato que despiadadamente había cometido contra su pequeño hermano. Nada le reclamó tampoco Jasón; pero supieron los dos que, por encima de las palabras, la Moira se tendía en sus cabezas como una hebra de sangre.

Se retiró Diómedes (el nombre original de Jasón) y aguardó. Con el juramento de vengarse apretado entre los dientes, navegó hacia el istmo de Corinto con sus más allegados, según lo aconsejara Medea; allí, después de colgar el vellocino de oro en el templo de Zeus, ofrendó la nave a Poseidón. Nada parecía alterar la vida de Yolco. Iban y venían las mujeres del agua al hogar y del campo a sus recintos sagrados; los hombres cazaban, araban la tierra, construían sus moradas, navegaban en temporada invernal o batallaban contra vecinos, y Pelias gozaba los beneficios de un poder que no le pertenecía.

Después de sufrir una noche atroz en compañía de las Furias, Jasón entendió que había llegado el momento de actuar. Se aproximó a Medea y le pidió que no desperdiciara artimañas para acabar con Pelias. Todo se estremeció. El olor a tragedia envolvió sus cuerpos y Medea, por un instante, observó sus manos teñidas de sangre.

En la última parte de la leyenda de Jasón y los argonautas, Medea deja en libertad sus pasiones hasta comprobar que en sus venas corría la materia perversa de Eetes, de quien ella es su única sobreviviente y, por lo tanto, heredera legítima del reino de Corinto. Sobrina de Circe, domina la hechicería y el arte de persuadir; nieta del Sol, su presencia intimida; y, experta en practicar el engaño, acude a sus propias mañas para convencer a las hijas de Pelias de que, según lo habían visto con ella misma y con el chivo senil que hábilmente sustituyó en el perol por un cabrito retozón, le devolvería la juventud con sus pócimas al viejo monarca a condición de que lo trocearan primero y después pusieran a hervir sus pedazos en un caldero con hierbas inoperantes que ella misma les había procurado. Las incautas cumplieron punto tras punto las instrucciones, con más o menos recelo; pero corroboraron, no sin terror, que Pelias nunca salió joven ni entero del fuego. Empavorecidas por lo que acababan de hacer y mientras Medea le entregaba su cetro a Jasón, las Pelíades corrieron

ante su hermano Acasto, quien había acompañado a los argonautas contra la voluntad de su padre, y se confesaron culpables involuntarias del atroz homicidio.

Ante el enredo empeorado alrededor del poder, unos dicen que Jasón, aburrido de tan modesta aldea, le cedió la corona a Acasto y que, acosado por la reacción de su gente, se retiró con Medea para reinar en Corinto, la región fundada por Sísifo con hombres nacidos de hongos y dedicados a la navegación y el comercio, que regenteaba transitoriamente un tal Bunos, ya que el trono había quedado vacante hasta la reclamación de Medea; otros, que Acasto los exilió y se quedó gobernando Yolco. En lo que las versiones coinciden es en que Corinto era el país de origen de Eetes y que allí convivieron felices Jasón y Medea durante unos 10 años. Jasón, sin embargo, llegó a sospechar que Medea, en una de sus prácticas irresistibles de encantamiento, había envenenado a los corintios para arrebatarles la sucesión; por consiguiente, aprovechando la oferta del rey Creonte de darle en matrimonio a su hija Glaucea, éste, por codicia, accedió a desposarla tras repudiar públicamente a Medea.

Ambicioso como era, es de creer que en realidad el héroe expresó cansancio de su princesa bárbara. Abominó de sus magias perversas, aunque en su ingenuidad nunca pensó que lo afectarían; insistió en que no era válido su juramento de fidelidad obligada y que, con protestas o sin ellas, era su voluntad desposar a Glaucea. Despechada, infeliz y vilipendiada, Medea le recordó a grandes voces que, sobre un listado de triunfos suyos que lo afamaban como si él mismo los hubiera logrado por méritos propios, le debía a ella su revancha contra Pelias y el trono de Corinto; aunque era cierto, Jasón aseguró que los corintios aprendieron a respetarlo mientras que a ella la temían, por más que se deshiciera en llanto en los últimos días y no comiera ni deseara seguir viviendo. Impotente, la abandonada gritó que si no le auguraba una muerte horrible era sólo por ser su amo; pero maldijo a sus hijos, fruto de un vientre maldito; luego, fingió someterse y, en uno de los primeros discursos feministas de la historia discurrido por el poeta Eurípides, dijo que, entre todos los seres que en el mundo tienen alma y mente, las mujeres eran ciertamente las más infelices:

—...ante todo, hemos de comprarnos marido,
   con gran despilfarro de esperanza y de bienes a fin de
   darnos un amo a nosotras
mismas. Y esto, creedme, es el peor de los males.
   Separarse del marido es
escandaloso para la mujer, no así para los varones.
   Cuando ellos se aburren en casa, salen a distraerse.
   Sin embargo, si nosotras
hacemos lo mismo, ellos no nos dejan salir, porque
   dicen que hay que cuidar de los hijos.
Aseguran que, permaneciendo en la casa, las mujeres
   evitamos peligros
en tanto y el hombre, pobrecillo, ha de ir a batirse
   a la guerra.

Abatida, grita que preferiría librar tres guerras antes que parir aunque fuera sólo una vez. Luego, tras preguntarle a Creonte por qué la echaba de su hogar y su tierra, sólo pidió un día de clemencia antes de partir al exilio.

—Me das miedo, Medea —respondió Creonte.
Tu mirada es torva y estás airada con tu antiguo esposo.

¡Márchate con tus hijos
cuanto antes, pues temo que inflijas algún daño a mi
   hija, dado que eres experta
en toda suerte de males!

La repudiada urdió su desquite después de invocar a los dioses y de recordarles la ingratitud de quien se burlaba del juramento que abarcaba la eternidad. Otra vez increpó a su marido; pero él acrecentó su perfidia.

—¿A dónde podría ir?, ¡oh, Jasón!, dímelo tú por
   favor —rogaba Medea.
¿A casa de mi padre, a quien traicioné por tu amor?
¿O con la hijas de Pelias, a quienes induje a dar
   muerte a la sangre de su propia
sangre? ¡Oh, desamparo el mío! Me orillas, Jasón, a
   hundirme en la peor tristeza.

Ardía su alma y se le erizaba la piel mientras corría, desgreñada, clamando a los inmortales.

¡Qué desvergüenza!
¡Qué cobardía!
¿Por qué a las mujeres tocó en suerte callar
y acceder, sufrir la ignominia de los maridos?

Durante la noche veló su dolor, coreada por las Erinias. Al alborear discurrió un desagravio que el mundo no olvidaría en tanto existieran palabras para nombrar la traición.

Primero halagó a su rival y, en prenda de buena fe, le hizo llegar un regalo de boda por medio de los príncipes de la casa real, siete mujeres y siete varones, que ella engendró con Jasón. Glaucea, conmovida ante la nobleza aparente de la mujer a quien destituía a su pesar, expresó a sus esclavas que nunca hubo en Corinto una corona más bella ni túnica como aquella de seda blanca que despedía resplandores. En cuanto se puso el vestido impregnado de un misterioso veneno y tocó su cabeza con la diadema de oro, surgieron de arriba abajo y de lado a lado llamas de tal manera violentas que abrasaron también a su padre Creonte cuando trató de ayudarla a arrojarse de bruces al agua. El fuego se extendió a cada rincón del recinto hasta reducir a cenizas a decenas de huéspedes distinguidos y hubiera arrasado también a Jasón de no haber saltado a tiempo desde una peligrosa ventana.

En medio de tal mortandad, Zeus se enamoró de Medea, pues admiraba su temple. Ella lo rechazó, quizá porque en su ánimo no quedaba lugar para alojar al deseo, por más que se tratara del patrón del Olimpo. Vigilante de la eterna lujuria de su marido, Hera agradeció la actitud de Medea, prometiéndole inmortalidad a sus hijos si los inmolaba en el altar de su templo. Consumada su horrible acción, salió huyendo hacia Atenas en un carro tirado por serpientes que oportunamente le hizo llegar su abuelo el Sol, después de legar el reino de Sísifo a manos leales.

Nadie sabe cuántos ni cómo fueron sacrificados exactamente los vástagos de Jasón. Algunos creen que Medeios, el mayor, se salvó porque lo educaba Quirón en el monte Pelión y que años después gobernó la Media. Otros suponen que el padre de Medeios no fue Jasón, sino Egeo, en Atenas, y que Medea le prometió casarse con él y darle una gran descendencia si la ayudaba a vengarse antes de cometer el crimen contra sus hijos. Es innegable que, sobre una de las revanchas más crueles de que se tenga noticia, los corintios respondieron a la crueldad con más crueldad. Eriopis, Mérmero, Ferés, Tésalo, Alcímenes, Tisandro y Argos se llamaban los demás pequeños que al parecer fueron sacados del templo de Hera por los corintios, enfurecidos por la muerte de Creonte y Glaucea, para apedrearlos públicamente y dejar sus restos a la rapiña.

Para expiar este crimen, desde entonces se instituyó la costumbre de llevar durante un año cumplido a siete muchachos y siete doncellas vestidos de blanco y con las cabezas rapadas al templo de Hera, situado en la cima de una colina, donde, por orden del oráculo de Delfos, dicen que fue enterrado lo que quedó de los niños. La diosa, sin duda, cumplió su promesa: prevalece aún la inmortalidad, de la misma manera que el mundo no olvida la pasión de Medea.

Apolodoro asegura que Medea casó después con Egeo y que, por haber conspirado contra Teseo, salió de Atenas en compañía de su hijo Medeios, quien, tras batirse en numerosas batallas y fundar la región que lleva su nombre, murió en una expedición contra los indos. Ella volvió a la Cólquide de incógnito y, al enterarse de que su hermano había despojado a Eetes del reino, le dio muerte y restituyó el cetro a su padre.

Tentado por la fantasía, Eurípides acomodó la leyenda a su espíritu trágico, o tal vez porque, como repitieron las lenguas, fue sobornado por los corintios con 15 talentos de plata para que redujera la culpabilidad que recaía sobre ellos como símbolo de ignominia, diciendo que fueron dos los hijos sacrificados por su madre y que los demás, menos Ferés y Tésalo, gracias a que consiguieron escapar oportunamente, perecieron en el palacio abrasados por el fuego. Tésalo dio su nombre a la región de

Tesalia, mientras que Mérmero, hijo a su vez de Ferés, heredaría de su abuela la inclinación al envenenamiento.

Respecto del fin de Jasón, es poco lo que sabemos. Hay quienes lo acusan de perdonar el asesinato, aunque no pudo absolver la ambición de Medea en interés de sus hijos. Es de creer que, habiendo perdido el favor de los dioses, en cuyo nombre juró fidelidad a Medea y sobre ellos violó su palabra, erró de ciudad en ciudad odiado por todos los hombres. Fatigado, con la derrota en el cuerpo y la cicatriz del dolor en el alma, volvió en la ancianidad a Corinto para sentarse en el istmo a la sombra del *Argo* para recordar glorias pasadas y lamentar su desgracia. Desesperado, intentaba ahorcarse con un cordel atado en la proa cuando, astillada y en ruinas, la nave se volcó sobre él y nadie lamentó su muerte. Pasado el tiempo, Poseidón colocó en las estrellas un madero de la popa del *Argo* como señal de inocencia.

Medea no murió. Hija y nieta de dioses, se hizo inmortal y reinó en los Campos Elíseos donde, según versiones remotas, fue ella y no Helena quien casó con Aquiles.

Antígona

POR LA tragedia que arrastró desde antes de su nacimiento, el destino de Antígona es uno de los más conmovedores de todos los tiempos. Inspiró la obra de Sófocles, que durante siglos se ha considerado ejemplo de literatura perfecta. Su historia, ampliamente conocida, contiene los mayores elementos para comprender la conducta; quizá por eso fascina e intimida. Antígona, segunda de los cuatro hijos nacidos de Edipo en unión de su madre Yocasta, resulta hija, nieta y hermana de sus propios padres, a la vez que instrumento purificador de una mancha que recayó sobre Tebas y que, tras desencadenar una serie de muertes a partir del conocimiento de la verdad, se fue dispersando como señal inequívoca de lucidez. Su dolor nos alcanza como uno de los símbolos no sólo de libertad de conciencia, sino de devoción filial, de desafío femenino a las ataduras sociales, de amor fraternal e inclusive de autosacrificio, que la hizo elegir la muerte antes que sujetarse a la cruel sentencia de Creonte, tirano de Tebas, de esa Tebas con un ojo siempre en alerta al paso del infortunio y entercada en mostrar sus secretos innobles a la hora profunda del mediodía.

Hija de una ciudad quemante, donde las sombras vigilan el rumor de las casas y las habitaciones ventilan la oscura sanción de las Moiras, el drama de Antígona cabría en unas líneas aunque, por lo abultado de tantas y tan variadas interpretaciones, se requerirían varios tomos para abarcar el universo inspirado por su doble pasión por la vida y la virtud. Todo alrededor acusaba la sequedad de las rocas hastiadas de sol. Todo exhibía la tentación de la sangre, y aun el paisaje parecía dibujado con rayos de odio, amasado como la arcilla, cocido como las tumbas de años, violento como el tirano y enrarecido como la ceguera humana frente al olor que despide la venganza o la conciencia culpable.

Dos son las versiones predominantes de Antígona. Una, del mito procedente del siglo III o IV, que atestigua el derrumbe de sus padres ante la revelación del doble crimen de Edipo; pero Antígona, lejos de hundirse en desesperanza, se engrandece ante el dolor de una Yocasta que prefiere ahorcarse a reconocerse a la luz del sol y vivir con la culpa de haber desposado y entronizado a su hijo Edipo, asesino a su vez de Layo, padre de éste y su antecesor en el mando de Tebas. El sufrimiento de Edipo es tan intenso que no puede morir, aunque la vida le sea insoportable. La verdad lo enceguece pero, al arrancarse los ojos con los broches de su madre y amante, los dioses incrementan su lucidez. Desterrado, abandonado a la increpación de las Furias, en su exilio se dirige a Colono en busca del sosiego que le permita morir en la paz del alma recobrada. Antígona es su guía, su hija y hermana menor, depositaria del amor familiar y la llamada a consumar el primer acto liberador de su clan fatídico; un acto que habría de consumar contra la determinación de las leyes de la ciudad y de los dioses patrios.

Sudorosa, abatida por el silencio doliente del viaje, Antígona comprende el desastre y sabe cuáles son las distancias que le tiende el destino entre el castigo y la fatalidad. Mira en Edipo la hondura de que es capaz el infierno y, en la descomposición de su Tebas remota, adivina la inocencia perdida. Teseo les ofrece hospitalidad en Colono, aunque ella rechaza las vestimentas limpias y un sitio en el coche público para regresar a su tierra, después de instalar a su padre ciego.

Tras ellos, la joven Ismene llega a Colono con el relato de cómo se disputan el trono sus hermanos Eteocles y Polinices. Edipo los maldice de manera que habrían de darse muerte uno al otro, como al final ocurrió tras una cruenta batalla, que no era otra cosa que guerra civil. Creonte, hermano de Yocasta, hereda los cetros de Eteocles y ordena que los cuerpos de los que calificó de enemigos de Tebas, incluido el de Polinices que se tenía por traidor, no recibieran sepultura porque, según la costumbre, así evitaban que sus espíritus entraran en el Hades para completar el castigo en este y el otro mundo. Ésta es la decisión que transita entre la consumación de la tragedia de Edipo y el principio de la de Antígona, decisión que a su vez procede del sangriento final de los dos hermanos gemelos en su lucha por el poder.

En otra de las versiones, incluido el poema de Sófocles, Antígona, abatida, emprende el regreso a pie. En su rostro se lee la fatalidad. Atraviesa el primero, el segundo y el tercer obstáculo hasta entrar por una puerta disimulada en las murallas de Tebas, coronada por cabezas cortadas. Mira el desastre, los cuerpos caídos, las lanzas y los cuchillos de los tebanos en pugna. Busca a Polinices entre los cadáveres, se desliza por calles ardientes y se para en las plataformas donde las mujeres corean aquella desgracia teñida de odio. Huele a sangre derramada, a cuerpos descompuestos, al acero que el sol enardece sobre las rocas y al cuero de las sandalias que aparecen tiradas por todas partes. Allá abajo, arrastrada por la tristeza, reconoce a Polinices desnudo, yacente en la maldición del olvido. En el lugar de la gloria, muerto también, está tendido con honra el otro gemelo, Eteocles, quien tampoco reinará en la codiciada ciudad. Divididos por la ambición, los une un mismo silencio, la soledad de la muerte. Ella se inclina sobre Eteocles y llora por el hermano, compañero de su tragedia, a pesar de saberlo culpable de un sufrimiento que no se borrará de los siglos. Vuelve al lado de Polinices e, impulsada por el vigor del linaje, levanta con dificultad ese cuerpo que le disputan los buitres. Allá lejos, en lo alto de las murallas, el tirano observa la escena y ordena a sus hombres que la persigan para que no le dé sepultura. Antígona desoye el vocerío, indiferente a las amenazas. Enfurecido, Creonte repite las sanciones del odio. Ella no siente el peso del muerto. Va desgreñada, con manchas de polvo en el rostro y con los harapos endurecidos por la sangre reseca. Cae de pronto una oscuridad tenebrosa y la noche se adueña de la ciudad. Decenas de ojos se ocultan para seguirla y se presiente el furor del castigo. Los dioses no participan. Nadie interviene y, contagiada de compasión, Ismene duda ante el valor de su hermana.

En la tragedia de Sófocles, Antígona vuelve a Tebas, después de sepultar a Edipo en suelo ático bajo la protección de Teseo, para realizar los ritos funerarios en honor de Polinices, quien yacía insepulto a cielo abierto. A mitad de la noche, cuando a solas sellaba la sepultura con ritos en honor del caído, la detienen los guardias por violar las leyes de la ciudad. Creonte la condena a morir emparedada en una cueva, a pesar de los ruegos de su hijo Hemón, prometido a Antígona y convertido a la desgracia, y de las súplicas de Ismene, quien hasta entonces se había negado a participar.

En medio de escenas desgarradoras, el coro llama a cuentas a Creonte y se enturbia el cielo de Tebas con el rumor de advertencia. Como Edipo en su hora, Antígona ve la verdad y no retrocede. Su corazón se impacienta; pero sus manos continúan los dobleces de la mortaja. Sabe que de vivir quedará como muerta viva, con la carga de su conciencia a cuestas y condenada a sobrellevar una mancha que de todos modos la condenará a entretejer vida y muerte. Desesperado ante la dureza de Creonte, Hemón le jura que morirá también y compartirá hasta el final la suerte funesta de la amada. Llora la madre de Hemón. El pueblo

atestigua esta lucha contra el destino y a veces calla, a veces eleva el lamento con conmiseración, se oculta, aparece otra vez y refleja en sus susurros dolientes el sacrificio de la doncella. Antígona no desfallece y confirma lo que declaró ante el tirano: su decisión de sepultar a su hermano Polinices está de acuerdo con las leyes no escritas de los dioses y no obedecerá el decreto de Creonte porque sería tanto como atentar contra su propia familia. Su deber familiar era procurarle reposo en el Hades, lo que la situaba por encima de cualquier mandato de la ciudad. Enardecido, Creonte reclama obediencia a la norma determinada por él y confirma su atroz sentencia al corroborar la persistencia de su sobrina.

Tiresias, el adivino, prevé la fatalidad. Insiste una, dos, tres veces en evitar la injusticia; pero Creonte está sordo y ciego, revestido de ofuscación y dominado por la discordia. Un frío con olor de muerte se tiende en el suelo de Tebas mientras Antígona va de camino a la cueva, coreada por voces de compasión, para asumir su destino. Tiresias persiste en lanzar a Creonte amenazas terribles por desafiar las leyes divinas y no ceja en su decisión de impedir a cualquier precio la desgracia que recaerá sobre la ciudad. Allá, desespera el amante; acá, Ismene reclama al tirano compartir para sí la culpa y la condena de Antígona; pero él rehúsa y ante todos la exhibe como una demente. Crece la tensión distintiva de la tragedia, donde convergen la fatalidad frente a la lucidez y las batallas de la voluntad contra la determinación del destino. Es la lucha radical de las fuerzas oscuras sobre la claridad y la prueba de que por encima de cualquier tentativa de modificar el rumbo por la voluntad superior triunfará irremediablemente el poder de los dioses.

Así se desencadena la sucesión de acontecimientos trágicos, a partir del ofuscado autoritarismo de Creonte y de las advertencias inútiles de los demás para anular su sentencia. En Creonte está el núcleo de una batalla a muerte entre el hado y la inconformidad humana; en él recae también la esperanza de un triunfo de la razón; pero no cede, más bien confirma una y otra vez su función de instrumento divino hasta que, conmovido por tantas súplicas entremezcladas con amenazas terribles, decide ir a la cueva y liberar a su prisionera.

Todo pudo prever el tirano, salvo la poderosa voluntad de Antígona, quien prefirió ahorcarse ella misma antes que morir en las condiciones impuestas. Ahí estaba el fiel Hemón, abrazado al cadáver de la amada esperando su muerte para compartir el sello funesto de Antígona. Nada más verlo, Creonte increpó al hijo por desobedecerlo como rey y como padre. Hemón, impulsado por su dolor, lo ataca con la espada, pero falla y se mata a sí mismo. Horrorizado, Creonte vuelve a palacio para descubrir que, desesperada, también su esposa Eurídice se ha suicidado.

Casandra

HIJA de Príamo y de la doliente Hécuba, Casandra fue más celebrada por Homero por su belleza que por su don adivinatorio. En su nombre se mezclan la desgracia de ver el futuro y de no ser creída, además del doble infortunio de ser amada y castigada por un dios, y ser amada y conducida a la muerte por un héroe, lo que la inclinó a la tragedia por la doble vía de las venganzas divinas y las crueldades humanas.

Frente a Clitemnestra, su rival y asesina, encarna el modelo de mujer que, desde su nacimiento, vive sujeta a los caprichos de los demás y se revierte en su contra cualquier iniciativa propia. Es el drama de una feminidad que surca los siglos con el emblema de su palabra inútil, de su voz desoída. Profetisa de inminentes desastres, es también la portadora de una verdad que se anula a sí misma por el hecho de provenir de quien la invoca, lo que redunda en mayores desgracias para ella y para la tentativa de orden que podría representar una voz de alerta frente a la sinrazón, que suele convertirse en lo que unos consideran fatalidad y otros lógica del error.

No obstante su actuación secundaria en la *Ilíada,* en torno de Casandra tienen lugar los desenlaces más significativos del canto homérico. Con Hécuba, su madre y reina de Troya, encabezó el botín de los griegos, al grado de darle a Agamenón dos hijos, los mellizos Teledamo y Pelops, lo que agravó la furia de Clitemnestra, a quien le sobraban motivos para odiar a su esposo, en especial por haber inmolado a su hija Ifigenia; pero también por haberla desposado por la fuerza cuando el caudillo dio muerte a Tántalo, su anterior marido, y después provocara el respectivo odio de sus hijos engendrados con ella, Orestes y Electra, protagonistas de algunas de las tragedias más complejas de la Antigüedad.

Infortunados si los hay, el destino de Casandra es el de esas mujeres a las que nunca les está dado decidir; pero la única vez que pueden hacerlo eligen la actitud equivocada. Y para ella esa ocasión determinó su desgracia; al enamorarla el apuesto Apolo y otorgarle en prenda de su pasión el don de la profecía, ella lo rechazó de manera violenta; entonces el dios, célebre violador, en vez de despojarla de la cualidad otorgada, la condenó a augurar cosas verdaderas sin que nadie, jamás, le creyera, lo que resultó un castigo peor al infligido por las deidades de la Grecia arcaica a quienes caían de su gracia, ya que, cuando querían hundir a los hombres, comenzaban por cegarlos para que en su ofuscación encontraran su perdición.

De esa ceguera hemos sido víctimas todos alguna vez. Es la forma común en la que incurre la gente para optar por lo peor. Tal es el caso de Agamenón cuando no acepta el principio de entendimiento propuesto por la asamblea de que regrese a su padre la esclava Criseida para aplacar la ira precisamente de Apolo, además de que se le compensaría por la merma de ese botín, el más conflictivo durante la reyerta troyana, ya que no únicamente empeoró la situación de los griegos frente al enemigo, sino que suscitó entre ellos la famosa división proveniente de la cólera de Aquiles. Lejos de razonar y reconciliarse con Aquiles, Agamenón lo amenazó con despojarlo de su propia esclava, Briseida, lo que de todos modos hizo cumplir al final por mediación de dos heraldos, cuando a su pesar fue obligado a devolver la joven a Crises, el agraviado sacerdote que exigió de Apolo una restitución a la altura de las ofensas sufridas a manos griegas. La discusión arreció no tanto por lo que pudieran significar las esclavas, sino por el enredo de rivalidades y caprichos entre caudillos. Las consecuencias de la decisión de Aquiles de abandonar el combate y encerrarse en su tienda, ante el desconcierto de los griegos batalladores, serían mucho más nefastas de lo que en su momento pudo pensar el héroe.

Por otra parte, de los 19 hijos engendrados por el rey de Troya, Casandra será quien más estreche su destino al doloroso final de su madre y comparta con ella el símbolo de las pérdidas, hasta consumar su historia de despropósitos al ser entregada a Agamenón como botín de guerra y profetizar su propia muerte a manos de Clitemnestra. Como Hécuba, la figura de Casandra va y viene por entre diversas tragedias, sobre todo de Eurípides, sea a modo de voz siempre desatendida, como víctima mancillada en el templo, como testigo de las derrotas troyanas y esclava del caudillo griego en su retorno a Micenas. Eso, sin contar además la pena de saber que su hermana Políxena, poseída en cautiverio nada menos que por Aquiles, tendría que ser inmolada sobre su tumba porque, según los intérpretes, así lo exigió su sombra.

Si Hécuba estuvo marcada para sobrevivir la muerte de Príamo, su esposo, y la de casi todos sus hijos, entre los que se contaban Héctor, Heleno, Troilo, Paris, Creúsa, Políxena y la propia Casandra, esta última, la desdichada amante de Apolo, ostentaría el estigma de anunciar catástrofes en medio de aspavientos y excesos de insensatez que empañaban el contenido de sus palabras. Fue ella la única que, subida en uno de los torreones de Pérgamo, distinguió en el camino al anciano Príamo y al heraldo de la ciudad, de pie en el carro tirado por mulas que transportaba el cadáver de Héctor bajo la guía del dios Hermes. En vano anunció a su gente la derrota de Troya y en soledad comprobó cómo se cumplía lo previsto en su delirio profético.

Durante la toma de la ciudad, fue violada por Ayante el Locrio, el hijo de Oileo, cuando la encontró en el templo de Atenea abrazada a la estatua de la diosa. Brutales como eran los griegos con los vencidos, Ayante la sacó a rastras, con lo que mancilló el recinto sagrado. Para expiar el sacrilegio al Paladio, los locrios fueron obligados por los sacerdotes a enviar dos doncellas a Troya durante mil años para servir como esclavas a la ofendida Atenea, con la advertencia de que, de ser capturadas por los habitantes antes de llegar al templo, debían ser ejecutadas en señal de castigo. Esta costumbre perduró hasta el siglo II a. C. y aún en nuestra época quedan vestigios litúrgicos de tal expiación.

Finalmente, en los motivos del doble crimen de Clitemnestra concurren casi todos los elementos trágicos, inclusive el de la muerte de la indefensa Casandra: celos, rivalidad, venganza, confusión y la suma de las pasiones de que se valen los dioses para enceguecer a los hombres.

Clitemnestra conspiró con su amante Egisto para matar a Agamenón y Casandra en cuanto éstos llegaran de regreso a Micenas. Para evitar cualquier sorpresa, escribió una carta a Agamenón pidiéndole que encendiera una tea en el monte Ida a la caída de Troya. Ella, a su vez, ordenó una ruta de fuegos que le transmitirían el aviso a la Argólida, a través del cabo Hermeo, situado en Lemnos y de ahí por las montañas de Athos, Macisto, Mesapio, Citerón, Egiplancto y Aracné, no fuera a ser que el marido le interpusiera alguna artimaña. La vigilancia se completó en su propio palacio, en cuyo techo apostó al leal servidor de Agamenón, quien permaneció un año completo, agazapado como un perro, mirando hacia el monte Aracné imbuido de los más tristes presentimientos. Fue él quien, en la más apretada oscuridad, divisó a la distancia la luz esperada y corrió a despertar a Clitemnestra.

Fiel a su costumbre de aparentar, ella simuló felicidad ofreciendo sacrificios en señal de agradecimiento a los dioses. Egisto, mientras tanto, tenía en alerta a dos hombres apostados en una atalaya para que le informaran los pormenores del desembarco. Él dispuso el crimen, mientras Clitemnestra hizo tender un tapete de púrpura a Agamenón hasta los baños preparados por las esclavas. Imbuida de arrobamiento profético, Casandra previó la tragedia y permaneció en el exterior del palacio tratando de pasar inadvertida. Que olía a sangre, decía, pero nadie escuchaba. Que la maldición de Tiestes recaería sobre ella misma y Agamenón, repetía inútilmente, pero los demás se disponían a la fiesta de bienvenida y, como el dios le anunciara, nadie allí la escuchó.

No bien salía de los baños Agamenón para dirigirse al banquete, cuando Clitemnestra le arrojó una manta para cubrirlo. Antes de que aquél discurriera defensa alguna, lo enfundó en una malla tejida por ella misma, a modo de saco, que lo inmovilizó de pies a cabeza. Apareció entonces Egisto para matarlo con una espada de doble filo ante la ira expectante de su cómplice. La propia Clitemnestra, presa de odio contra el marido, se encargó de cortarle la cabeza con un hacha y de espetar las últimas frases de su desprecio con la firmeza de quien largamente esperó destazar un cuerpo aborrecido. Sin molestarse en cerrarle los ojos y la boca a la cabeza desprendida de Agamenón, se limpió en sus cabellos la sangre que le salpicó los brazos y, desquiciada, corrió en busca de Casandra con el cuchillo en la mano.

Allá afuera, por entre los árboles que cercaban la casa, rodó la cabeza de Casandra, mientras que el propio Egisto se encargaba de asesinar a sus hijos mellizos.

Safo

LEJOS de esclarecer su misterio, el tiempo ha hecho de Safo divisa de la homosexualidad femenina. Una divisa tan difícil de escudriñar como la causa verdadera que llevó a Anacreonte a afirmar maliciosamente que el nombre de la isla de Lesbos, donde ella nació y habitó la mayor parte de su vida, connotaba el apasionamiento de las mujeres que se congregaban ahí, bajo la tutela de una mujer de alta cuna, para adquirir las bases de una vida feliz y decorosa para sí mismas, para los maridos y la sociedad.

Safo huele su soledad a distancia y en sus palabras se siente la inmensa ternura en la que, frente a las muchachas del *oikos,* ella vaciaba su íntima desesperación. Probó el amor de los hombres. Conoció el fingimiento de las que reconocen el galanteo del abismo. Preguntó a las estrellas su sino. En sus noches isleñas probó el acre sabor de una feminidad demasiado pesada para las delicadas doncellas e intimidante para varones acostumbrados a la rudeza. Refundida en el cerco de la enseñanza, cumplió la sanción del oráculo y, aunque nunca recordó a Delfos, supo con claridad lo que significaba conocerse a sí misma.

Safo entendió muchas cosas que no se sabían en su tiempo. Conoció, por ejemplo, la estrechez del paisaje cercado por agua, la asfixia que ilumina el dolor, la divinidad que consagra el lenguaje y el vigor inefable de la poesía. Quizá nunca se interesó por la gloria, porque en su cuerpo adivinaba las huellas de su irremediable transitoriedad. Sonreía ante las niñas que ensayaban modales para agradar y en ellas reconocía lo que nunca había sido, el reflejo de lo que no intentó ser. Advirtió la amenaza que entraña lo diferente. Imaginó la redención del placer. Olvidada del propio, amó el orgullo de Gyrinno y hasta se inclinó para besarle los pies. En estaciones de amor presintió el cosquilleo de la hoguera, y Attys le enseñó a paladear la desdicha. Como Circe, ella también exploró el abandono cuando algún "Odio", por otro nombre, cruzó por su vida y es de creer que, bajo el vigor de su voz, la dominaba un temor inaudito a lo desconocido.

Como era común en otras partes de Grecia, en

Lesbos gozaban de gran prestigio las instituciones educativas para mujeres, que en nuestros días perduran en los internados de señoritas, aunque éstos carecen de la devoción por las artes que practicaban en la Antigüedad y no existe la liberalidad con que aquella cultura mostraba sus sentimientos. Difícilmente se encontraba una muchacha de buena familia que no hubiera recibido las reglas y el refinamiento de la perfecta casada. Suerte de agrupaciones de culto llamadas *thiasoi*, allí se entrenaba con inusual rigor a las destinadas a desposarse con nobles, comerciantes enriquecidos y héroes de guerra. Asimilaban principios y tradiciones; disfrutaban de compañía selecta y cultivaban secretos de la amistad tal vez infiltrados de enamoramientos sutiles porque, en su *Oda a Afrodita,* Safo pide ser liberada de un amor femenino, mientras que en su *Oda a la mujer amada* declara su pasión por una muchacha que, por mirarla, la conmueve profundamente, mientras el joven sentado a su lado le parece similar a un dios en su indiferencia. Si son frecuentes estas exclamaciones, en caso alguno quedó en su poesía una referencia explícita a las relaciones físicas entre ellas.

Concentradas en el aprendizaje de la música y la poesía, todo estaba dispuesto para incorporarlas con suavidad a las exigencias sociales, que no eran sencillas. A eso contribuía la tradición lésbica, a valorar el compañerismo, a honrar a los dioses con danzas y cantos y a sostener contactos diversos con sus vecinos, los jóvenes lidios, afamados por su elegancia. De ahí que los versos líricos de Safo sean más intensos que sus epitalamios compuestos para coro en ocasiones festivas y de mayor fuerza que las canciones para hombres o dioses.

Sus cantos de boda gozaban de gran prestigio por su radiante espontaneidad. Con poesía despedía a algunas de sus discípulas y con poesía mitigaba la iniciación de éstas en la complicada vida en pareja que, desde el siglo VII de aquella era, se completaba con una extraña devoción entre el hombre y el joven o entre la mentora y la alumna que, a pesar de expresiones que nos parecen desmesuradas, no necesariamente implicaba ligas sexuales. Esta forma de alianza educaba, a condición de emular una existencia ideal apasionada. De tales ejemplos se colmó la literatura helena hasta que Platón, años después, se encargó de definir los términos de la amistad, del amor y del apego espiritual.

Es imposible determinar el periodo en que las jóvenes permanecían bajo la tutela de Safo. Las relaciones íntimas de odio y amor que reflejaba en sus versos denotan el tránsito de la pubertad a la adolescencia, porque era común casarse mucho antes de cumplir los 20 años. Las niñas constituían su auditorio y estaba previsto que dejaran el círculo para celebrar sus esponsales, lo que hace poco probable el supuesto de que Safo fuera una sacerdotisa rodeada de hermosas jóvenes, con quienes practicaba ritos eróticos en honor de Afrodita y las Musas, como lo escribió maliciosamente el poeta Anacreonte una generación después.

En sus versos de despedida, celebraba a los novios comparándolos con ninfas y héroes; esto confirma que, estando la vida del grupo en los *thiasoi* bajo la protección especial de Afrodita, las muchachas expresaban un afecto apasionado entre sí y para con la mujer que las tutelaba; y Safo, en este sentido, profesaba un cálido apego por las adolescentes que, por casarse, dejaban de ser "jacinto en el monte" para convertirse en "flor en el suelo"; es decir, que por adquirir las preocupaciones y sinsabores del matrimonio, para los que fue preparada, la doncella perdía el estado de pureza perfecta.

Así lo cantó al encaminar a la boda a una de las jóvenes de su *thiasoi* y así lo leemos en estos versos que comenzaban con una alabanza al novio antes de dirigirse a la novia:

> Parece igual a los dioses el hombre
> al que veo sentado frente a ti
> siguiendo absorto tu dulce sonido,
> y la risa encantadora que a mí
> ha turbado el corazón en el pecho.
> Sólo te miro y la voz me falla,
> se me quiebra la lengua y un sutil
> fuego recorre por la piel adentro;
> dejo de ver y zumban mis oídos,
> corre abajo el sudor y estremecida
> estoy toda; como yerba del prado
> me quedo verde y estoy como muerta.
> Mas a todo cabe sobreponerse...

Si poco quedó de la obra de Safo, mucho menos de su biografía. Nació hacia el 590 a. C., cerca de Mitelene, capital de la isla de Lesbos, entonces ocupada por los eolios; por Heródoto sabemos que su padre se llamó Escamandrónimo y su madre Cleide, como a su vez nombraría a su hermosísima hija, a quien dedicó cuando menos una canción en la que, rubia al parecer, la comparó a la luz de una antorcha. Según confesión propia, no fue hermosa; Plutarco, no obstante, la apodó *la bella Safo*, mientras que Platón, que admiraba su fuerza, fue el primero en considerarla la *Décima Musa*. Ella misma se describió pequeña, morena y no muy agraciada. Oscilaba entre los sentimientos dulces y amargos y

no ocultó los trastornos que en ocasiones le provocaba Eros. De hecho, su leyenda comenzó a difundirse por los extremos que la dejaban transida de dolor al grado de desear la muerte a causa del abandono o la llenaban de un gozo exagerado. Apasionada, sensual y proclive a cierta melancolía que expresaba con sencillez, Safo, sin embargo, permaneció estoica por disciplina y tan brillante como de extraordinaria sensibilidad.

Perdió a su padre cuando tenía seis años y mantuvo ligas tan estrechas con sus tres hermanos, que varias veces los mencionó en sus cantos. Orgullosa de que a uno de ellos, por su finura y belleza, lo eligieran para escanciar el vino en los convites ceremoniales, testimonió con sus versos la importancia que representaba para un joven de la ciudad una distinción como ésta. De Cáraxos, en cambio, describió la vergüenza que arrojó a la familia cuando se apasionó de una hetaira griega de nombre Dórica, que conoció en una de sus navegaciones a Náucratis, en la costa egipcia, donde mercaba el vino de Lesbos. Por ella, la amante misteriosa, Cáraxos sacrificó sus bienes e incurrió en tales desvaríos que, al evocar el suceso, Heródoto la confundió con Ródopis, una cortesana de origen tracio, que fue alguna vez esclava de Jadmón, el hombre samio de Efestópolis, y cosierva del fabulista Esopo. Gracias a sus encantos, Ródopis acumuló grandes riquezas y con la décima parte de su fortuna se hizo fabricar un monumento en Delfos; pero sería demasiado forzado vincularla con Cáraxos.

Safo casó con un acaudalado isleño de Andros, aunque de aquel matrimonio sólo quedaron los versos dedicados a Cleide, "hermosa como las flores de oro", por quien su madre "daría la entera Lidia".

Muerto o abandonado, su marido Cerciclas se borró de su biografía. Joven aún, Safo marchó al exilio a Sicilia, tal vez a causa de disturbios políticos ocurridos en Lesbos, y allá le erigieron un monumento en el siglo IV a. C., el cual mucho después fue robado por Verres, un conocido gobernador romano. Regresó a Mitelene, donde permaneció el resto de su vida.

El interés de Safo no se concentró en los temas de la familia, sino que se llenó con los quehaceres del grupo y con el oficio de tutelar a las jóvenes, que consideró sagrado. De hecho, la poesía orientaba y refinaba sus vidas. Con ese espíritu escribió y convivió entre las muchachas a las que formó y amó, con las que sufrió y gozó. Aseguró que la actividad de las Musas favorecía el triunfo de la sensibilidad, el orden y la gracia sobre la torpeza, el desorden, el azar y la vulgaridad; por eso nunca debía infiltrarse en el círculo un sentimiento de duelo; sino que, al perder a un ser querido, tenían que cultivar el silencio, según lo cantara a Cleide cuando ésta lloró por la desaparición de alguien cercano.

Safo escribió en dialecto eolio o lesbio vulgar e inventó tanto los armoniosos versos sáficos como los eólicos, especie de armonía para el canto acompañado de un instrumento llamado pectis. De los nueve libros que escribió, sólo perduraron dos poemas completos: la *Oda a la mujer amada*, que recogió Longino en su *Tratado de lo sublime* y Catulo tradujo en su poema 51, y la *Oda a Afrodita,* que rescató Dionisio de Halicarnaso. Los fragmentos que conocemos confirman que se cumplió su esperanza de ser recordada a través de los siglos no por el escándalo que la envuelve, sino por su reputación entre los poetas de primera importancia en la lírica griega.

Se desconocen las fechas de su nacimiento y su muerte. Un célebre relato, quizá proveniente de una comedia griega, narró que Safo se enamoró de un tal Faón. A consecuencia de su rechazo, se arrojó del acantilado de Léucade, una isla situada en la costa oeste de Grecia.

Esta mujer, diría Marguerite Yourcenar, amargada por todas las lágrimas que con valor no derramó jamás, se dio cuenta de que a sus amigas no podía ofrecer más que un acariciador desamparo.

Olimpia

Si sólo examináramos a Alejandro el Grande por sus orígenes maternos, encontraríamos una vena mítica que lo emparentaba con los héroes. Olimpia estuvo orgullosa de sus vínculos divinos antes que del hijo que la afamó. Provenía de la casa real que, inclusive reconocida por los griegos, ostentaba a Aquiles en la raíz de su linaje. Al desposarse con Filipo, rey de Macedonia renombrado por sus victorias militares y sus orgías alcoholizadas con pajes, meretrices, bailarinas y sibilas, acrecentó la fuerza de un poder que, desde los días cantados por Homero, parecía destinado a engrandecer la memoria del legendario Heleno, hijo de Príamo de Troya y fundador de los Caones del Epiro.

Huérfana temprana, Olimpia fue tutelada por Aribas, hermano del difunto Neoptólemo y su heredero de Molosia, quien determinó entregarla a Filipo en matrimonio, mientras que él reservó para sí a la mayor de tres sobrinos y, para su corte de efebos favoritos, al joven Alejandro, cuyo nombre real lo heredaría el macedonio memorable. Intrincada como es la historia de los griegos, la de Olimpia encabeza uno de los más apasionantes y sangrientos episodios del poder antiguo no sólo por su enredo de parientes, dominios y batallas militares, sino por la fábula que anuda los destinos de tantos hombres y mujeres que en aquella región de los Balcanes soñaron un mundo de hazañas que rivalizara con los prodigios de los dioses.

Inclinada como está la historia a destacar los enfrentamientos armados del poder o a detenerse en los efectos visibles de los descensos o los acomodos del mando, desde siempre se han practicado la omisión y el olvido en los recuentos de la aventura humana. Una aventura que no sería tal ni tan compleja en su desarrollo de no intervenir en los momentos culminantes la intriga o la pasión hechizante de las diosas y las mujeres. Si en el Olimpo, ahí están Afrodita, Atenea, Hera, Deméter y Perséfone para probar que nada significativo a los ojos de la existencia ha sido ajeno al interés femenino. Por ellas, los dioses construían alianzas o sistemas de encubrimientos; por ellas, se envalentonaban los hombres, y toda la descendencia de héroes, ninfas, deidades menores y seres privilegiados tarde o temprano mostraba la huella del furor amoroso, de las argucias batalladoras o de las no tan sutiles labores de la imaginación femenina. Si en la tragedia, el arte y la inteligencia carecerían de pilares para orientar los vericuetos de la conducta de no atender las tribulaciones de Electra, Yocasta, Antígona, Medea, Andrómaca, Hécuba, Penélope, Helena, Ifigenia o Clitemnestra, a cuya hondura emotiva debemos las más conmovedoras lecciones de humanidad. ¿Y qué serían los mitos sin el arco en tensión entre la fecundidad primordial, el pensamiento, la religiosidad, el misterio y la muerte que se tendía entre la feminidad, el sueño creador y el orden del universo?

Unas más vigorosas que otras, menos visibles o perturbadoras, las sombras de algunas mujeres perduran a través de los siglos por encima del declive de idiomas, credos o culturas gracias al fuego con el que fraguaban su tránsito por la vida. Olimpia no pasó inadvertida en su hora, aunque en la memoria de las generaciones su vastedad se fue cribando hasta reducirla al cruel personaje que tiñó de sangre y minó con su insidia el helenismo que se gestaba a su alrededor. Y es que ella amaba el misterio tanto como el dominio mundano y los placeres provenientes del lecho, los altares de sacrificio, los escenarios o la cocina. Empleaba al hablar tonos privativos de reyes y mariscales y, aun en su modo de andar, de mirar y de incitar a los hombres con sus danzas extrañas, se percibía su costumbre de igualarse con las deidades.

Sibila ella misma, invocaba las fuerzas oscuras para incrementar su temeridad por la vía dionisiaca; de la que también se decía descendiente directa y acreedora de atributos olímpicos. Jamás desperdiciaba recursos ni ocasión de infiltrarse en los asuntos que se tenían por privativos de los varones. No es que despreciara a las otras mujeres; sino que no las consideraba siquiera rivales, ya que sus miras comenzaban donde se disipaba la imaginación de las otras. Si acaso, les administraba venenos o fórmulas que variaban en eficacia, según el alcance que en la intimidad calculara del riesgo de sus influencias en la jerarquía sucesoria del trono de Filipo, que consideraba determinado por designio supremo para su hijo Alejandro. Cuando las reconocía codiciosas, aplicaba procedimientos poco sutiles para anular cualesquiera de sus argucias. No la arredraban monarcas, sacerdotes ni generales porque en sus arrebatos coléricos desplegaba un furor comparable al de los titanes, y si fallaba el enardecimiento de su iracundia, ahí estaban el sigilo que absorbiera de sus serpientes o el sistema de alianzas entre enemigos comunes para multiplicar sus venganzas. Para Olimpia no existían las derrotas honrosas ni los triunfos menores. Su vida amorosa estuvo sembrada de hazañas que aun hoy nos parecerían inauditas; entre sus atrevimientos nocturnos destaca la fábula de cómo fue concebido Alejandro mientras el cónyuge batallaba, gracias a la intervención de la magia.

El propio Filipo, no obstante su crueldad absoluta, llegó a temerle porque en el ensanchamiento guerrero de Macedonia no había quién osara dudar de sus ligas sobrenaturales. Lo cierto es que, en un medio regido por los prejuicios, el destino y las traiciones, es de creer que la religiosidad se mezclara a manejo discrecional de las artimañas y que la conveniencia ayudara a suplir arreglos políticos mediante la fuerza de las predicciones domiciliarias o, en casos más complicados, de los oráculos que abarcaban desde el mensaje indiscutible del hado hasta la interpretación de los sueños y los presagios, según el criterio cambiante de profetas, hechiceros o sacerdotes.

Mujer de excepción, Olimpia fue y sigue siendo lo que se dice un carácter. Le quedaban pequeñas las tareas de tejer, reproducirse, mantener el hogar y ocuparse de las intrigas entre rivales y posibles sucesores al trono. No obstante contarse la sexta de la que sería, aun después de ella, una larga lista de esposas y concubinas de Filipo, hizo valer sus derechos reales haciendo matar a sus enemigos o engendrando en el corazón de Alejandro un profundo desprecio por los caprichos del monarca, a excusa de que Filipo pensaba en su hermanastro Arrideo para sucederlo en el trono de Macedonia. De sus oficios perversos con yerbas y hechicerías surgió la sospecha de que Arrideo, hijo de bailarina extranjera y primogénito de Filipo, perdió vigor en sus facultades hasta quedar reducido a un pobre tonto sin voluntad, que a todas luces resultaba inadecuado para gobernar.

Sofisticada y sensual, Olimpia gastaba sus tardes regodeándose con sus serpientes amadas. Se aprovechaba de las borracheras de su marido para recolectar chismes o desatar murmuraciones feroces que luego servían para reacomodar dirigentes en las batallas, administradores y gobernantes, así como de redistribuir posesiones, botines de guerra, esclavos y armas. Se ocupaba en vigilar, no cabe duda, el tesoro de su *oikos* u hogar. Seguramente también tuvo asiento junto al trono real en las ceremonias y participaba en los escandalosos banquetes, como lo hiciera Helena en Lacedemonia,

y hasta es de suponer que, cuando no bailaba, se atrevía a tomar la palabra con atribuciones que sobrepasaban sus deberes de reina.

Celosa y batalladora, nunca la recordaron apegada a la rueca ni al cestillo de lana, objetos que, entre señoras y siervas, creaban la imagen de la condición femenina en una Grecia que oscilaba entre la barbarie distintiva de los macedonios y las más altas conquistas de la razón ateniense.

Que Olimpia era única por su ojo solar y que desde niña se deleitaba con los juegos del mando, decían sus subordinados al pretender explicar los atrevimientos de aquella mujer que dormía con serpientes. Y es que, por sobre las cuestiones mundanas que apañaban su fama de poderosa sibila, la madre de Alejandro el Grande amaba el poder tanto como el peligro. Esposa del más prestigiado conquistador del siglo IV a. C., entendió que si nada era más respetable para los griegos que llevar en las venas sangre de dioses, entonces ella tendría que encontrar el modo de fascinar a los macedonios con la historia de un nacimiento privilegiado.

Es probable que esta naturaleza suya, heredada de dioses, guerreros y héroes, fuera determinante en la formación militar y en la reconocida inteligencia estratégica de Alejandro, pues es sabido que Filipo, por dudar de su paternidad, se apartó del niño durante su primera infancia y que, antes de ser tutelado por las más altas inteligencias de Grecia, Olimpia cultivó en el pequeño la idea de que el mundo le pertenecía por derecho supremo. De hecho, no se le conoció a Alejandro influencia más perdurable ni mujer más amada que su propia madre, a pesar de que, con el incremento de las riquezas y ante la suma de reinos que engrandecían su corona, ella practicaba su crueldad con procedimientos cada vez más sanguinarios, lo que le acarreó tal cantidad de enemigos que vino a morir como había vivido, sin que al final se supiera cuántas fueron las manos que participaron en su asesinato.

Olimpia fue experta en practicar el sigilo de las culebras. Quizá por eso Alejandro tendía a preferir una acometida por sorpresa. Aseguraba la victoria mediante ataques indirectos por los flancos más inesperados; así doblegaba al contrincante por su lado más débil y a la vez evitaba la mortandad habitual en las mejores escuadras.

Bacante apasionada en extravagantes sesiones amatorias, sibila e intrigante poderosa, Olimpia significaría mucho más que vínculo conyugal del Epiro con el hijo de Amintas y mucho más que reina circunstancial de Macedonia que consigue imponerse en la corte, a pesar de ser la sexta en la lista de matrimonios reales. Antes de desposarla, Filipo II sucedió en el trono a su hermano mayor Pérdicas cuando éste, por defender los derechos portuarios y la soberanía macedónica, perdió la vida con 4 000 hombres ante los invasores ilirios comandados por el rey Bardilis en tan tremenda matanza; desde entonces, aquella carnicería se llamó el desastre bélico y se inscribió en tablillas la fecha y sus pormenores para que nadie olvidara el acre sabor de la derrota.

Hombre de indudable fortuna, no era a él sin embargo a quien correspondía la corona, sino a los hijos de su hermano; pero los sucesores eran demasiado pequeños cuando ocurrió la tragedia y demasiado poderoso Filipo para ignorarlo o desperdiciar sus virtudes de mando en situación tan aciaga. En casos como éste, en que los poderes cambiaban de rumbo y la sangre se encauzaba a filiaciones inesperadas, el mundo se estremecía de expectación y todo quedaba pasmado ante la señal del destino. Y el destino, en esta eventualidad, se inclinaba en favor de la valentía, el arrojo y el afán de conquista; la historia llegaba por fin a la orilla de su expansión súbita, al lance más vigoroso porque Macedonia, de tribu batalladora, vecina rural de la deslumbrante Grecia, se elevaba a símbolo de una edad y de un poderoso imperio que situaba a la pequeña Aigeai como nueva capital, que no solamente sustituiría temporalmente a Pellas, sino que sería necrópolis real y sede de importantes convites con monarcas y embajadores.

Si Teopompo dijo que Europa nunca había producido un hombre como Filipo, en Pellas y en la corte de Aigeai confirmaron que en nada le resultaba inferior Olimpia ni su flama sucumbía frente al empuje soberano. Filipo era Filipo, un universo en sí mismo, combativo como ninguno, respetado en Grecia o en Sicilia, aunque al enfrentarse con ella se encenizaba su fama y a solas apenas parecía pabilo junto a semejante hoguera. Y es que Olimpia era chispazo que abrasaba el Olimpo, sierpe en alerta frente a la víctima y, cuando se tendía en el lecho con un bravío que la resistiera, caricia o furor que se desplazaba por el amante como agua sobre la roca. Probarla, decían los más recios, era hazaña mayor y más placentera que los deleites del mando y aun superior a las victorias guerreras. Crepitaba su piel desnuda y, versátil como era, contrastante como los gatos que de la sensualidad saltan a la furia, ella intercalaba el oleaje al resplandor y sus destellos a plácidas jornadas bajo la luna. Apenas rozarla o violar el ritual, insultaba al incauto o lo echaba de su lado a patadas. A su antojo perdonaba, se distendía y reelaboraba el ceremonial según caprichosas normas. Invocaba a Eros con los muslos tensos y erguía sus pezones como mecheros nocturnos. Lenta, muy lentamente se fundía y por un instante su rostro se iluminaba. ¡Cúan hermosa era entonces Olimpia, cómo miraba! Desde el fondo iba emitiendo un sonido extraño, entre ronroneo y susurro. Embriagaban su aliento y el sudor que la surcaba reblandeciéndola. Poco a poco engrosaba la voz y elevaba como caracol su rumor para que el mundo se arrobara con el canto sexual de la sibila.

De índole nocturna, Olimpia se inclinaba al misterio y sólo amaba lo desafiante, lo que se decía inasequible o destinado a los héroes. Era temida y ejercía esa atracción distintiva de los poderes malignos, una fascinación que la historia ha convertido en señal del abismo.

De allí la secreta potencia de Filipo, su alimento prodigioso; de allí tal vez el vigor que habría de convertirlo en protagonista de *La filípica* de Demóstenes quien, al negociar la paz en Pella, acompañado de embajadores de Atenas y ver al pequeño Alejandro recitar durante el convite primero unos versos de Homero y después, con uno de sus amigos, interpretar una escena de Eurípides, diría que el hijo del rey era aplicado, pero absolutamente ridículo, como el *margités* de Homero; de allí también, de su atribulada relación con la sanguinaria Olimpia, los afamados tránsitos de locura del monarca macedonio y la espiral de celos que al término de su vida habría de reducirlo a sombra embriagada de su sombra, desesperado fugitivo, amante nostálgico del fuego y, al final, un vulgar violador de jovencitas, desde que Olimpia despertara en él la incertidumbre; sin embargo, y a pesar de sus reacciones desbordadas, Filipo nunca se apartaba demasiado de Filipo ni se olvidaba del alcance absoluto de sus poderes. Los griegos podrían aborrecerlo por su barbarie y aun desearle una muerte humillante, pero jamás dirían que fuera enemigo menor o contrincante sencillo.

Cierto, Filipo era Filipo, el gran estratega; pero ella era de fuego, como su espesa melena al rojo. Olimpia poseía dones inusitados. Relumbraba bajo las mantas. Amanecía con rocío. Alboreaba. Quemaban sus ojos verdes, tenían ondular serpentino sus brazos y resonaban sus pisadas en espacios proscritos, como si en las plantas llevara el clamor de un ejército. Sus pupilas traspasaban la piel y en un parpadeo arrancaba secretos o se adueñaba del sosiego y del corazón de los hombres. Engendrada con la materia de Dioniso, en sus sueños se mezclaban el espíritu del ancestral Egipto, el regusto insaciable de las bacantes y una no tan oculta pasión por el enigmático Nectanebo, héroe al que los dioses hicieron llegar hasta su entraña para que en el mundo se supiera de qué son capaces los hombres cuando se juntan el huracán y la hoguera.

Nectanebo, gobernante destronado en Menfis en pleno expansionismo persa y exiliado secretamente en Macedonia, ostentaba en la frente la luz de quienes inquieren el alma. Era bello, más hermoso que los nubios, y su carácter templado por la derrota lo dotaba de una grandeza sólida, tan sólida como el antiguo olivar que admiraba al amanecer y con la osadía de los que han probado el inusual deleite iluminativo. Así era Nectanebo, distinto a los macedonios y a todos los griegos, ardiente como la región del Nilo y un seductor digno de Minos. Estudiaba las cosas del mundo a la par de sus revelaciones proféticas y elaboraba tintas, brebajes o maquinarias para complicar o mejorar los días, para medir el tiempo o para facilitar con papiro enrollable lo que hasta entonces se escribía en burdas tablillas. Inventaba remedios para males oscuros, curaba las fiebres y en especial mitigaba aprehensiones de Eros. Y es que Nectanebo se hablaba de tú con los dioses; auscultaba el enigma del pensamiento y, sobre todo, conocía las debilidades humanas y la hondura devastadora del sinsentido.

Perdido el poder concreto, Nectanebo decidió cultivar los deleites y escudriñar el enigma del tiempo. El poder, pensaba, no debe atarse a la tierra ni depender de una silla. El poder es el signo, tan inasible como las aguas del Nilo; fiero y magnético, como la vastedad del desierto, e indiscutible, como el mando que se adivina en ciertas miradas. Y de eso sabía Nectanebo, pues sin distingo de reyes o esclavos leían el poder en sus ojos; unos, los más modestos, porque bajaban la vista cuando, sin necesidad de palabras, acataban sus órdenes; otros, más encumbrados, luchaban frente a su gallarda figura contra la tentación de la obediencia, y a querer o no se sometían, aunque pareciera al final que actuaban así por propia elección. Nectanebo perdió el mando de Menfis y el gobierno del alto Egipto; pero nadie era capaz de arrancarle su fuerza creativa ni la facultad de la palabra en el sagrado vigor del verbo.

Por encima de la fuerza profética de adivinadores e intérpretes de sueños, el egipcio estudiaba los vericuetos del silencio y con maestría practicaba el arte de la sugerencia. También por eso intimidaba, porque su voz no estaba vacía y llenaba con nombres la tribulación de quienes lo escuchaban. Nectanebo hablaba con la verdad y espantaba.

Decía directamente, con los ojos puestos sobre el rostro amigo o enemigo, las cosas que todos solían callar por torpeza mental o cobardía. Que era terrible, murmuraban las lenguas de pueblo en pueblo, pero secretamente envidiaban la gracia con la que Amón lo había distinguido. Lejos de envanecerse, Nectanebo tenía por sagrado el lenguaje. Su palabra era punta visible de un universo de luz, mínimo albor de una distante aurora.

Musitaba invocaciones arcanas al ofrecer sacrificios y exageraba deliberadamente su extravagancia para que las murmuradoras hablaran de extrañas travesías que él practicaba a solas y sellaba con la escritura; también auscultaba cadáveres y realizaba disecciones en seres vivos.

Al intuir a Nectanebo en la hondura de sus pupilas, Olimpia supo que ése era en verdad un hombre. Si él se acercaba, ella se estremecía. Él la olfateaba a distancia y ella perseguía su aliento. Se ruborizaba ella y él discurría cortejarla como si fuera doncella. Se acercaban a través de la voz, pero sus cuerpos temblaban bajo la túnica. Se tocaban los dedos y la pasión estallaba hasta enceguecerlos. Entonces se inflamaba la hoguera y los dioses de Egipto y Grecia se congregaban en su lecho de Pellas.

Así, mientras Filipo guerreaba, Olimpia se entregaba a la voluntad superior, convencida de que iba a fundir en su lecho el sueño y la realidad, el mensaje sagrado de Eros y la tiniebla de Osiris.

Apasionado, imbuido de frenesí, Nectanebo paladeaba su sensación de adueñarse del universo. Amón se manifestaba al amanecer, después de ofrendar sacrificios a Ra, y al pie del olivo el dios le revelaba su promisorio designio. Con devoción,

Olimpia

Nectanebo contemplaba la línea del horizonte y lentamente, con puntual religiosidad, desplegaba su manto como si en la envergadura cupiera la cifra de su derrota. Juraba a los dioses hacer de su sangre un vocabulario de nombres para que nadie, nunca más, atentara contra la memoria de su pueblo vencido:

Mi sangre será letra y Egipto se elevará ante los hombres como emblema de la memoria; a cambio del de las armas, su nuevo poder viajará en el tiempo y desafiará el olvido...

El poder de Nectanebo era el verdadero poder. Se aventuraba en la luz. Por eso el mundo le quedaba estrecho y su razón se hacía sentir tan inagotable como el misterio del pensamiento. Con Olimpia a su lado, todas las artes se le entregaban y se le aclaraba la voz, como si pugnara por salir su palabra.

Poeta, astrólogo y matemático, descifraba enigmas, reinventaba nombres, aceptaba el destino del hombre y manejaba con destreza las armas. Era vengador y valiente; era sabio como los sabios de entonces, cuando se tenía a la razón por sustancia divina y al conocimiento por regalo de Apolo. Nectanebo era en verdad diferente a guerreros y reyes, a sacerdotes o magos y aun al común de los hombres tal vez porque estaba llamado a engendrar al conquistador más admirado y aborrecido, al primogénito de Olimpia y Filipo, cuyo nombre reinaría efectivamente en el tiempo transmutado en signo.

Y signos eran los que poseía el peculiar egipcio y lo que estaba dispuesto a defender hasta con la vida. Para él, nada como una señal que, siendo lo que era y sin desgastar su misterio, significaba también lo

que los demás entendían. Amaba por eso la magia y atesoraba designios como otros atesoran objetos. Con precisión distinguía de rayo a rayo y de una a otra manifestación de los dioses. Ponderaba la carga divina que cada uno expresaba al hablar, al moverse, al orar, al comer y al amar y, con inusual aptitud, diferenciaba estados de humanidad como estaciones de luz, desde los cuerpos opacos, míseros o insignificantes, hasta la hoguera deslumbrante, esa sustancia de Ra que Dioniso descubriera al vagar de Siria a Egipto y que prodigara a su paso, como la hiedra y la vida, siempre en estado de exaltación y al son de la flauta y el tamboril.

Experto en arrancarle secretos al pasado, Nectanebo supo que los magos anunciaron que alguna vez y en lengua griega congregarían sus fuerzas el gran Amón y el dios de la manía en un vientre extranjero para engendrar un ser de fuego y cabeza de león, al coronado con la hiedra de las ménades, un mortal que descubriría por fin el cauce hacia la inmortalidad.

En mentalidad tan ceñida a los signos, nada más obvio que repetir la costumbre de perseguir enigmas en lo grande y en lo pequeño de su propia existencia. Nectanebo descifraba hasta sus sueños o perseguía fabulaciones al despertar, como si en ellos buscara la fuente de cierta sabiduría o un arcano en la imagen representada. Y es que, en mentalidad tan inquisitiva, el todo y la parte eran principio, indicio o conclusión de otra realidad recóndita e inaccesible a primera vista, que eternamente conduce al movimiento de las voces y al tránsito de los nombres, a la invención de lenguajes que van creando figuraciones, signos distintos y sobre todo nuevos nombres.

Por esa invocación de los signos y por el alto

sentido que en su exilio adquirió la voz, Nectanebo cultivó la facultad de mirar lo que a los demás les era invisible. Así, antes de que el más avezado se percatara de que algo iba a ocurrir, él ya había asociado, conjeturado y anticipado, no el porvenir, sino el cauce probable de lo real. Por esto y por la gracia de sus demás atributos era no solamente un monarca añorado en su reino vencido, sino también mago y poeta capaz de distraer su nostalgia con otros poderes y, ante todo, elegido de Amón para el cumplimiento de grandes empresas.

Nectanebo, al paso del tiempo, haría más misteriosa su fama por la inequívoca paternidad de Alejandro de Macedonia.

Ayudado por la magia, Nectanebo purificó el vientre de Olimpia en puntilloso ritual, y dispuso su ánimo para engendrar un vástago de fuego. Luego, al corroborar que la Luna, los augurios y los sueños estaban de su lado, hizo perfumar las mantas con aceite de Tischepe y ordenó a las esclavas dos fuentes con manzanas de amor para endulzar los aromas de la cámara real. Se hizo ungir con óleos y maderas de Oriente y, cuando el sándalo despertó sus sentidos, se aisló a cavilar allá donde sólo el trinar de las aves coreaba el remecer del ramaje. En soledad ofrendó al más antiguo de los dioses y cantó himnos al mayor de los nueve, cabeza de todos los dioses y creador del siempre, de las estrellas de arriba, de los hombres de abajo, de los árboles, los manantiales y la verdad.

Meditó frente a la cueva donde acostumbraba ocultar brebajes, instrumentos y yerbas y esperó la indicación del destino a la caída del atardecer. No lo decía a los residentes de Macedonia porque le era ingrato evocar el ascenso persa y la crueldad de Artajerjes contra los egipcios, pero a cada minuto

Nectanebo añoraba el Nilo y la tiniebla de Osiris, añoraba el furor de Ra y su poder majestuoso, en especial cuando se tendían sus rayos en la aurora temprana y todos los seres vivos se incorporaban como traídos de un sueño remoto y esperanzador. Luchó hasta el final por defender su cetro y la diadema coronada con dos serpientes de Buto; peleó contra el invasor cuando ya no era posible unidad alguna en Egipto, ya que, como lo anunciaron los dioses de tiempo atrás, ese periodo de tiranías y derrotas internas consumaba el fin de la supremacía faraónica. No se advertía más señal en el horizonte que el advenimiento de una edad en la que los viejos reinos mudarían de lenguas y dioses, de leyes y aspiraciones, y aun de costumbres para vestirse, alimentarse y amar.

Nectanebo, último representante de una historia que para siempre se sumía en el pasado, supo que no había regreso para los de su condición. Estaba condenado a desaparecer en la memoria del Nilo. Si acaso las huellas de su esplendor quedarían petrificadas en monolitos sembrados en el desierto, donde perdurarían los credos con los signos de su derrota como lección de lo que fueron capaces los hombres cuando soñaron igualarse con los dioses. En la reserva de sus poderes secretos, consumaría su destino, no por sí mismo, aunque con el vigor de su sangre. Tal fue la recompensa que, en el desenlace hacia su extinción, dispuso Amón-Ra al fusionarse con Zeus y elegirlo a él como portador de la semilla que engendraría al vástago del carnero solar y del rayo.

A Nectanebo le pesaba la ausencia de eternidad que colmaba el paisaje de su adorado Egipto; pero al invocar a sus deidades amadas recobraba los nombres de los que velaban la noche para preservar el curso del calendario. Por los emisarios de Amón-Ra supo, en el corazón de su templo, que no él sino su simiente sería elegida para consagrar la memoria de un nuevo reino tan vasto y sellado por tantas lenguas, que una jornada de amor cobijada por fórmulas mágicas sería como un río que fluye por entre valles, montañas y dunas hasta fundirse en las aguas inmemoriales. De ahí la doble intención de seducir a Olimpia como hombre y fecundarla por atributo de Amón, pues de sus encuentros nacería la criatura que sacudiría el techo del universo.

Concluido el rito del holocausto, se atavió Nectanebo con vellocino suave de carnero y sandalias entramadas de palma y cuero fino. Deslizó sobre la tiara blanca de altas plumas los cuernos dorados del barbado Amón hasta las sienes y el turbante azul de faraón divinizado. Cubrió su túnica de lino con el manto serpentino y se encaminó a rendir tributo al gran Dioniso con cetros de oro y ébano en sus manos, más su báculo labrado. Era de fuego su aliento, alta su llama interior y digna de Amón la ofrenda nupcial que, en nombre de Zeus, resguardaba en el cofre de gemas preciosas. Apretada como estaba la noche, miró otra vez las estrellas y por última vez recordó los misterios de su Menfis remoto.

Así, encendido de amor, el egipcio se adentró en el lecho sibilino de Olimpia y poco a poco se entregaron los amantes al delirio embriagador de un vino fuerte. Ella bailó en honor de la manía imitando la contorsión de los sátiros, mientras Nectanebo se enardecía de deseo. Él la acechaba con franca lujuria y ella se retorcía con violencia. Entre mascaradas y evoluciones rítmicas, agradaba la ejecutante al dios y con maestría representaba una grulla aquí, una serpiente allá o un leopardo temible hasta desencadenar la locura y caer en delirio. Mezcla de luz y sombra, cada uno ofrecía a la expectativa del otro no sólo el rayo divino con lo aprendido en su peculiar sacerdocio, sino el producto de una pasión que no se colmaba con el acecho de los sentidos. Pasaron de los gestos ceremoniales y de su entrenada bestialidad al descubrimiento de la más delicada sensualidad que ambos sabían sagrada hasta que la fatiga los iba encaminando al sueño para abandonarlos, allí tendidos, en un inusual sosiego.

Así la cautivó Nectanebo, con fidelidad al designio y a los dictados de Eros, en periodos intercalados de frenesí, suavidad y purificación, en los que abundaban extrañas danzas rituales, ungüentos afrodisiacos y vapores de yerbas traídas de Egipto o de Babilonia, donde se practicaban sanaciones y técnicas de embellecimiento del cuerpo. Se amaron los dos durante varias noches con sus días con la certeza de que era el dios, adueñado de los rasgos y el cuerpo de Nectanebo el que engendraba en el vientre de la soberana macedonia al de feliz fortuna.

La gestación de Alejandro está rodeada de magia, sueños proféticos e indicios afortunados, que comprueban cómo la historia es caudal de imaginería depurada hasta lograr un hombre, un pueblo o un suceso moldeado a la altura del mito. Fruto del río de voces y figuraciones encimadas a la memoria que se ensanchó con su nombre, Alejandro el Grande es en realidad sombra decantada de un prodigio anunciado y conquistador de un mundo reinventado por las leyendas. Como en su hora su madre, él se transmutó en potencia desconocida y, por sobre las máscaras de su índole batalladora, quedó reducido a enigma sin descifrar todavía.

Sin duda, Nectanebo supo por los oráculos que se cumplirían sobradamente los anuncios de su grandeza. Lo que no sospechó, a pesar de sus empeños por formar al muchacho durante su más tierna infancia, es que su hijo, que pasaría a la historia como vástago de Olimpia y de Filipo, le causaría la muerte al arrojarlo a un pozo quizá por accidente. De este modo y al involucrarse después en el asesinato del propio Filipo, Alejandro de Macedonia ascendió al trono con la señal de la tragedia en la frente.

Semejante al origen de ciertos dioses, Alejandro el Grande nació de un alumbramiento anárquico en un lugar impreciso de los Balcanes. Reflejo puntual de los delirios de Olimpia y de las convulsiones que auguraban el reacomodo político del orbe, Alejandro fue signo anticipado de su grandeza desde antes de que su madre realizara sus bodas con Filipo de Macedonia. Ella soñó que una columna de fuego salía de su seno, como si las llamas realmente marcaran el signo de su destino.

Después, indicado otra vez por la pasión materna y por la duda de cierta paternidad misteriosa aunque vinculada con Dioniso, crecen con él la fábula del conquistador invicto y el emblema universal del poder.

Y es que desde años y tribus atrás se sabía que el hijo de Olimpia sería el elegido para fundar una edad y que con sus hazañas viajaría el poderoso símbolo de la máscara dionisiaca, al que su madre no sólo rindió tributo, sino al que consagró su vida desde su más tierna infancia.

En tiempo de supersticiones y de terribles enfrentamientos bélicos, era imposible concebir un destino sin hados o a un hombre virtuoso, a la manera griega, sin el cobijo divino. Un hombre, un verdadero hombre, no se entregaba a la bebida, por ejemplo, sólo para embriagarse como acto de la más obvia vulgaridad, aunque en su sangre llevara la tentación enloquecedora, sino que ajustaba la explicación de su conducta, todas sus actitudes y aun el deseo salvaje a supuestas indicaciones supremas, de la misma manera que al guerrear o al amar justificaba su valentía o sus derrotas mediante la determinación de las entidades.

Nada que se moviera bajo el techo del cielo escapaba de la voluntad superior. Menos aún tratándose de la gestación de los héroes o de seres señalados por sus virtudes. Y, desde el momento en que los augurios lo anticiparon y la magia contribuyó a ensanchar su leyenda, héroe fue Alejandro, tal vez el último de la estirpe homérica. Sus hazañas y aun sus caprichos desordenados marcaban las diferencias entre el fin del tiempo mítico, regido por la sola voluntad de los dioses, y el comienzo de una edad que entre nosotros llamamos histórica, desde que el hombre determinó imponer su razón sobre los poderes supremos.

Precisamente a través de Olimpia, su madre, se congregó el carácter de tres edades que habrían de fundar la civilización moderna. Por ellas inclusive se conservaron indicios trágicos en el pensamiento y en los temores que distinguieron al conquistador desde que los indicios anticiparon su gestación y su muerte. Se notaba en los privilegios que daba a adivinos y sacerdotes en todas sus posesiones la fe religiosa que profesaba al destino y a la que, según él, era la voluntad del Olimpo.

El sello mítico, dominante en su biografía, lo acompaña no solamente en vida, sino que se prolonga más allá de su muerte por medio de los relatos inmoderados de sus primeros testigos y en las palabras que celebraban su gloria con cuentos inverosímiles de sus hazañas. Su talante de hoguera no es por cierto azaroso ni de desatender el ambiente de odio y venganza que enardecía sus acciones al ejercer el poder. Él era hijo de los augurios y del ensanchamiento de la corona de Pellas porque así lo anunciaron los profetas de Amón en Siwah, después de que Alejandro viajó por el desierto de Libia con sus mariscales.

Es obvio, además, que Eros embargó con su languidez a Filipo y que en Olimpia se exageraron el poder de engendrar y de producir no sólo un vástago de excepción, sino acciones tan inusuales como su manera de celebrar a Dioniso durante orgías mucho más exacerbadas que lo acostumbrado en su hora. Profesional de la impiedad, la verdadera Olimpia, la que consignó la historia, sabía encubrirse con máscaras, pues se apropió de la manía dionisiaca quizá para cargar sobre sí, purificándolo y transformándolo mediante ofrendas rituales, el legendario crimen de las llamadas ménades, sus antepasadas míticas en el culto frenético que solían practicar algunas sacerdotisas en honor de Dioniso.

Sea cual fuere su verdadero origen, prevalece en la mujer de Filipo la insignia de fuego de Sémele, hija de Cadmo y Harmonía quien, amante de Zeus, concibió a Dioniso. Se dice que Sémele antes del alumbramiento rogó al dios que se le manifestara en todo su esplendor y murió abrasada por el fuego divino que ella misma encendió. Es el fuego que también inflamó el lecho de Olimpia al concebir a Alejandro y el que nutrió su crueldad como soberana hasta quedar reducida ella misma a piltrafa en medio de un charco de sangre. Se trata, pues, de la misma flama que, sumada al furor, habría de convertirla en su madurez en una ménade tan sanguinaria y temible, que se llegó a asegurar que no existía alguien que no le deseara una muerte a la altura de sus atrocidades, como al fin ocurrió.

Una remota fábula asegura que Filipo se enamoró de Olimpia no en el Epiro, de donde se dice que ella era originaria, sino antes, en el templo de Samotracia, de una niña huérfana que sólo tenía a su hermano Arimba por toda familia. Concertado el matrimonio con el tío y protector de los niños, Olimpia y el rey de Macedonia se reunieron en el tálamo nupcial. Él estaba prendado de sus cabellos rojos y del aroma a jazmín que despedía su piel bajo la túnica. Que algo inusual tenía esa criatura, dijeron los adivinos, porque hechizaban sus ojos verdes y su manera de caminar. Hablaba con firmeza impropia de su feminidad, decidía como varón, y según los mejores guerreros, nunca se acobardaba.

Al pararse uno frente a la otra y rozarse durante el pacto ceremonial, cayó un rayo sobre el vientre de ella, precedido por un estruendo. Todos se replegaron en actitud suplicante y los que tuvieron la puerta a tiro salieron gritando, empavorecidos. Olimpia, en cambio, permaneció erguida frente a la lumbre, dueña del mando y de los signos propiciatorios. Inclusive tocaba con sus manos la flama como si quisiera imbuirse de sus señales recónditas. Musitaba fraseos quizá religiosos o seguía con la vista el curso ascendente de las llamaradas. Luego, para asombro de los testigos que aún ignoraban de lo que era capaz, bendijo el misterio de su potencia y se presentó ante su esposo como una reina. A consecuencia del mismo golpe se multiplicaron las brasas en torno suyo, y prodigiosamente, sin haberle quemado siquiera el vestido ni humeado los leños en el hogar, el fuego sagrado se disipó como vino, con un estallido olímpico.

Consumado así el matrimonio, partieron los desposados a Macedonia y ella asumió desde entonces su naturaleza ígnea. Vagabunda de noche, entronizada de día, comenzó a disfrutar el contraste del buen genio durante el ritual de la libación y el trance cuando, al modo del vino, se arrojaba sobre la llama por el solo gusto de hacerla crecer con su propio furor. Eran los meses de iniciación, cuando Dioniso arrebataba su espíritu y le mostraba los vericuetos de los placeres recónditos. Ningún exceso dejó sin probar ni existió en la comarca acción o persona que pudiera escandalizarla. Por algo Alejandro en Tracia, años después, haría correr el vino puro sobre el altar de Dioniso para ofrendar a la fuerza ardiente y, como de paso, reconocer por el talante materno su propia raíz efervescente.

Previo a su nacimiento, como era de esperar, ocurrieron varios presagios. Uno de ellos, entre los más comentados, se manifestó durante un sueño de Filipo en el que él, con sus propias manos, clausuraba minuciosamente el vientre de Olimpia y al sellarlo quedaba marcada en la piel la cabeza de un león. En principio, el indicio, según los lectores de sueños, no parecía afortunado, pues al despertar Filipo era tanta su angustia que apenas podía balbucear. Sospechaba su carga nefasta y no dejaba de repetir las infidelidades de Olimpia, aunque quiso inclinar a su favor el mensaje, a pesar de que el aguijón de la duda estuviera de antemano clavado

en las licencias de la sibila, y aceptó la versión que le anunciaba el nacimiento de un vástago excepcional.

Los sueños constituían revelaciones del más alto valor, pues se creía que en las noches se facilitaba la manifestación superior; así, uno por uno consultó Filipo a los intérpretes, y lejos de disipar su incertidumbre, en realidad ésta empeoró. Algunos profetas, efectivamente, tuvieron el sueño por indicio de infidelidad y le recomendaron mayor vigilancia de la intimidad conyugal, sobre todo cuando expedicionara fuera de Macedonia, no fuera a ser que Olimpia se atreviera a hacer pasar por suyo un vástago ajeno. Aristrando de Telmisio, en cambio, más optimista o quizá menos enterado de las veleidades de la soberana, auguró el privilegio de un gran nacimiento en vista, según dijo, de que lo vacío no se sella; se sella un recipiente lleno. Si Filipo sellaba en sueños el vientre de su esposa significaba que Olimpia estaba ya encinta de un niño fiero, valiente y elegido para alguna misión superior, pues, como el león, se anunciaba desde sus orígenes rey valeroso y a su pesar se imponía a la voluntad de su padre y monarca.

Este sueño marcó el desfile de antecedentes mágicos que rodearon la biografía clandestina de Alejandro de Macedonia; con el que emprendió esa aventura mítica y adivinatoria que surcaría su vida en medio de una rica sucesión de presagios que van a parar, invariablemente, a la hondura de una religiosidad desquiciante con la que se deslinda el verdadero poder de Olimpia, su madre.

Estatira

PERTURBADORA de cabeza a pies, la mujer de Darío era tan bella que llegó a creerse que había sido moldeada por dioses. La más perfecta en el Asia, dijeron de ella, y el propio Alejandro el Grande lo corroboró al capturarla en Isos y mantenerla cautiva junto con la madre y los hijos del poderoso monarca. Que iba preñada, se supo con el tiempo, aunque su gravidez ni su incertidumbre mermaron la turbación que causaba en quienes a su vez no resistían la tentación de establecer odiosas comparaciones con Barsines y Parisatis, doncellas aún, engendradas por Darío acaso en el vientre de la propia Estatira, aunque es de creer que hubieran nacido de alguna otra de sus esposas legítimas, cuya descendencia solía contarse por decenas y aun centenares de hijos de cuyas alianzas matrimoniales provenía la costumbre de repartir cetros y tierras a discreción, según las presiones locales, que solían destrabarse estrechando ligas políticas por medio de la sangre real.

Después de la batalla de Isos y antes de enfrentarse en el célebre sitio de Arbelas con el ejército persa, que al decir de los cronistas superaba ventajosamente en número y calidad al del macedonio, Alejandro ordenó reverenciar a las cautivas y proveerlas de lo mejor en sus lujosas tiendas, a pesar de que algunos eunucos a su servicio consiguieran huir durante la desbandada. De esta batalla, una de las más apretadas entre ambos monarcas, los cronistas escribieron que nunca lograron luchar cuerpo a cuerpo los reyes; pero cayeron unos 300 000 bárbaros y sólo unos 100 soldados del bando griego, principalmente de entre los llamados Amigos del Rey, gracias a que Alejandro dispuso el ataque de los arqueros por un flanco contrario al lindero del río, por lo cual los persas sorprendidos fueron a dar unos al agua y otros de frente a las lanzas o a la astucia oportuna de la caballería, que atacaba por donde menos se la esperaba.

Maltrecho, a trancos de agudeza y temor y gracias a las remudas de sus caballos cansados, Darío pudo emprender la fuga hacia Media resguardado por sus guerreros; pero sin el aparato regio que conformaba su séquito ni el escudo ni el arco imperial, que por la prisa en salvarse ninguno se atrevió a rescatar. En Arbelas se apropió también Alejandro de elefantes y carros de guerra en tan grande número, que los adivinos atribuyeron al eclipse de luna del mes memacterión la señal de la preferencia del hado por quien pronto habría de ceñir su frente con la tiara más codiciada del universo.

No obstante su poder para desposar o reducir a esclava a Estatira, según el antiguo derecho del vencedor sobre los cautivos, Alejandro contuvo su ímpetu por preferir la gloria a la satisfacción de un deseo y, lejos de someterla, la reverenció como reina. Su piel era suave, como los hechizantes aromas y desplegaba la gracia que sólo una persa adquiría por atributo supremo. Había quien lloraba al verla y otros preferían morir a seguir padeciendo el aguijón que los acosaba nada más por mirar la viveza en sus ojos o la blancura finísima de sus manos maquilladas por los eunucos. Era famosa la elegancia de las mujeres medas, aunque al fundirse el reino de Media en la Persia imperial agregaron a sus aliños la armonía de la danza, y la delicadeza entrenada de sus harenes.

Muchos de los persas, al sospechar su derrota o al menos intuir la avanzada helena, enviaron de antemano bagajes y mujeres a Damasco, donde Darío puso también a resguardo la mayor parte de sus tesoros. De este modo, en su ejército no se encontraron más que unos 3 000 talentos, aunque era común lanzarse a guerrear con boato y magnificencia. Poco después recuperaría los faltantes el macedonio por mediación de Parmenión, lo que le permitió repartir el botín entre mariscales y capitanes, según sus méritos y por jerarquía de nobleza.

Al enterarse de que el manto, la tienda, el escudo y el arco de Darío estaban en posesión de Alejandro, las prisioneras rompieron en llanto y se rasgaron las prendas, como si ya hubiera muerto, por lo que inmediatamente mandó el vencedor a Leonato, uno de sus principales, a comunicarles a cada una en sus tiendas no solamente que Darío seguía vivo y en fuga, sino que podían continuar usando sus adornos reales, el nombre y la servidumbre regia, no obstante su cautiverio. Que si quería recobrarlas, le mandó decir al gran rey en uno de tantos y tan singulares correos, debía presentarse ante él en persona a rogarle y reconocerlo único gobernante de Asia, dueño de todas sus posesiones.

En tiempos de guerra o de paz, las mujeres de la nobleza viajaban en carros fastuosos con sus joyas, con mobiliarios y cofres tallados con piedras preciosas y su cohorte de esclavos, resguardadas por una escolta de los llamados "cien mil inmortales" porque siempre conservaban el mismo número, ya que se incorporaban otros en sustitución de los que habían muerto. Esta costumbre de adueñarse de las mujeres con los sellos de su fortuna y acompañadas de toda su descendencia fundó el mestizaje, que habría de elevarse a signo de tolerancia y se convertiría en uno de los principios más perdurables de conservación de los usos patrios.

Sólo porque Alejandro llevaba en sus venas materia divina contenía ante Estatira sus accesos de ardor. No acariciaba el vestido con hilos de oro que ondulaba sobre sus pechos ni se deleitaba aspirando los secretos regustos que sugerían sus modales, entrenados para agradar; tampoco se atrevía a tocar las zapatillas de seda ni intentaba embriagarse con el fragante sándalo de su talle. Más bien se esmeró en vigilar la honra de la reina persa para engrandecer con su acción la fama de griego y civilizador, lo cual facilitaba las rendiciones bárbaras, alegando que, rey él mismo y superior al caído en desgracia, se consideraba incapaz de humillar a los parientes del rey, aunque durante sus noches más agitadas se imaginara atrapado entre los cabellos de Estatira en largos sueños orgiásticos.

Ahora sabemos que en realidad la apretada epopeya asiática distrajo el escaso interés que en general mostró el macedonio por las mujeres. Como tantos seres fugaces, Estatira coincidió con un parpadeo de la historia que la fijó en la cronología alejandrina a causa de su hermosura. Desapareció con su suegra, con las hijas e hijos de Darío, con su carga de baúles y joyas, con su séquito abultado y dos o tres comedidos eunucos que mitigaron su apartamiento en campamentos reales, hasta que fue a morir de parto quizá en su palacio de Susa, donde, sin gloria ni hazaña ninguna, concluyó su tránsito por la memoria persa. Cuando en medio de aspavientos luctuosos llegó un eunuco ante el monarca en fuga con la noticia de la muerte de Estatira, lloró Darío y lloraron a coro las plañideras y su ya reducida cohorte, entre golpes de pecho, puños de arena sobre la cara y arañazos en las mejillas. Prófugo como andaba por llanuras y montes de la Bactriana, Darío tuvo al menos el consuelo de saber por testigos de fiar que su mujer se fue de este mundo sin ser mancillada por sus captores; que recibió de Alejandro trato de reina y que tantas fueron sus atenciones que no aborreció al macedonio, sino que lo bendijo por su nobleza, no obstante haberlo despojado de sus carros de guerra, de sus parientes y tesoros, a pesar de tenerlo en vilo y de acabar con sus cetros, su fama de gran guerrero y su gloria imperial.

Calístenes asegura que Estatira murió efectivamente de parto, aunque no en Susa, sino al filo de la batalla de Arbelas, a poco de ser capturada. Salvo por algunos detalles congruentes con la posición macedonia de respetar la nobleza de las mujeres de los vencidos, no registró la historia la relación que mantuviera Alejandro con los parientes del persa hasta los acontecimientos celebrados a su regreso de la campaña de la India, en 324 a. C., durante los meses anteriores a su muerte y a poco de visitar la tumba de Ciro cuando, animado por su idea de unidad imperial, organizó las llamadas bodas de Susa con la intención de establecer lazos de sangre entre griegos y persas para asegurar de este modo la fusión de sus intereses, como si fuesen culturas amaridadas por virtud de la tolerancia.

Con lujo y solemnidad, apegado al modo de la región y sin ofensa a los dioses locales, celebró Alejandro su matrimonio y el de sus oficiales y gobernantes más próximos con estricto apego a la jerarquía y al nuevo poder que ya se fincaba en leyes griegas. Él se desposó con Barsines, la hija mayor de Darío, y después con la menor, Parisatis, e igualmente hermosa, aunque se sabe que su única descendencia provendría de la nubil bactriana Roxanes, con quien ya se había desposado. A Hefestión, su joven amante y oficial entrañable, correspondió Dripetis, hija también de Darío y hermana legítima de sus propias esposas, porque quería que los hijos de su amigo más fiel fueran sobrinos suyos. A Crateros entregó Amastrines, la sobrina de Darío, que compartió el cautiverio de nobles en la Sogdiana. Tocó en suerte a Pérdicas Atropatis, hija del sátrapa de Media, región aún poderosa que encendería su mayor codicia; Artacamas y Artonis, hijas de Artabazos, hermano también de Darío y acaso el más destacado por su valentía y sentido político, correspondieron una a Ptolomeo, futuro rey de Egipto, y otra a Eumenes, el cronista real, lo que confirma la intención de igualar las categorías del mando y del pensamiento en la cámara conyugal. La más joven del bactriano Espitamenes fue destinada a Nearco, el navegante del Indo y autor de fábulas memorables; las demás, en total 80 doncellas nobles que en nada desmerecían frente a las otras, fueron repartidas con equidad entre los más ilustres griegos, tesalios y macedonios bajo juramento de honor de que defenderían como propia la patria que gestarían en sus vientres.

Refiere Aristóbulo que durante la ceremonia se colocaron asientos para cada consorte a la usanza persa y luego, después del banquete, los hombres condujeron a sus esposas para sentarlas al lado y celebrar libaciones rituales con copas de oro y promesas de bienestar; que les tendieron primero la diestra y las besaron en señal de armonía, una vez que el poseedor de todos los cetros de Asia hiciera lo propio con sus dos desposadas. Después se apartaron los esposos para consumar sus bodas en palacios y cámaras lujosamente adornados. Alejandro los obsequió con generosidad; además, creyendo que de este modo fortalecía los lazos en los que descansaría su política, ordenó que los más de 10 000 macedonios que estaban de guardia en Susa se unieran también con mujeres asiáticas y fundaran familias dignas de su memoria y su aspiración superior.

Qué mejor manera de enriquecer la conquista y de elevar un sueño imperial a modo de ser, insistió Alejandro, que unir en el lecho y por medio de una procreación consagrada lo mejor de los pueblos para prolongar durante generaciones el saber de los hijos de sus hijos y así perdurar a través del tiempo como una poderosa fuente creadora, enraizada en la sabiduría de Atenas, en el vigor macedonio y en la grandeza ya derrotada de la célebre Babilonia.

Sisigambis

La NOTICIA de la muerte de Alejandro el Grande corrió por Asia al modo espantable de los agüeros. Ensombreció a Babilonia, a Pelas y a Menfis. Navegó por el Éufrates cargada de calamidades, de temores coreados en varias lenguas y de crímenes que se iban sumando a brotes de rebelión que pronto estallarían en guerras civiles. El pendón funerario encumbró montañas inescrutables y se expandió en el desierto mediante señales que se tendían en el horizonte. Cuando no iban las voces de pueblo en pueblo, se llevaban las aves el rumor funerario para pregonarlo en los templos como recados del dios. El que no soñaba un desastre de tierra o del mando, presentía la hecatombe, o los adivinos administraban revelaciones a discreción. Era tan nutrida la información que daba tiempo a los más aguerridos de disponer asaltos de mando acá o de confirmar antiguos poderes en áreas desprotegidas por el ejército hasta volverse semillero de chismes en los harenes.

Así cursaron los pormenores de su agonía y de las rebatiñas alrededor de la tiara hasta llegar a oídos de Sisigambis el aviso de que el monarca exhalaba su último aliento. No se enfriaba aún el cuerpo del soberano cuando la madre y los demás parientes de Darío comenzaron a llorarlo con pena propia y sin disimular sus temores por el destino de sus familias ante los acomodos de un mando que había comenzado a desintegrarse. Ahora quedarían las mujeres recién desposadas en Susa y sus hijos sobrevivientes sin resguardo ni gobernante justo; acaso se redujeran a ruina olvidada, sombra del pasado abolido, cónyuges sin el amparo de leyes recién instituidas ni guerreros de fiar. Su futuro, nefasto por donde se lo quisiera mirar, se presentía tan incierto como los sueños del mestizaje unificador que se llevaba a la tumba el más encumbrado conquistador. En su memoria, arrastraba Sisigambis el yugo de los caídos a causa de crímenes e injusticias que se multiplicaban alrededor de un trono vacío, mientras que en su corazón sospechaba persecuciones que no tardarían en repetir la crueldad que creían abolida. Y si los dioses daban la espalda a quienes podían defenderse esgrimiendo sus armas, ninguna esperanza se vislumbraba para aquellas guardianas de la antigua nobleza de Persia que, gracias a la generosa comprensión de Alejandro, pudieron sobrevivir con honores y dignidad. En Asia se respiraba tanto desequilibrio, que en los corredores de su palacio se puso a gritar Sisigambis que lo que quedaba de su linaje permanecería para siempre cautivo entre muros teñidos con sangre de la antigua y la nueva raza. Abandonadas y viudas en su mayoría, a pesar de su juventud, quedarían las preñadas gestando la estirpe más miserable del universo.

Un sueño sin dioses, un reino sin guía, una madre que dos veces estuvo condenaba a vaciar su congoja sobre un mismo manto imperial. En su tristeza no había cabida para soportar otro cadáver amado. Aún lloraba la muerte de Darío, el hijo de su sangre, y ahora añadía la del elegido por Amón y por Zeus para resguardar el pasado y su porvenir. Doliente de Darío, no vio en Alejandro un enemigo, sino al portador de bondades en un nuevo reino al que ella se incorporó prisionera. Se lamentaba la vieja a gritos por su patria y por su estirpe. Rasgaba en jirones sus prendas, se arrancaba los cabellos con lastimosa aflicción o se arañaba el rostro entre puñados de arena, como si con eso disminuyera la congoja de su alma y la certeza de estar predestinada a la fatalidad. Sollozaba hasta extenuarse o se contorsionaba en el suelo suplicando a los hados en griego y a sus propias deidades en otras lenguas para que también se llevaran su vida, que no la dejaran sufrir la experiencia de nuevos despojos. Su pérdida no era común, sino representativa de las malas pasadas que solía reservar el acaso a las víctimas mayores del poder, a las mujeres y su prole, generalmente

recluidas en el harén, en quienes recaían los abusos de la abyección.

De tan hinchados, en sus ojos cabía la desdicha asiática. Ya no derramaban lágrimas, sino la pesadumbre de una genealogía sustraída de las leyes y los bienes de la fortuna. "Casta desnuda de tiempo, desventurada herencia, vientre desdichado el mío, el de mi madre y mi abuela.... ahora también se mancilla el de mis hijas y nietas. Somos la sangre maldita, rostro de la desesperanza, raíz del dolor, alimento de funerales." Nada quedaba para ella y sus hijos en este mundo; nada, porque sus descendientes vivos estaban marcados por el infortunio de sus antecesores y aun quienes iban a nacer llevarían en la frente el sello de dos monarcas perdidos y una mitra tan codiciable como causante de lágrimas imparables. Por la misma tiara habría de llorar la madre de Ciro en su día, la de Jerjes y de Artajerjes o la de los otros Daríos atravesados por el acero y vencidos por el veneno; tantas madres, hijas, hermanas, esposas, a cuyo desfile sombrío se agregaban ahora los nombres de Dripetis, Barsines y Estatira, a la cabeza de las decenas de desposadas en Susa con la esperanza de fundar un orden pacífico. Sisigambis clamaba ahora no sólo por su hijo asesinado, sino también porque la enfermedad se llevó a su protector. Lloraba la realidad de sus nietas y el fin de su única certidumbre.

A su lado Dripetis, viuda reciente de Hefestión, con los estragos del propio duelo en el rostro, recrudecía su dolor con el desconsuelo agregado de sus hermanas recién casadas con Alejandro y viudas ahora también. Empeoraba el desasosiego de las mujeres por cuanto presentía para ellas la abuela, ahora que nadie velaría por su subsistencia. Y es que Sisigambis apretaba en su corazón la desgracia de una familia entera, la derrota de su país, la incertidumbre de un continente sin rumbo, la inminente división de un cetro desproveído, la saña que sumaba el poder vengador de sus dioses a la tragedia acarreada a su patria por las costumbres griegas.

La tristeza que le causaba Alejandro reanimaba dolores pasados, duelos frescos, exequias inagotables. Sisigambis nació con la muerte en la frente. Perdió primero a Darío de la manera más cruel, a Oxíatres y al menor de sus hijos varones; luego a su nuera Estatira durante el cautiverio de Arbelas y a los cuñados, sobrinos y hermanos caídos a manos griegas en las batallas más cruentas. Ahora tenía que presidir el doble luto por Hefestión y Alejandro, héroes amados y esposos de sus nietas que jamás conocerían la preñez ni la seguridad conyugal. ¿Quién cuidaría de las muchachas? ¿Dónde encontrar un segundo Alejandro, otro elegido para ensanchar un reino arrebatado sobre su féretro? Una vez más eran cautivas; otra vez prisioneras; de nuevo el reino estaba vencido y otra vez aparecía el espectáculo de la sangre en derredor de los tronos de Persia. ¿A cuántas mujeres como ella reservaban los hados tal cúmulo de infortunios? Fue generoso con ellas el macedonio a la muerte del gran rey; pero ahora, no habría quien siquiera se interesara en mirarlas. Ningún mariscal las protegería.

Y lloraba la vieja entre espasmos sin lágrimas, porque la muerte despierta cierta memoria lúgubre para que todo el dolor se congregue en un alarido de indefensión. Así recordó Sisigambis también a sus 80 hermanos degollados en un mismo día por Ocus, el más cruel de los gobernantes de Babilonia, padre a su vez del mismo número de varones que hiciera sacrificar en una sola jornada para satisfacer su ambición monárquica eliminando a sus sucesores más próximos.

De siete hijos que había engendrado, sólo uno le quedaba a Sisigambis; a todos se los había llevado la muerte sin compasión, de la manera más cruel; inclusive Darío, a quien nadie podía dejar de admirar de tan hermoso que era, sobrevivió tres días la brutal traición para que fuera más agudo su sufrimiento, más infame su asesinato, más desgarradoras las cuchilladas.

Y listaba la anciana el oscuro sino de sus parientes. Cada uno más cruel que otro, más sanguinario y a la cabeza de infamias tribales. En realidad, Sisigambis era mártir de una historia que confirmaba una bien ganada fama de bárbaros que tenían los persas. "Templados con sangre..." "Moldeados con escoria y echados al mundo para apurar el vaso del odio, las cráteras del desprecio y su ánfora de sufrimiento."

De pronto, Sisigambis fijó su mirada en algún punto de sus lamentos y cayó en un profundo mutismo. El silencio cayó como advertencia entre ella y las viudas que la rodeaban. Cubrió su cabeza con el velo luctuoso, apartó al nieto y a la nieta que tenía abrazados contra sus rodillas y, paralizada de pena, renunció a luz y alimento para hundirse a solas en la sima de su aflicción. Allí se quedó para siempre, inmóvil, atravesada de sufrimiento.

Se dice que expiró al quinto día porque, habiéndose sentido con fuerzas para sobrevivir a Darío, sin duda se avergonzó de sobrevivir a Alejandro.

Cleopatra

SÉPTIMA de una peculiar sucesión de Cleopatras, la que cifró el nombre real heredado de su filiación macedónica pasaría a la historia como enlace de dos culturas: la alejandrina, que declinaba bajo una gran podredumbre dinástica, y la de Roma, que florecía tutelada por un imparable ensanchamiento territorial que selló el tiempo de los Césares como el tiempo imperial por excelencia. El siglo previo al nacimiento de Cristo fue de dominio armado y de absorción espiritual del helenismo, de traiciones feroces y de leyes fundadoras de la civilización contemporánea, que impuso el latín sobre el griego como lengua rectora de un pensamiento inclinado a reordenar a Occidente.

Época exorbitante en todos sus lados: en el religioso, por la lucha de credos, dioses y movimientos mesiánicos que favorecieron al cristianismo; en el militar, por guerras de conquista asociadas con brotes republicanos; en el artístico, por el surgimiento de una estética deslumbrante que reconoció en el mármol y en la escritura las expresiones de prosperidad que contrastaron con el posterior recogimiento espiritual del medievo, y, en lo social y político, en esa feroz batalla por el poder en la que se hicieron tan comunes los venenos como los cuchillos y las intrigas de esposas, madres o amantes, así como los enfrentamientos de hermanos contra hermanos e hijos contra padres.

Por una rara coincidencia de la historia, Cleopatra defendió y perdió sus dominios cuando era más vigorosa la intervención femenina en las cuestiones políticas de Oriente y Occidente. Tal vez a eso se debe que su fama haya empañado a las Arsinoës, Cleopatras o Berenices que la antecedieron en aquel Egipto que sólo desde Alejandría miraba al Mediterráneo, pero que nunca logró occidentalizar al Nilo. De su padre heredó seguramente la pasión por el saber y lo bello, porque los ptolemaicos se entregaron con similar energía a la disipación y al cultivo del espíritu, lo que les arrendó la bien merecida y contradictoria fama de civilizadores y vacuos.

A diferencia de sus antecesores, no hay episodio en la biografía de Cleopatra desvinculado de la política. Además de la sensualidad propia de su educación privilegiada, fue ante todo una mujer de Estado dispuesta a cualquier cosa con tal de no renunciar a sus posesiones, inclusive a infiltrarse en los aposentos de César envuelta en un colchón, que el siciliano Apolodoro hizo atar para que no sospecharan los guardias. Según Plutarco, ésta fue la primera treta para seducirlo y engendrar un hijo con él, creyendo que así, por la vía consanguínea, conservaría su poder, lo que para su desgracia consiguió sólo temporalmente, no obstante pregonar a los cuatro vientos que Cesarión era hijo del amor y natural sucesor de un trono prácticamente avasallado por los romanos, sin la menor posibilidad de restauración.

Cuando Cleopatra nació, Ptolomeo XII Auletes, su padre, completaba 12 años en el poder y acaso porque se distraía tocando la flauta en medio de atroces conflictos internos y amenazas externas pudo gobernar durante casi 30 sin demasiados sobresaltos ni decisiones en favor de la patria. Alejandría era entonces un semillero de sublevaciones que teñían el Nilo de sangre a la velocidad con la que se vaciaban las arcas por la suma de nulidades y disipaciones escandalosas. En realidad su padre, su madre, sus abuelos y casi todos sus parientes dejaron a Auletes sin rivales ni aspirantes al trono, porque unos y otras se fueron aniquilando entre sí como impulsados por secretas leyes. Impopular en su reino empobrecido, sujeto a la manipulación de prestamistas, gastaba sus años exiliado en Roma, pero rey-faraón al fin y al cabo. Conservó su derecho a designar sucesora a Cleopatra con su hermano menor, Ptolomeo XIII, con quien estaba casada para efectos legales, según la costumbre adquirida por los ptolemaicos de que

ninguna mujer podía gobernar sola. Sin embargo, este niño, que apenas rozaba la adolescencia, le dejaría el control absoluto al morir, dicen que envenenado por ella, durante la ridícula guerra que siguió en Alejandría a la emprendida por Julio César, cuando éste se hallaba en Egipto persiguiendo a Pompeyo.

Inmediatamente después de los funerales de su primer corregente, Cleopatra desposó a Ptolomeo XIV, aún más pequeño que el anterior, para cubrir las formalidades del mando y mitigar las presiones que ejercían contra ella su hermana Arsinoë y los partidos opositores.

A diferencia de otros monarcas de su dinastía ptolemaica, nada sabemos de cómo transcurrió su infancia. Los sabios, maestros y filólogos que afamaron su reino habían sido expulsados o perseguidos tiempo atrás. El ánimo intelectual espejeaba la corrupción de una nobleza que dilapidaba restos de su esplendor en Atenas, Creta o Roma, pero los remanentes se negaban a sucumbir, igual que la Alejandría marmolada que 300 años atrás soñara su célebre fundador. Hundido en ensoñaciones dionisiacas y leal a la costumbre de tributar con templos e inscripciones a dioses fatigados, Auletes, padre también de Berenice IV, de la última Arsinoë y de los corregentes en turno con su hermana, murió agobiado por tanta violencia, con los ojos fijos en el sol de Egipto y mientras alguien le narraba cómo una muchedumbre linchó a un romano en plena calle de su amada ciudad por haber matado a un gato, animal emblemático y sagrado desde los días faraónicos.

Que la más alta voluntad recayó en Cleopatra porque ostentaba el talento característico de las reinas macedonias, aseguran las versiones. Entronizada a los 18 años, Cleopatra recibió un reino fragmentado por una ambición familiar añeja, insurrecciones imparables y el acecho del Imperio romano como sombra inextinguible. Aferrada a la ensoñación de Alejandro el Grande, cuya leyenda la obcecaba, estaba orgullosa del símbolo constructor de los lágidas bravíos y se propuso dignificar el prestigio cultural de sus antepasados. Gracias a su defensa de los libros resguardados en la ya mermada biblioteca, en poco tiempo se sumó al crédito de los primeros Ptolomeos y, contra toda esperanza, enseñoreó su imperio y se hizo temible a orientales y romanos por su voluntarismo militarizado.

Unificó su reino hasta lo posible. Vistió las ropas sagradas de Isis para reganar la confianza egipcia y, como la diosa, daba oráculos. Impresionante por su figura en desfiles y ceremonias cada vez más fastuosos, saludaba a la multitud no como reina, sino como diosa adueñada del profundo Nilo. Gobernó en su orden con cada uno de los pequeños Ptolomeos y en su orden los hizo matar bajo hábiles apariencias, para cederle el sitio de cónyuge real al hijo que engendró con Julio César, quien al fin habría de compartir el fatal destino de su patria porque en plena adolescencia, elevado a "rey de reyes" en uno de los actos políticos más desesperados, sucumbió ante el enemigo después de la última derrota de Cleopatra, entonces desposada con Antonio, coleccionista de errores militares.

El halo de misterio que envolvió a la soberana no es menor al vasto anecdotario que habría de señalarla por su audacia mítica. Antes de cumplirse un año del nacimiento de su hijo, siguió a César hasta Roma y allí permaneció hasta que el sangriento asesinato del monarca la hizo retornar a Egipto, una vez que fue obligada a alinearse al triunvirato. Cleopatra ignoraba menos que nadie el temor que infundía el ocultismo egipcio que representaba en Italia, y de él se valió para impresionar a los invasores al hacerse acompañar de un séquito que, por su extravagancia redoblada, sobrepasaba la más atrevida fantasía del imperio de los Césares, cuando absorbían el viejo espíritu heleno con la urgencia del nuevo rico que prueba diversos atavíos antes de atinar con el ropaje propio.

Arraigadas en el culto a Serapis y en las primeras exploraciones científicas de Alejandría, las supersticiones asiáticas serían sin embargo absorbidas con tanta hondura, que al trasladar su saber al saber de Roma el aire europeo se impregnó del exotismo que nutriría lo mejor del medievo. Del helenismo procede una curiosidad inclinada a inquirir más allá de lo aparente y visible, como si en cada acto del pensamiento se repitiera la necesidad atávica de desafiar un enigma resguardado en los ojos de babilonios o de egipcios, poseedores de la quimera y del arcano. Por eso temblaron los testigos al divisar a Cleopatra en camino hacia Roma, navegando el Mediterráneo a la cabeza de una escuadra naval fastuosa, y por eso recelaron de ella, porque después, en su ruta por tierra hacia la villa de Julio César al otro lado del Tíber, paso a paso dejaba sentir su fuerza como un halo sobrehumano que aniquilaba voluntades.

Con seguridad enamorado además de envanecido por la visita de la extravagante soberana, bígamo a la luz del día, César no era César al lado de Cleopatra, sino una voluntad dócil a su antojo, un gobernante doblegado por la parte más vulnerable del hombre, esa pasión que, según los dioses, nunca debe infiltrarse en las cuestiones de Estado porque, si bien ilumina el ánimo y predispone el cuerpo al **ardor, enceguece** el discernimiento y distrae la voluntad de las cuestiones trascendentales. Eso decían los enemigos del dictador al corroborar que su líder no solamente se impresionaba de más con su huésped, sino que dejaba avanzar a los discrepantes hasta límites peligrosos.

Por si fueran pocos los problemas que tenía que enfrentar César, no faltaban los que, persuadidos de que no era posible que por sí mismo se sujetara públicamente a los peligrosos caprichos de la ptolemaica, aseguraban que los egipcios lo tenían enyerbado, que era presa de encantamientos y que comprometía la seguridad del imperio, pues su falta de juicio no podía deberse más que a la argucia oriental de quien se aprovechaba de los regustos eróticos para salvar su corona y afianzar, por ese conducto, la resistencia del Medio Oriente. De ahí el peligro político que, entre tantos enfrentamientos militares y crisis de liderazgo, empeoraba las discrepancias romanas. Bastaba observar el deslumbrante séquito de doncellas, sacerdotes, eunucos, soldados y el sinfín de esclavos al servicio de una Cleopatra que fue recibida con honores faraónicos por César en persona, para que Roma entera se estremeciera de pavor al respirar el sándalo oriental en su propia tierra.

Estaban convencidos de que la misteriosa monarca, dueña de una nariz descomunal, representaba a Isis y que los poderes tenebrosos de Egipto, encarnados en ella, se vengarían revirtiéndoles con sutileza su expansionismo. Los más entrampados difundieron que Cleopatra, por la vía de los derechos de sucesión del niño recién parido, en realidad pretendía adueñarse de Roma y convertir a Alejandría en segunda capital de un imperio similar en grandeza al de Alejandro el Grande, pero superado por las conquistas del pensamiento. Aspiraba la soberana a un nuevo Estado, tendido de Oriente a Occidente, resguardado por el ejército romano y amparado por el más alto prestigio de los civilizadores ptolemaicos. Unos darían las armas; los otros, el abolengo y la inteligencia educada. Que no descansaría hasta someterlos, murmuraban en especial las mujeres, y que aprovecharía en su favor hasta la última debilidad de la República. Aquélla era una cuestión de Estado y los protagonistas, al igual que los pueblos confrontados entre sí, sólo podrían batirse en términos de poder a poder, sin mediar arriesgados compromisos sexuales que de por sí eran comunes también en una Italia bastante inclinada a los crímenes pasionales.

Cleopatra, reina diosa, sagaz faraona y mucho más diestra que sus antecesores, se trasladaba hasta la entraña de los dominadores para espetarles desplantes milenarios traídos desde Menfis no nada más con la intención de impresionarlos, sino para vigilar más de cerca los movimientos antiorientales. Se atrevía a incitarlos exhibiendo en el propio Tíber su amasiato entronizado con el más grande de sus héroes. Así era la reina de los reyes, como en la etapa terminal de su regencia, 10 años después, decidiría autonombrarse durante una ceremonia de congruencia imperial que consagraría su relación amorosa y política con Antonio en Egipto: se aliaba con los más fuertes en privado para defender la cosa pública.

De sangre levantada, diosa frente a los hombres, ardiente como las arenas de Egipto, miraba desde sus aposentos en la villa del César cómo se iban desatando las fuerzas nefastas en el Senado, mientras se expandían sus influjos perturbadores en aquella ciudad que apenas se interesaba en fundar bibliotecas o que sin dificultad se adaptaba al uso del calendario alejandrino de 365 días y a los modelos de irrigación egipcia traídos por Julio César. Afamada por su talento, absorbía más que aprender lenguas y únicamente aceptaba intérpretes por cuestiones de protocolo.

Contradictoria, como el decurso del helenismo y la historia de la dinastía ptolemaica, la intrincada relación entre César y Cleopatra estuvo inflamada de pasión en las discusiones del Senado. Durante meses vertiginosos, Julio César se atrevió a reconocer su paternidad y a ofrecerle matrimonio a sabiendas de que recaerían sobre él la acusación de bigamia y la peor condena jurídica, porque estaban completamente proscritos en Roma los matrimonios con extranjeros. Pero, al igual que lo haría Antonio años después, el dictador previó en esta alianza una manera de salvarse, entronizado, en la costa mediterránea; delirante, erigió la estatua en oro de la amada nada menos que en el templo de Venus Genetrix; político, advertía la facilidad de colonizar Egipto; pero, en caso de ser derrotado por sus opositores locales, no ignoraba que Alejandría era refugio soberano casi propio que sabría defender con la fuerza agregada de su poderosa reina y amante.

Por sobre el lento caminar de los camellos y la sofisticada vestimenta de la huésped regia, los senadores olfatearon el alcance de su voluntad soberana. Los idus de marzo del 44 a. C. acabaron con la ensoñación imperial del afamado dictador, pero no con ella. Muerto el poderoso Julio César a cuchilladas, dejó tras de sí en la República los arrebatos de la violencia encarnada en su brutal asesinato. En estado de alerta y con menos solemnidad que la exhibida en su llegada, se embarcó la faraona para emprender la última estación de su destino, no sin antes alinearse frente al triunvirato y, tres años después, en el año 41, entrar en contacto con Antonio en Tarso, en Cilicia, para darle al nuevo líder los gemelos, un niño y una niña, como producto de sus amoríos invernales.

Pese a la costumbre de guerrear y arrebatarse territorios que ensanchaban o disminuían dominios desde Grecia hasta el Oriente Medio, los sucesores de Alejandro el Grande, olvidados del empeño primordial que animó al conquistador a idear un gran Estado, pactaban, se traicionaban o destruían entre sí sin imaginar que en poco tiempo, unas décadas antes del nacimiento de Cristo, acabarían colonizados por Roma y sus cetros quedarían bajo el yugo del implacable Octavio. De nada les servirían las alianzas, por más desesperadas o estratégicas que parecieran, ni les ayudarían los pactos o concordatos, porque la belicosidad que imperaba a su pesar acabaría igualándolos en el olvido gradual de sus conquistas, aunque de ellos sobreviviera la memoria de su obra espiritual más noble, la que a fin de cuentas se volvería sustancia civilizadora de Roma.

Unos con más dignidad que otros, pero siempre rivalizando entre sí, los portadores del helenismo resistieron hasta el último aliento la avanzada imperial. Grecia, Macedonia, Creta, Rodas, Cirene, Siria, Antioquía, Babilonia, Ecbatana... Los reinos caían y se levantaban en estaciones agónicas hasta reconocer que su destino cambiaría con el emblema del monoteísmo engendrado en Judea. En Jesús, Dios, hijo de hombre y redentor, encarnaría el reconocimiento primero de la conciencia humana,

Cleopatra

con la que se abatirían el pensamiento mítico y el último rescoldo de una Antigüedad tutelada por deidades del tiempo, del destino, de la naturaleza y de la vida. De los reinos helénicos perduró, sin embargo, su remoto deseo creador y, asimiladas, la curiosidad y la sapiencia que habían obtenido de Babilonia.

El principio del fin ocurrió en Alejandría cuando Cleopatra dispuso la sucesión soberana en favor de Cesarión, virtual corregente a los cuatro años, cuyo cetro le costaría la vida al tío, último de los Ptolomeos entronizados, además de exacerbar gradual e irremediablemente la furia de Octavio contra ella y sus estratagemas amorosas.

Pese a todo, Cleopatra tuvo arrestos para recurrir a la costumbre de destronar a sus parientes para imponer la corregencia, la cual podría significarle una estirpe diferente, y la temeridad de aventurarse en lo desconocido con tal de salvar su corona. César primero y Antonio después no serían casualidades amorosas, sino decisiones de una mentalidad experta en anudar y desanudar según la conveniencia. Es probable que en el trayecto correspondiente a Antonio se interpusiera el amor; pero si bien en la muerte se fundieron dos destinos afines, en su relación dominó la figura del mando, como si unidos les fuera posible consolidar el gran imperio que Roma también deseaba para sí.

No era de menospreciar la táctica militar de Cleopatra para afianzar su cetro; pero transcurrían malos tiempos para todos e, igualados en la debilidad a causa de las guerras civiles, aventajaba la República a los asiáticos por el espíritu de sus leyes y la organización superior de sus legionarios. Empeoró la posición de Cleopatra ante los nativos sublevados el estado de tristeza en el que, durante

su larga ausencia, había caído un Egipto hambriento, atacado por las plagas, consciente de su desventura y víctima del mal control de los canales que regulaban las inundaciones cíclicas de sus tierras, de las cuales dependía la producción agrícola.

Tal vez lloró a César, aunque apuró los trámites diplomáticos y su destreza para allegarse a Antonio durante el periodo de poder supremo de éste y emprender con él una de las aventuras más fascinantes de la historia. Brutal como fue el asesinato de Julio César, las escenas de traición en nada desmerecían de las prácticas sanguinarias de egipcios, griegos, macedonios, babilonios o sirios. Cleopatra podría resistir ese crimen, sí, además de olvidarlo a condición de no renunciar a sus planes expansionistas.

Excesivo en retribuciones y castigos, Antonio contaba con la temperatura de ánimo exacta para inflamarse de amor por Cleopatra; amor que, según Plutarco, despertó en él muchos afectos hasta entonces ocultos e inactivos. De lo que le quedaba, dicen sus biógrafos, aquella experiencia arrasó con lo que de saludable tuviera entre sus reservas. Así, con aproximaciones y tentativas, al encontrarse en la Cilicia con ella en el año 41 a. C. por mediación de Delio, mensajero a quien le bastó inquirir su mirada para adivinar su sagacidad, Antonio la intuyó más que la vio navegar por el río Cidno en galera con popa de oro,

que llevaba velas de púrpura tendidas al viento, y era impelida por remos con palas de plata, movidos al compás de la música de flautas, oboes y cítaras. Iba ella sentada bajo dosel de oro, adornada como se pinta a Venus. Asistíanla a uno y otro lado, para hacerle aire, muchachitos parecidos a los amores. Tenía criadas de gran belleza, vestidas con las ropas con que representaban a las nereidas y las gracias, puestas unas a la parte del timón, y otras junto a los cables. Sentíanse las orillas perfumadas de muchos y exquisitos aromas, y un gran gentío seguía la nave por una y otra orilla, mientras otros bajaban de la ciudad a gozar de aquel espectáculo, al que pronto corrió toda la muchedumbre que había en la plaza, hasta haberse quedado Antonio sentado solo en el tribunal...

Clavado un aguijón en el ánimo, diría Plutarco, los hados hicieron el resto. Uno tras otro se sucedieron eventos cada vez más fascinantes, cada vez más capaces de robarle el aliento al romano y de apartarlo del buen curso de sus negocios hasta ofuscarlo en grado peligroso no solamente por la vía de sus conflictos maritales, que no eran por cierto de desatender, pues en la intimidad estaba enquistada la simiente política y casi no era posible hacer o imaginar nada, dentro o fuera de Roma, que no afectara sustancialmente en los cauces del mando. Más aún tratándose de Antonio, por su posición militar contrapuesta a la de Octavio y por la endeble atadura que mantenía con los miembros del Senado.

Aunque en vida de César ya se había perfilado la rivalidad entre Octavio y Antonio, tras los idus de marzo se sucedieron hechos de tanta intensidad que resulta explicable el dramatismo de su desenlace. Es indudable que Cleopatra, a fuerza de artimañas y halagos eróticos, persuadía a Antonio de desentenderse de los negocios y de dejar en manos de otros las expediciones inaplazables. Preferían divertirse juntos, perder el tiempo en la ribera, junto al Canopo y Tafosiris, dice Plutarco, que separarse y empuñar la espada contra el contrincante al acecho. Primero perdió miles de hombres por esa causa en el corazón del Asia, cometió errores injustificables y hasta parece que sólo le interesaba actuar en función de ella sin separarse de su extravagante universo. Por eso, acosado por los partos entre llanuras y montes huía más que peleaba, y a solas, como buen lector como se dice que era, evocaba los sinsabores de Jenofonte en la retirada de los diez mil, que en caso alguno pudo emular. En la hora decisiva, se retiró de la batalla con la mayor imprudencia y abandonó la victoria en favor de Octavio.

Además dejó a Octavia, su segunda esposa y hermana de Octavio, sujeta al dictado azaroso de su destino; ella, apostada en Atenas, jamás renunció a sus derechos maritales ni desperdició empeños por desacreditar a Cleopatra. Afamada por ser tan bella como talentosa, concentró alianzas, pertrechos y soldados para batir a su enemiga por mar y tierra y reganar el prestigio de un Antonio a quien, por su enajenación egipcia, tenían por enyerbado, pues, como ya les ocurriera respecto de Julio César, no eran explicables actitudes tan desmesuradas y antirromanas como el "reparto" imperial a los hijos engendrados con Cleopatra que hizo en Alejandría de las posesiones perdidas de los ptolemaicos, en manos entonces de los romanos o aún en situación conflictiva, pero ajenas a los dominios egipcios.

Antonio y unos 11 años de pasión amorosa y política tendrían en aquella proclamación pública su fin definitivo. Atrás quedarían las tentativas de reconciliación con Octavio, su triunvirato y la indudable fuerza de que gozó entre el ejército, pues nadie ignoraba su generosidad ni su cercanía con la tropa, aunque algunos aseguran que él no estuvo presente, sino sus oficiales, en las batallas que más gloria le arrendaron. Es cierto que sólo se advierte torpeza en las que quedó constancia de su dirección y que todo apunta a que, por medio de sus lugartenientes, consiguió sus triunfos más señalados. Así, según lo muestran los datos, los errores de Antonio evidencian su infortunio en relación con Cleopatra hasta culminar en el fatal y multitudinario enfrentamiento contra Octavio en Actium, batalla que por su significación también fecharía el término del helenismo.

Condenado por el Senado, aborrecido por los suyos, Antonio apostó por Cleopatra y perdió frente al destino. Narrado en breves líneas por Plutarco, el suceso que apuró el colapso ocurrió en el año 34 a. C., cuatro antes de su muerte, frente a una muchedumbre congregada para el caso en el gimnasio de Alejandría, al uso del viejo Egipto. Amaridado con la monarca y el poder local, sobre una gradería de plata Antonio hizo poner dos tronos de oro y, a sus pies, otros más para los pequeños hijos. Proclamó a Cleopatra reina de Egipto, de Chipre, del África y de la Siria inferior y a Cesarión, su corregente.

Allí se corroboró que Antonio estaba completamente transformado por los reflujos amorosos y las costumbres del país y que Cleopatra misma, al autonombrarse "reina de los reyes", caería con la carga de recuerdos en la hora decisiva, víctima de traiciones y engaños. César murió degollado con la daga dirigida por un Octavio que, no obstante haber acumulado victorias imperiales y haber rendido a la pareja más controvertida de su tiempo, no descansaría hasta apagar el último rescoldo de oposición a su mando, así tuviera que pulverizar las piedras tocadas primero por Antonio y después por la extravagante soberana.

A los tres hijos nacidos de él y de Cleopatra les otorgó la pareja el título de reyes. Los gemelos Alejandro Helios y Cleopatra Selene, Sol y Luna, fueron considerados guías de un imperio por venir, cuyos nombres brillarían con los ciclos de los días. Durante este escándalo llamado "ceremonia de los repartos", tocó al niño que llamaron Alejandro la Armenia, la Media y el reino de los partos para cuando fuesen sojuzgados; a Ptolomeo, la Fenicia, la Siria y la Cilicia. Iba Alejandro ataviado en traje medo, con la tiara o citaris en la mano derecha, y Ptolomeo con el calzado, el manto y el sombrero con diadema, distintivos de los sucesores de Alejandro el Grande y vigentes entre medos y armenios. Cuando los nuevos soberanos se acercaron a besar a sus padres, les fueron impuestas sendas guardias personales de armenios y macedonios.

Convencida de que un país despojado de inteligencia carecería de dignidad, Cleopatra obtuvo de Antonio la biblioteca de Pérgamo para reponer el acervo real, reducido a cenizas durante la entrada a los muelles de Julio César, en un ridículo enfrentamiento militar. Construyó el Cesarión nuevos templos, placas y monumentos conmemorativos. Pese al prejuicio histórico, Cleopatra no era hermosa. Su poder seductor provenía de una extraordinaria inteligencia educada. Amaba las artes tanto como el poder. Jamás separó los asuntos de Estado de sus pasiones privadas; de ahí que César y Antonio fueran los indicados para participar de una aventura que necesariamente los llevaría a sellar el imperio con la misma ambición de grandeza que distinguió a Alejandro el Grande al crear la urbe más connotada de aquella edad.

Antes de la muerte trágica de Antonio, se

sucedieron en torno de él los augurios nefastos a la velocidad con la que Octavio acumulaba evidencias de su buena fortuna y declaraba la guerra a Cleopatra. Numerosos e inauditos, los agüeros comenzaron cuando la ciudad de Pisauro, colonia establecida por Antonio sobre el Adriático, desapareció a fuerza de hundimientos súbitos del suelo. En la ciudad de Alba, una de sus estatuas de piedra se cubrió de sudor durante muchos días; un sudor que nada ni nadie pudo enjugar hasta que se realizaron los funerales de Antonio. Durante su estancia en Patras, el templo de Hércules fue fulminado por un rayo; en Atenas, el Baco de la *Gigantomaquia,* arrancado del viento, como escribió Plutarco, fue arrastrado hasta el teatro por fuerzas misteriosas. Lo de Hércules empeoraba el vaticinio, porque Antonio se preciaba de pertenecer a su linaje y, respecto de Baco, porque él mismo se hizo llamar "el nuevo Baco", por sus preferencias y vida licenciosa.

La señal inequívoca, sin embargo, correspondió al mismo huracán que arrastrara la estatua porque, con mayor fuerza que la aplicada contra Baco, arrancó de tajo los colosos atenienses de Eumenes y Atalo, conocidos también por "los Antonios", mientras que todo lo demás quedó en su sitio. *Antonia,* la nave capitana de Cleopatra, atrajo la atención de los adivinos y profetas cuando descubrieron que unas golondrinas habían anidado en la popa y que, de manera brutal, se dejaron venir otras desde lejos para lanzarlas a picotazos y matar sus polluelos.

La muerte se infiltró en el reino egipcio y dominó el alma de Antonio en la célebre batalla marítima de Actium cuando, derrotado por Octavio, su contrincante y cuñado, abatido porque su orgullo le impedía presentarse vencido frente a su amada Cleopatra y consciente de que la hora de los poderes se había decidido en favor de Roma y contra Egipto, al atravesarse en el vientre la espada para matarse supo Antonio que no bastan dos voluntades de excepción para modificar el destino. No se lamentaba por haberse fascinado por Cleopatra hasta límites cercanos a la locura, sino porque en su oportunidad no supo razonar como soldado al batallar ni defender su pasión por estar distraído con sus ensoñaciones eróticas.

Al enterarse del tremendo dolor que sufría Cleopatra por el suicidio del amado, Octavio, adueñado del mando egipcio desde el palacio real de Alejandría, se compadeció de ella y aceptó que sepultara a Antonio en Egipto "regia y magníficamente, con sus propias manos". Después, creyéndola cautiva en una fortaleza elegida por ella misma y a su disposición, fue víctima del último engaño de la soberana, a quien pretendía llevar viva y vencida ante el Senado romano.

Que habiéndose bañado y coronado, dice Plutarco, salió Cleopatra a saludar al tumulto y se hizo dar un fastuoso banquete para el que pidió, en medio de argucias para engañar a los guardias encargados de mantenerla con vida, un cestito de higos inusualmente grandes y hermosos, en el que se ocultaba el célebre áspid de cuya mordida no se encontró ninguna evidencia en el cuerpo de la monarca. Terminado el convite, Cleopatra hizo llegar una misiva a Octavio en la que le rogaba sepultura junto a Antonio, por lo que él comprendió que había sido vencido en esta ocasión. Corrió hasta donde ella se encontraba, pero al abrir las puertas de la cámara real la vieron muerta sobre un lecho de oro, regiamente adornada.

Cleopatra

De las dos criadas que con fidelidad la acompañaron desde su infancia —agrega Plutarco—, la que se llamaba Eira estaba inerte a sus pies y Carmión, ya vacilante y torpe, le estaba poniendo la diadema correctamente a su ama que, moribunda, le decía con dificultad: "ponla bellamente, Carmión". Y ella: "sí, Bellísima, como conviene a la que de tantos reyes desciende". Y, sin agregar una sola palabra, cayó muerta a sus pies.

Octavio sólo hizo matar al hijo mayor de Antonio, procreado con Fulvia, su primera esposa, tal vez para impedir alegatos de sucesión, aunque serían de creer las sospechas de que, además de Cesarión, hizo matar a los pequeños Alejandro Helios y a Ptolomeo, mientras que Cleopatra Selene sobreviviría al lado de Octavia para ser casada con un sucesor cautivo de algún reino aledaño al suyo y transformado en historiador. A los demás, hasta donde se sabe, se los educó conforme a los dictados de la familia de Octavio.

Existe otra versión que asegura que Octavia se encargó de los tres hijos engendrados por Antonio con Cleopatra y los crió como suyos, aunque quizá no como a los suyos, pues recaía sobre ellos la extranjería abominada por los romanos.

El 29 de agosto del año 30 a. C., Octavio declaró oficialmente terminado el imperio ptolemaico. Desconcertados, los alejandrinos salieron al muelle para rendir honores a su última soberana. Nunca se sintió tan intensamente el oleaje. Azotaban los vientos. Se agitaban sus dioses y en medio de una extraña ventisca se enrarecía el ambiente. Alguien, sin saber cómo ni por dónde, dejó caer en el Nilo la vestimenta de Isis con la que, como de Egipto, también se despidió Cleopatra del mundo al partir a la región de los muertos.

140

Hipatía de Alejandría

Aretea, hija de Arístipo, fue doctísima, y a la muerte de su padre dirigió la escuela de Cirene. No existen noticias de que escribiera libros ni se sabe que viviera acosada a causa de sus ideas. A Nicóstrata se la llamó inventora de las letras latinas y sor Juana agregó que era también "doctísima entre las griegas". Aspasia Millesia enseñó filosofía y retórica y fue maestra del filósofo Pericles. Otras mujeres hubo en la Antigüedad destacadas como pitonisas o poetas, agudas en política, aguerridas al batallar o tan diestras en la música como sabias al gobernar. Para unas el destino reservó privilegios y a otras las cubrió el olvido o la sombra del menosprecio; a Hipatía, en cambio, tocó el infortunio de sobresalir por su talento, ser pagana y amiga del prefecto Orestes, rival de Cirilo, obispo de Alejandría y la primera mártir femenina de la filosofía.

Virtuosa, soltera y al parecer hermosa, Hipatía fue hija y discípula de Teón, matemático y filósofo neoplatónico, y acaso la primera mujer consagrada a las ciencias exactas. Hacía tiempo que en su Alejandría natal había desaparecido el antiguo esplendor de los ptolomeos, aunque perduraba su reputación cultural gracias al atractivo simbólico de su gran biblioteca, reducida a partir del incendio provocado en el puerto durante la grotesca "guerra alejandrina", encabezada por Julio César, y extinta después por los sucesivos pillajes que no vieron fin hasta el exterminio del último libro de su cambiante acervo, durante la ocupación islámica del califa Omar, en el 639 de nuestra era, fecha del ocaso definitivo de Egipto.

Quizá Hipatía, como Cirilo, nació hacia el 370 y creció rodeada de pensadores judíos, alejandrinos o griegos, cuando en aquellos dominios de Roma los cristianos antes perseguidos se volvieron perseguidores. Cansados de destruir viejos templos y de mutilar narices de las estatuas antiguas, emprendieron la etapa de fustigar a los seres pensantes. Las ideas fueron blanco de disputas por el poder; la religiosidad, excusa para que los prelados acaudillaran ataques contra judíos, discrepantes o paganos. Era el tiempo de la ira desatada en nombre de dioses rivales, cuando los obispos otorgaban a discreción atributos de santidad para afianzar la ortodoxia y conformar la genealogía de la Iglesia de Cristo. Hora de teólogos y especuladores; de exégetas, apologistas y anatemas tan implacables como los del obispo Cirilo contra Nestorio, al tomar posesión de la sede patriarcal de Constantinopla en el año 428. Creyente de las doctrinas de Teodoro de Monpsuesta y Diodoro de Tarso, Nestorio comenzó a negar la unidad de persona en Cristo y la maternidad divina de María, lo que suscitó un escándalo tan perdurable que, ante su negativa de retractarse ante Cirilo, ambos patriarcas acudieron al arbitraje del papa Celestino. Éste convocó un concilio en Roma, que no tardó en declarar a Nestorio incurso en herejía y lo amenazó con la deposición si no se retractaba de sus errores dos días después de recibida la sentencia por mediación del alejandrino. Afamado por su perversidad, Cirilo agregó a la carta del papa una fórmula de fe aprobada para el caso en un sínodo de Alejandría y una lista de 12 anatemas que debía abjurar. Al complicarse el asunto por el poder que ejercía el furibundo Cirilo, el sínodo condenó a Nestorio y lo depuso de su sede. De esta ruptura y de las siguientes de sus seguidores, entre los que se contaban obispos de la provincia antioqueña, se propagó el cisma hasta Caldea y otras regiones de Asia, donde subsisten los "cristianos de Santo Tomás" que la Iglesia actual considera entre los "hermanos separados" de la ortodoxia.

Cirilo, obispo de Alejandría, a cuya naturaleza dominadora e impaciente atribuyeron la responsabilidad del brutal asesinato de Hipatía, entre otras incontables acusaciones por el odio que suscitó su actuación, fue uno de los primeros patriarcas de Oriente, precisamente por abanderar la ortodoxia, por su ciencia profunda y su infatigable lucha contra la herejía. Gibbon, reputado historiador, lo calificó de "constante enemigo de la paz y de la virtud, hombre audaz y perverso, cuyas manos mancillaban alternativamente el oro y la sangre". Primer teólogo entre los griegos, sus sucesores lo consideraron sólo inferior a San Agustín entre los occidentales, aunque excesivamente difuso. Sus detractores confirmaron, tiempo después, que no conoció el arte ni la simple elegancia de los buenos escritores y que con él, por su afectación y sus torceduras ininteligibles, empezó el bizantinismo.

De haberse salvado el panegírico que Suidas escribió a la muerte de su maestra, podríamos tal vez confirmar que Hipatía fue víctima de las disensiones entre el irascible Cirilo y Orestes, el gobernador que si no fue su amante sí, al menos, uno de los amigos más próximos de la filósofa. En este escenario de erudición y crueldad surgió el neoplatonismo al lado de pensadores judíos y cristianos que, no obstante sus divergencias, se congregaron en torno de la escuela de Alejandría.

En cuanto a religión, el neoplatonismo se opuso al cristianismo; pero éste, aunque durante siglos fue móvil de acosos sangrientos, acabó asimilando a aquél, inclusive en aspectos tan condenados como la teurgia, vertiente en la que fluía el legado oriental que algunos filósofos, como Hipatía, complicaban con actividades oraculares y mágicas. Propio de la teurgia era el uso de talismanes y la creencia en un poder más elevado que toda la sabiduría humana, según Proclo; esto a su vez inspiró el espiritismo, ya que desde entonces se requería la presencia de un médium para comunicarse con el espíritu. Su simpatía universal con todos los entes y el conjunto de sus misterios atrajeron tantos creyentes que si lo fundamental de la teurgia fue absorbido por alquimistas medievales y espiritistas, su carga de superstición fetichista, paradójicamente, transitó al culto a las imágenes en los templos, así como a la devoción por reliquias, amuletos, medallas, estampas y una multitud de objetos a los que aún se atribuye la capacidad de influir favorablemente ante Dios o el destino para obtener un pedido.

Heredera de la fusión del Uno y el Bien, Hipatía no se inclinó al misticismo ni a lo intelectual puro, típico de Plotino, ni se plegó a las especulaciones en boga del neopitagorismo. Astrónoma, astróloga y matemática, creyó en la influencia de los dioses o los demonios sobre fenómenos naturales. Dirigió la Academia de Alejandría y acogió con simpatía lo oriental sin desdeñar lo mejor de la cultura helénica. Sinesio, quien dedicó a su maestra un emocionado recuerdo, se convirtió al cristianismo y fue nombrado obispo de Ptolemais seis años antes de que ella muriera. Según Suidas, Hipatía escribió varios tratados en el estilo de la escuela de Alejandría, todos perdidos, y fue admirada por sus discípulos.

Cirilo la acusó de conspirar contra él cerca del prefecto Orestes. En talante tan vil como el del obispo, según lo recuerdan en escritos de la época, no es difícil imaginar rivalidades intelectuales o móviles de dominio que con frecuencia lo hicieron saltar del púlpito al desafío. Enardeció a una muchedumbre cristiana en contra de Hipatía. Ésta, seguramente acosada más de una vez, fue lapidada por la banda de monjes fanáticos que acaudillaba el sanguinario patriarca para intimidar a sus detractores. En *Decadencia y caída del Imperio romano*, Gibbon describe con detalle cómo un día de la cuaresma del año 415, los monjes interceptaron su carro. Asesinaron brutalmente al auriga y a Hipatía la desnudaron para vejarla entre todos. Mancillada en su honor, destrozado su cuerpo, la llevaron después al interior de la iglesia y allí la descuartizaron separando la carne de los huesos con afiladas conchas de ostiones.

Estremecida de horror, Alejandría no volvió a ser la misma. El crimen selló el principio del fin de una edad de saber.

Cirilo, por su parte, ascendió en reconocimiento e influencia cerca del papa Celestino. Sin dificultad practicó su barbarie instintiva al lado de las inclinaciones teológicas que lo inscribieron en la patrística. Intrigaba con la impiedad de los perseguidores históricos y oraba como padre espiritual de la Iglesia. Condenó y depuso a Juan Crisóstomo de la sede de Constantinopla antes de arremeter contra Nestorio. Suscitó conflictos políticos y religiosos hasta consumar su bien ganada fama de campeón en la lucha contra la herejía. No desperdició crueldad ni ocasión para imponer su beligerancia. Encomió a Santa María, Madre de Dios, y entre sus escritos y epístolas donde comentaba el Nuevo Testamento, no dejó de acentuar la herejía de Nestorio. Murió de su muerte, con los impulsos domados en alguna estación de la vejez. Beatificado por la Iglesia de Roma, San Cirilo se cuenta entre los padres imprescindibles de la Iglesia católica. El nombre de Hipatía, la mayor de sus víctimas y un talento de excepción, apenas se incluyó entre las paganas de Alejandría. Apasionada del saber, neoplatónica innovadora, fiel al sentimiento de fraternidad que leyó en el orientalismo, creyó con los griegos en la inexorable tragedia humana. Matemática, confió en la armonía universal que consagró como astrónoma. Filósofa, la estremeció el dolor de existir y murió con los ojos abiertos. Un vago olor a humedad se expandió en sus funerales con el viento nocturno. Al amanecer, los alejandrinos respiraron un polvo que cubrió la ciudad como velo luctuoso.

El amor

Dalila

Sɪ ᴛᴜᴠɪÉʀᴀᴍᴏs al alcance la versión filistea de Sansón y Dalila, seguramente no aparecería él como la víctima de las artimañas perversas de una mujerzuela intrépida, como lo presenta el episodio bíblico, sino como el arquetipo del ogro casi invencible, poseedor de un secreto donde reside su fuerza, cuyos males por fin son vengados gracias a la astucia de una mujer que tiende red tras red para atrapar al villano, hasta atinar con la respuesta al secreto de su vulnerabilidad.

En tiempo de los jueces y los reyes de Israel privaba un rigor casi tedioso en la administración de las leyes. Quienes emitían sentencias ostentaban una gravedad tan inflexible que cuesta creer que un personaje como Sansón, envuelto en pendencias, en aventuras amorosas y pequeñas bravuconerías, hubiera destacado en otra cosa que no fueran desacatos tribales. Contrario a la imagen de un digno representante de los tribunales, todo indica que Sansón sólo obedecía sus impulsos y con seguridad se hacía justicia por propia mano.

Resulta mucho más consecuente la figura de un fortachón arbitrario, que incendia la mies sin segar, las viñas y los olivares; un prepotente que transita del libertinaje amoroso al pleito del matador de 30 hombres primero y después, ayudado por una quijada de burro, de otros mil por causas que nada tenían que ver con el patriotismo, la justicia o el altruismo, sino por sentirse agraviado. Fuera de la indicación de haber sido elegido por Dios, no hay en él hechos que señalen su condición de juez concienzudo en los tribunales. En la Biblia están los datos de su fuerza sobrehumana, pero ninguno de los juicios que avalen su autoridad.

El caprichoso Sansón del *Libro de los Jueces* no discurre actos grandiosos ni protagoniza hazañas a la altura de héroes análogos a su condición superior. Tampoco destaca por obras de razón, más bien se afama por su facilidad instintiva y su brusquedad. No hay congruencia entre el aviso sobrenatural, previo a su nacimiento, y su posterior desempeño como musculoso pendenciero que va por la vida cometiendo atropellos hasta morir en la apoteosis de su vigor recobrado.

En Dalila, en cambio, reside el misterio. Es ella la depositaria de una astucia más apreciada en el mundo antiguo que la batalla frontal; es también ella quien, poseedora de habilidades intelectuales que combinan la sagacidad, la destreza para zafarse de los problemas, el sentido de oportunidad y la atención vigilante, triunfa sobre el rudo Sansón al arrancarle el secreto de su temeridad. El episodio, sin embargo, está tramado para atraer la simpatía por el villano que con impunidad robaba y asesinaba a los filisteos. Así, en vez de acentuar el sentido de la justicia que debería encabezar como rey de Israel, el autor del texto sagrado pondera sus abusos y disminuye el probable significado liberador de Dalila: verdadera heroína ante el inspirador del legendario ogro, monstruo o mago que la leyenda hace abominable por los trazos de su poder repulsivo.

Y en eso reside el atractivo de la única mujer que, en la literatura popular o sagrada, doma y sujeta con artimañas una fuerza devastadora desde su parte más íntima, donde se oculta el secreto de su superioridad sobre los demás. No deja de ser revelador que tanto en la épica como en la mitología aparezcan únicamente hombres dispuestos a vencer una sucesión de obstáculos mágicos hasta derrotar al maligno en el sitio más resguardado donde permanece la clave de su poder; los cabellos, en este caso, que Dalila finalmente le hace cortar gracias a que Sansón, además, ignoraba hasta dónde era también vulnerable a los engaños de la seducción amorosa.

Si el relato proviniera del lado de los filisteos, quizá otra sería la versión del verdugo y de la víctima. Los desmanes listados de Sansón no concuerdan con el legendario bonachón heroico que cae en la trampa tendida por una prostituta que mediante engaños lo conduce a la humillación y la muerte. No es descabellada la otra posibilidad: la de una mujer que está dispuesta a todo, inclusive a morir, con tal de castigar una ofensa grave infligida por el villano. Pero, en vez de destacar el significado liberador de quien, sin más armas que su ingenio, se atreve con el más temido para vengar el producto de sus crueldades, se magnificó la imagen de un elegido de Dios que, para cobrarse la pérdida de sus ojos y al grito de "¡A morir con los filisteos!", derrumbó las dos columnas que sostenían la techumbre del edificio donde se encontraban unos trescientos mil, entre príncipes y gentes del pueblo enemigo, por lo que se dice que fueron muchos más los que se llevó consigo al morir que los que mató cuando gozaba de libertad.

Sansón contrasta por su ausencia de escrúpulos y su natural aventurero con la figura forzada de una Dalila que aparentemente lo traiciona por dinero, como si el gigantón forzudo no tuviera más que simpatías a su favor y en su vida no hubiera hecho otra cosa que ocuparse del bien y la justicia. Bien observó J. G. Frazer que la simpatía del oyente recae sobre el personaje vencido, porque aparece revestido con características amables de patriota y defensor de su pueblo. Más que bellaquerías, sus hechos se presentan como aventuras maravillosas del héroe que sólo despierta admiración compasiva. Dalila es el verdugo, una desalmada en busca del poder, amante embustera, prostituta para colmo, y causante de todas las calamidades que recaen sobre un Sansón casi indefenso, casi idílico y expuesto a las artimañas que habrán de abatirlo en su parte sagrada.

De su boca salen la primera, la segunda y la

tercera pruebas de ingenuidad legendaria, hasta rendirse en la cuarta con la verdad. Tanto en la mitología como en los cuentos de hadas y ogros, se repite esa deliciosa dualidad de ser el más temido y el más proclive a revelar la manera de ser destruido. Protagonista de una inocencia casi infantil, contraria a su condición de gobernador de Israel durante 20 años, Sansón dice primero a Dalila al calor del abrazo que si lo ataran con siete nervios humedecidos perdería su fuerza y sería como un hombre cualquiera; cuando los filisteos cayeron sobre él en la alcoba y lo amarraron, él se desató de un solo tirón. A la segunda dijo a Dalila que si lo ciñeran con cuerdas nuevas perdería su fuerza y sería un hombre como los demás; otra vez se apostaron los acechadores al grito de la mujer y él rompió como un hilo las cuerdas sobre sus brazos. Una vez más se llamó a engañada Dalila, y Sansón respondió que si tejiera siete mechones con lana y los clavara con una clavija en el muro, quedaría debilitado y se volvería un hombre cualquiera. Corroborada su falsedad, repuso Dalila: "¿Cómo afirmas que me amas si tu corazón no está conmigo?" Mareado con tantas querellas, el fortachón cedió a las argucias y confesó a la mujer que nunca pasó la navaja por su cabeza, porque estuvo consagrado a Dios desde antes de su nacimiento. Ella presintió que en sus cabellos ocultaba el secreto, y de nuevo llamó a los príncipes filisteos.

Dalila dejó que Sansón se durmiera en sus rodillas y entonces hizo traer al hombre que cortó los siete mechones de su cabeza, con lo que comenzó a debilitarse y su fuerza desapareció. Al grito de "¡Sansón, los filisteos!", él despertó convencido de que, como otras veces, ahora saldría también a quitarse de encima a sus captores; pero corroboró con gran pena que el Señor lo había abandonado.

Humillado, los filisteos le sacaron los ojos, lo condujeron encadenado a Gaza y lo dejaron moliendo grano en la cárcel, sin reparar en que le crecía la melena y con ella la fuerza. Sus captores se divertían, olvidados de que en los cabellos llevaba el gigante el objeto de su venganza. Dalila es instrumento de una derrota: cumple su cometido y desaparece de la leyenda. Queda de ella la sombra de la seducción engañosa y, entre líneas, la certeza de que los papeles relevantes en la historia dependen de las versiones que prevalecen de su actuación. Es probable que en Dalila resida el antecedente vengador de la mujer humillada, una pariente literaria de Ulises, célebre por sus mañas, cuyo ingenio le arrendaba más victorias que sus armas. Es posible también, de subsistir la interpretación filistea, que se hubiera tratado de una valiente que se atrevió con el monstruo que asolaba a su pueblo con despojos y crímenes al grado que llegó a exasperarlos y discurrieron el más viejo y seguro medio para rendir al más fuerte: el delirio amoroso.

Scharasad

Dulce y cautivadora, Scharasad sentía a cada instante la belleza de las palabras. Como nadie entendía el secreto del ritmo, la entonación y la pausa para hechizar los oídos cansados del trajín y el ruido. De sus mayores escuchó relatos de gigantes perversos, navegantes intrépidos y luchas contra las fuerzas oscuras que, a la luz de la Luna, ella perfumó con el jazmín trenzado por entre celosías alrededor de las fuentes y envolvió con los goces melódicos de amores intensos. En su auditorio medía los efectos de sus modulaciones precisas, mientras su joven hermana aplaudía o se asombraba, comentaba o coreaba para dar pie a escenas enriquecedoras, cuando en los ojos del soberano advertía visos de aburrimiento o fatiga. Por eso Scharasad alargaba el canto o lo reducía con matices, como si tejiera el paisaje rosado de su patria ficticia, pues se trataba de acreditar con su voz las virtudes de la perfecta casada que, lejos de engañar al esposo con perfidias supuestas, alegraba su espíritu con rarezas y maravillas que, además de gratificarlo sin perder su virginidad durante aquellas jornadas nocturnas que le merecieron no sólo salvar su vida, sino acceder a la pequeña eternidad literaria, curarían el corazón desdichado de aquel Barba Azul del Oriente que mataba mujeres como otros se deshacían de minucias.

Que recontaba leyendas que encadenaban sus noches con cuentos-valija de donde extraía nuevos cuentos para aplacar la criminal misoginia del rey Schahriar, repiten los enterados, y que arabizó una herencia de siglos mediante el ciclo de Harunu-r-Raschid que presidiría el calendario nocturno de la epopeya nacional del islam, agregan quienes insisten en ver ejemplos de mando y analogías ejemplares detrás de este singular mandatario que distraía su sedentarismo con disfraces y travesuras para adentrarse en el acontecer de su reino. Lo cierto es que Scharasad quiso probar el prodigioso alcance de su genio verbal y para ello escogió el más sordo, convencida del poder vivificante de la literatura. Por si acaso, invocaba el nombre de Alá para consagrar su aventura, y noche tras noche, hasta sumar mil más una, desentrañaba el reflejo de una humanidad enriquecida a la luz de la magia. Una humanidad anecdótica y sin embargo teñida de encantamiento, de compasión e inclinada al rescate de tradiciones que llevan en la figura de aquel regordete con cara abotagada de luna de ramadán, el emblema de una cultura concentrada en la creencia purificadora del verbo.

Con parecerse al resto de los demás, esos hombres y mujeres que pueblan el universo evocado por Scharasad surcan sus días no por el tiempo regular que registra el quehacer idéntico al de días como todos los días, en pueblos acostumbrados al tedio, a la necesidad y al dolor, sino el tiempo sin orden ni espacio determinados en que es posible ver sin ser visto, volar en alfombras mágicas, encerrar al maligno monumental en ánforas diminutas, vislumbrar revelaciones asombrosas a través de un cristal o triunfar sobre lo imposible cuando al héroe no se le presenta más alternativa que la ubicuidad, el embrujo o la muerte.

Mezcla de heroína y deidad, la hija del viejo visir desatiende las advertencias del padre para domar a la fiera en su propio terreno y así consumar, por medio del sortilegio verbal, la doble hazaña de triunfar sobre el poder absoluto y realizar ella misma un destino a la altura de sus personajes. Memorista sin par, Scharasad no duda de los alcances del don de la fantasía; por ello, como si fuera poca temeridad arriesgarse ella sola, se lleva consigo a su hermana Dunyasad para llevar a cabo, según lo dispuesto, la gradual transformación de Schariar y su envolvente esterilidad palaciega en el más rico templo de la narración y la poesía.

Hablaba la lengua de los pehlevies, que sucede a la Persia de Zoroastro y los Libros Sagrados, escritos en zenda, aunque *Las mil y una noches* fue recogido como botín de guerra durante la conquista comandada por el califa Omar el año 18 de la héjira, junto con el vasto imperio territorial y el patrimonio artístico de la nación irania. Desde entonces los árabes se sumaron al caudaloso tiempo de una larga dinastía de narradores que, siglos después, ofrecieron a la curiosidad europea uno de los legados más antiguos de la India y China, del saber egipcio y de esa mítica cuna de la humanidad que ha dado en llamarse Arabia, a falta de un nombre capaz de abarcar la más exótica geografía del asombro y de las extrañezas humanas, naturales y paradisiacas.

De los dioses obtuvo Scharasad la gracia del verbo y de los remotos recitadores los temas que habrían de situar su nombre en el más codiciado templo de la palabra. Eco de un Oriente que ya era viejo cuando Alejandro el Grande irrumpió en la India, sus historias de magos, rivalidades o alianzas, encantamientos y hazañas fantásticas formaron un río de voces que colmaron de encanto *Las noches árabes*. Más bellas que las que hacían las delicias de los harenes, las princesas que hermoseaban los cuentos de la doncella persa sólo sufrían para acentuar más su dicha o se fundían al vértigo de la perversidad para exagerar su grandeza.

Demasiado agraciada para ser real, Scharasad es sándalo embriagador que distrae la mente de un caprichoso califa que pudo entender que el orden y la vida se hacen posibles cuando lo natural y lo extraordinario se funden por el poder de un conjuro. Ella describe el enigma y su solución; insinúa la certeza de lo sobrenatural como remedio de situaciones límite; acude a la superstición o al principio moral con idéntica soltura y en la omnipotencia divina concentra la ley intermedia que rige la intrepidez y el voluntarismo, cuando se entiende el valor de los sueños. Por eso celebra el deseo de amantes que triunfan sobre la adversidad y suma el ingenio a la determinación de los que desafían el dominio absoluto. Maestra del contraste y de las alegorías con mensaje, Scharasad destaca la superioridad de quienes aprenden de sus errores o representa con casos comunes la pasión del poder en quienes sólo dejan de gobernar por la vía de la fábula.

Apenas se distinguen los rasgos físicos o el carácter de una doncella amante del verbo bajo el cielo nocturno de una mitología oriental, que mágicamente atina con la perfecta creatividad del islam. Scharasad es la palabra, santuario de la literatura perfecta y espejo de la luna oriental, a cuyo esplendor se arriman las sombras del único cuento que perdura como arquetipo de todos los cuentos. Diosa intermedia entre la voz del durmiente y el lenguaje de la vigilia, Scharasad es también la hilandera que teje con la más perfecta poesía lo prohibido y lo permitido, lo profano y lo religioso, lo cotidiano y lo sobrenatural, la prosa y el verso, el dolor y la felicidad para ofrendarlos a las generaciones como un acto de amor.

Una mujer como fruto exótico, ataviada con túnicas transparentes y zapatillas de seda, un día decidió sentarse frente al tirano en rico tapiz para causar el prodigio de enviarlo al edén y desde allá regresarlo al trono transfigurado por sus relatos. En un mundo desprovisto de espejos, tomó de la luna el esplendor adecuado para reflejar el ámbar, los regustos azucarados que enriquecían sus convites, las andanzas de camelleros y comerciantes que transitaban del Bagdad mítico al desierto abrasador, del Ganges al Tigris, del Nilo al Indo. Espejeó el vocerío de los baños y la sensualidad entrenada de los harenes. Congregó las intrigas de joyeros y de visires y sumó una remota sabiduría al enredo más próximo de situaciones absurdas, como sucede en la vida. Así, desde la corte de los califas la mítica Scharasad derramó por el mundo los sabores de la canela y el cardamomo.

Poseedora de una belleza nada común, no fue por su juventud ni por la armonía de sus formas como sedujo al tirano, sino por la fascinante destreza para triunfar sobre el olvido y remover el sedimento de la memoria, que llevaría a decir a sus sucesores, al rescatar sus historias en caracteres políglotas, que escribir es recordar. Para eso vertían sus palabras en manuscritos, para fijar las huellas de un embeleso que comenzaba a borrarse en la voz de rapsodas o repetidores que recontaban leyendas, epopeyas o mitos al modo de los regresos homéricos.

Dominaba la entonación, las cadencias y las vastas y complicadas metáforas que suelen hechizar a los amantes de las historias fantásticas. Su voz era hilo entre el misterio de la invención y la habilidad practicada por los rawis en los bazares, en las cafeterías o en los salones donde los hombres del este islámico gastaban sus tardes cultivando, del paladar al oído, el deleite de sus sentidos, cuando el islam era sinónimo de belleza y placer.

Real o ficticia, diosa o heroína nocturna que triunfa sobre el poder y la muerte, Scharasad es la voz fundadora de la literatura y santuario, para todos los tiempos, del arte de la palabra.

Isolda

Por amar y desamar, en el abandono o a plenitud, la humanidad ha cursado los siglos clamando a los dioses misericordia para mitigar los furores del corazón. Los amantes encabezan la preocupación literaria en todas las lenguas y por la pasión que crece entre dos se expande una espiral de emociones que, por un extraño arrebato, se transmuta en fuente de otros delirios donde andan mezclados la ensoñación, el afán de poder, un tremendo horror a la muerte y la vehemencia que impulsa al flechado a acometer un renacimiento interior colmado de fuerzas súbitas que no reconoce como suyas.

De dioses y hombres, hay parejas que mitifican las escasas formas de amor que, precisamente por su intensidad, llegan a enceguecer o a deslumbrar, según el lado de la pasión o del mito que se viva. Con la infortunada Heloísa se emprende el culto al amor-pasión tramado de rebeldía y religiosidad, que durante el Renacimiento se consagra en el misticismo al lado de la máxima renuncia a los asuntos del mundo. Frente a esta voluntad femenina que obedece sin resignarse a las durezas de su tiempo, el medievo occidental discurrió una Isolda delirante que transita de la ensoñación a la realidad por obra del encantamiento, que la conduce a la muerte cuando, al despertar de su hechizo, el placer muda en tormento; un tormento incapaz de sobrellevarse en estado de lucidez.

Isolda es la legendaria amante que sale de sí y se aventura hasta el desbordamiento para entregarse al amado por una causa inducida, ajena a su voluntad. Su delirio, provocado por un filtro de amor que ingiere por accidente, expresa el hecho oscuro e inconfesable de que la pasión está vinculada con la muerte, más aún tratándose de adulterio, y supone la destrucción para quienes abandonan a ella todas sus fuerzas, sea cual fuere el motivo que los haya inducido a fundirse en un éxtasis, deshumanización o embeleso tan desmedido que el deseo trasciende las barreras de lo permisible, al grado de no atinar en la vida con ningún sustituto de solución que mitigue esa peculiar necesidad de expandirse en el otro.

Por sobre Heloísa o Julieta, Isolda mitifica la pasión de la noche. En ella concurren los placeres nocturnos y la tiniebla de la ofuscación, una violencia primitiva y sagrada, el vacío y la pureza monumental del ser. Adúltera, hay un velo que le impide decidir por sí misma. No obstante consumar la falta, Tristán continúa comprometido con la misión que recibió del rey, lo que acentúa el deseo del objeto prohibido. El velo que les impide retroceder es el elíxir que bebe sin saber que, con el primer trago, se prendaría no del marido, según lo dispuesto, sino del hombre equivocado, el que la guía hacia un matrimonio arreglado, cuyos despropósitos los conducirá a la muerte, para completar la perfecta idealización de su felicidad.

Tramado de magia y de aventuras fantásticas, que oscilan entre el enigma que fascina y la fatalidad que estremece, el mito parte de un hecho de muerte del que deriva el nombre de uno de los amantes. Tristán nace en desgracia y, no obstante sus atributos heroicos, la adversidad lo acompaña hasta el fin. Su padre acaba de morir y su madre sucumbe en el parto. El rey Marcos de Cornualles, hermano de su madre Blancaflor, se lleva al huérfano a su corte y lo educa en los valores caballerescos, que agudizan el sentimiento de deslealtad que anuda esta glorificación dramática de honor y de amor cortés.

La aventura comienza cuando, en su juventud, tras armarse caballero, Tristán vence a Morholt, el gigante irlandés que acude a la corte del tío a exigir su tributo de jóvenes y doncellas. En la batalla recibe una estocada envenenada de la que sólo podrá curarse con el remedio secreto que posee la hermana del ogro, reina de Irlanda y madre de Isolda. Enfermo y sin más compañía que su arpa y su espada, navega en pos del remedio en un barco sin remos ni vela, que lo lleva a tierra enemiga.

Isolda, princesa real, lo protege y lo cuida hasta curarlo, a pesar de que Tristán se guarda de confesar su nombre y el origen de la enfermedad. Años después, el tío Marcos le encomienda una extraña misión: encontrar a la dueña del cabello de oro que le había traído un pájaro como señal de que debía desposarse con ella. Impulsado por la magia, Tristán se hace a la mar en busca de la desconocida y en plena tempestad las aguas lo arrojan de nuevo a las costas de Irlanda. Allí combate al dragón que asolaba la capital y, herido, vuelve a ser curado por Isolda, quien no tarda en descubrir que el héroe es también el asesino de su tío Morholt. Para vengarlo, coge su espada e intenta matarlo mientras el joven se baña, pero quizás cautivada por su belleza, se detiene al enterarse que su encomienda le permitirá convertirse en reina, como soñara secretamente desde su infancia, aunque para lograrlo tuviera que desposarse con un hombre mayor, como Marcos, y ocultar a su madre la identidad del enviado.

El enamoramiento se desata cuando, juntos en alta mar, los jóvenes se descubren en un acto de adoración. Arrecia el calor, desaparecen los vientos y los ataca la sed. Su aya Brangania se equivoca de líquido y en vez de agua les da a beber un vino especiado que Isolda madre había cocido para provocar en los esposos tres años de amistad.

La criada, presa de un profundo sentimiento de culpa, acepta sustituir a la novia en la primera noche nupcial para salvar a su ama de la deshonra. Tristán se debate entre el amor y el deber; pero continúa sus encuentros furtivos con Isolda. Antes de discurrir alguna solución, es denunciado por los felones y condenado al destierro.

Como no existe mito desprovisto de astucia, Tristán consigue persuadir a su tío de la falsedad de

Isolda

la acusación y no sólo es perdonado, sino que le encomienda otra misión. Los enemigos de los amantes persisten y el enano Forcín, previendo la despedida, discurre sorprenderlos sembrando "flor de trigo" entre los lechos. Tristán salva de un salto la trampa; pero de su pierna herida caen unas gotas de sangre sobre la harina, las cuales, al irrumpir Marcos en la alcoba, los barones las presentan como prueba del adulterio.

Marcos envía a Isolda a una banda de leprosos y Tristán es condenado a muerte. Con la magia de su lado, el joven logra evadirse y liberar a la amada. Huyen los dos al bosque de Morrois, donde llevan una vida áspera y dura. Una noche, mientras dormían, Marcos los sorprende; pero, con asombro, observa su espada, que Tristán había colocado desnuda entre sus cuerpos. Emocionado, considera esta señal prueba de castidad y no los despierta, aunque cambia la espada real por la de Tristán antes de seguir adelante.

Pasados tres años, el filtro deja de actuar y los amantes recobran la lucidez. Tristán se arrepiente e Isolda añora el bienestar de la corte. Desesperan. Su lenguaje no es más el del ardor, sino el de quien por todos los medios pretende recobrar lo perdido, a pesar de su confusión. En voz del ermitaño Ogrín, Tristán ofrece al rey la devolución de su esposa; éste, convencido de la inocencia de aquél, le otorga el perdón y envía un cortejo real para regresarla a palacio. Temerosa de su destino, Isolda suplica a Tristán que no la abandone, que permanezca en el reino hasta confirmar que Marcos no le hará daño. A cambio promete reunirse con él a la primera señal de nostalgia, sin que nada ni nadie la detenga en su intento, "ni torre, ni muro, ni castillo fortificado".

Hechizo o no hechizo, las escenas que siguen son las de dos que se aman y hacen cualquier cosa por recobrar sus encuentros, a riesgo de que todos vigilen la virtud de la reina. Una y otra vez se reúnen clandestinamente en la casa del guardabosques; por último, Isolda, presa de tribulación al ser redescubierta por los infatigables felones, pide y recibe un "juicio de Dios" para probar su inocencia. Gracias a un subterfugio, en el que Tristán aparece disfrazado de campesino, su mano permanece intacta después de coger el hierro candente por el que juró no haber estado jamás en los brazos de más hombre que en los de su dueño.

Un sinfín de aventuras, que varían con las distintas versiones del mito, llevan a suponer a Tristán que Isolda ha dejado de amarlo. La sensación de abandono lo determina a casarse, más allá de los mares, con otra Isolda, "por su nombre y su belleza", la "Isolda de las blancas manos", a quien dejará virgen porque nunca olvida a su Isolda, la rubia, la del cabello de oro.

El descenlace sella por siempre el drama del amor y del desamor. Condenado a otro envenenamiento por estocada, Tristán hace traer a su Isolda, reina en Cornualles, a excusa de que es la única capaz de curarlo. Enferma de celos, la otra Isolda, la de las blancas manos, anuncia en su lecho a su esposo Tristán que la bandera que enarbola la barca donde viene la amada es negra y no blanca, según la convenida señal de esperanza. Tristán muere de tristeza en el instante en que Isolda la rubia desembarca para salvarlo. En vano corre por el castillo para alcanzarlo con vida. En uno de los episodios míticos más hermosos, Isolda, la amada de los cabellos de oro, se abraza al cuerpo yacente del amante y muere también de pena.

157

Heloísa

Hay vidas que trascienden por su pasión y su intensidad merece grabarse en la memoria del fuego. El sufrimiento de los legendarios amantes del medievo francés, Abelardo y Heloísa, sobrepasó la invención que mitificó a otras parejas por el poder de la magia, el sueño o la muerte. Éste es uno de los casos en que la realidad sobrepasa el vigor persuasivo de la literatura; sobre todo por ella, porque elevó su rebeldía a obediencia sin incurrir en resignación, porque amó con religiosidad y sin desperdiciar un instante para espetar sus infortunios al pie del altar.

Insuperable hasta ahora, Heloísa es símbolo de una fuerza espiritual que transforma su desamparo en perspicacia, y sus oraciones a Dios en refugio de la palabra para purificarse del desamor. Más que con el daño infligido al prestigiado filósofo, a ella correspondió pagar con piedad el precio de una entrega que comenzó entre lecturas y a poco estalló en la hoguera del odio; una entrega que transgredió prejuicios, que despertó su deseo de poder y de consumar lo prohibido con la certeza de que por estar juntos se colma el sentido de ser, mientras que en la separación de los amantes se sufre el verdadero infierno. Fue pues la suya una entrega tan honda y dispuesta a abarcar vida y muerte, que la llevó a aceptar el hábito a pesar de sus vacilaciones de fe y a cambiar el corazón porque él, dueño de su alma, así lo pidió en medio de la tormenta, para sobrevivir el acoso de su desdichada unión.

Joven sobrina de un clérigo de París, la excepcionalmente dotada y aristócrata Heloísa fue puesta bajo su tutela después de pasar su infancia en un convento de monjas. Su drama se desencadenó hacia los 18 años de edad cuando, a pretexto de estudiar bajo un mismo techo, se entregaron maestro y pupila enteramente al amor durante meses de tanta voluptuosidad que 12 años después, al evocarlo en su célebre carta a un amigo desde su controversial vida monástica, Abelardo reconoció que su ardor experimentó todas las fases del frenesí y que jamás evitaron ninguno de los refinamientos insólitos de que la pasión es capaz.

Cuando Fulberto descubrió a los amantes, se

sumaron infamias al desconsuelo de la pareja. En principio, el estrépito familiar los dejó insensibles, porque hasta entonces el goce de la posesión se les había vuelto más dulce. De origen noble también, al orientar el aprendizaje de Heloísa, Abelardo ya era respetado por sus cátedras y admirado por su talento en Corbeil, Melún y en la propia Universidad de París. De ahí la gravedad del escándalo. Al enterarse de que estaba preñada, Heloísa evitó el matrimonio con inusual firmeza para no ensombrecer la carrera en ascenso del afamado filósofo, quien, para entonces, ya era víctima de numerosas envidias. Protegida por él, huye a Bretaña para dar a luz en soltería a su hijo Astrolabio y, a pesar de su enconada decisión de asumir las consecuencias de lo que se decía su pecado, la pareja fue obligada por el canónigo a contraer matrimonio bajo condiciones humillantes para ambos, aunque en principio la familia aceptó mantener en secreto la unión.

La tragedia se desata cuando el tío Fulberto, ciego de ira porque consideró que la mancha y su mediana reparación los arrastraría durante generaciones, persuade a los parientes para que, con ayuda del infiel sirviente que fuera el de mayor confianza de Abelardo, lo mutilaran de manera salvaje. Tal la venganza al afecto burlado de la sobrina por un tonsurado para quien el matrimonio no era solamente algo mal visto en la época, sino que de él se esperaba mantenerse en celibato y no romper con sus obras la hipocresía que reinaba en el siglo más corrupto de la Iglesia católica.

Abelardo, herido en lo más profundo, atenazado por la pasión de saber y la pasión amorosa, conoce su natural tormentoso y no encuentra más solución que el confinamiento de ambos a la vida religiosa.

Así es como el filósofo obliga a su esposa Heloísa a entrar en el convento de Argenteuil y a retirarse del siglo. Él, por su parte, realiza como abad su vocación teológica y protagoniza, hasta el último día de su vida, la sucesión de acosos por parte del clero que lo llevaría a sufrir una de las intolerancias más sostenidas de que fueran capaces los hombres pensantes. En su *Historia Calamitatum,* él mismo narró los pormenores de la tragedia. Nunca disminuyeron las persecuciones, más bien se sumaron las vejaciones a nuevos escándalos a causa de su talento. A pesar de que nunca dejó de padecer una vida errante y miserable, retomó sus trabajos teológicos y persistió en su rebeldía filosófica.

Durante 12 años vive cada uno a su modo la desdicha del mártir hasta que, velado por su lenguaje teológico, Abelardo emprende la aventura epistolar con Heloísa. Orillas opuestas de un mismo drama, cada uno evoca su celibato forzado con lenguajes distintos. Él se refiere al pecado y la incita a seguirlo en su libertad espiritual del castrado. Prior en Saint-Marcel, en Burgundy, apela por todos los medios a la fuerza de la razón, al amor verdadero, a la renuncia terrenal, al amor divino; ella no cree en la virtud, está dividida, su fe vacila. El escándalo es nudo que la desgarra entre el espíritu y el sexo, entre las exigencias del claustro y el furor amoroso. Jamás se resigna, más bien glorifica su desventura, y así como se acerca a su templo a reclamarle a Dios con lamento de viuda, escribe con beligerancia al amado, lo desafía y le recuerda los sitios de su pasión, las horas del fuego, su ausencia...

Allí hacia donde me vuelvo aparecen ante mis ojos y aquellos deleites despiertan otra vez mi deseo... Aun durante las solemnidades de la misa, cuando la plegaria debería ser más pura que nunca, imágenes obscenas asaltan mi pobre alma y la ocupan más que el oficio. Lejos de gemir por las faltas que cometí, pienso suspirando en aquellas que no puedo cometer más...

Así le escribe a Abelardo, amante siempre, esposa insatisfecha y decidida a desacralizar la vida religiosa en la que él mismo la confinó. Lejos de conquistar la paz, ella invoca su sacrificio para consagrar su verdadera pasión. Si Abelardo procura poner su mirada en Dios, Heloísa reafirma el pasado, lo espeta con erotismo inusual, como si en las palabras buscara la satisfacción proscrita y con la verdad allanara la maldición de un destino al que se plegó por necesidad, nunca porque se lo dictara su corazón. Clama justicia a su derecho de esposa y, desde la clausura de su abadía, cede a la fatalidad de su absurda separación.

A más persigue Abelardo el rigor, a más se inclina al razonamiento lógico en pos de respuestas teóricas, más se confirma Heloísa en el poder de las emociones. Así transita de la ternura a la cólera, de la compasión a la impotencia y cae en el sinsentido. Él se integra mediante el favor de la filosofía; ella se fragmenta, desespera y finalmente calla; se sume en un silencio doliente, después de cumplir su promesa de guardar para el porvenir el testimonio de su lamento:

Prometo publicar nuestra desgracia en varios idiomas para avergonzar al siglo injusto, que no te ha conocido... Creyó mi cruel tío que no amaría yo en ti (como las demás mujeres), sino tu sexo: se ha engañado privándote de él, y yo me vengo de él amándote más y más.

La *Theologia* de Abelardo fue quemada por herética, según el Concilio de Soissons, en 1121, además de sufrir arresto domiciliario en la abadía de Saint-Médard. Mientras resistía acosos eclesiales y persecuciones que lo obligaban a refugiarse en distintos sitios, Heloísa funda y dirige, siempre a instancias del amado, una nueva organización de monjas llamada El Paracleto, de la que Abelardo se volvería abad y guía-autor de reglas inclinadas al estudio del pensamiento y las letras. Proveyó a las monjas de libros e himnos compuestos por él mismo y, a partir de 1130, emprendieron la célebre obra epistolar en la que entremezclaron temas amorosos y religiosos.

Confirmada su condena por el Concilio de Siena y reconfirmada después por el papa Inocencio II, partió al monasterio de Cluny en Burgundy, en donde, gracias a la mediación de su abad, Pedro el Venerable, hizo las paces con Bernardo de Clairvaux y pudo retirarse a la enseñanza. Viejo, pasó sus últimos años como monje cluniense. Sus restos fueron llevados al Paracleto primero, a petición de la amada, y después, en el siglo XIX, para reunir sus restos con los de Heloísa, al cementerio de Père-Lachaise, en París.

Si Abelardo estuvo dispuesto a asumir su elección, Heloísa aparece como la figura desvalida, despojada de voluntad, aunque nunca de entendimiento, a pesar de que en lo decisivo todos decidan por ella: su juventud entre monjas, su pasión por Abelardo, la renuncia a su maternidad, su confinamiento conventual y la condena de padecer una constante ausencia, al grado de decir que el hueco de Abelardo, más que ningún otro suceso, llenó absolutamente su vida.

Heloísa, más que su amante, es la figura a

observar. Heloísa y su pasión mutilada; Heloísa enamorada y sin embargo atacada por el sentimiento de culpa; mientras Abelardo, en su perfecto papel de amado, se deja querer y le recomienda encauzar su fuego al camino de la salvación.

El siglo se lamentó por la fatalidad de Abelardo y él correspondió a su desgracia elevando a leyenda la condena de Heloísa, la amada que, confinada por su pasión en el convento de Argenteuil, encontró en la escritura de cartas el único medio de recobrar al objeto de su dolor.

Una naturaleza rebelde, una mujer de excepción, Heloísa nació en 1098 y murió el 15 de mayo de 1164, sin quebrantar la obediencia ni haberse resignado jamás.

Margarita

ANTES de que Georg Zabel mudara su nombre por el de Johannes Faust, que vende su alma al diablo a cambio del disfrute de la vida, escandalizaba a los pueblerinos en las tabernas con sus oráculos y afirmaciones. Algunos creen que vivió de 1480 a 1540 y que la leyenda se completó con algo de verdad. Nadie entonces, en sano juicio, codiciaba la sapiencia divina ni declaraba su envidia por la creatividad practicada sólo por Dios. Dentro de los desacomodos usuales, las cosas se movían con cierto orden: el Todopoderoso deslindaba la verdad de la fe y sus prelados establecían lo permisible a sentidos y fantasías. Así se mantenía la vida en común y todos se plegaban con resignación a los ciclos naturales de la existencia. Se acataban con más o menos docilidad las disposiciones celestes y los asuntos caminaban a saltos de tedio, resignación y comedimiento.

La ruptura de tal orden, no obstante, ocurrió en el momento en que un hombre quiso extralimitarse en sus propias capacidades. El renombrado doctor Faustus no ignoraba que Mefistófeles suele mover en las altas inteligencias una inquietud por la actividad fecunda por la que él sentía un apetito creciente. Pensó que el mundo sería desabrido, engañosamente pacífico y adormecido si Dios no hubiera dejado a este demonio en libertad para accionar una parte de las fuerzas que desean siempre el mal y sin cesar, acaso sin pretenderlo, conducen al bien. Así que se aventuró en sus signos oscuros y decidió entregar su alma al príncipe del infierno a cambio de fundar el que sería mito fáustico y arrastrar en su hazaña a la joven Margarita, quien para siempre perduraría como víctima o contraparte del símbolo de la curiosidad temeraria.

Truhán aventurero, apasionado del saber, este peculiar hombre de ciencia y maestro domiciliario acostumbraba viajar de Gelnhausen a Erfurt, de Ingolstadt a Nuremberg y por las regiones más apartadas de la antigua Germania para impresionar a clérigos, estudiantes o taberneros con predicciones extravagantes y noticias del universo o el tiempo. Sus intereses eran en todo distintos de lo que se dejaba escuchar en aquellas aldeas medievales, infiltradas de prejuicios, supersticiones y hechicerías tan diversas y penetrantes que en vez de acostumbrarse a la extravagancia, le arrendaban a los seres distintos fama de irreales, posesos o endemoniados.

"Magister Georg Sabellicus, Fausto el Joven. Fuente de los nigromantes, astrólogo, segundo mago, quiromántico..." Así redactaba su propia presentación manuscrita en laboriosas tarjetas. No había quien, al leer tales líneas, resistiera la tentación de escucharlo. Hasta brotaban aquí y allí quienes juraban haberlo visto partir a mitad de la noche, como dijeran en Leipzig, cabalgando a la grupa de su caballo *Pegaso* bordeado de sombras fantasmagóricas.

Leyó el horóscopo al obispo de Bamberg y en 1540, poco antes de morir, siempre perseguido por la justicia a causa de sus innumerables delitos, vislumbró sucesos tan pormenorizados e insólitos como la expedición de los Welser a Venezuela, la cual, según informes del caballero Philipp von Hutten, "resultó tal y como lo había predicho el filósofo".

Su legendaria celebridad, en pocas décadas, capturó la atención de biógrafos y poetas. De simple relato popular, su memoria se fue convirtiendo en carácter dramático, figura trágica, alegoría moral, fábula renacentista, símbolo del racionalismo y personaje mítico hasta hermanarse con las dolientes criaturas del ochocientos, aquejadas del romanticismo, conocido como el "mal del siglo". Faustus no sería Fausto, cifra del apetito de juventud y del saber insaciable, sin su complementaria Margarita, esa mártir del furor diabólico encarnado por Mefistófeles, quien es destruida para satisfacer una ambición de la que resulta también purificadora.

Antes de que Goethe remontara en el siglo pasado los fundamentos bíblicos del universo y en su conocida obra explorara variantes de Lucifer y Margarita, era común en Europa interpretar de modos distintos esta leyenda de claro trasfondo moralizante. La versión de Christopher Marlowe contemporáneo de Shakespeare y de Ben Jonson, fue escenificada en varios países y se hizo común adaptarla a teatro de marionetas en verso o en prosa hasta que, recreada según los signos de nuestro tiempo, la novelística y el cine se adueñaron de ésta, una de las tramas más sugerentes de la literatura por contener una gran variedad de elementos entre la vida y la muerte que siempre se complican por la pasión, el afán de poder y el deseo de poseer y saber.

Dramaturgo aventurero, el mismo Marlowe fue apuñalado por un pleito de amores a los 29 años. Peculiar como su diabólico inspirador, su fuerza escénica no puede separarse de su propio espíritu fáustico, mismo que acometería a Thomas Mann y a creadores contemporáneos que descubren en Fausto una veta inagotable que suele dejar de lado a la enigmática Margarita, figura sombría que avanza en los siglos con una feminidad degradada a cuestas, triste y desventurada, que ni los psicoanalistas se han atrevido a inquirir.

A diferencia de otros mitos en que también hay enredos entre hombres y dioses, éste tiene a la inteligencia y la sensibilidad por directrices centrales. Disminuida, la antigua divinidad se humaniza en los cuestionamientos de Fausto. Decrece el significado de lo absoluto y se revaloran las dudas con los atributos del hombre. De esta manera, el signo fáustico es el de la dignidad indivisa del humanismo y se transforma en símbolo, el más alto, de la curiosidad que suscita el descubrimiento de uno mismo y del universo frente al desafío intimidante de las regiones tenebrosas del alma.

Éste es el drama de la insatisfacción que se aventura en lo desconocido. En Fausto se oculta el triple deseo de sentir, conocer y crear para reconocerse en el mundo, con la intención de transformarlo transformando la íntima naturaleza; es decir, al fundarse en un desafío al destino, el personaje masculino acomete el sueño de triunfar sobre el tiempo y el perdurable empeño de trascender las ataduras de la naturaleza, pero para lograrlo compromete la voluntad de una mujer que en su pasión no encuentra más que el dolor y la muerte.

El fáustico es, por tanto, el gran mito de nuestra civilización. En él convergen la estrechez de la religiosidad remota y la amplitud del espíritu renacentista. Filósofo, alquimista y maestro, en el carácter del héroe se extrema la triste conciencia de no poder ser más de lo que se es y el empeño por vencer el orden que lo impide. Lo trágico del Fausto mítico está en el padecimiento del tedio: no importa cuán hondo se explore lo desconocido ni hasta dónde o cómo el diablo incite a la transgresión porque tarde o temprano el hombre ha de toparse con el aburrimiento. Para Goethe, el único antídoto contra esta imagen de silenciosa oscuridad está en el quehacer de la cultura, en el movimiento imparable del espíritu y en el cultivo del arte de vivir que, sin embargo, no atendió las posibilidades de la mujer.

Por eso, Goethe discurrió un Fausto contrastante en las dos partes de su drama, tan ávido de conocer la ciencia universal como su propio lugar en el mundo. El suyo es un espíritu que agota los goces y curiosidades posibles antes de sosegar su ímpetu. Mostró las aspiraciones de un filósofo que entiende que el valor de la vida consiste en la persecución y en el logro del fin perseguido; luego inquirió las de un maestro que procura esclarecer la complejidad mediante el enriquecimiento del lenguaje. Mostró al salvaje que intenta abarcarlo todo, junto al científico fascinado con el poder transformador de la voluntad sobre las cosas. En Fausto cabe además el artista consciente de lo ilimitado de sus aspiraciones. Es un sabio que aprende a vivir por vivir, satisfecho de su insatisfacción y sin padecer la duda de si valía o no la pena su propia historia. El mito desentraña al héroe que se enfrenta a las fuerzas oscuras con las armas de la razón y no desatiende su parte cabal, arrogante, lascivo y contradictorio. Fausto es obstinado, impulsivo, egoísta y tan extremadamente humano que inclusive su descontento sirve para engrandecerlo.

Mito, pues, del ser total. El doctor Faustus es capaz de armonizar sus actitudes espirituales para triunfar sobre el destino. El de Goethe es un Fausto que reúne las peculiaridades de quienes, en la historia próxima o remota, han pensado su insatisfacción vital como el desafío digno, por ejemplo, de un Hamlet, de un Kepler o de artistas como Wagner o el mismo Goethe, tantas veces ponderados por Thomas Mann. De ahí el interés por Margarita y la curiosidad no resuelta por entender en qué consiste la intervención femenina en la más enconada lucha contra los verdaderos y más perdurables poderes del Bien y el Mal.

Al igual que en la historia de Eva, Margarita es instrumento de Lucifer para doblegar la virtud y el talento masculinos. Después de Satán, Mefistófeles es el cabecilla más temible del infierno. Desde la caída de Adán, el demonio ha creído segura la condenación de la criatura más preciada de Dios; pero en su perversidad arrastra el móvil del progreso que oscila entre la supuesta candidez y la debilidad; entre el afán de aventura y la claridad que tarde o temprano otorga la gracia de la razón y entre el engañador más astuto que resulta engañado en el momento en que su presa descubre un camino de salvación; en este caso, el de las plegarias contritas.

Para Mefistófeles, la inteligencia es perversa porque la mente tiende a inclinarse al desorden. Experto en tentaciones que van de lo sutil a lo burdo, según las calidades del elegido, sabe cuán fácil es infiltrarse por la vía sentimental y si puede elegir prefiere el desafío racional porque, a diferencia de los sentidos, en él la argucia se eleva a juego por el poder, siempre atractivo a su avidez de divinidad.

Mientras que Faustus expresa en el drama los estados de su propio espíritu y somete a prueba las ideas y los ideales de su tiempo, Margarita protagoniza la vertiente lírica del enamoramiento que descubre en la religiosidad el único cauce de redención, después de haber transitado por los vericuetos de la perfecta arbitrariedad. Ella aparece en el centro de una tragedia que no es erótica ni caballeresca, tampoco de aventuras, como el *Quijote*, ni de veleidades sensuales, como las donjuanescas; sino de peripecias contra el destino, que fundan la naturaleza del equilibrista, que ponen de relieve las situaciones límite. Es de Fausto el afán de conocimiento y la decisión de actuar con frenesí al proclamar la acción como principio del mundo; pero a su pesar e incitada por los brebajes de Mefistófeles, Margarita asume el papel anterior al

de Eva, porque debe ser engañada no únicamente con la palabra, sino con el auxilio de un elíxir diabólico que doblega su conciencia en favor del deseo.

Nunca se dice, pero la tragedia entraña un doble drama de violencia e inmoralidad si consideramos que al elegirla como objeto de delirio senil, Fausto ve en Margarita una muchacha fresca que vivía con su madre y su hermano. El hecho cardinal del mito es el del filósofo rejuvenecido por Mefistófeles que enfrenta el apetito erótico con poderes diabólicos, típicos de quien a toda costa rehúye su realidad, y seduce a la joven a costa del crimen y de una sucesión de errores eslabonados. Consciente del riesgo que amenaza a su hija, la madre de Margarita es narcotizada por un brebaje que le provoca la muerte; el hermano igualmente sucumbe a manos del implacable amante. Al escapar de la justicia, Fausto deja en total abandono a Margarita; ella a su vez, y de nuevo sin entender lo que ocurre, cae en un estado de desesperación que, en pleno embarazo, la conduce a la demencia y también al crimen.

El verdadero destino trágico recae, por tanto, en Margarita, no en quien voluntariamente pacta con los poderes malignos. Su indefensión es absoluta, toda vez que ignora la causa que desencadena su propia desdicha y el fin sangriento de su familia. Ella, como suele ocurrir, es utilizada y reducida por las pasiones propias del hombre caduco. Carece de recursos para oponerse a los caprichos masculinos; en la segunda parte del poema de Goethe, vemos cómo avanza la codicia de Fausto hasta convertirlo en un ser descarnado, carente de escrúpulos, insensible hasta en aquellos primeros impulsos amorosos que lo aproximaron a Margarita. Después del célebre incendio de la casita de Filemón y

Baucis, uno de los episodios que sellan su proceso autodestructivo, al doctor Faustus no le quedan rescoldos de racionalidad ni nobleza. Está más próximo a la índole de Mefistófeles que a la de la humanidad que pudiera regresarlo a un mínimo estado de orden y moralidad. En su afán de dominio, ya no entregará el tósigo diabólico con sus manos ni su cuerpo le será suficiente para seducir y causar calamidades; sino que, en esta etapa de su caída en franca senilidad, involucra a los demás para continuar un perjuicio sin término que ni siquiera lo satisface, porque en su vorágine descubre que existen límites a la humana naturaleza, inclusive tratándose de la maldad.

Esta oposición entre la codicia desmesurada y la fatiga que acaba por pervertir la imaginación con aburrimiento contradice el propósito inicial del filósofo, quien, al ofrecer su alma a Mefistófeles para acceder a una plenitud de vida y de conocimiento, sólo encuentra el lado execrable y no su contraparte de bondad ni de placentero sosiego. En tal sentido, el príncipe del infierno fracasa porque tarde o temprano se impone el fastidio sobre los apetitos saciados. Quizá sea esa la causa de que, cansado de sí mismo y de su propia dinámica, pervierta para extender los efectos del daño como una manera de abatir el tedio.

El segundo Fausto ha renunciado a la búsqueda de sensaciones refinadas, distintivas de su condición intelectual. No se interesa por lo sutil ni repara en las posibilidades que entraña el saber. Ahora corrompe a los otros porque su capacidad persuasiva es la única que logra su punto más alto de desarrollo. Los que le salen al paso obedecen sus órdenes con aterradora docilidad. Arrasa a los inocentes, extermina por igual a las ancianas que a

un joven pasajero casual; cada episodio no hace sino remontarlo a una suerte de adolescencia viciosa y preconsciente que demuestra que en absoluto valió la pena el costo de su alma porque el vacío es lo único que le queda. Un vacío estremecedor que, otra vez, implica a Margarita, aunque ahora en su papel de redentora hacia el despertar.

Si acaso, el Fausto enamorado de la primera parte ofrece cierto interés a la curiosidad y al deseo de ofrecerlo todo a cambio de un instante de intensidad. Tras él, sin embargo, crece la vertiente trágica de una Margarita que al tiempo demuestra que el símbolo de la indefensión femenina abarca las tentativas posibles para señalar los límites a una existencia que carece de voz y hasta de atractivo para el demonio. En lo sustancial de su drama, no hay diferencia entre su realidad y el destino de una Heloísa histórica, confinada en el claustro por Abelardo, su amante filósofo y mutilado que huye de ella para sublimar su dolor con el estudio y la celebridad. Cada una a su modo, ambas son víctimas de los poderes supremos, y las dos, a causa del amor, pierden familia, rostro, libertad e identidad por el hecho de haber amado a seductores maduros apasionados del conocimiento.

Por su parte, Fausto y Abelardo tienen en común el ímpetu lírico de su pensamiento creador, aunque los diferencia el curso del agente externo de su respectiva ruindad: Fausto, hasta el momento en que frente a la muerte vislumbra el efecto del mal y se arrepiente gracias a la ayuda benéfica de Margarita, obedece al acontecer de la acción concreta; Abelardo, en cambio, se recluye oportunamente a crear a la luz de Dios, a pensar los términos de su redención desde una celda monacal, en la que no faltan ocasiones de batallar contra la irracionalidad de teólogos y maestros envidiosos de su talento y abomina de las acciones concretas en su proceso rectificador. Su redención es la contraria al fin fáustico, porque renuncia de antemano a Heloísa para purificar su espíritu mediante la lucidez verbal. Muere en la soledad típica del pensador progresista y si el amor selló su derrota, el conocimiento le otorgó una liberación voluntaria que le negó a la propia Heloísa. Ella, por su parte, increpa a Dios con la certeza de que carece de medios para modificar su condena. Rechaza su fatalidad y añora al amado inclusive al pie del altar. Margarita es la víctima pasiva, siempre insignificante, cuyas oraciones contritas la hacen triunfar sobre el mal y le permiten salvar también a su seductor, no sin antes engendrarle el sentimiento de culpa que le

llevará a arrepentirse. Alto modelo de la feminidad histórica, ella protagoniza la belleza y la virtud hasta prostituirla el amante y oportunamente descubre el perdón purificador.

Eva rediviva, Margarita es hija de los prejuicios. Representa la tentación y la esperanza del otro. Es también la depositaria temporal de la belleza provocativa de la Helena homérica. En realidad, la parte más oscura del mito fáustico recae en ella, en su ausencia de ímpetu, en su incapacidad de definir la justicia y en su nulo brote de rebeldía, lo que hace del mito, también, ejemplo de negación intelectual femenina al arrastrar en su sino a las Margaritas intemporales que en su fatalidad perpetúan la difícil concepción cultural de una inteligencia femenina lúcida, poderosa y actuante.

Las Hadas

Hadas y brujas

Así como en el remoto pasado los dioses inspiraron los mitos y colmaron la vida con hazañas y héroes maravillosos, las hadas y su multitud de criaturas complementarias, como *goblins* o *pixies,* iluminan la vida con episodios y símbolos que espejean el ser desde la perspectiva del otro camino: el de la imaginación que experimenta apuros excepcionales que incitan a aventurarse en el estado superior de existencia.

No se renace a través de sus cuentos ni se adquiere por ellos una visión catártica de la vida, como ocurre con la tragedia; pero, según escribió Aristóteles a propósito de los mitos, el amigo de las hadas lo es también de la sabiduría. Su mundo contiene la fantasía esperanzadora con finales felices que alivia el dolor y ayuda a creer en los sueños que van asociados al renacer de quien, desde cualquier posición que ocupe, por modesta que sea, le permite al lector asociarse con personajes liberadores.

Contrapunto de la tragedia, el cuento de hadas puede interponer grandes obstáculos al protagonista y aun exponerlo a peligros inusitados; pero al desentrañar el encantamiento todo parece arreglado para que aun los sueños inmencionados se acomoden al curso benéfico de situaciones sin sobresaltos. Tal el caso de la Bella Durmiente, quien al nacer fue amenzada por una hada resentida que no estuvo convidada a la fiesta del bautizo. Condenada a quedarse dormida en la flor de su edad por tocar una rueca hechizada, su mal sin embargo entrañaba el secreto remedio del despertar por el beso de un príncipe, cuyo amor desinteresado le permite renacer al estado de felicidad que su belleza merece y para la que fue procreada.

Pese a la falsa dulzura que envuelve esta historia de disputas entre hadas buenas y malas, así como de dones que conjuran castigos y de poderes que triunfan sobre otros poderes, imaginar a la Bella Durmiente depositada en un ataúd de cristal que crece con ella provoca tanto terror como el de una Caperucita inocente que confunde al lobo con la abuelita. Cada una a su modo, estas protagonistas sensibilizan a los niños para percibir el engaño sutil y despierta la conciencia temprana a la parte nefasta de los sentimientos innobles que todos llevamos dentro.

Se cree que las hadas dirigen el humano destino desde antes del nacimiento; en cambio las brujas alteran el orden y el bienestar en el instante en que se entregan a los misterios de la hechicería. Cuando buenas, las hadas son luminosas, generalmente sin huellas de edad en el rostro, sensibles a la belleza e inclinadas a enderezar los problemas donde intervienen otras criaturas extraordinarias. Por alguna razón discriminatoria, a las brujas se las representa viejas, enfadadas y feas, aunque es inmemorial la creencia en algunas de carácter sobrenatural que existen por sí mismas, como la necesidad del bien y del mal, para romper con sus ocurrencias la lógica de la vida. A esta especie corresponden las figuras gigantescas o con atributos cambiantes, como las que frecuentan los *fens* o pantanos y perviven rodeadas de sombras. En ocasiones relacionadas con espíritus que andan vagando sin rumbo, las más temibles personifican la tentación del poder y sus propensiones oscuras.

La señora Barford, en la *Historia de la luna muerta*, es una de las últimas reminiscencias druidas que se emparentan con cierta diosa primitiva de la naturaleza, la cual en nuestros días adquiere modalidades tan diferentes que por igual aparece bajo el disfraz de una Celestina de sucios oficios en la picaresca española que transmutada en mujeres comunes de la vida contemporánea, a la manera de las norteamericanas codiciosas que, convertidas en monstruos en las novelas de Truman Capote, ejemplifican los engendros típicos de nuestro sistema social.

Así como no todas las hadas tienen escrúpulos, tampoco todas las brujas permanecen expuestas a la perversidad o a los negocios malsanos. Las hay blancas y negras. Su procedencia reserva misterios no revelados; sin embargo, existen muchas leyendas sobre sus cursos de magia y del aprendizaje de ciertas artes que van desde el vuelo mágico hasta el cocimiento de elíxires portentosos que, por sus efectos, fundan la ciencia que convierte en oro un fierro modesto o muda de forma o de calidad un animal, un suceso o a una persona. Sólo la Dama del Lago, en la tradición arturina, rompe cabalmente con los supuestos de su conocimiento intuitivo al adquirir de Merlín los poderes sobre las piedras, los metales y el agua que practicó con argucia en la búsqueda del Santo Grial.

Dueñas de una potencia temible, las brujas encarnan la sombra del rencor que subsiste en el espíritu humano. Los griegos remotos las llamaban Furias o Erinias, mientras que los psicoanalistas las califican de proyección de los elementos oscuros del inconsciente. Sea cual fuere la versión verdadera, desde niños reconocemos en su fealdad el fruto de los rechazos, las frustraciones y los temores que derivan en daño a los otros cuando los deseos malogrados sumen el alma en una atroz ansiedad que mueve su ánimo en contra del bienestar.

Personificación del diablo en la prédica de los cristianos, las brujas absorbieron la herencia de sibilas, magas y sacerdotisas, que en la cultura druídica consumaron sus más altos logros al lado de hadas que construían las ciudades anglosajonas. Acentuaron su fealdad al relacionarlas con el pecado y las redujeron a puente emblemático entre lo visible y lo tenebroso, habitantes de lo intangible o irreal, así como travesura de la creación entre lo humano y lo supranatural hasta descender a caricatura humanoide de Lucifer. Al tipificar la perversidad en la mujer madura con experiencia a cuestas y seguramente muchas tristezas nunca resueltas, los moralistas amalgamaron con ellas el mayor prejuicio antifemenino de nuestra civilización.

Si pensante y con juicios críticos, a las mujeres que en nuestros días se aventuran con lo diferente o proscrito se las califica de brujas cuando manifiestan conductas contra lo establecido, aunque se ha dado en encubrir este término con el de "viejas terribles", cuando las inconformes provocan miedo a su alrededor a causa de sus atrevimientos que ofenden a las buenas conciencias.

La bruja de *Blancanieves,* por ejemplo, es la maligna por excelencia de los relatos modernos: madrastra, envidiosa de la juventud de la hija, nostálgica del amor y por añadidura una solitariaególatra que explora en el espejo las huellas del tiempo perdido. No se sabe si los celos que le provoca su hija sustituta avivan su lado oscuro o si desde antes esta condesa practicaba con alguna torpeza la magia que sin embargo no le sirvió para conservar la apariencia de juventud que tanto anhelaba. Lo cierto es que uno de los elementos primordiales de *Blancanieves* está enclavado en la historia de una joven y hermosa esclava de Basile de quien se dice que su madre quedó embarazada mágicamente por haberse tragado un pétalo de rosa y que desapareció de la historia de manera tan misteriosa como suele leerse en los cuentos de hadas. Lo importante del relato es que, huérfana temprana, Lisa es perseguida por su madrastra a causa de la rivalidad que, por su belleza, sufría por el amor de su esposo.

Lisa muere temporalmente cuando, al peinarse, el peine hechizado se le clava en el cráneo. Al igual que Blancanieves, permanece depositada en una urna transparente que crece con ella y todos sufren por su desgracia. Pasados siete años se marcha de viaje su tío y padre adoptivo, y la esposa, enferma de celos perversos, la saca con violencia del ataúd para deshacerse de ella. Contra lo imaginado, el peine resbala entonces de su cabeza y la joven se despierta al instante, más bella y lozana que nunca, por lo que la madrasta, lejos de alegrarse por el prodigio, decide reducirla a esclava.

A su regreso y tras múltiples peripecias, el tío/padre descubre que la joven esclava que maltrata su esposa hasta casi destruirla no es otra que Lisa, su hija adoptiva, y al punto la libera, recompensándola con múltiples dones y un buen matrimonio. A la maligna esposa, por su parte, la echa de casa, del pueblo y de su familia, y todo se recompone de acuerdo con las leyes de una justicia que triunfa a pesar de las tretas odiosas de una madrastra engañosa.

Está visto que allí donde brota una bruja salta también la potencia sutil del hada, del Pequeño Pueblo, los Hombres Verdes o los Señoriales, lo que permite crear, a través de sus cuentos, una lección moral que forma la mentalidad de los niños en sentimientos de fidelidad, justicia y amor, que los inicia en la difícil aventura de vivir. De ahí que las hadas emprendan con ellos el camino de la iniciación.

Cuando los seguidores de pistas mágicas se dieron a la tarea de historiar a las hadas, se toparon con indicios desconcertantes. Al menos coincidieron en que pertenecen a una comunidad de inmortales integrada por tantas especies como familias que animan los bosques. No cabe duda respecto del prodigio que causan cuando intervienen en los asuntos mortales. De que algunas recuerdan por su dulzura a los ángeles, nadie se atrevería a cuestionarlo; pero además de sus semejanzas con aquellas figuras que bordean el universo de la poesía, hay numerosas preguntas que generan nuevas preguntas y casi sin darnos cuenta una se encuentra atrapada en un laberinto de voces, de signos y de lugares maravillosos que, lejos de desentrañar ciertas pistas arrastran al callejón sin salida de sus eternos deslumbramientos, en cuyo centro quizá se aloje el hábitat consagrado donde perduran los cisnes, las mensajeras célticas o las hilanderas que tejen historias con hilos de oro sin horario preciso.

La *banshee* o hada irlandesa es, por definición, un ser dotado de magia. Más allá de los orígenes célticos con especial referencia al asentamiento anglosajón de los druidas, las hadas continentales resultan adaptaciones cambiantes de sus atributos y símbolos. Al cristianizarlas, comenzó a verse en ellas a la enamorada perpetua que aplica sus artes para atraer al amado; pero hay que insistir en que no era común, ni siquiera deseable entre druidas, retener a quien se ama porque languidece el amor con la permanencia de la pareja o, en otros casos, se tiñe de engaños que vician el encanto de las pasiones creadoras.

Entre hadas, el amor es móvil que anuda o desanuda sucesos, pero nunca se justifica a sí mismo. Es mucho más atractiva la aventura de intervenir en los asuntos rituales, como los que requieren transmutaciones y compromisos con sus poderes, y en general se entretienen con sus danzas y celebraciones proscritas a los humanos, a menos que quien se acerque a mirarlas lo haga a través del agujero natural que un río haya cavado sobre la piedra. Provocar la locura lunar es una de sus travesuras más repetidas; pero ésta nada tiene que ver con los desvaríos demenciales a los que estamos acostumbrados porque la luna provoca transformaciones cíclicas consecuentes con sus movimientos y suelen ser de efectos tan inusitados como perturbadores.

La palabra *fairies* que identifica a las hadas en inglés es de creación reciente y quizá disimulo de los remotos *fays,* de los que sólo se ocupan los rastreadores de voces. *Fayrie* era un estado de hechizamiento y en particular así se llamaba al encanto causado por los *fays,* que ejercían los poderes de la ilusión.

El hada irlandesa no está sometida a las contingencias de las tres dimensiones. Siempre lleva consigo una rama, el anillo o la manzana emblemática para transmitir sus cualidades maravillosas. De la rama descendió la varita mágica; de la manzana, el furor del envenenamiento perverso que aplica la madrastra de Blancanieves para encantarla, quizá porque el hada entraña la ambivalencia típica de la reina Mab, recreada por Shakespeare, que en su carácter de comadrona es capaz de convertirse en bruja para multiplicar las desdichas. Mab es la misma que al emprender sus oficios trenza las crines de las yeguas nocturnas y desteje los sucios cabellos apelmazados de elfos cuando aparece arrastrada por un tiro de bichos en forma no mayor que una piedra de ágata en el dedo índice de un regidor.

Viven aquí y allá. Su residencia no es fija, a pesar de que son conocidos los sitios de encantamiento y sus preferencias territoriales. Sin distingo de machos o hembras, las hadas se ocultan en el ojal de las piedras, en la oquedad de los árboles o a la sombra de arenillas costeras. Contra lo que muchos suponen, no aprendieron jamás a hacerse invisibles. Se disfrazan o transmutan en formas equivalentes a las humanas cuando procuran pasar inadvertidas, aunque pájaros, perros, vacas y demás animales las ven claramente porque se inquietan con su presencia. Los humanos podemos mirarlas entre dos parpadeos de un solo ojo, de manera que únicamente se consiguen vistazos fugaces, aunque perduran como el recuerdo de las estrellas en noches de luna.

También mutantes, sus palacios imaginarios centellean en la oscuridad y, como las hadas, sus casas se desvanecen en un instante para dejar tras de sí una sensación ilusoria. En Italia se las llamaba las *tria fatae* desde los días de la Roma imperial, acaso como una deformación de *fata* o destinos, que no eran otra cosa que adaptación de las tres Parcas quienes, como las Moiras de la Grecia remota, gobernaban el nacimiento, la vida y la muerte. Una extrae del huso la hebra que constituye el destino, la segunda mide y enrolla el hilo en la rueca, y la última y más temible lo corta con sus tijeras letales. Eso, en su filiación primordial, porque no tardaron en ensancharse los misterios que las rodean y en sumarse los cuentos sobre su ascenso del centro de la tierra a la superficie, donde, a la luz de la luna, se convierten en espíritus de las aguas y en almas de la vegetación.

El término hada o *fairy* cubre en la actualidad un campo tan amplio que abarca desde a los elfos anglosajones y escandinavos hasta los *Daoine Sidhe* de las *highlands* de Escocia, los *Tuatha de Dannan* de Irlanda, la *Tylwyth Teg* de Gales y la muchedumbre de seres con o sin nombre que están contenidos entre la Gente Chiquita y la Corte Bendita del Otro Camino. Diccionarios, enciclopedias de hadas, catálogos, genealogías, historias, leyendas o testimonios documentales, todos distintos e inconciliables según corresponde al tema y a las peculiaridades indescriptibles que se les atribuyen, informan que en el vasto mundo de las hadas, agrupadas o solitarias, se han multiplicado categorías intermedias según su quehacer, morfología, costumbres y hábitat. Por eso tenemos noticia de diminutas o gigantescas, domésticas, salvajes y ajenas al hombre, así como de las aéreas y subterráneas, o las acuáticas que habitan en fuentes, lagos, océanos y ríos.

En cuanto a las relaciones categóricas de las *fayries*, nadie se pone de acuerdo. Unos creen que las brujas pertenecen a su comunidad de inmortales; otros, que junto a monstruos y *bogies*, los magos, hechiceros y brujos podrían sumarse a la nutrida rama de animales feéricos que completa este universo para el que no existen fronteras entre este y aquel lados del espejo ni orillas para separar la vigilia del sueño o la ilusión de la realidad. Sea cual fuere el reflejo del mundo, el de ellos o el nuestro, existe en torno del país de las hadas un lenguaje que nadie, en su sano juicio, se atrevería a confundir por su signo, su amenaza o su probable gracia, como tampoco podría sospecharse que, inamistosas de por sí, toleren las malas maneras, las mentiras o los juramentos en vano.

Cuando agradecidas, responden con dones de gracia y prosperidad a quienes las tratan con cortesía y mantienen la discreción. En ejemplos de generosidad desbordada hasta ofrecen al elegido un bocado de su "comida de hadas", o en casos de préstamos como un poco de harina, algo de miel o bebidas, ellas retribuyen el favor recibido con la devolución de harina, miel o bebida inagotables; todo esto, desde luego, a condición de cumplir el requisito del doble parpadeo con un solo ojo porque puede ocurrir, como se cuenta en historias de comadronas de hadas, que se pierda el derecho a la recompensa por violar el tabú y no tocarse el ojo con el "ungüento de las hadas" con el que, supuestamente, la partera debía comunicar la visión feérica al niño mientras salía del vientre materno.

De que prefieren los bosques para recluirse ya no se duda; lo prueba su práctica de aparecerse en lo inescrutable de las montañas, junto a las simas y los torrentes o en la espesura del bosque sobre plataformas recónditas que han dado en identificarse como "mesas de hadas". Frecuentan también las grutas y aman tanto los manantiales como las fuentes y ríos mugientes, tal vez porque, cuando ninfas y dríades las expulsaron de su estancia fugaz por Grecia, tuvieron que huir hacia el este, y después desde los emplazamientos romanos del Medio Oriente hasta partes remotas de Asia, por entre bosquecillos y despoblados donde pudieran quedarse sin ser perseguidas.

Un grupo nutrido de ellas, el más importante seguramente, se estableció en Inglaterra, Escocia e Irlanda, a pesar de que chocaron con sus habitantes originales, los *pixies,* que no han dejado de molestarlas desde que se enfrentaron en una cerrada batalla que, al triunfo de los *pixies,* determinó su definitiva expulsión al este del río Pedder, desde los tiempos del rey Arturo.

A los irlandeses les consta que en la actualidad las hadas habitan entre ellos. Quienes gozan del privilegio de haberlas mirado aseguran que adoptan en miniatura la forma de un humano perfecto, aunque nunca aparecen más altas que la cabeza de un perro. Sin embargo, pueden aumentar o disminuir su estatura durante el uso dirigido de sus poderes y semejar un piñón o alargarse temporalmente como un humano cualquiera.

Las que para su desgracia son capturadas por intervención de los *pixies* o porque ceden al galanteo de los hombres, como las *Gwrachs* de Gales, consuman el matrimonio con los humanos no sin interponer un tabú que en general es violado y con el tiempo pueden volver a su hábitat. Las hadas que por la perversidad de sus captores o por las circunstancias adversas no pueden regresar a su medio languidecen tarde o temprano, y mueren con un gesto de profunda tristeza en el rostro.

Merlín y la Dama del Lago

LA LEYENDA del rey Arturo no existiría sin la intervención de Merlín ni de la corte de hadas que hicieron la gloria inglesa. La magia envuelve su vida y la poesía engrandece sus actos, que con los siglos se han elevado a ejemplo de obras de caballería. Cada una más misteriosa que la otra y colmadas de símbolos sin descifrar, las mujeres surcan el ciclo artúrico como ráfagas de luz en la oscuridad.

Fechada hacia el siglo IX, la primera noticia de este profeta ejemplar, en cuyos trabajos implica el destino de princesas, hadas y magas nostálgicas de sus habilidades demiúrgicas, proviene de la *Historia Britonium* de Nennius, cuando el rey Vörtiger o Gourthigirnus, por otro nombre, en vano pretende edificar una torre para defenderse del ataque enemigo. Una y otra vez se derrumban los muros inexplicablemente hasta que, intimidado por el prodigio, Vörtiger consulta a los magos o druidas del reino. Como nadie atina con la secreta razón, le sugieren sacrificar sobre sus cimientos a un niño sin padre. Sus sicarios encuentran entonces al niño de padre desconocido sobre el que además recaían rumores de vínculos demoniacos. En vez de encontrar la muerte, el niño se para ante el rey, observa el fenómeno y le declara la misteriosa causa de su fracaso. "La torre se desmorona —dijo sin miedo— porque abajo de todo existe un lago en el que se mueven dos enormes gusanos como símbolos portentosos." Y al excavar, efectivamente, surgieron de los fondos profundos dos enormes dragones, uno blanco y otro rojo, enzarzados en descomunal pelea en la que el rojo sucumbe de manera estruendosa. En uno de los discursos sibilinos más memorables, aquella criatura informó que lo que miraban no era otra cosa que la escena de decadencia, con el desastroso final del rey Vörtiger, y el futuro glorioso del mundo británico. De sus palabras data la primera versión de la "esperanza bretona", que anticipa la victoria del reino tras de sufrir algunas derrotas.

Recompensado por el monarca con una vasta región, Merlín se identificó con el afamado caudillo Ambrosio, que batalló contra la invasión de los anglos. Declaró ser de estirpe noble, descendiente de un cónsul romano y negó tener en su cuna cualquier vínculo con el demonio. La leyenda, no obstante, jamás aceptó su nobleza y más bien acentuó la oscuridad de su origen para justificar sus prodigios.

Pasados los años, el clérigo galés Geoffrey de Monmouth lo eternizó en dos obras legendarias del ciclo artúrico: la *Historia Regum Britanniae,* de 1136, y *Vita Merlini,* de 1148; pero en realidad se desconocen sus vínculos verdaderos con el universo feérico y las causas por las que se le vino a llamar, por otro nombre, *El hijo de la viuda,* como a principios del siglo III el sabio Manú de Bagdad, quien practicaba el dualismo gnóstico, se refería a Jesucristo por ese mote precisamente, *El hijo de la viuda,* que al tiempo fue asimilado por la francmasonería.

Precisamente Monmouth lo describe cavando en los cimientos de una torre misteriosa que el rey Vörtiger hace edificar varias veces y se derrumba a cada intento hasta que Merlín retira de ellos una espada deslumbrante, adornada con una doble inscripción grabada en cada lado de la hoja. Un lado decía "tírame" y el otro "guárdame", voces equivalentes al *solve et coagula* o disolución y coagulación de los movimientos alternos de la alquimia y símbolo del combate eterno que asegura la cohesión del universo. Por eso la espada se convierte en los dos dragones antagonistas, uno rojo y otro blanco, que se entregan a un feroz combate.

Lo importante es que tanto a él como a su amada y rival, la Dama del Lago, los rodea el mismo halo enigmático que forjó la leyenda del Santo Grial con la saga caballeresca del rey Arturo, los mitos de Camelot y su maravillosa Dama de Shalott, así como las habilidades supremas de Lancelot y los poderes de Excalibur, de donde devino el lenguaje sibilino que dominó la imaginación del medievo. La extraña intervención de Merlín lo hace aparecer como un solitario residente de los bosques, entregado a la magia y a los consejos reales tanto de Aurelio Ambrosio como del propio Arturo, a quien tutela desde la infancia y protege hasta el fin de sus días. A Ambrosio se le atribuye la orden del traslado del círculo de piedras de Stonehenge, desde Irlanda hasta su emplazamiento actual, mientras que en Arturo descansa la gloria inicial de la corona británica.

De tantos y tan contradictorios, los episodios relativos a sus poderes mágicos impiden construir una historia, inclusive con las referencias documentales de su biógrafo, el clérigo galés. De que era un prestidigitador, nadie lo duda. Lo demuestra su habilidad para realizar el traslado de los monolitos monumentales y su decisión de disfrazar al rey Uther Pendragón bajo la forma del duque Gorlois de Cornualles para penetrar la fortaleza de Tintagel, acostarse con su esposa Ingreine y engendrar a Arturo a la misma hora en que sus hombres mataban al verdadero duque en el campo de batalla.

La Dama del Lago, por su parte, es una de las más misteriosas e inexplicadas damas feéricas de las leyendas artúricas. Hay un indicio de ella en *Lanzelet,* la novela primitiva de Ulrich von Zatzikhoven, que se tuvo por traducción de una obra francesa que De Morville dejó a su paso por Austria. La Dama del Lago, en aquella versión, aparece como una doncella acuática, similar a la Gwragedd Annwn, que reinaba en una isla de doncellas en el corazón de un lago encantado, donde el invierno no llegaba nunca y no se conocía el dolor. El enigma que envuelve a la Dama del Lago se remonta a la muerte del rey Ban ocasionada por el pesar que le causó encontrar que, en la toma del reino por traición de sus hombres, su castillo era devorado por las llamas. En medio de la confusión, la afligida reina dejó a su recién nacido en el margen de un lago para acompañar al monarca en su último aliento. A su regreso, la reina encontró a la criatura en los brazos de una doncella hermosa, quien a pesar de sus súplicas para que se lo regresara, desapareció con él sin decir palabra hasta perderse en el fondo del lago. Con el tiempo se supo que la doncella no era otra que la afamada Dama del Lago, que llevaba por nombre Viviana y que ambos perdurarían en la memoria de los bretones.

Viviana no educó al joven Lancelot para contribuir a la grandeza del reino, sino para que protegiera al cobarde de su hijo, Mabuz el Hechicero, de las incursiones y pullas de su vecino Iweret. En una versión posterior de Lancelot, en el siglo XV, la Dama del Lago es una maga de la estirpe de Morgan le Fay y su lago mera ilusión. La *Leyenda de Lancelot del Lago,* en cambio, recobra la versión del niño que es recogido por una hada acuática. Lancelot no es todavía el amante de Ginebra, y sir Gawain aparece como el principal caballero de Arturo.

La Dama del Lago va y viene sin orden ni coherencia por episodios distintos de las leyendas artúricas. Destaca su bienhechora presencia cuando, discípula de Merlín, forja a Excalibur para afianzar a Arturo en el principio de su reinado. El monarca se presenta ante ella en otra ocasión, cuando se le avisa que será herido de muerte y ella recibe la orden de recogerlo junto con otras tres reinas de hadas, entre las que destaca Morgana, para atenderlo en la mítica isla de Avalón, donde se dice que habita por los cuidados que le prodigan los miembros más destacados de la Corte Bendita.

Nimue se le llama con más frecuencia. Acaso Merlín la descubrió cuando se retiró a la soledad de los bosques de Broceliande, donde buscó el huevo de la serpiente y perfeccionó su conocimiento de cosmología, magia y ciencias naturales, después de enloquecer por el espectáculo de una batalla sangrienta. Sus largas disquisiciones sobre las cualidades de plantas y minerales, así como su dominio de las peculiaridades de peces y aves provinieron de su refugio en la vida salvaje, alejado de la corte civilizada de su cuñado, su hermana y su esposa, a la que renunció para siempre, igual que a sus derechos al trono.

Allá, siempre acompañado de un perro negro, se le juntan después de años algunos bardos peregrinos, entre quienes destacan el bardo Taliesin, el discípulo Maeldin y Ganieda, su propia hermana, la que tras fracasar en sus tentativas de regresarlo a palacio, le hace construir un castillo con 70 puertas y 70 ventanas, donde 70 escribas redactaban las profecías que, ya envejecido, Merlín les dictaba.

En unas versiones Merlín es descrito como un anciano entre cómico, venerable y trágico, que sobrevive cinco generaciones antes de ser hechizado por la Dama del Lago. Al final, su hermana Ganieda lo sucede como profetisa; pero más bien parece contagio su don agorero, pues entre ellos se leen numerosas señales de incesto bien disfrazado. Es Viviana quien retiene el misterio de su identidad y en quien recaen los símbolos de un poder adquirido, el cual, tratándose del amor y la rivalidad, demuestra que no existen fronteras entre el bien y el mal.

Convertido en protector a distancia y en su maestro tutelar, fiel consejero del rey Arturo y guardián privilegiado del reino amenazado por poderes maléficos, Merlín resurge en la historia desde los misterios que envuelven la construcción de Camelot y la presencia, siempre enigmática, de la Dama del Lago, ahora situada en la mítica isla de Shalott, donde teje la misteriosa doncella que canta en las tardes mirando la vida en su espejo bruñido.

La hermosa ciudad de Camelot, alzada en una colina cercada de bosques y a corta distancia del río que conduce a la isla de Shalott, fue capital de Inglaterra y cuartel general de Arturo. Digno enclave de sus hazañas, todo ahí fue construido por un rey y por algunas reinas de hadas que ordenaban tocar las arpas entre las sombras que separan un día del siguiente para que la Gente Bendita colocara las piedras al son de la música y al modo de los campos de cebada y centeno que bordean la región, ondularan las torres, los tejados y estandartes de la ciudad al tono cambiante de la neblina que cada mañana la hace parecer espejismo en el horizonte.

Pasan los siglos y Camelot continúa sorprendiendo al viajero que al alborear o en pleno crepúsculo se acerca esperando encontrar una ciudad como las demás. La ciudad-castillo se desvanece y oscila, mientras su silueta reluce a la luz de la luna por las farolas de sus troneras. Brilla al mediodía por el efecto del sol y resplandece su puerta metálica como el oro bruñido. En días de tormenta se desvanece o se oculta tras las cortinas de lluvia. Es misteriosa, como el anillo dorado que se tiende en el bosque aledaño, y durante el invierno se funde lo blanco de sus tejados a las capas de nieve que se extienden en la llanura. Juran quienes la han visitado que prevalece el encanto en sus muros y

mejor se desvían los viajeros por temor al hechizo que repite la Dama de Shalott cuando navega de incógnito en su barcaza con velas de seda.

Si no baja al río cargada de granos y tapices de colores preciosos, la Dama atiende el telar en su torre, vigila la ciudad, la vida del campo y el transcurrir del camino desde un espejo próximo a la ventana. Al atardecer canta desde el castillo dulces tonadas que alivian el temprano quehacer de los campesinos y endulza el oído en alerta de los caballeros. Así se pasan los días y los años, y así permanecen los juegos de luces que han hecho jurar a cientos de aventureros que la Dama no existe; tampoco Camelot existió y cuanto se figura por la neblina no es más que cuento inventado por los creyentes en magos y hadas.

Por sobre los alegatos inútiles de los descreídos, de vez en cuando se dejan oír las trompetas desde las torretas de Camelot para anunciar la salida de una cabalgata de caballeros en fila de dos en fondo, presidida por los heraldos y con portaestandartes trotando graciosamente con sus banderas entre la tropa. Reaparece Merlín con sus negros ropajes y recibe el saludo del pueblo. Desfilan galantemente Lanzarote y Galahad prodigando sonrisas a las doncellas. Mordred va más allá, a la cabeza de una muchedumbre de hombres armados con lanza y aceros; pero, desde luego, destaca Arturo en su blanco corcel, seguido de su escudero con la armadura y la mítica espada que la Dama del Lago forjó y nombró Excalibur. Los acompaña la música de las hadas; mas, si algún atrevido osa vencer la guardia, descubre que en su interior aguarda de pie la Dama del Lago, con los brazos extendidos llevando una espada en la mano derecha y un antiguo incensario en la izquierda. Aseguran que su vestido ondula como las aguas y que gotitas muy leves de lluvia caen de sus dedos, que deja en libertad para que puedan mecerse con la brisa. Mira de frente a distancia, con sus irresistibles y enormes ojos grises, del color de las torres y del agua profunda, y hace retroceder a los malhechores cuando, al toparse con ella, un vuelco en el corazón les avisa que han rozado la orilla proscrita.

Camelot intimida y fascina a los visitantes privilegiados que logran traspasar sus murallas. Por unos cuantos testigos sabemos que están talladas sus puertas con figuras de elfos y dragones, que parecen moverse por entre los episodios redivivos de Arturo. A petición arturina, Merlín diseñó en espiral la ciudad para que todo apuntara hacia arriba y Dios gobernara la situación de sus residentes, que a la fecha cuentan 1 600 caballeros y barones, todos tan celosos de su posición, según escriben los tratados vigentes, que durante una cena de Navidad se desató una batalla entre ellos por el derecho a sentarse a la cabecera. De ahí que Arturo ordenara la célebre mesa redonda, para que todos los comensales comieran en igualdad y ninguno ocupara un lugar diferente al del compañero.

Nada está desprovisto de magia allá ni existe rincón donde no se escuchen voces de trovadores o notas de cítaras y laúdes que escapan por las ventanas. Afuera corea el golpeteo de armeros y herreros que forjan armaduras para caballos y hombres, y las chispas que salen de sus talleres completan la cortina de luces extrañas que, junto a las de los yunques y a las causadas por las laboriosas jornadas de monjes, saeteros, guarnicioneros y sastres, forman la nube de vistosos colores que hacen de Camelot la ciudad de las hadas por excelencia.

Los complicados mapas del palacio de Arturo describen al centro un inmenso salón rodeado de cocinas y dormitorios con vista al campo para torneos. Más allá, bajo techo abovedado, arde un leño de roble seco y, entre capas de humo y penumbra, destacan los escudos de los caballeros tallados en piedra. Dicen que hasta que el propietario realizara alguna hazaña digna de recordarse se labraba su emblema en el muro y también en las armas. Mientras que el escudo de Gawain pesaba por la cantidad de blasones, el de Mordred quedó tan vacío como la sensación que deja la muerte cuando se lleva a los más cercanos. Allí, en las reuniones del gran salón y con Merlín al centro de los comensales, se escuchaban las historias guerreras, los encuentros místicos y los juramentos para buscar sin descanso el mítico y Santo Grial.

Merlín evocaba de vez en vez el pasado y en medio de frases y reflexiones que poco atendían y que él mismo no veía para sí, los caballeros eran depositarios también de sus profecías. Lo dijo más de una vez, pero no lo creyeron: un día Arturo sería llevado a la isla de Avalón por el hada Morgana, la Dama de Shalott y otras reinas de hadas y para siempre Camelot se desvanecería en el crepúsculo entre la niebla.

Hasta donde sabemos, no hay un Merlín femenino ni una maga dotada con sus extraordinarios atributos proféticos, a pesar de que hechiceras o brujas imiten su vestimenta negra o el gorro tachonado de estrellas que brillan extrañamente a la luz de la luna o el sol. De hecho, la historia no consigna una sola demiurga quizá porque, como ocurriera en el Asia tradicional, a las mujeres nunca se les reconoció propensiones a la sabiduría, a pesar de que en la práctica zen una mujer anciana, siempre despojada de identidad, pudiera educar a un maestro. Los druidas comprendían que el verdadero culto a las disciplinas mistéricas debía hacerse desde el interior hacia el exterior y no, como se deformó con el tiempo, desde el exterior hacia el interior, como ocurrió con el mito fáustico. De ahí que la antigua ciencia quedara plasmada en edificios remotos, cuya arquitectura testifica hasta dónde apreciaban entonces el don de la tierra, las leyes del cosmos y la triple naturaleza del ser humano o estructura metafísica hecha de alma, cuerpo y espíritu.

Con Merlín a la cabeza de un culto a la madre tierra o Gaia, los druidas eran los sabios sacerdotes de una religión que consagraba los bosques para oficiar y vivir en armonía. De ahí su interés por auscultar las fuentes profundas de la energía, el poder de los elementos y la fuerza de la palabra como principio estético inseparable de la alabanza, siempre relacionada con el canto poético, y a la voz como hilo creador de la divinidad que se reconoce en el alma. Por eso descubrieron el secreto que ocultan las piedras; curaron ante ellas, y sobre ellas realizaron actos rituales. También trabajaron los minerales como instrumento de adivinación y auxilio en sus curaciones; tuvieron por milagrosas las aguas de ciertas fuentes o manantiales, y al fuego lo situaron en el centro mágico del claro del bosque, donde elaboraban medicinas con yerbas, meditaban con asiduidad y equilibraban la vida con la certeza del despertar del dios interior como la más alta empresa del ser en el mundo.

Merlín adoptó la vida silvestre como condición formativa al emitir profecías y la Dama del Lago reinaba en la pureza de su elemento, aunque carecía de otros dones que enaltecían a su rival. Cantaba como las ninfas, se adueñaba del poder del metal y ejercía ciertos dominios no revelados sobre los hombres, como la facultad de la seducción; todo ignoraba, en cambio, respecto de la sabiduría de Merlín y envidiaba su potencia creadora a través de los ritos mistéricos. En estas distancias demiúrgicas, hubo entre ellos pugnas no registradas por las prácticas mágicas que seguramente influyeron en favor del engaño egoísta y en detrimento de un conocimiento sagrado, el cual se persigue en nuestros días bajo principios reconocidos en el ascenso de la Nueva Era.

Nadie se explica por qué declinó el druidismo; pero hay indicios de que al consumar la Dama del Lago su plan de aprisionar al enamorado y confuso Merlín, esta religión perdió su vigor y la naturaleza devino en medio del abuso, la insensatez y la pérdida de armonía entre los hombres, quienes, sin embargo, hoy aspiran a un esplendor diferente mediante el equilibrio entre lo viejo y lo nuevo.

Las leyendas artúricas están pobladas por una muchedumbre de damas feéricas y se cree que entonces sufrieron las hadas un proceso de evemerización por el que muchas de ellas fueron convertidas en hechiceras. Sus nombres quedaron mezclados a las andanzas de los caballeros; la Dama del Lago, particularmente relacionada con el propio Merlín, con Arturo y con Lancelot, es unas veces doncella acuática, otras aliada del rey, enigma sin resolver, un nombre identificado con Nimue, Nimiane o Viviana, la última druidesa e hija de las aguas a quien, siempre seductora dotada con atributos propios, Merlín revela para su desgracia todos sus secretos sibilinos.

Merlín, con cuya ayuda consiguió el rey Arturo la corona de Inglaterra, es en otra de las versiones que pretenden desentrañar sus orígenes hijo de un demonio íncubo que violó a una princesa de Demecia, aunque las malas lenguas de Camelot rumoreaban entre talleres y caseríos que fue hijo de una monja seducida por el propio demonio. Lo cierto es que nadie, jamás, pudo contar nada de él sin incurrir en otra leyenda que, sobrepuesta al episodio anterior, acabaron por convertirlo en mito. Considerado por los informes solamente un niño sin padre, dotado de ingenio e inteligencia nada comunes, se tuvo por brujo sobrenatural que estudió magia con el famoso mago Blaise de Bretaña, aunque pronto superó a su maestro para consagrar la ciencia mágica por excelencia desde el altar sibilino de los druidas, de cuyos orígenes poco se sabe, salvo que su sabiduría podría provenir de tierras lejanas, de Oriente Medio, de Egipto, del antiguo Afganistán, de la India, del Tíbet o de algo más remoto y completamente olvidado.

La tradición oral, inclusive, sitúa el druidismo en las Islas del Norte del Mundo, que Tácito y Solin identificaron con la famosa Mona o Anglessey y renombraron la isla de los Siluros. Otros especialistas aseguran que no era exactamente una isla, sino restos de la mítica Atlántida que, descendiente de su gran civilización, ocupó el pueblo celta-druídico, al que perteneció Merlín. Símbolo o no, para los artúricos ésta no es otra que la isla de Avalón o de los Manzanos, morada inmemorial de dioses, sabios y seres superiores que enseñaron la fuerza única del hombre interior que no reconoce distancias entre el espacio y el tiempo porque ambas son dimensiones que no existen.

Merlín, el personaje más fascinante del druidismo, tuvo poderes especiales sobre el metal, las piedras y el agua, lo cual le permitía clavar una espada en el yunque, hacer flotar una piedra de molino, controlar el mar embravecido o hacer que las murallas de Camelot derribaran a los enemigos cuando pretendían escalarlas. Lo llamaron el gran sabio, antes de que siquiera imaginaran que llegaría a sucumbir ante el amor y el engaño, y llevó a su punto más elevado al druida real, al prelado, mago, teólogo, maestro o filósofo que velaba por las cosas divinas, especulaba metafísicamente y regulaba la vida política como intermediario bendito entre los asuntos profanos y el mundo divino. Eso es lo que añoraba para sí la Dama del Lago, el dominio del espíritu y un saber que le permitiera interpretar las cuestiones más intrincadas de la naturaleza y el hombre.

Practicó Merlín como ninguno en el mundo el don de la profecía aunque, como ocurriera a Casandra en la antigua Troya, sufrió la condena de no ser creído. Se distinguió por sus habilidades en favor del ciclo artúrico; pero se emparentó con los malos oficios de los dioses helenos cuando, tras ocultar la identidad de Uther para engendrar a Arturo, éste se enamoró tan apasionadamente de la duquesa que Merlín predijo un triste destino para el niño. Pronosticó que con él acabaría el reinado de los Pendragón y que sus enemigos lo matarían. Tal fue la causa por la que Ingreine le entregó al niño, para que el mago a su vez lo pusiera bajo la tutela del noble caballero sir Ector, quien lo hizo bautizar bajo el nombre de Arturo y lo crió como hijo propio.

Viejo y achacoso, el rey Uther dio en su agonía su bendición al muchacho y lo proclamó sucesor, aunque sus hombres nunca hubieran tenido noticias de él. Sobre su cadáver se desató, en torno de la corona, el conflicto fundador de la saga caballeresca, consagrada con la mítica búsqueda del Santo Grial en la que se intercalaron las más extrañas profecías al arte de encantar y a la devoción religiosa. Se multiplicaron las pugnas entre los cabecillas y el ejército desconoció al heredero de Uther. Sólo la magia de Merlín, que desde entonces avivó su leyenda, atinó con la solución; hizo aparecer una espada clavada en una roca con una leyenda en letras de oro que decía que aquel que lograra sacar la espada del corazón de la piedra sería rey de Inglaterra por derecho propio. Uno por uno, los más fuertes lo intentaron en vano. Llegado el turno de Arturo, Merlín parpadeó y todos bromearon por siquiera atreverse a intentarlo.

Cuando Arturo extrajo la espada sin visos de esfuerzo, los caballeros vencidos murmuraron que ese delgado muchacho debía ser hijo de las hadas, que lo resguardaban poderes mayores y que con seguridad una ola dorada lo había depositado en la playa. Les era imposible aceptar un monarca desprovisto de fuerza propia y avalado por la magia, así que dieron por anulado el suceso y continuaron las pugnas. En vez de acudir a la fiesta de coronación, los soldados mandaron decirle que le darían como regalo "espadas afiladas, entre el cuello y los hombros". Lejos de amedrentarse, Arturo respondió al desafío reclutando a sir Ector, su padre adoptivo, y a otros caballeros leales con quienes triunfó sobre los adversarios en memorables batallas previstas por Merlín, donde hubo ocasión de exhibir tal fuerza y destreza que los enemigos acabaron postrados y con las armas depuestas.

La Dama del Lago intervino cuando en una de las batallas se rompió la espada de Arturo que había sacado de la roca. Merlín lo condujo a un lago solitario y del fondo de las aguas brotó la mano femenina que sostenía otra espada, más reluciente y vigorosa, con la que estarían asegurados sus triunfos. La discípula de Merlín se apareció entonces de cuerpo entero para informarle que era Excalibur el nombre de aquella espada y debía ser suya por derecho ancestral. Sus poderes mágicos le garantizarían la victoria a condición de empuñarla en defensa del reino y en nombre de la fe.

Como suele observarse entre demiurgos y criaturas que en algo comparten atributos supremos, Merlín se dejó seducir por Nimiane, quien lo engatusó para aprender sus hechizos y encantamientos. Cuando la Dama mítica se cansó de él, se valió de uno de sus hechizos para encerrarlo en un roble. Dicen los enterados que en los territorios que fueron dominio de aquellos prodigiosos druidas, considerados guardianes del bosque, cuando alguien camina por entre los árboles puede ser sorprendido por un rostro triste, inofensivo y barbado, que mira pasar el tiempo asomado por la corteza de su prisión vegetal.

Otras versiones sostienen que Merlín fue atrapado en una caverna, también por Viviana, mientras ella reina plácidamente sobre el paisaje de Camelot. Lo cierto es que la memoria de uno no avanzaría sin las artes de la otra y que el mundo no sería el mismo sin sus leyendas evocadoras del ansia que ha movido a los hombres de todos los tiempos a buscar el secreto saber que sólo a los privilegiados está reservado.

La Dama
de Shalott

Caía la bruma en la tarde. A la distancia se oía el serpentear de una corriente que subía y bajaba por entre peñascos y angosturas sinuosas. Un vientecillo helado paralizaba las voces y la humedad entorpecía los huesos de un caminante que juró no volver a sus tierras sin mirar siquiera una vez a la Dama que lo acosaba durante el sueño bajo la forma de una doncella de hermosos cabellos que estaba siempre sentada frente al tapiz colorido en el que bordaba escenas de un mundo del que no participaba ni comprendía.

Paso a paso siguió la ruta; a cada lado del río debían tenderse largos plantíos de cebada y de trigo que cobijaban la tierra y se perdían en la capa nubosa en la que tenues rayos del sol se infiltraban al oleaje de espigas donde se ocultaban las hadas. De frente, siempre adelante según lo indicara la geografía, se toparía con los surcos que los labriegos pisaban al divisarse las torres de Camelot. Una vez internado en el bosque se encontraría con algún extraño; pero no debía hablarle de frente ni distraerse con los sonidos que provenían de robles nudosos, porque corría el riesgo de caer presa del encantamiento de elfos que pululaban furtivamente o de quedar envuelto en una de las travesuras acostumbradas de *pixies* o duendes. Luego divisaría lirios en la ladera y más allá, donde se separaban las aguas en dos como si envolvieran a los árboles, atisbaría la isla de Shallot con su castillo almenado y frente a ella el gran puente de Camelot, que rechinaba al amanecer sobre el foso para posarse unas horas sobre la verde pradera, donde tampoco debía descansar a la luz de la luna, a menos que las antorchas en las torretas lucieran a plenitud.

Descubrió que el paisaje era cambiante, como el velo de sauces blancuzcos y de álamos que río abajo ondulaba con el crepúsculo violáceo. La brisa se llevaba consigo el silencio traído de lejos para tenderlo en las cuatro torres y en las cuatro murallas grisáceas de Camelot, para luego depositarlo sobre un cerco de flores que resguardaba la isla donde cantaba dulces tonadas nostálgicas la Dama de Shallot.

En los linderos de la ciudad, un par de labriegos dijeron que en horas de claridad podía distinguirse a distancia a la Dama, sentada frente al telar; que siempre estaba allá arriba, en la parte más alta de su castillo, donde se posan las golondrinas y los gorriones; pero que los ojos humanos no alcanzaban a distinguir la suavidad de sus dedos ni percibían la hebra finísima con la que dibujaba las cosas que aparecían frente a ella, en su espejo azul y encantado. No caminaba la Dama ni se la encontraba jamás en las callejuelas de Camelot. Que no pretendiera llamarla, insistieron, porque era insegura su magia e imprevisibles los resultados. Más por desorientarlo y por el afán de inventar que caracterizaba a las mujeres de Camelot, aseguraban que a veces se escapaba en la soledad de las noches para navegar en su barca con velas de seda; pero nadie podía enterarse a dónde se dirigía ni qué misteriosas tareas la ocupaban bajo la luna. Eso y otras murmuraciones sobre su estancia en la torre eran difíciles de creer porque nunca faltaba aquella silueta en la aurora temprana y, cuando disipado por la tormenta, su eco viajaba río abajo como rumor de una misma tonada: "esta es la Dama de Shalott, esta su voz, este el susurro que resguarda un secreto".

Los más enterados, quizá por no perderla de vista, dijeron que hilaba sin reposo ni distingo de noche o día; que entramaba un tejido contra la muerte y que cuando alguno observara cualquiera de sus tapices descubriría en sus escenas cómo luchaba la Dama en favor de la vida. "Inventos, puros inventos", reclamaban las voces que preferían la versión de que tejer era propio de hadas y la de Shalott cantaba como reina y señora, no por celebrar el paisaje que entraba a su espejo por la ventana, sino por el reflejo que encadenaba su vista a la magia de aquel espejo.

Así, mientras bordaba destellos de aquel reflejo,

su universo se desdoblaba en tres por la acción del espejo. Uno era el curso de la existencia allá abajo; otra la imagen azul que se invertía en el espejo, y distinta e inesperada, la escena que interpretaba en la superficie bruñida, que siempre colgaba entre sus ojos y el claro de la ventana. Para ella no había diferencia entre las sombras del mundo y las luces de abajo con los movimientos de un Camelot diferente al Camelot verdadero. Así, de su visión deformada por lo derecho y lo oblicuo de aquel azogue, ella creaba una ciudad ilusoria, según la orientación del espejo y desde la perspectiva de su ventana. Juntaba el cosmos al remecimiento brumoso de los trigales. Perdía la distancia entre el bosque y el anchuroso arroyo. No avanzaban para ella de atrás adelante, sino que miraba las aguas de arriba abajo. De las mujeres divisaba un gorro sobre el faldón, manos que se movían o puntas de burdos calzados asomados entre las telas y sus canastos; de los animales veía lomos con patas, acaso vacas empequeñecidas, puntos indescifrables.

Mágico como era, en su espejo estaba el doblez de la forma que tenía por real durante las horas de luz, siempre azuladas. En las noches lluviosas se teñían de morado las sombras y por eso tejía escenas dolientes, funerales con plumas y luces, y el cortejo con música que lloraba en las afueras de Camelot. La Dama ignoraba que aunque la forma era el reflejo, éste en sí no tenía vida ni este u oeste; por eso, en sus tapices maravillosos, todo era centro y orilla, sin distingo de tamaños ni dimensiones.

El camino a su castillo era y no era el camino invertido que ella notaba. Surcaba por el azogue un río diferente al ondulante que resonaba y los labriegos, las muchachas en ruta al mercado, las aves, los duendes y hasta los tréboles enigmáticos pasaban ante sus ojos mediante el capricho del cristal engañoso. Bajo el esplendor de la luna atisbó en una noche distinta a todas las noches a una pareja de amantes que susurraban junto a los sauces. "Estoy enferma de sombras", dijo a su espejo entonces, aunque no fue sino hasta el paso de la comitiva de caballeros que brotó su tristeza con un sentimiento de ansiedad en su corazón.

"No tengo para mí un hombre honesto y leal", pensó al corroborar que, en una confusa imagen entre el espejo y la realidad, Lancelot cabalgaba con armadura y escudo cantando por la ladera. Lo siguió en el cristal como si fuera un destello y, cansada de su condena, abandonó el telar, el hilo y el huso para dar vueltas alrededor de su cuarto, antes de que decidiera asomarse directamente por la ventana. Por vez primera miró los lirios, el casco y la pluma del caballero y, al voltear hacia su tapiz, el espejo estalló en mil pedazos. "El hechizo cayó sobre mí", dijo llorando, y al punto se desató una tormenta que hacía silbar a las ramas y estremecerse a las aguas del río.

Espantada, salió corriendo de su castillo en busca del joven y antes de soltar las amarras de la barca que esperaba bajo los sauces escribió "la Dama de Shallot" en la proa. Presintió su infortunio; pero no había regreso. El mundo, su mundo, se desintegraba frente a las murallas de Camelot, el Camelot anhelado, donde habitaba su apuesto Lancelot. Decidió navegar contra la ventisca y encontrarse con su destino. El viento hacía tremolar su manto blanquísimo. Miraba de frente, atenta a las hojas que caían de los árboles y, extasiada con las colinas y los trigales, comenzó a entonar para él una canción tan suave y dolorida que todos en la ciudad quedaron como hechizados.

Apenas sombra doliente de su sombra, pasó recostada en su barca frente al viajero sin detenerse. Él la llamaba en vano. Que iba cantando bajo, que iba cantando alto y que su rostro era tan pálido como su capa de seda. Siempre doliente, siempre sagrada, su voz se apagaba mientras sus ojos se oscurecían y su sangre se congelaba al ritmo pausado de su canción.

Cantó con su último aliento y la encontraron yacente bajo las torres y los balcones de la ciudad. Presas de espanto, todos quedaron prendados de su belleza: el caballero y el mendigo, las damas y los labriegos; pero nadie supo decir de quién se trataba. "¿Quién es esta doncella? ¿Cómo ha llegado hasta aquí?", se preguntaban a coro, hasta que los hombres se aproximaron a esclarecer el misterio. Fue Lancelot quien leyó su nombre en la proa y supo que la Dama de Shallot había sido víctima de la magia, que por eso tejía lo que sólo podía conocer a través del espejo y que encontró la muerte al enamorarse de su reflejo. "Pobre doncella hermosa —musitó con tristeza—, Dios la reciba en su seno."

Nadie entendió el dibujo de sus tapices. Los encontraron junto al telar, en medio de vidrios rotos.

Cenicienta

DESDE que en 1697 Charles Perrault recogió en los *Cuentos de Mamá Oca* el personaje de un antiguo relato chino, quizá procedente del siglo IX d. C., aunque hay indicios de que de tiempo atrás se repetía por tradición oral, Cenicienta se convirtió en una de las figuras centrales de la literatura moderna y contemporánea. De entre cientos de versiones infantiles, multiplicadas en todas las lenguas, nadie podría decir cuál es la variante más apegada a la leyenda inicial ni cómo pudo elevarse esa delicada doncella a tantos y tan contradictorios símbolos de lo femenino relacionados con el trabajo esmerado y la ausencia de recompensa. Lo cierto es que, en torno de un drama desprendido de la rivalidad entramada de envidia, descubrimos que, además de protagonizar un complejo de abnegación abyecta, típico de la mujer degradada, su desdicha demuestra que en un caso de perversidad como éste, sólo la magia es capaz de modificar la condena doméstica de las mujeres.

La Cenicienta, típico cuento de reminiscencia oriental, de esos que van enclavados a historias ocultas y sorpresivas, fascina a las generaciones no únicamente por su estructura infantil, sino por el triunfo que entraña un poder sobrenatural sobre las conductas malsanas. En principio, ella es la víctima por partida doble de la segunda elección matrimonial de su padre, un gentilhombre sin carácter ni voluntad, y del desprecio de una madrastra quien, consciente de la fealdad física y moral de sus hijas y acaso también de su cuna plebeya, reduce la orfandad de la joven a un sometimiento ruin del que deriva su sobrenombre, porque al terminar sus tareas se sentaba a soñar frente a la chimenea, muy cerca del montón de cenizas, que seguramente la manchaban de punta a punta, hasta hacerla parecer la más miserable hija de la tierra.

Condenada a desempeñar las labores más arduas de la casa, Cenicienta es sombra encenizada de un pasado noble que sucumbe ante el autoritarismo de tres mujeres celosas que no pueden soportar sus virtudes ni la frescura radiante de su candor. Sus harapos no la afeaban, tampoco se perturbaba por la maldad de las hermanastras ni el rigor que sufría la hacía quebrantar su promesa de no quejarse para no lastimar a su insulso padre, un pobre diablo que apenas se percibe en el cuento. Mientras las otras la despojaban del lujo que le correspondía por derecho de herencia, Cenicienta contaba sus cuitas a los ratones y sobrellevaba su soledad gracias a la imaginación que gastaba en sus fantasías.

Sucedió que un día el hijo del rey organizó un baile en palacio para reunir a las casaderas de rango elevado que habitaban en sus dominios. Animadas por su madre, las hermanastras ni siquiera consideraron a Cenicienta, a pesar de que la invitación se extendía a todas las hijas en edad de merecer. Prepararon sus atavíos con la intención de deslumbrar al heredero del trono y quizá, con algo de suerte, conquistar su corazón para entronizarse ellas mismas.

La mayor eligió un vestido de terciopelo con aderezo inglés; la menor prefirió el collar de diamantes para lucir bajo un amplio abrigo bordado con flores de oro. Generosa como era, Cenicienta dispuso sus baños y se ofreció a peinar sus cabellos, a pesar de que el trío de gordas más y peor la insultaban cuanto más corroboraban en los espejos que, no obstante sus burlas, no competían en hermosura con la pequeña ni el más perfecto disfraz cubriría el gesto de envidia que desfiguraba sus rostros.

Resignada a su suerte, pronto se quedó Cenicienta más triste que nunca en aquella casona, sin imaginar que sus desgracias estaban por terminarse. Se asomó a la ventana para ver cómo ascendía el carruaje de sus hermanas por entre la vereda boscosa que llevaba a palacio. Luego, siempre nostálgica de un porvenir amable, lloró

sobre los trebejos arrinconados junto al fogón. Allí, en soledad penumbrosa, su mundo se iluminó con la súbita aparición de una hada madrina que, conmovida por su dolor, le preguntó lo que le ocurría. Mal podía responderle entre sollozos a la dama radiante que levitaba a su lado; antes de sospechar el alcance de aquel prodigio, el hada la condujo a la habitación y le ordenó que saliera al jardín a traerle la calabaza que serviría de instrumento para modificar su existencia.

Armada de una varita mágica, de esas que causan los sueños y hacen posible lo que ningún humano puede lograr, la hermosa madrina vació la calabaza y la golpeó con su vara para transformarla en una hermosa carroza dorada. Luego hizo sacar a los seis ratones que chillaban de espanto en la ratonera para transmutarlos en ligeros corceles de un raro gris tordo y más allá convirtió a una enorme rata en cochero ataviado hasta con magnífico bigote. Satisfecha con la tarea, el hada le pidió después a Cenicienta que regresara al jardín por seis lagartijas que pernoctaban bajo las piedras para convertirlas en lacayos que, uniformados con trajes bordados, irían custodiándola en la parte trasera de aquel carruaje digno de su indiscutible nobleza.

Dulcemente repitió la madrina frases incomprensibles y tocó con su vara a la joven para mudar sus harapos en un deslumbrante traje con pedrería delicada. La calzó con zapatillas de cristal y, de tan limpia y engalanada, Cenicienta creyó que era de otra la imagen que le regresaba el espejo. Como todo acto de encantamiento, en este suceso también surgieron las condiciones: si se quedaba en el baile después de la medianoche, todo regresaría a su forma anterior, su realidad sería descubierta y ella exhibiría su miseria. Que no lo olvidara, insistió el hada: ceder a la tentación del placer podría reducirla a la doncella sosa que era hasta el momento en que vislumbró mágicamente cómo era posible aspirar al más alto sino para una mujer de su condición. Con un poco de sagacidad, su obediencia sería premiada nada menos que con la felicidad matrimonial que, tras sortear algunos obstáculos, la sacaría para siempre de su estado de postración.

Atenta al mandato, Cenicienta se dirigió al baile sin más esperanza que divertirse durante unas horas. La anunciaron los criados como una princesa de origen desconocido y, deslumbrado, el príncipe acudió a recibirla ante el silencio expectante de los invitados. "¡Qué hermosa es!", decían los rumores; nunca hubo en el pueblo dama tan elegante ni se le vio al hijo del rey ese interés por otra doncella. Ella, mientras tanto, saludaba aquí y allá con la gracia de quien se sabe admirada. Bailaron después sin parar y ante la ingenuidad de sus hermanastras, se paró frente a ellas para ofrecerles naranjas sin que descubrieran su identidad.

En una orilla del inmenso salón, cuando el reloj estaba a punto de marcar las doce campanadas, la joven presintió que su ensoñación declinaba. Apenas tuvo tiempo de despedirse con una reverencia de su anfitrión y salió a toda prisa, según lo recomendado por su madrina. En la carrera perdió una de las zapatillas, pero no se detuvo por el temor a ser descubierta. De regreso, contó al hada lo sucedido y después esperó a las hermanas, imbuida de irrealidad.

A su llegada, Cenicienta aparentó que dormía. Ellas le relataron la misteriosa aventura y de nuevo le lanzaron insultos para humillarla.

Lo que siguió, completa una historia de amor y arrepentimiento, que por su carga de hechos extraordinarios eleva la fantasía a recompensa de una virtud que no corresponde a la dureza de una vida de privaciones. Según la popular versión de Charles Perrault, no hubo uno, sino dos bailes, y en el segundo fue cuando Cenicienta se descuidó de la hora y en la carrera perdió su zapato. Como se sabe, los enviados del rey la buscaron por todo el reino y al final, cuando el encuentro de la doncella se antojaba infructuoso, trataron las hermanastras de acomodarse el zapato en sus pies regordetes hasta que la justicia situó a Cenicienta en el lugar que le pertenecía.

Los cuentos de hadas y príncipes han colmado la imaginación de niños y adultos. En esta trama, sin embargo, se oculta más de una verdad lamentable sobre el determinismo de las mujeres insulsas, para quienes, perversas o no, no existe más deseo que el que se cumple con un buen matrimonio. Por medio del padre sufrió la muchacha la humillación de las hermanastras; un hada protectora apareció como ángel portador de la llave hacia la vida adulta y, gracias a la atracción de un príncipe enfermo de aburrimiento, Cenicienta consumó una aspiración ejemplar y redentora de sus parientes perversas.

De las más de 500 modalidades que existen de Cenicienta, una sola persiste como ruta de obediencia hacia el paraíso matrimonial. Los psicoanalistas la asocian con tránsitos edípicos de la adolescencia y sobre el personaje recaen cientos de símbolos relacionados con la indefensión infantil, la autoestima y la transferencia del poder. Las feministas abominan su fácil domesticidad y los niños identifican sus fantasías con el mundo idílico de las transformaciones mágicas. Para todos ofrece satisfacción esta doncella encenizada que se entroniza por obra de encantamiento. Lo curioso es que el móvil del amor a primera vista se colme a sí mismo y que, una vez ocurrido el deslumbramiento, a nadie interese el porvenir rutinario de una pareja a la que nada significado por obra propia ocurre en su vida.

Perder y encontrar el zapato de Cenicienta, como seña de identidad de un destino prometedor, después de sortear peripecias que comprometen a magos, genios o hadas, ha sido uno de los recursos más exitosos entre contadores de cuentos antiguos, que enlazan con un objeto cargado de magia los mundos de la realeza y del pueblo que, al no tener nada en común en la realidad, consuman una unidad imposible gracias a los poderes del sortilegio.

A menudo se encuentra en la India esta figura que desentraña un asunto relativo al encantamiento, aunque no sean chinelas exactamente los talismanes, sino anillos, lámparas prodigiosas, alfombras, animales o el sinfín de objetos que permiten al héroe probarse con la fortuna para triunfar sobre la adversidad y, como de paso, enamorar a mujeres y princesas maravillosas con las que se puede mudar de fortuna y acceder al poder con una carga supranatural de sabiduría.

Hay en las letras remotas variantes de *Cenicienta* que no requieren la intervención de hadas ni genios para alterar el orden de la existencia, como ocurre en la popular versión de Perrault, porque en la India los símbolos tejen historias en las que la magia es recompensa al azar para seres de apariencia insignificante. Así se observa en el cuento de un zapato de oro y pedrería que vuelve loco de amor a quien lo encuentra por accidente y no se rinde ante ningún obstáculo hasta encontrar el pie para el que

fue fabricado, lo que, al suceder felizmente, desentraña una intriga de poder, celos y perversidad parecida a las de *Las mil y una noches*. En la India del Norte se cuenta también lo contrario pero respecto de una mujer casada. Se trata de la princesa Suvernadevi, quien al desposarse con el príncipe Chitrasekhara en recompensa por haberla librado de un gigante maligno que la tenía cautiva y en riesgo de muerte, dejó caer su preciada chinela cuando paseaba por uno de los viveros reales. Allí la recogió un pescador y sin dudar la vendió al mercader, quien, a su vez, la obsequió al temible rey Ubrabâju, afamado por sus caprichos. Éste, con sólo mirarla, imaginó que su vida no sería igual si no poseía a su dueña, pues ninguna mujer podría ostentar objeto tan delicado de no contar con pies refinados. Y los pies en Oriente, como se sabe, han sido seña de alto linaje cuando tienen el tamaño adecuado y están bien cuidados.

Por todo el reino viajaron los pajes con el pregón de que aquel que descubriera la identidad de la dama y la presentara ante él recibiría una compensación sustanciosa. Animada por la codicia, una vieja de malos oficios se encargó de descifrar el enigma siguiendo las huellas del comerciante hasta la casa del pescador y al pie de la dueña de la chinela. Le faltaba por completar el requisito de presentar a la joven al rey y librarse de su marido. Al punto se encaminó al palacio disfrazada de cortesana. Tras ganarse la confianza de la princesa, se enteró que la vida del príncipe Chitrasekhara, afamado por su valentía, estaba protegida por un talismán conquistado por sus hazañas. Sin tardanza echó mano de su destreza para destruirlo y provocarle una muerte extraña cuya causa, desde luego, fue atribuida al rey Ubrabâju, quien según lo dijo la vieja a la viuda, no desperdició ocasión para deshacerse de él desde que fue atacado por el deseo.

Cuando Suvernadevi miró el cuerpo yacente de su marido, lo tendió en el lecho nupcial como si estuviera dormido. Juró no tocarlo ni hacerle sus funerales hasta resolver el enigma y castigar al culpable. Luego cedió a los elocuentes consejos de la anciana maligna y, decidida a vengar a su amado, fue a presentarse ante el rey Ubrabâju, quien, empeñado en casarse con ella, la hizo encerrar en palacio mientras ordenaba los esponsales con el auxilio de aquella hechicera.

Una vez que el hermano de la princesa averiguó que un objeto mágico desencadenó la desgracia y que peligraban tanto el destino del reino como el de la princesa, se aventuró a conjurar el encantamiento. Ayudado por la magia, primero devolvió la vida al difunto con un talismán que anulaba el efecto anterior y, tras liberar a la hermana después de múltiples peripecias, los dos héroes restauraron el bienestar familiar sometiendo al rey Ubrabâju y a su mensajera.

Aunque abundan los monstruos, las hechiceras emparentadas con brujas y tipos extraordinarios de portadores de las tinieblas, en la India no es común encontrar hadas, ni las cenicientas de allá realizan amores maravillosos por la intervención de cupidos conmovedores. Pese a destacar el poder de la magia, en Oriente es más común apoyarse en la valentía. Los héroes se ponen a prueba contra las fuerzas nefastas y, en medio de pugnas aleccionadoras, el bien, la lealtad y los atributos que engrandecen al hombre triunfan al fin con el galardón de la dama. Lejos de que la amada aparezca en sus vidas como prenda casual del destino, en general luchan por ella y se hacen acreedores al matrimonio, lo que implica

una diferencia notable entre la visión europea del amor fantaseado y la conquista, por méritos propios, de una mujer a la altura de sus esfuerzos.

Las hadas, sin embargo, no son en la tradición celta, típica de las letras anglosajonas, las mediadoras perfectas entre los ángeles y los humanos, como llegó a asegurarse en Europa hacia el siglo XVII. Las más afamadas pertenecen a una especie de seres sobrenaturales, aunque varían en tamaño, atributos morales, origen, duración de vida y poderes y suelen ser confundidas con fantasmas o mujeres que practican la magia.

La ciencia de las hadas es vasta y diversa. Apareció y cobró su mayor fuerza durante el medievo y desde entonces procede la costumbre de no llamarlas por su nombre ni retratarlas, sino de invocarlas con términos eufemísticos como "los buenos vecinos", "la buena gente", "ellos", "la corte bendita" o simplemente "seres extraños". Las hay solitarias, diminutas como insectos o enormes como jirafas; otras viven en el país encantado, son hilanderas, igual que las Parcas, o evocan dioses degenerados; unas son espíritus de la naturaleza y otras, las agrupadas bajo el nombre de *brownies,* se distinguen por sus túnicas verdes. Algunos aseguran que, sin distingo de sexo, los *brownies* eran inaceptables en el país de las hadas por su aspecto harapiento y sucio y que sólo podían acudir a la Corte Bendita cuando se presentaban decorosamente vestidos.

Nadie podría negar que las hadas han poblado, desde tiempos inmemoriales, las islas británicas y que tanto en Irlanda como en Escocia han habitado los bosques al lado de duendes, gnomos o elfos, cuyas aventuras completan la vida poética de aquellas culturas. Sus quehaceres llenan libros enormes. Lejos de desaparecer, en nuestro tiempo resurgen en enciclopedias y relatos modernos porque ya nadie se atrevería a sospechar que, en tratándose de horrorizar, asombrar y maravillar, estas criaturas ofrecen ocasiones inagotables. Gracias a ellas la vida se libra del tedio y el mundo adquiere una luz diferente, siempre cautivadora.

Es posible que tanto el hada de *La Cenicienta* como otras que frecuentan los refinados relatos de Perrault y otros autores franceses provinieran de la rama de hadas madrinas de origen celta que, al adaptarse a la cultura cristiana, abandonaron su origen pagano y agreste para asumir el madrinazgo protector que suele ser bendecido por el bautizo.

Cristiano o pagano, el origen legendario de Cenicienta sobrepasa la curiosidad de los críticos cuando la imaginación que conlleva el acto de extraer una carroza de oro de una calabaza se acompaña de un vestido elaborado mágicamente para que, al verla en el baile, un príncipe se enamore de una hijastra humillada por su madrastra cruel. Niño o adulto, quien lee en la intervención benéfica de un hada madrina el trasfondo de una fantasía deliciosa comprende el alcance de la imaginación creadora.

Para el común de los hombres no es fácil ver a las hadas. Aparecen o desaparecen a voluntad, aunque los expertos aseguran que por obra de un trébol de cuatro hojas o mediante el uso del célebre ungüento de las hadas, compuesto precisamente de estos tréboles, se dispersa el encanto que las hadas imponen a los sentidos humanos y que, una vez que el ojo ha sido tocado, la vista puede penetrar los disfraces que las ocultan. Dicen los sabios, también, que su poder sólo puede ser anulado por un soplo del aliento de otra hada o por el más vengativo cegamiento del ojo, que deja al curioso en tinieblas por atreverse con ellas.

Ciertas personas dotadas pueden verlas sin su permiso, pero no son comunes. Deben poseer la "segunda visión" que consiste del don del descubrimiento de sucesos presentes o pasados solamente, aunque unos cuantos pueden también hacerlo respecto de los acontecimientos por venir. Hay videntes capaces de anunciar acontecimientos lúgubres, misteriosos o tristes; otros miran los relacionados con la buena ventura, pero únicamente el encantamiento conduce al privilegiado al país de las hadas.

Ése y no otro es el prodigio que logran estas criaturas que ninguna tecnología ha podido sustituir porque en su caudal de aventuras perdura la fe en la existencia de un mundo intermedio entre lo conocido y lo sobrenatural, entre la voz de los bosques y el llamado, siempre fascinante y estremecedor, de una palabra capaz de mudar la desdicha en felicidad y de impartir castigos a quienes transgreden la ley natural.

Regentas

Catalina
de Médicis

Bajo el esplendor del Renacimiento, el siglo XVI emprendió una larga ruta de odio por los enfrentamientos religiosos entre católicos y protestantes que, sin triunfos definitivos para unos u otros, concluyó con la gran lucha del siglo XVII, que derivó en la crisis previa al advenimiento de los Estados nacionales.

La cultura católica no pudo restablecerse completamente en lo que llamaban la Cristiandad, mientras que la protestante tampoco consiguió esparcirse por toda la Cristiandad, según lo esperaba la Iglesia de Roma en el siglo XVI, después de haber "limpiado" de herejes España e Italia mediante la reactivación de la hoguera de la Inquisición, convertida en Santo Oficio por Pablo IV hacia 1555, y a consecuencia de la defensa emprendida por el Concilio de Trento para reformar la estructura y las costumbres católicas, hasta instituir esa catedral del fanatismo que se llamó la Congregación del Índice, en 1571, destinada a prohibir los libros "malditos", que perduraría hasta avanzado el siglo XX.

En tanto y esta reacción católica, denominada Contrarreforma, se empecinaba en "extirpar la herejía" mediante las llamas o con el auxilio de huestes militares, que en realidad realizaban guerras de conquista, se definían las acciones audaces y radicales de Lutero, Calvino y Knox, principalmente, con el establecimiento de "sectas" que incluían desde el riguroso calvinismo escocés hasta el presbiterianismo de Knox o el atrevimiento de Enrique VIII, en Inglaterra, de convertirse en papa de la Iglesia anglicana para confiscar bienes eclesiales y poder casarse a su gusto. Así, cada credo o secta se afirmó en sus regiones, determinó sus bienes y fincó sus intereses al lado de sus correspondientes modelos de Estado. Época conocida también por la Reforma europea, a causa del ímpetu protestante, España acudió a la represión violenta para conservar la unidad del imperio y el clero; Italia logró ser sede intocada de la Iglesia de Roma y en la patria de Lutero ocurrieron incontables conflictos, aunque pronto se deslindó el compromiso en favor del protestantismo, como sucediera en Inglaterra y Escocia, donde también campearon los asesinatos entre la realeza y la burguesía.

En una Francia anudada a los influjos de Italia y afectada por la tremenda guerra civil que favoreció al bando católico, se concentró durante unos 50 años la duda de si la fe retendría o perdería a toda Europa. La intransigencia se inclinó por la ambición y la conquista territorial en detrimento del talento político o militar de quienes apelaban, entre los siglos XV y XVI, a la razón moderada para equilibrar los dominios de la aristocracia en plena efervescencia de familias o clanes que se disputaban el liderazgo hegemónico.

Tal el escenario que le tocó en suerte a Catalina de Médicis, una verdadera cabeza política y cultural que durante 30 años supo adueñarse del mando y de la conducción fastuosa del renacimiento liberal en aquellos dominios asolados por la rapiña y la intransigencia excluyente. Esposa de Enrique II, perseguidor sistemático de los hugonotes o rebeldes protestantes, en su viudez se hizo llamar "Catalina, reina de Francia por la gracia de Dios y madre del rey", y así lo ostentó su sello, acuñado además con su efigie, al apoderarse de la regencia que respectivamente heredaron sus hijos: Francisco II, un adolescente neurótico que murió repentinamente, casi interdicto, y casado a los 15 años con María Estuardo, miembro del poderoso clan de los Guisa; Carlos IX, quien reinaría 14 años, y Enrique III, su vástago preferido. Contemporánea de Isabel I de Inglaterra, del emperador Felipe II, de María Estuardo y de grandes capitanes y banqueros italianos, Catalina fue uno de los más altos logros femeninos renacentistas, a pesar de la reputación de envenenadora y criminal que con sobrada razón se

ganó en su afán de conservar el cetro y el mando para sus hijos.

El clan de los Guisa estaba encabezado por el gran duque Francisco, afamado entre los más luminosos guerreros de aquella era. Provenían de Lorena, aunque sus tierras se hallaban en territorio francés y se tenían por paladines del catolicismo. Carlos de Guisa, el clérigo más acaudalado del reino, era cardenal de Lorena y arzobispo de Reims. Ambos gozaron de privilegios con Enrique II; después, tras la recia consorte, los Guisa también ejercieron abiertamente el poder con sus sucesores. Que su política era simple, escribió Pierre Goubert: eliminar a los Borbones, descendientes de San Luis, y a los Montmorency, autodenominados "los primeros barones de la cristiandad"; con modalidades, unos y otros se inclinaban en favor de la Reforma protestante, lo que suscitó rivalidades tan feroces que de los conflictos entre ellos y con los monarcas se originaron desde denuncias criminales hasta la tristemente célebre "conjura de Amboise", ocurrida en marzo de 1560, en contra de uno o dos Borbones y calvinistas neófitos, que querían ampararse del rey y la corte. Denunciados por los *chivatos,* los Borbones fueron sorprendidos en pleno bosque y después ahogados, ahorcados o estrangulados y llevados a Amboise. Éste sería uno de los antecedentes de la masacre de la "Noche de San Bartolomé", que aún se considera una de las matanzas más pavorosas de Europa.

Los historiadores coinciden en que las "guerras de religión" en los tiempos de esta reina eternamente enlutada, eran una manifestación de lo específicamente francés: enfrentamientos entre príncipes y provincias, conflictos internacionales, complots, asesinatos y ocasiones para justificar el pillaje y las traiciones. Enrique II compartió con su padre y antecesor, Francisco I, el recurso de quemar herejes en la plaza Maubert, practicado desde 1523. Esposa y madre de reyes, Catalina no conoció otra cosa que un reino encendido por el fanatismo y acostumbrado a tales excesos de crueldad que sus . súbditos no se asombraron cuando Enrique II expidió edictos escalonados, a partir de las "cámaras ardientes" de Chateaubriand, en 1551, hasta Ecuen, en 1559, para simplificar la persecución y crear la hoguera para todos los herejes declarados.

De su tío abuelo, el papa León X, Catalina de Médicis tenía los ojos saltones y los labios apretujados. Era enérgica, de palabra firme y decisiones prontas. Provenía de la gran familia de banqueros florentinos que dominaron la escena del Renacimiento durante casi 300 años, de 1434 a 1737. Por su ánimo constructor y una inigualable sensibilidad, el nombre y la fortuna de los Médicis se hicieron sentir en todos los signos de prosperidad italianos: desde la política a la arquitectura y desde la escultura a la pintura, sin descontar su intervención en los cambios económicos que hicieron de Florencia el puntal de los logros políticos más importantes de los Estados nacionales. Además de su genio financiero, el gusto de los Médicis permitió la creación de obras deslumbrantes que fueron posibles gracias a la organización comunal de Florencia y a la fuerza social de los gremios artesanales, de donde surgieron orfebres, talabarteros, canteros, herreros, pintores, ilustradores, impresores y el sinfín de manos laboriosas que la elevarían a una de las ciudades más hermosas, politizadas y admirables del mundo. Maquiavelo, Dante, Leonardo, Giotto, Miguel Ángel o Bernini son sólo ejemplos de

aquella profusión de un humanismo tan prodigioso que, sumado a la intensidad de la vida descrita por Maquiavelo en su *Historia de Florencia,* haría que esta ciudad se transformara en centro de la cultura, después del milagro ateniense. Inclusive los mecenazgos de los Médicis, ilustres descendientes de farmacéuticos medievales, servirían de punto de referencia a reyes y repúblicas. Poderosos ante Dios y los hombres, dieron cuatro papas a la Iglesia: León X, Clemente VII, Pío IV y León XI, y dos reinas a Francia, gracias a sus ligas matrimoniales con la realeza: la propia Catalina y María de Médicis.

Bastarían las existencias de Dante y de Maquiavelo para apreciar la vitalidad de aquella Florencia que siglo a siglo avanzaba sin declinar su magnificencia. Dante fue el más grande poeta de la Edad Media, imprescindible en la cultura occidental, y Maquiavelo, el primer teórico político que haría de la interpretación del poder una ciencia nueva en la historia, al desprenderla de mitos y leyendas. Cada uno con logros y aportaciones distintos, ambos serían correlativos al ascenso de una familia civilizadora sin precedentes, que supieron entender su función de agentes transformadores del humanismo. Si ser florentino era en sí un privilegio, no poder gozar de la propia ciudad era tenido entre los peores castigos. Lo supo Maquiavelo al ser exiliado al Albergaccio, en San Andrea in percusina, desde cuyas colinas podía mirar a distancia las luces de su amada y proscrita ciudad y donde, a causa de su aislamiento, enfermó de melancolía. Al tiempo sabrían también algunas mujeres lo que significaba pertenecer al mundo florentino, como Catalina, que en su sangre llevaba el germen constructor de Cosme y Lorenzo de Médicis, así como su genio político y la capacidad de abarcar, con la misma pasión, los asuntos de Estado, los deleites de la caza o de la buena mesa y los tránsitos transformadores del arte.

De recia personalidad, distintiva de su linaje, Catalina de Médicis fue hija de Lorenzo II, duque de Urbino, y de la princesa borbona Madeleine de La Tour d'Auvergne. Nació en Florencia el 13 de abril de 1519. Huérfana temprana, fue educada por monjas católicas tanto en su ciudad natal como en Roma, aunque al paso del tiempo supo intercalar hábilmente a su devoción religiosa, que nunca fue exagerada, un fervor no tan oculto por la astrología, los talismanes, los charlatanes, magos y adivinos de todo tipo. No era agraciada, aunque sustituyó su fealdad con el talento de los más distinguidos miembros de su familia. Clemente VII, su tío abuelo y hermano de Lorenzo el Magnífico, la casó con Enrique, duque de Orleans, quien heredó la corona francesa en abril de 1547, a la muerte de su padre, Francisco I. A partir de entonces, Catalina se incorporó a la vorágine de un desafío en el que andaban mezclados los intereses del absolutismo y las amenazas de una monarquía que, fundida a la Iglesia, confundía con facilidad los atributos divinos con los personales.

Florentina por los cuatro costados, Catalina de Médicis sufrió como esposa una prolongada esterilidad de 10 años que embraveció sus celos contra Diana de Poitiers, la sombra que enturbiaba su potestad en la alcoba y el trono, y a la que hizo marchar, en medio de insultos públicos, en cuanto murió accidentalmente Enrique II, no sin antes recuperar el tiempo perdido con 10 partos. De los siete hijos sobrevivientes, los tres príncipes sucesores poco heredaron de sus virtudes. Sobreprotegidos y caprichosos, les sobrevino la

muerte en su juventud y, entre reinados cambiantes, ella abandonó poco a poco la distancia que guardaba de las decisiones trascendentales hasta dirigir la política abiertamente, con las artes que han reputado a los hábiles florentinos.

Alta, virtuosa, con los rasgos mediterráneos distintivos de los Médicis, se sometía a ejercicios violentos para mitigar los furores del cuerpo. Cabalgaba detrás del ciervo o del jabalí; comía en abundancia, como buena italiana, y concentraba sus múltiples facultades en una naturaleza guerrera que contrastaba con la devoción con que educaba a sus hijos. Una devoción seguramente neurótica, a juzgar por los resultados, pues serían mucho más celebradas sus obras de construcción, a las que fue aficionada durante toda su vida, que las acciones dignas de recordar de sus vástagos entronizados. Lo que asombra de su personalidad es cómo podía responder con poder a los desafíos de una circunstancia que amenazaba el equilibrio de Francia. Cuando el sitio de Metz obligó a Enrique II a ausentarse del reino, en 1552, ella asumió la regencia con la naturalidad de quien ha nacido para gobernar. Siete años después, con los funerales del rey, enfrentó la primera crisis política a causa del clan de los Guisa, cuyo extremismo la impelió a buscar un centro conciliatorio que derivó, primero, en el Edicto de Amboise, en marzo de 1560, y dos meses después, en el de Romarantin, para distinguir la herejía de la sedición. A fines de ese mismo año volvió a enlutarse, ahora por su pequeño hijo, el rey Francisco II, quien estuviera dominado por el interés de los Guisa, lo que empeoró los enfrentamientos religiosos, civiles y monárquicos con el protestante Antonio de Borbón, rey de Navarra y primer príncipe de sangre, a causa de la controversial sucesión de Carlos IX, a quien ella logró imponer a pesar de la oposición.

Esta sería la década de mayor intensidad en la vida pública de Catalina quien, tras el cetro de su hijo, tendría que sortear desde levantamientos civiles hasta brotes separatistas emprendidos por los protestantes. Entendió que la estabilidad de Francia y la seguridad de su estirpe dependían de aciertos conciliatorios y, a pesar de sus escasos triunfos, a eso se aplicó para moderar una controversia que no parecía tener fin entre la Reforma de los hugonotes y la Contrarreforma de los católicos, ambos empeñados en no ceder un ápice en favor del contrario. Aunque fallido en su aplicación, el Coloquio de Poissy, seguido del edicto de 1562, fue la primera de una sucesión de tentativas históricas en favor de la tolerancia. Inclusive viajó con Carlos IX por Francia durante dos años para fortalecer su estrategia pacificadora y, como de paso, hacer valer los derechos del joven rey, a quien casó con Margarita de Austria con el propósito de congraciarse con el Imperio español, que apoyaba al bando católico, al tiempo que los luteranos apoyaban a los protestantes, y mediante el matrimonio, mitigar las presiones externas que se incrementaban con las guerras civiles.

Los líderes de sendos bandos se iban asesinando entre sí; sólo quedaban intactos el poder católico de los Guisa, próximos a los intereses de Catalina, y la jefatura hugonote del almirante De Coligny, única gran cabeza política de la época cerca del rey, junto con la de Catalina, aunque contraria en sus intereses; Coligny llegó a proponer a Carlos IX la expansión francesa en Brasil y en Florida, que no prosperó, como tampoco triunfaron sus planes de emprender una guerra de liberación de los Países Bajos, entonces bajo el yugo español. Su innegable influencia cerca del joven monarca, sin embargo, incrementó la rivalidad de la reina madre, quien, auxiliada con toda suerte de maleficios y hechicerías, trató inútilmente de eliminarlo.

Con el nombre de San Bartolomé en el centro de un calendario de sangre, comenzaron a sumarse conflictos cada vez más irresolubles hasta culminar en la gran matanza, en París, de la mañana del 23 a la noche del 24 de agosto de 1572. Ese mismo día de San Bartolomé, pero tres años antes, uno de los Coligny asesinó a un Guisa, por lo que Catalina de Médicis, determinada a no inclinarse públicamente en favor de ninguno de ellos ni de poner a debate los bienes de la Iglesia, decidió de una vez por todas enderezar la presión protestante comprometiendo a su hija Margarita con el hijo del rey de Navarra y, al mismo tiempo, deshacerse de Coligny para reducir la presión doméstica.

Los esponsales de su hija Margarita con el hijo del rey de Navarra, el protestante Enrique de Borbón, futuro Enrique IV, fueron el escenario elegido para llevar a cabo tanto sus propósitos conciliatorios a nivel de Estado, como los de la eliminación de Coligny. Los parisinos, sin embargo, estaban exacerbados contra los hugonotes, lo que hacía de las bodas un doble motivo de paz o de guerra civil, como al fin ocurrió. Los parisinos odiaban a Gaspar de Coligny y nadie supuso, menos aún Catalina, hasta dónde se desataría el encono católico, presidido por los Guisa, contra los protestantes en una hora de confusión en la que cualquier excusa era útil para acabar con el rival personal, cumplir venganzas y hasta saquear al caído. Fue tan repentino el levantamiento popular, que no existen descripciones confiables de la trágica

Noche de San Bartolomé. Se sabe que, en la escena de la boda, Gaspar de Coligny fue decapitado, castrado y descuartizado y que, acaso empleada su muerte como señal, comenzó una infernal matanza en contra de los principales hugonotes allí congregados. No era un grupo, sino un pueblo imparable y desbordado de creyentes fanatizados. Los católicos saquearon las casas e hicieron un botín de sus bienes; asesinaron familias enteras con sus sirvientes y no pararon su empresa criminal hasta bien entrado el amanecer, cuando miles de personas habían sido brutalmente acuchilladas, lapidadas o mutiladas en nombre de Dios.

Al enterarse de la tragedia, el papa Gregorio XIII ordenó que se cantara un *Te Deum* en acción de gracias por la "victoria" conseguida en Francia sobre los hugonotes. A partir de entonces, sobre Enrique de Navarra cayó el estigma de San Bartolomé y, con él, la exigencia de convertirse al catolicismo si es que pretendía gobernar una Francia que no cedería un solo derecho real al protestantismo. Con el trono en mente accedió en principio, aunque pronto retornó al calvinismo, por lo que el papa Sixto V lo excluyó del trono "por haber reincidido en la herejía". No obstante, pudo ser coronado como Enrique IV y reinar de 1589 a 1610, gracias al apoyo de muchos católicos; pero, sobre todo, porque tuvo que comprar el reconocimiento de París mediante una nueva conversión, en 1593, que entonces le hizo decir la célebre frase "París bien vale una misa", que en nuestros días se repite como lugar común.

Para Catalina, la Noche de San Bartolomé fue la mancha que ensombreció el ocaso de su vida y el episodio que más contribuyó a mitificar su condición de reina italiana inconmovible en medio de guerras civiles y monárquicas. No obstante la matanza de líderes hugonotes, continuaron en Francia la campaña protestante y las reacciones católicas instigadas por los infatigables y perniciosos Guisa. Unos meses después de la masacre murió, en mayo de 1574, Carlos IX sin dejar ningún heredero masculino legítimo, por lo que Catalina asumió la regencia en tanto hacía traer de Polonia a su hijo predilecto, el más dotado y cultivado a pesar de sus veleidades, siempre conflictivas y escandalosas por su indiscriminada bisexualidad. Pierre Goubert escribió que este efímero rey de Polonia, entronizado como Enrique III de Francia, adoraba el fausto, las fiestas exóticas, las joyas y los animales pequeños. Gobernó con la inestabilidad propia de su carácter 10 años, de 1574 a 1584, en medio de querellas con su hermano, el aún más desajustado Duque d'Anjou, a quien Catalina pretendió en vano casar nada menos que con la eterna soltera Isabel I de Inglaterra, lo que implicaba reinar en los Países Bajos católicos, rebelados contra Felipe II.

La muerte de Catalina de Médicis estuvo precedida por otro episodio en el que contempló la inutilidad de su empresa: el 23 de diciembre de 1588, en el castillo de Blois, Enrique III ordenó asesinar al segundo Balafré de los Guisa y, al saberlo por boca del rey, ella respondió horrorizada: "Sangre, todavía más sangre... siempre sangre". Agobiada por una mezcla de culpa y desaliento, Catalina se apartó para lamentarse. Días después, cuando se la encontró el cardenal de Borbón en uno de los corredores del castillo, le dijo en tono de reproche:

—Señora, ésta ha sido una de las vuestras, nos victimáis a todos.

Catalina de Médicis

Agraviada, Catalina protestó con justificada energía; luego, desanimada, agregó estas palabras:

—No puedo más. Es preciso que me eche a la cama.

Días después, en medio de la indiferencia general, murió en París el 5 de enero de 1589, a los 70 años.

Isabel I en su agonía

DURANTE los 45 años de mi reinado me dijeron de todo, menos que no antepusiera el amor a mi patria en todas mis decisiones. Inglaterra es un hermoso país al que sólo faltaba unidad económica frente al enemigo. Eso lo supe pronto, cuando advertí la fuerza que un pueblo adquiere cuando produce lo que antes compraba y sostiene el progreso con voluntad pacificadora. Por encima de mis flaquezas, procuré que nada faltara en mi reino y que, bajo la tutela de Dios y un buen instrumento monárquico, mis súbditos jamás cayeran en manos de la feroz tiranía de Felipe de España, ese insaciable católico que supo imponer en otros gobiernos la ley de las armas como mi padre, en su hora, determinaba segar la vida de sus esposas, incluida la de mi desdichada madre, Ana Bolena, cuando yo apenas cumplía los dos años de edad.

A toda costa me opuse a la guerra. Al principio no me entendieron; pero ahora me lo agradecen, aunque, desde el momento de entronizarme gracias a sus intrigas, pagara el precio del predominio de William Cecil en los asuntos fundamentales y aun a pesar de que se dijera que a la muerte de María Tudor, mi media hermana, usurpé el cetro legítimo de mi prima María Estuardo, en quien descansaba el derecho de gobernar por filiación y primogenitura. Ella era reina de Francia por matrimonio con el infortunado hijo de Catalina de Médicis; luego, duquesa de Suffolk, hija de Margarita, reina de Escocia y nieta de Enrique VII, mi abuelo paterno. La pobre María, a quien Cecil ejecutó a mis espaldas, después de encerrarla durante 20 años en la Torre de Londres, ante el silencio de su hijo Jacobo, a quien Cecil formó y quien será seguramente mi sucesor. Jamás lo diré ante nadie, a pesar de que Dios sabe cómo sufrí por ella, porque antes que reina privan en mí todavía ciertos sentimientos que me mueven a la misericordia y la piedad. Gracias a los manejos precisamente de Cecil, mejor conocido por lord Burghley, se hizo valer el testamento en el que Enrique VIII, mi padre, me incluía entre sus sucesores sin considerar a los vástagos de Margarita, a pesar de que yo fuera "ilegítima" a los ojos de la cristiandad, ya que nací cuando su esposa considerada legal todavía se encontraba con vida.

Conocerán esta edad como la "época isabelina" y a mí, acaso, me recordarán entre las soberanas que entendieron el principio de Estado antes que el interés personal o la codicia efímera de la gloria por las obras individuales. Soy de las que se valoran al tiempo, de las que los años maduran en la memoria no por dejar algo que pudiera decirse "esto o aquello fue hecho por Isabel I", sino por la sombra que poco a poco se ha ido expandiendo en Europa de un modo de gobernar con apetencia creadora.

Mi poder fue supremo, lo sé. Lo aprendí de mi padre y, en parte, también obedeció a las intrigas y subterfugios de lord Burghley, a quien han comenzado a llamar el creador de la Inglaterra protestante, la nación moderna, en la que se estableció la raíz de la Iglesia anglicana, donde descansa nuestro sistema social y político que alguna vez se esclarecerá en su verdad, por la curiosidad que no falta en los estudiosos. Dicen que así como Thomas Cromwell liquidó la ruptura con Roma, el viejo lanzó a Inglaterra a la aventura del cambio católico al protestante mediante un régimen de terror que me atribuyeron porque ciertamente accedía en privado a sus exigencias, aunque no estuviera desprovisto del genio que lo distinguió y que legó a su segundo hijo, Robert, ese astuto enano jorobado de enorme cabeza que practica el espionaje con habilidad superada y quien no descansará hasta imponer su nombre en la memoria de nuestro reino.

Escogí a mis ministros, a los hombres cercanos, a las voces prudentes y, sobre todo, a las personalidades más fieles como se escoge lo más preciado. Por eso me llaman la "gran reina", porque cultivé el amor de mi pueblo a través de los logros de grandes personalidades en todos los ámbitos, incluido el de los negocios. Bajo mi protección florecieron las artes y ensanché el prestigio de mi nación, interna y externamente. Eso no me lo quita nadie. No ignoro que algunos supondrán que fui el títere del grupo de millonarios que ascendieron con el saqueo de la Iglesia en la época de mi padre. Lo importante es el ascenso que sobrevino a la mezcla de florecimiento y fundación económica en favor del progresivo bienestar de Inglaterra. En 1571, el financiero Thomas Gresham construyó la Casa de Cambio; siete años después, abrimos el mercado foráneo al visitar a la vecina Noruega, lo que contribuyó a la apertura de las colonias y al ensanchamiento de la Corona en un dominio más allá de los mares que, con seguridad, perdurará con los siglos.

Entre otros negocios, los Cecil apostaron por la Armada Invencible y fracasaron, tal vez porque William era ya anciano y sus viejas alianzas con la piratería, sobre todo con John Hawkins, el negrero que con Drake, su discípulo, encabeza a nuestros mejores marinos, sirvieron para sujetar a Felipe de España bajo el velo de una falsa amistad teñida de fuerte nacionalismo; pero sus expectativas no eran aún suficientes para hacer de la flota una extensión del poder de Inglaterra hacia el exterior. No lo veremos: me acecha la muerte y sobre mi conciencia se suman contrariedades que he padecido en secreto a causa de las intervenciones políticas del grupo. Sé, sin embargo, que el inglés es un pueblo recio, inclinado a fortalecer las instituciones y a velar por la monarquía, a pesar de las debilidades ocasionales de sus monarcas. Tenemos un Parlamento fuerte y el bien del Estado se antepone a los intereses individuales, aun en el caso del clan de los Cecil, quienes para triunfar han tenido que desarrollar aptitudes en nombre de la Corona.

Me usaron y los usé haciéndoles creer que detrás de mi precaria salud, a la que sucumbí más de media docena de veces, ocultaba una anormalidad secreta que no sólo me impedía tener hijos, sino que afectaba mi voluntad, lo cual públicamente se vinculó con la poderosa inteligencia de mi familia. Inclusive ahora evito que se quebrante mi espíritu y no dejaré ninguna hendidura para que los fisgones inquieran mi vida amorosa, aun a riesgo de sufrir la condena de ser acusada de enferma sexual. En eso los hombres, sean labriegos o reyes, gozan de libertades proscritas a las mujeres, no obstante ser soberanas. Cuántas veces, en esta alcoba, pensé quebrantar la norma... Deseaba vivir lo que no estuvo dado a mi cuerpo maltrecho y a mis apetencias ocasionales. Odié mi peluca rojiza. Dependí de ella desde los 30 años, cuando perdí los cabellos en una de mis primeras enfermedades y la fealdad se apoderó de mi juventud con la intensidad con la que la fiera devora a su presa. Aumentaron con rapidez mis defectos, pero sustituía con vivacidad cuanto declinaba en mi aspecto físico. Desde niña odié los retratos. Evité mirarme y que otros me contemplaran por temor a infundir repugnancia. La dignidad fue mi única aliada. Mi dignidad y mi fuerza, que es la fuerza de la Corona.

Lo religioso era el punto más conflictivo y desde el principio me concentré en afianzar el protestantismo de mi pueblo. Enfrenté a los rebeldes católicos, vergonzosamente aliados al extranjero, y no obstante atentar contra su Soberana y el poder de la monarquía, triunfamos sobre sus intereses mezquinos para gloria de Inglaterra.

Mucho se hablará alrededor de este asunto. Se dirá que fui un mito, que en las desigualdades con María Tudor, mi media hermana, esposa católica de Felipe II y reina que me precedió en medio de las atroces dificultades que la hicieron encerrarme en la Torre de Londres durante mi juventud, finqué una actitud personal que comprometía la posición de debilidad que me atribuyeron injustamente, porque, sea lo que haya sido, en caso alguno fui débil, sino cautelosa. A ella debo una de mis más dramáticas experiencias y la inestabilidad de mis nervios que me legó la prisión. En vano trató de inculparme de traición por complicidad con sir Thomas Wyat, en la rebelión de 1554 que llevó su nombre, cuatro años antes de su muerte y de mi entronización, a los 25 de mi edad, en la que reconozco la intervención de Cecil. Siguiente en la línea de derechos de sucesión y vinculada desde mi nacimiento con la causa protestante, entonces aprendí el significado de la prudencia y conocí los peligros que entrañan los vericuetos matrimoniales de la aristocracia, como el último escándalo relacionado con lord Seymour, cónyuge de Catherine Parr, última esposa y la única sobreviviente de mi padre.

William Cecil fue un opositor enconado a mi dirección política e impuso la suya a causa de mis frecuentes indecisiones. Encabezó con terquedad a los líderes financieros, quienes lo consideraron un genio, y se entregó a la tarea de minar la base católica en nuestra tierra, no obstante el arraigo que se antojaba imposible de eliminar, para conducir a las nuevas generaciones bajo la guía del anglicanismo. Desterró la misa. Intervino en mis decisiones y antepuso la voz de su grupo al rumbo no tan preciso que mi regencia tenía previsto para su pueblo. Reconozco, no obstante, que jamás se mezcló abiertamente en los asuntos de Estado, que él presidía en su carácter de secretario, porque el suyo era de esos dominios velados, propios de su mente perversa, lo que me permitió sortear, con equilibrio oscilante y aparente firmeza, los avatares de mi precaria salud y las presiones de nuestro credo, indivisible de la fuerza monárquica.

Hasta hoy, último día de mi vida y con una fidelidad tenaz a los reveses de mi fortuna, miro con claridad el momento en que mi padre, el implacable Enrique VIII, me hizo abandonar a los dos años de edad el castillo de Greenwich, donde nací el 7 de septiembre de 1533, para crecer y formarme en la casa Hatfield de Hertfordshire y después trasladarme con Elizabeth Parr, su viuda, donde comenzaron mis complicaciones políticas durante el reinado de mi hermanastra María. Al cumplir los 15 años comencé a padecer los íntimos desencantos que me afamarían como la "reina virgen", por mi sostenida imposibilidad de aceptar los lazos matrimoniales. Esto es algo de lo que prefiero no hablar. Sobre mí han recaído infundios, comentarios atroces y miradas en las que leo la mordacidad de los que pretenden adivinar los corredores de un infierno que siempre ha estallado en mi alcoba, donde la discreción ha valido el precio de la confianza y la vida.

Nunca fui bella ni pretendí aparentarlo, aunque mis informantes me dicen que los cortesanos suponen que busco la adulación. Lo que no comprendí es cómo avanzó mi fealdad con el tiempo. Al perder mi cabello rojizo, la piel se me fue endureciendo hasta adquirir esta resequedad que yo misma evito tocar porque más suave parece cualquier pergamino que la aspereza de mis muslos

obesos o los dobleces de mi protuberancia, que cae desde el cuello como una masa que ninguna faja consigue ocultar. Hay algo ruinoso en mí que viene de lejos, como si la carne cobrara su cuota a las maldiciones que envenenaron mi sangre. A solas maldigo esta herencia. A solas maldigo esos miedos que me perturban y que me hacen requerir las caricias de hombres forzados por mi poder a mostrarme una felicidad que no sienten ni como satisfacción de haber sido elegidos por su soberana. Jamás conocí el placer. Comí en abundancia quizá para contrarrestar la ansiedad que me incendiaba en mi lecho, la que ningún hombre sería capaz de aplacar, a pesar de haber persistido en mi inútil búsqueda del amor. Los ignorantes me acusan de perversión y en las tabernas repiten que soy anormal.

Isabel I, repiten con reverencia, quizá porque he sorteado hasta lo posible el dominio que ejercen quienes escudan su ferocidad con mi nombre. Han caído sobre mí adulaciones absurdas; pero agradecerán la paciencia con la que sobrellevo tan espantosa vejez, además de las complicaciones de un Estado que ha crecido en parte por mi vivacidad y en parte por los oficios de mis ministros. Entre mis cuatro millones de súbditos surgieron marinos audaces, como en otras naciones de Europa, y no obstante el saldo de robos y crímenes que abonan a sus conquistas, mitigué el mercado de esclavos y no fui complaciente con la rapiña de los piratas. Cecil insistió en que Inglaterra los requería. Inclusive a mí me mentía para reducir importancia a sus decisiones de sujetar con engaños y una expedita red de espionaje a Felipe de España. Dejé en sus manos los asuntos más sucios, ya que a mí me avergonzaba ante los demás tener que aceptar los procedimientos de tan desdichado negocio que afectaba a otros reinos. Mis cuatro millones de súbditos sufrieron oscilaciones de pobreza, enfermedad y merma en la población de las grandes ciudades. Hubo años malos y muy buenos. En los mejores, Cecil hizo la vista gorda frente a los abusos de Hawkins, Drake y los demás que robaban a discreción en los mares. En lo que pude compensé a las víctimas, desaprobé públicamente actos de piratería y accedí a que gran parte de las ganancias fueran a dar a los bolsillos hinchados de financieros y comerciantes con fuerza política, quienes dispensaban migas a modo de comisiones entre los agentes criminales.

Si hubiera un arquetipo de la mujer de mando, lo encarnaría yo misma, una Tudor, Isabel I: pragmática y sutil, inventora de la respuesta sin respuesta, prudente en la firmeza y hábil para cubrir las indecisiones con la inteligencia de los demás. Muchos dijeron que si de mi abuelo adquirí el don financiero, de mi padre heredé el temple monárquico que mereció el apelativo de arte de gobernar. Sé que he sido amada y temida, no me canso de repetirlo. Lo escucho además a diario, de quienes son mis incondicionales. Por sobre los conflictos sociales, religiosos y económicos, que nunca faltaron, supe inspirar el difícil secreto de combinar con solicitud y cultura el rigor que me demandaban.

Sí, evité las guerras. Fueron un soberano fracaso el único intento militar de mi reinado, en Holanda, y el único colonial, en Virginia. Calvinista en mi infancia, estuve dispuesta a profesar el catolicismo durante la regencia de María, aunque esta proclividad mía se confundió con intrigas que pude rectificar oportunamente. Pensé que el credo podía unificar a Europa y apoyé en ocasiones a Felipe de España, cabeza del movimiento. Cecil, sin embargo, lo transformó en enemigo y, a pesar de mis vínculos con el papado, tuve que plegarme al anglicanismo por ser inseparable de la Corona. Rehusé el título de mi padre, quien se hizo llamar "Vicario de Cristo y Jefe Supremo de la Iglesia sobre la Tierra", porque íntimamente prevalecieron mis dudas.

En tres ocasiones hice lo posible por salvar a Norfolk de la ejecución. Impotente en esto, como en otras cuestiones entre las que recuerdo mi propósito de eliminar a Drake antes de la abierta declaración de guerra al trono de España, la cabeza de mi infortunado primo cayó sobre Cecil, es cierto, aunque Dios sabe que si mis órdenes no se cumplían era porque no tuve la suficiente firmeza, a excusa de mis innumerables dolencias. Si algo lamento es el asesinato de María Estuardo. Agonicé en consecuencia y a mi pesar se cumplió la sentencia.

Me atribuyen un amasiato con Leicester, porque me manejaba a su antojo. Hizo cuanto quiso en Holanda. Luego con Essex, quien sitió a Cádiz y desafió mi cólera por usar mi nombre en sus atrocidades. Robert Cecil lo hizo matar. Lo lloré durante meses y puede decirse, sin temor a equivocarse, que su muerte es mi muerte también; una muerte sellada por la desdicha, asolada por esta locura infiltrada de lucidez.

Aquí estoy, esta mañana del 24 de marzo de 1603, tendida en el suelo desde hace días, esperando la muerte. Me he negado a hablar durante semanas y, para no sucumbir a la tentación, aprieto mi boca con el dedo. Dicen que no tengo nada, pero siento un hierro candente que aprieta mi cabeza. Una tras otra me acosan visiones: la falta de hijos, mi negativa a casarme, los sufrimientos y las penurias que tuve que pasar en el lecho, un lecho odioso, que no tocaré más porque siento que bajo las mantas me abrasan las llamas. El rostro de Essex va y viene con la paz de María Estuardo, la santa y feliz de María. Odio mi cuerpo; aborrezco mi mente, me invade el dolor, me atormento. No conocí el sosiego. No lo conoceré siquiera en el instante final. Me amarga el repaso de mi memoria. No me consuelan ni los aciertos. Desde el fondo del infierno escucho la voz de mi padre recriminándome porque separé en dos el poder: el real y el nominal; el nominal impresiona a los hombres; el real se ejerce en nombre de la nación. Escuché una vez a Cecil decir tras de mí que él gobernaba a Inglaterra, que era su dueño. Es posible. A estas alturas no quiero pensar. No quiero sumar nuevas fatigas a este cansancio de ser. Estoy agotada. Intuyo el declive monárquico a partir de mi régimen. Al menos no me tocará presenciar el derramamiento de sangre que sobrevendrá con la generación que organice mis funerales.

Isabel I: sinónimo de grandeza, dirán al evocar aciertos de los que desconfío. Conmigo concluye la dinastía Tudor. Presiento el clamor de Jacobo I, hijo de la pobre María. No dudo de que él unirá a Inglaterra e Irlanda. Lo lleva en la sangre, como lleva también el sello escocés que significará la casa de los Estuardo. Sigue en prisión Walter Raleigh y no tardarán en ejecutarlo; pero no estaré yo para firmar el decreto. Secretamente confieso que William Shakespeare me mostró el teatro de un poder del que no estuve exenta. Su nombre ascenderá con el mío y bajo mi era se recordarán los aciertos de Francis Bacon, de Ben Jonson, de Edmund Spencer y de Christopher Marlowe. No todo es basura. Pero, estoy tan cansada...

Cristina
de Suecia

DESEARLO todo y desearlo bien, con la plenitud que sólo inspira la rara congregación del poder y la apetencia del entendimiento absoluto, no ha sido frecuente, mucho menos en una mujer. Hay casos, como el de Fausto, cuya conciencia del tiempo se funde al anhelo de abarcar un pozo de sensaciones, además del conocimiento y del secreto de la juventud; pero él acude al demonio porque entiende sus limitaciones humanas y después de explorar los vericuetos del mal, en la orilla de la muerte ofrece su arrepentimiento al Creador con ayuda de Margarita, un alma tan simple como proclive a aceptar para sí la condena de sufrir el dolor que queda después del dolor.

Abundan ejemplos de monarcas que gobiernan por accidente, héroes tocados por el azar, dictadores a los que no basta la posibilidad de mandar y recurren al poder de matar; hay artistas que enriquecen los caminos de la belleza, filósofos que sueñan con la verdad, místicos que se funden a Dios, hombres o mujeres que desean el cambio de sexo por desesperación o búsqueda de placer y creadores que atinan con el instante en que lo inesperado coincide con la manifestación de la voz, el deslumbramiento o la materialización de un aliento divino. Otros hay que en sus faltantes vitales triunfan sobre el aburrimiento al atreverse a emprender aventuras como las de Alejandro el Grande, Julio César, Carlomagno, Luis de Camoens o D. H. Lawrence y consiguen hacer de su vida una ráfaga contrapuesta al temor a la muerte.

Lo que no es común es que, desde la cuna, una mujer exprese pasión por inquirir los misterios que separan los atributos divinos de las virtudes de la razón y que transforme en manera de ser esa fidelidad a su apetencia de perfección. Por esa rareza que asombró a sus coetáneos y aun la distingue, Cristina de Suecia resulta casi única en la historia que sella el Renacimiento europeo e inalcanzable para las más ambiciosas aspiraciones de un feminismo que, para nuestra desgracia, poco ha pensado respecto del significado transformador de una individualidad aferrada a lo sagrado como móvil de rebeldía.

El suyo fue un carácter fundador que, al través del pensamiento crítico, confirmó que los prejuicios religiosos impiden el despertar de los pueblos, en especial cuando pretenden determinar el porvenir del Estado.

Única descendiente del rey Gustavo Adolfo II y María Eleonora de Brandenburgo, Cristina nació en Estocolmo el 8 de diciembre de 1626. Heredó la corona de Suecia antes de cumplir los seis años, cuando murió su padre en la batalla de Lusacia, después de tomar Habsburgo y avanzar hacia Sajonia, en noviembre de 1632. De espaldas a la viudez doliente de su madre, la siempre controvertida Cristina tuvo inclusive una infancia inusual: esperaba con ansia el amanecer para que la sacaran de aquellos aposentos luctuosos en los que se concentraba un enfermizo apego al pasado. No le interesaban los juegos con otros niños ni permitió que su sensibilidad se apartara del deseo de aprender. Su inteligencia compensó el defecto de tener un hombro más alto que el otro y una fealdad que nunca le preocupó; pero la sobrellevó con donaire. Sus biógrafos ponderaron su belleza interior y en general acentuaron la gracia de sus cabellos, a falta de otros motivos de vanidad, que no cultivó. Odiaba las labores de su sexo. Sólo tomaba agua; le daba lo mismo comer un platillo esmerado que alimentos hervidos. En vez de asustarse, se emocionaba ante el sonido del arcabuz. Experta en caballos, cabalgaba con la temeridad del soldado y, durante las jornadas de caza, derribaba a la presa de un solo disparo. Como pocos, asumió su realeza por el alto concepto que tenía de su origen, su reino y su persona, quizá a causa del sentido del honor que extrajo de sus lecturas clásicas y de la intuición nacional que la condujo al extremo de prohibir el uso público de condecoraciones extranjeras, actitud que contradecía el desapego que exhibió entre los emblemas de su libertad femenina.

Educada como príncipe, el distinguido teólogo Johannes Matthiae fue su tutor, en tanto que el canciller, conde Axel Oxenstierna, la instruyó en política mientras él gobernaba aquel reino agrupado en cinco regencias. En lo que ella crecía, el general Johann Baner asumió el mando militar en pleno asentamiento de un protestantismo tan vigoroso que animó las principales guerras de intervención ante el peligroso crecimiento de los Habsburgo; en su oportunidad, sin embargo, la princesa adolescente razonó ante el Senado las inconveniencias económicas y sociales del belicismo y abogó en favor de la reconstrucción interior y la paz con Westfalia, firmada hasta octubre de 1648, que políticamente significaba dar un paso adelante en la disolución del imperio antiguo, a cuyo emperador sólo le quedan derechos honoríficos en un complicado reparto de tierras y rivalidades. Líderes en la nueva situación, Francia y Suecia emprenden otro capítulo de dominio, curiosamente sellado por el poder femenino, al igual que Inglaterra, con Isabel I, mientras que las potencias extranjeras —prácticamente toda Europa central— adquieren el derecho de intervenir en las cuestiones alemanas.

Cristina de Suecia demostró el alcance de su talento y el poder de una voluntad de mando tan definida que, antes de cumplir los 14 años, dejó de ser opinante para presidir las juntas del Consejo y participar en las decisiones políticas del conde Oxenstierna, a quien se opuso al ser coronada en 1644, cuando a los 18 años adquirió la mayoría de edad. No obstante sus habilidades negociadoras al concluir la guerra de Treinta Años, el retorno de los soldados incrementó el desempleo, empeoraron los problemas financieros y se hicieron incontrolables los estallidos civiles y las pugnas de clase, por lo que tuvo que acudir de nuevo a los servicios de Oxenstierna para aquietar sus dominios y restablecer cierto equilibrio que nunca logró a plenitud, quizá porque estuvo mejor dotada para la negociación de gabinete y la interpretación política que para el pragmatismo.

Consideró que el desarrollo del saber y las artes eleva a los pueblos a un estado superior de cultura, indispensable en el mejoramiento del bienestar, así como en la dignidad nacional que sólo se logra mediante la razón educada. Con el mismo celo que atendía los asuntos de gobierno se empeñó en sus propios estudios. Hizo traer algunos sabios de los Países Bajos para completar su formación y, como de paso, subsidiar la obra de los espíritus más connotados, costumbre que practicó en su tierra o fuera de ella hasta su muerte. Los mejores filólogos e historiadores alemanes acudieron a su corte. Freinsheim influyó en la elección de los mecenazgos de Cristina y aun consiguió que ésta condonara a Ulm, su ciudad natal, las contribuciones de guerra que le habían sido impuestas. El helenista Isaac Vossius no únicamente la hizo experta en asuntos griegos, sino que avivó su simpatía por el pueblo judío al grado que, cuando abdicó en favor de su primo para residir en Italia, se convirtió en una implacable defensora de los derechos étnicos y religiosos de los perseguidos. Asimiló en poco tiempo a los autores de la Antigüedad y dio un toque vanguardista al humanismo al reinterpretar a los padres de la Iglesia y apelar en favor de la claridad, que parecía olvidada en aquel tiempo proclive al barroco, al abuso de adjetivos y a las torceduras retóricas.

Cada mañana, sin distingo de día y por sobre sus deberes reales, madrugaba para empezar a las cinco sus discusiones con Descartes en la biblioteca de palacio. El gran filósofo francés, que continuó hasta morir escribiendo en su corte, aseguró que era tal el talento de Cristina que con una sagacidad nunca vista derivaba de las ideas de Platón sus propios postulados cartesianos. Aquel sabio, uno de los grandes del pensamiento moderno, iba de asombro en asombro: la reina absorbía lenguas con la misma facilidad con la que discernía filosóficamente; hablaba, casi sin acento, el idioma de los embajadores y, combativa en el pensamiento y la acción, no la arredraban los desafíos.

En 1645, su influencia intelectual inspiró la fundación del primer periódico sueco y decretó la obligatoriedad escolar en el campo, acaso por imitar el "método escolar" del duque Ernesto el Piadoso de Sajonia-Gotha. Sin merma de la política, que dirigió personalmente, apoyó la ciencia y las artes. Su memoria era portentosa. Si su voz se imponía con lucidez y valor en los debates del Senado, durante las discusiones con eruditos, escritores y artistas demostraba el alcance de una sagacidad deslumbrante. Impresionó a las inteligencias más agudas, aunque también engendró peligrosas envidias porque, en aquella corte de notables y hombres hechos en la costumbre monárquica, no era cuestión de atender sus juicios reales, sino de reconocer en Cristina de Suecia el prodigio de una razón educada por la doble pasión del saber y del mando, lo que resultaba cuando menos desconcertante en mentalidades cerradas y proclives a la intransigencia. Pasmado, Naudeo exclamó públicamente que el espíritu de aquella mujer era en verdad extraordinario: "Todo lo ha visto, todo lo ha leído, todo lo sabe".

Nicolás Heinsius la proveyó de valiosos manuscritos y libros raros traídos de Italia con los que Cristina fundaría, al paso del tiempo, la gran biblioteca de filosofía y letras de la Accademia dell' Arcadia, aún existente en Roma. Sin embargo, los italianos se quejaron de ser víctimas de un gran despojo. Que se cargaban barcos enteros con sus acervos destinados a la corte sueca, dijeron, acaso sin considerar que siglos antes sus antepasados hicieron lo propio con las bibliotecas de Pérgamo y Alejandría, y que de esa manera aquella vigorosa sabiduría había sido trasladada del Medio Oriente a las tierras de Europa, como ahora se iba a las del norte. No obstante, a diferencia de aquellos romanos imperiales, promotores de la moderna civilización, esta *Minerva del Norte,* como la apodaban con receloso estupor, no consiguió despertar el apetito creador en sus súbditos más destacados, lo que por supuesto la exasperó, como sería de esperar en quien públicamente expresó su desprecio por la fanatización religiosa y el bajo nivel de la gente de su país, a la que nunca pudo apreciar, como tampoco pudo entender que Europa toda fuera entonces un campo encendido por los furores de la Reforma y la Contrarreforma que, en su carácter de reina, no fue capaz de manejar con habilidad, lo que demuestra que no basta contar con un talento de excepción para saber gobernar.

Durante toda su vida asombró por sus juicios críticos, siempre proclives a rectificar las posturas cerradas de la mentalidad protestante que dominaba el fervor de la Contrarreforma católica. No fue extraño, en temperamento tan inconforme aunque fundamentalmente egoísta, que se apasionara por las bondades teóricas de la Iglesia católica y que cambiara de religión, para escándalo de propios y extraños, al decidir abdicar por varias razones, pero en especial por atentar contra los derechos de sucesión porque aborrecía de tal modo el matrimonio que, tras empuñar el cetro, afirmó que preferiría morir antes que verse casada. Quizá esta imposibilidad de soportar cualquier forma de sumisión marital influyó en su conversión al catolicismo, ya que Leopold von Ranke, al biografiarla, recordó que ella tenía nueve años cuando le hablaron por vez primera de las peculiaridades de la Iglesia de Roma y, entre otras cosas, le dijeron cómo se apreciaba el celibato entre los practicantes de esta doctrina. "Eso es muy hermoso —contestó entusiasmada—; quiero abrazar esa religión."

Fascinada por el halo de espiritualidad que creyó distintivo de los católicos, en la conversión de Cristina de Suecia se infiltraron otros motivos no religiosos y sí consecuentes con su tendencia a fantasear situaciones extraordinarias. En la conflictiva relación con su madre, Cristina abundó en muestras de transgresión, que posteriormente centró en el protestantismo como fuente de limitantes a su desenfreno habitual, entrenado en zaherir y espetar en cualquier ocasión su innegable temeridad. De visos autoritarios, es de creer que la desquiciaba la sola idea de supeditarse a un hombre con derechos sobre su cuerpo y prefirió renunciar al cetro antes que ceder en esta cuestión, no obstante comprometer al Estado. Cuanto le sobraba de orgullo le faltaba de patriotismo. Nunca concilió su fervor político con el desapego instintivo de su carácter, y en esta actitud concentró sus mayores contradicciones, ya que en aquellos días dominados por luchas imperiales no existió nada más concreto que la política sobre los acomodos territoriales, inspirados por Dios o los hombres. No amaba a su pueblo; detestaba su religión y sus fiestas. Ofendía sin tregua; sin embargo, a pesar del talante impulsivo, propio de su imaginación, aspiraba al equilibrio moral que le imponían su rango y su formación racional.

Ella misma escribió que "cuando se es católico se tiene el consuelo de creer lo que tantos nobles espíritus han creído por espacio de 16 siglos, de pertenecer a una religión corroborada por millones de milagros y millones de mártires... Una religión de la que han salido tantas vírgenes admirables que han sabido vencer las flaquezas de su sexo, para sacrificarse a Dios"; pero esos comentarios suyos no dejan de reflejar su afán transgresor, si se tiene en cuenta el exhibicionismo que practicó con maestría.

Es de suponer que, no obstante el fervor por un credo al que sólo apreciaba en teoría, su terquedad religiosa entrañaba una ruptura con sus mayores. Su pasión política la hizo encarecer la autoridad infalible del papa cuando lo llamó "cabeza de una institución perfecta, emanada de la voluntad de Dios", justo lo que ella deseaba. Hasta podría inferirse que era el poder absoluto lo que ambicionaba, un poder tanto espiritual como mundano, que le era imposible emular desde aquel Estocolmo del siglo XVII, cuando el mundo occidental deslindaba los términos del nacionalismo que lograría su esplendor liberal con el romanticismo del siglo XIX.

Con la abdicación en mente, al cumplirse 10 años de su reinado, Cristina desplegó su agudeza para acercarse a la corte romana. Los suecos, escandalizados de que su propia reina eligiera una religión abominada y proscrita, hicieron del tema un alegato que comprometía la estabilidad del país. En vez de recapacitar, interpuso razones de salud para abandonar sus deberes y aun se atrevió a afirmar que las responsabilidades de la Corona rebasaban la capacidad natural de una mujer que, para colmo de males, se aferraba a su soltería. Ella misma eligió a su primo Carlos Gustavo X como su sucesor y al entronizarlo, el 6 de junio de 1654, el mismo día en que ella abdicó, abandonó Suecia para dirigirse a Bruselas, donde se convirtió en secreto al catolicismo, que más tarde abrazó públicamente en la ciudad de Innsbruck.

El papa Alejandro VII la recibió en Roma con honores reales, a pesar de que entonces, en diciembre de 1655, ya comenzaba a decepcionarse de los católicos porque, además de que sus prelados le parecieron poco piadosos e insoportables las beaterías, se le hizo sugerente esa mezcla de frivolidad y turbios negocios que campeaba entre los más altos jerarcas de un credo que, contrario a su costumbre personal de enjuiciar con rigor, apreció por lo que imaginó y no por su carga de realidad. Así que, en vez de entregarse a la devoción que meses atrás la hizo sentirse inspirada al grado de depositar en Loreto la corona y el cetro a los pies de la Virgen y de creerse capaz de aventurarse en la santidad, echó a andar sus habilidades políticas para participar en la intriga papal y cardenalicia, porque añoraba el poder y le divertía determinar voluntades de manera no tan furtiva.

Cautivó a los romanos por su extravagante refinamiento y ella, agradecida, discurrió grandes empresas culturales que en nada desmerecían frente a las ambiciones artísticas de la Santa Sede. Gustaba de los carnavales, las comedias y los conciertos; pero, en especial, de la vivacidad italiana, que contrastaba con la personalidad lúgubre de los suecos. Le sobraba tiempo para el intervencionismo y lo aprovechó sin desperdiciar las más altas influencias. Caprichosa, primero aspiró al reino de Nápoles, entonces bajo el Imperio español, porque así como añoraba los goces del mando también le hacían falta el ambiente cortesano y, desde luego, un financiamiento sin cortapisas. Entró en negociaciones con el duque de Módena y el cardenal Mazarino, ministro en jefe del gobierno francés, para hacerse del cetro con la promesa de que, a su muerte, lo entregaría sin reservas ni derechos de sucesión a un príncipe galo; luego, al fracasar en sus planes, como era de esperar, durante su visita a Francia, en 1657, cedió a la tentación del error. Imbuida de ferocidad, en Fontainebleau hizo ejecutar sin juicio ni sentencia legal ni tiempo para prepararse a morir al marqués Gian Rinaldo Monaldeschi, su escudero y fiel cortesano, a manos del peor enemigo del condenado, quien lo acusó de alta traición por entorpecer sus alianzas ante la Santa Sede.

En nombre de su derecho monárquico sobre un acto de deslealtad, se negó a rendir cuentas de su dureza. Alegó que aceptar el veredicto de un tribunal era contrario a su dignidad y agregó: "no reconocer a nadie por encima de uno vale más que dominar toda la tierra", afirmación que probó hasta dónde se infiltraba la arbitrariedad en sus ocurrencias. Inclusive aseguró que ninguna reina que se precie de serlo puede ni debe atender la opinión pública, siempre despreciable. Sin embargo, enfrentó con donaire la repulsa general, aunque el descrédito ensombreció su figura y

canceló durante 10 años sus aspiraciones absolutistas, mismas que resurgieron, tras su segunda visita a Suecia y mientras esperaba en Hamburgo, con la noticia de que su primo segundo, Juan Casimir, había abdicado al cetro polaco.

Amiga cercana de cuatro papas, se estableció hasta su muerte en Roma, donde se convirtió en una de las figuras más influyentes y en voz respetada en la curia, adonde derivaba su potencia política, cada vez más afinada por una sagaz compañía eclesiástica que le enseñó a gobernar la intriga y a cultivar el poder detrás del poder. Derivó al patronazgo de las artes la energía y la fortuna que no pudo invertir en sus sueños de mando; no obstante, Estocolmo la presionaba con envíos de dinero lentos y condicionados y Cristina, siempre ingeniosa, se las arreglaba para solventar sus finanzas y acrecentar sus valiosas colecciones con piezas clásicas o vanguardistas.

El papa Clemente IX apoyó en vano su voluntad de obtener el trono en Polonia; pero Cristina no se frustró demasiado ante el nuevo y definitivo fracaso en sus tentativas políticas porque era más fuerte su apego a la vida romana, donde dijo encontrar el tono social adecuado a su temperamento, señalado por dosis equitativas de espiritualidad, talento y disposición a las disputas papales, que su deseo de entronizarse en el continente. Hasta parece que después de lo de Polonia se sintió liberada de la tentación de reinar porque hay indicios de que serenó su carácter al descubrir el amor, pasados los 40 años, y se hizo indulgente. Y si los rumores aseguraban que su amante era el cardenal Decio Azzolino, tenido por una de las más agudas y encantadoras figuras públicas, sus cartas, descubiertas hasta el siglo XIX, confirmarían que existió algo más que una estrecha amistad entre estos dos seres excepcionales que, al parecer, nunca se separaban. Él era una de las cabezas políticas del Vaticano, apreciado por su prudencia; ella, la personalidad civil más influyente en los planes del cardenal de acabar la guerra cristiana, emprendida desde la Santa Sede contra los turcos; él vivía en estado de alerta frente a las decisiones cardenalicias; ella permaneció compenetrada de los asuntos católicos hasta que el papa Inocencio XI le retiró la pensión asignada años atrás, a excusa de que eran indispensables aquellos fondos en el Vaticano para incrementar el tesoro destinado al triunfo bélico de los cristianos que se batían en Turquía.

Sagaz como siempre, Cristina no se desalentó gracias a que el azar la favoreció con el cambio oportuno del administrador de sus bienes en Suecia. Así, desde 1681, ocho años antes de su muerte, aseguró su solvencia económica y, por primera vez desde su abdicación, no dependió de nadie ni tuvo limitaciones para gastar a sus anchas en sus proyectos. Lo primero que hizo fue transformar el Riario, su palacio personal conocido ahora como el Corsini, en la Lungara romana, sede principal de sus colecciones, especializadas en pintura veneciana y renacentista, así como en escultura, libros y medallones valiosos. Elevada a Accademia dell' Arcadia, determinó que fuese el lugar de reunión de músicos y hombres de letras. Se reconoce su influencia en la depuración de la literatura italiana, afectada entonces por el abigarramiento y la grandilocuencia e insistió en recobrar los modelos culturales representados por Augusto y los Médicis, a quienes tuvo como ejemplo de sana razón y de claridad, lo que confirmaba su doble pasión política y emprendedora de nuevos tiempos. A instancias suyas se creó asimismo la Tordinona, primer teatro de ópera en Roma, y gracias a ella también pudieron reconocerse el genio de Alessandro Scarlatti, su protegido y maestro de coro, y el de Arcangelo Corelli, a quien nombró director de orquesta.

Es inagotable la lista de arquitectos, escultores, escritores, filósofos y músicos que gozaron de su protección. Destaca su amistad con Giovanni Bernini, quien le recomendó al vapuleado historiador de arte, Filippo Baldinucci, para escribir su biografía. Quizá por tales influencias y por su hábil comprensión de la fuerza política y moral de la Iglesia, legó a la Biblioteca del Vaticano sus principales acervos.

Dueña de una vigorosa independencia de espíritu, que conservó hasta su muerte, repudió la intervención oficiosa de los confesores. Protegió a los judíos y combatió el fanatismo. Escribió epigramas y pensamientos en sus horas de ocio. Afirmó que vivió para poner a Dios y a ella misma en los sitios que respectivamente les correspondían y, fiel a su pasión amorosa, nombró al cardenal Azzolino su heredero universal; pero él sólo la sobrevivió dos meses. A los 63 años, Cristina de Suecia murió en Roma el 19 de abril de 1689 y fue enterrada con honores reales en la catedral de San Pedro.

Camino de Dios

Malinche

MALINCHE y palabra, en América, son casi una y la misma cosa. Decir Marina es remontar el instante en que el castellano se extiende sobre montañas y valles con la doble señal del olvido y de los recuerdos de los vencidos. Malintzin es nombre que evoca la pérdida de los nahuas, la historia pintada, el peregrinar de mujeres que eran vendidas y transportadas de una región a otra, de un hombre a otro, de una a otra formas de vida, todas inciertas, y que en su silencio esencial exhiben una verdad válida, hasta ahora, para todos los tiempos: no importa que tenga o no tenga qué decir ni cómo lo diga, porque en el destino de la mujer mexicana está inscrita la condena de no ser atendida. Una condena que arrastramos inclusive las que nos atrevemos con la escritura aquí, donde se fusionaron rescoldos de lo mejor y lo peor del invasor y el vencido.

Mal se ha llamado malinchismo a la preferencia por lo extranjero o al repudio del propio origen, a partir de que la célebre y a la vez casi desconocida Malinali sirviera de lengua al conquistador español, porque no puede encontrarse realidad más adversa a una elección personal femenina que la que le atribuyen a esta mujer, justamente a causa de su talento lingüístico. Rehén de su gente primero, y después del huracán que causaron los invasores, la rebautizada doña Marina está todavía por redescubrirse entre los emblemas de un colonialismo que ni por la fuerza de la palabra consigue librarse del vasallaje.

Por las generalidades que perduran de su biografía, sabemos que nació entre 1498 y 1505 en Painala, región de Coatzacoalcos, y murió a mediados del siglo, tras haber padecido el yugo de dos credos y dos culturas que en nada se parecían entre sí, salvo en su común costumbre de reducir a la mujer a presencia sin rostro, voz sin lenguaje y madre o doncella a disposición de los requerimientos de la familia y la sociedad.

Hija de cacique local, para deshacerse de ella cuando tomó una segunda esposa, su padre la vendió como esclava a mercaderes de Xicalango, quienes a su vez la negociaron en la zona maya de

Putunchan, por lo que se convirtió en posesión del señor de Chokam-putun. De ahí su temprano dominio de dos lenguas que la elevaron a enlace primordial entre mexicanos y mayas y, en su hora, del maya al español que aprendió con fluidez cuando en aquella región estuvo en contacto con los dos españoles sobrevivientes de la expedición de Grijalva que, antes de la llegada de Cortés, desembarcaron y se establecieron en el actual Yucatán.

Está por examinarse, además, cuál era el apego que podía sentir una mentalidad esclava que fuera educada, según los códigos regionales, sólo para servir a su amo y señor. Malintzin no era en rigor una traidora a su gente, sino reflejo puntual de una servidumbre que abarcaba por igual a la noble que a la nacida en el más ínfimo origen. Hecho que, por los alcances de su identidad extinguida por el comercio, anula, pues, el significado del malinchismo, que derivó de su nombre.

Cuando el 12 de marzo de 1519 Hernán Cortés llegó con sus soldados a Putunchan, recibió 20 jóvenes como regalo, para ser repartidas entre sus capitanes, según la costumbre indígena. En ese grupo estaba Malintzin. Marcada por el azar otra vez, tocó en suerte tener por dueño a Alonso Hernández Puertocarrero, quien al llegar al litoral de Chalchíhuecan, en Veracruz, se enteró por uno de los soldados rescatados en Yucatán, Jerónimo de Aguilar, que la muchacha hablaba el náhuatl además del maya y que estaba dotada sobradamente para adecuarse a la adversidad. En momento tan decisivo, nadie mejor que ella para enlazar tres culturas en su totalidad monolingües. Así fue como emprendió su labor de intérprete y figura central entre vencidos y vencedores y de donde vino a adquirir el mote de *Lengua,* como la llamaban

entonces: Cortés hablaba en castellano con Aguilar; éste se comunicaba en maya con Malinali y ella en náhuatl con los naturales.

Precoz como era, en la intimidad con Hernández Puertocarrero asimiló en poco tiempo el idioma y las preferencias del invasor, por lo que eliminó fácilmente a Jerónimo de Aguilar del triple enlace idiomático del que dependían los españoles para acceder a ese mundo aborigen que les parecía más misterioso cuanto más se acercaban a Tenochtitlan. Puente verbal entre credos y tiempos que se juntaban al filo de Nueva España, en su boca se deslizaba el pasado bajo el peso de la memoria traída por mar, una memoria cargada de signos y nombres que fascinaban tanto como empavorecían a los residentes de una Mesoamérica a la que de pronto le espetaron imágenes, nombres, sonidos y usos entremezclados a la amenaza del propio olvido y al deslumbramiento ante lo ignorado.

Iban y venían los españoles del rumor a la expectativa y de la esperanza al crimen abyecto, mientras las mexicanas fundaban en su vientre un mestizaje que en Malintzin consagraba la que sería su lengua definitiva; una lengua hecha de dioses ensañados, de sonidos con regusto de cacao y de tomate, de sonidos para nombrar el cacahuate, el metate, el elote y el huipil. No es de extrañar que, al partir Hernández Puertocarrero y Francisco de Montejo como procuradores ante la corte española, Cortés no se conformara con la sola lealtad oral de la traductora porque desde entonces Malintzin se transformó en su manceba. Consejera inseparable, lo acompañó en sus conquistas y en la expedición a las Hibueras. Le explicaba a Cortés las costumbres, lo advertía respecto de las sutilezas americanas, lo resguardaba y seguramente también lo amaba.

Malinche

En su accidentada biografía concurren los primeros indicios trágicos de una cultura que, para nacer, tuvo que sellarse con sangre y con el estallido de los dioses que se enfrentaban en la más tremenda y desigual batalla. El de Malintzin era un mundo de fuego y sacrificios ceremoniales, de espaldas al mar y con la mirada fija en el signo del inframundo coronado por mitos de culebras aladas. Vivían los aborígenes sometidos al silencio bajo techo de aves preciosas y rendidos al joven imperio azteca. Mundo dual, ceñido a los rigores sagrados del calendario y a los tributos crecientes de los dominadores locales, el mexicano era singularmente cruel con indios y mujeres.

Concubina del conquistador, no era de extrañar que juntos procrearan, en 1522, al primer mestizo con intuición de independencia, no obstante haberse educado en la península después de la muerte de su madre. De Malintzin y con el saber de España, Martín Cortés desarrolló una firme voluntad liberadora y, de su padre, su índole obstinada. Mestizo sometido al fin y al cabo, Martín Cortés conoció el rigor de la tortura, el poder destructor de los rumores y el implacable sello del silencio con el que suele amordazarse a los colonizados.

Malintzin, signo trágico de dos tiempos, voz histórica de una india en castellano, es también símbolo del mayor sometimiento femenino porque ni con su dominio de tres lenguas, y a pesar del bautismo purificador que podría preservarla de acosos mayores, pudo vislumbrar la cifra de una identidad liberadora.

Y éste, el de Malintzin, es el drama cultural de nuestro pueblo: no poder adueñarnos plenamente de los nombres ni ejercer la igualdad mediante la pertenencia a un idioma que, no obstante su origen aprehendido, margina un mestizaje que todavía se mueve entre los extremos de un porvenir prefigurado y el olvido sigiloso de su historia. Por eso doña Marina, al surgir sus vocablos como una espiral de voces enraizada en el universo mítico, fue mero puente verbal, corredor de palabras ajenas a su pasado, distantes en todo a los nombres de su experiencia y sin vínculo alguno con el significado de las ideas que expresaba, porque éstas correspondían al dominio europeo.

Enlace oral de Europa y del Anáhuac, Malintzin mal podría representar la asimilación gozosa de lo extranjero, porque en su vasallaje cambiante no tuvo más fuerza fundadora ni más recurso de sobrevivencia que su talento, un talento que no se resignó al olvido, como ocurrió con el resto de los vencidos, sino que se transformó en surtidor de nombres y sueños de libertad que, paradójicamente, jamás pudo emplear para sí.

Malintzin es, en rigor, la verdadera simiente de la palabra mestiza, con la que habría de construirse un alfabeto de sangre y fuego. Ella es la palabra que comenzó a prodigarse allí donde fueran enfrentados los lenguajes como armas enemigas en el campo de batalla. La Malinche es lengua consagrada por la cruz y voz remecida por el paisaje volcánico de nuestra gran Mesoamérica.

Virgen María

Entre los primeros cristianos no se cultivó la veneración mariana ni en general se aceptó el culto a las imágenes por considerarlo parte sustancial de una fuerte tradición asiática que coronó en la teurgia y su costumbre de acompañarla con actividades mágicas y oraculares, tenidas por herejía. Eran los siglos en que aún se infiltraban las diosas helenas en la imaginación del continente europeo y Roma no desdeñaba en sus templos la veneración femenina, personificada en sacerdotisas y diosas. Ese poder remoto no se manifestaba únicamente en el fervor religioso, sino que de las creencias tribales a las comunidades organizadas se fue extendiendo a la transmisión monárquica, como en el Egipto ancestral y faraónico, o al reflejo de sociedades que en su etapa constitutiva respetaban la potencia creadora como eje de estabilidad, temor o armonía, aunque la voz femenina no ascendiera, directamente, al ágora, al derecho a la propiedad ni a la tribuna pública.

Con el predominio de la palabra de Cristo en el centro de la religiosidad imperial, esa presencia sería desplazada por un patriarcado tan vigoroso que, a partir de los siglos V o VI de nuestra era y hasta el ascenso del feminismo contemporáneo, borró de la historia la presencia y la simbología relacionada con las mujeres.

A cambio de Isis enigmáticas, de Afroditas o Venus sensuales, de una Hera celosa y persecutora del Zeus eternamente infiel, de Juno apasionada, de la fecunda Deméter o de la nocturna Perséfone, el dogmatismo interpuso a la madre de Dios hijo, esposa del Espíritu Santo e hija tardía de Joaquín y Santa Ana como divisa absoluta de gracia y pureza perfectas, no obstante recorrer, en su misterio sagrado y elevado a dogma de fe, los tránsitos de la concepción, el embarazo y el parto del que sería Redentor de nuestros pecados. El suceso, revelador de los embates doctrinarios de aquella agitada era tramada de política, militarismo, superstición y doctrina aún incipiente, estuvo fechado en la ciudad de Éfeso, sede que fuera del culto remoto a la casta Diana, por el concilio del año 431, que congregó la mayor controversia teológica sobre los dogmas fundamentales de la Iglesia católica: el de la Trinidad y el relativo a la virginidad y asunción de María, que tantas y tan prolongadas desavenencias suscitaron entre los primeros patriarcas, desde el centro obispal presidido por Cirilo de Alejandría, enconado defensor de la infalibilidad del credo.

En griego y desde Éfeso se la proclamó *Theotokos,* a consecuencia del memorable Concilio que la consagró desde entonces como Madre de Dios. Más que consignar un evento litúrgico, la historia sintetizó, con aquella conquista espiritual, una variada devoción femenina que desde el legendario Mediterráneo hasta el confín del Occidente europeo, devino en la glorificación de una maternidad prodigiosa, modelo de humildad universal y obediencia al mensaje divino, que perduró a través de la cristiandad católica bajo el sello de la Inmaculada Concepción de María.

Puesta frente a una apretada población de diosas, ninfas, sacerdotisas, pitonisas, gobernantas y figuras trágicas, esta delicada adolescente, como casi siempre se la representa, cuando menos desconcierta porque contrasta con siglos y aun milenios de participación femenina apasionada en un mundo en el que no se imaginaban la vida, los mitos, la creatividad ni la misma muerte sin la presencia directa de mujeres y diosas. De ellas heredó culturalmente la Virgen María la única función de intermediaria entre los creyentes y la bondad divina; pero lo demás quedó excluido para una civilización monoteísta que se atrevió a negar de raíz la feminidad completa, incluidas sus veleidades. De ahí la doble importancia, social y religiosa, de este arquetipo por excelencia de vida terrenal incorrupta en cuyo paso por la tierra, hasta donde sabemos por el favor de la fe, se entregó a la misión de consagrar la más perfecta obra purificadora de una humanidad castigada, desde la caída de Eva, por el pecado original.

Todo indica que a partir del siglo v, señalado por el fortalecimiento doctrinario o teológico de la patrística y por la aceptación de reliquias y ritos litúrgicos que se tenían por paganos, proliferaron tanto los lenguajes adjetivados para acentuar en las oraciones el impulso sagrado, como el correo de prodigios, objetos santos y multitud de metáforas o leyendas que no tenían más finalidad que el afianzamiento del evangelio entre los herederos del helenismo y de la cultura de la Roma imperial, que ya declinaba en favor de una Edad Media tan pujante y diversa que concentró su quehacer espiritual en torno del dogma de la Santísima Trinidad, que entraña el misterio de las tres personas distintas que subsisten en una misma naturaleza divina: el Padre, el Hijo y el Espíritu Santo.

Borradas por el poder de su manto y disminuida la función moral que desempeñaron en su hora, atrás quedaron —quizá para siempre— las sombras trágicas de Yocasta, Electra, Medea, Antígona, Casandra o Clitemnestra; a cambio se ponderó una maternidad universal y piadosa que, en su carácter humano, era hija de hombre y mujer; pero, en su enlace divino, exaltaba su unicidad como madre de Dios, concebido por el Espíritu Santo. Así, emprendieron su carrera hacia el olvido los nombres de aquellas mujeres que, de Babilonia al Olimpo y del Nilo a las más altas conquistas griegas, se tendieron durante tiempos inmemoriales como presea del designio y desafío entre dioses y humanos. Cientos y acaso miles de protagonistas de credos y costumbres pasados fueron sustituidos por una frágil y sutil figura que, siempre inmóvil, ajena al bullicio, a la vitalidad, a la desmesura y a los amoríos legendarios que nutrieron la mitología y la tragedia, representaba la gracia por excelencia, el rostro de la sabiduría, el silencio y, sobre todo, la misericordia suprema.

A más se consagraba la pureza de María, cuanto más se expandían los muchos títulos de que era acreedora, y cuanto más se multiplicaban las asociaciones bíblicas, que los patriarcas engrandecían con alegatos de fe, mayor el confinamiento de las mujeres de la Antigüedad a la erudición medieval y al mundo del mito o la poesía. En su excelente prólogo a la nueva edición del *Zodiaco mariano,* el historiador mexicano Antonio Rubial García nos recuerda que Miriam, su nombre original quizá tomado de la hermana de Moisés y que significa la *graciosa* o la *bella,* inspiró numerosas interpretaciones en lo mejor del arte religioso, además de un inacabado universo que abarca el sinfín de milagros que se le atribuyen a sus advocaciones y otras polémicas determinantes de cismas y fracturas teológicas entre cristianos o no cristianos.

Acaso como un rescoldo de aquella Isis tenida por lucero que guía a los marinos, San Jerónimo la vinculó a la estrella del Mar; San Isidoro la definió *iluminatrix* o iluminadora, y San Pedro Diácono, *mediadora de todas las gracias,* mientras que San Anselmo la llamó *soberana del mar.* El listado de metáforas, a partir de entonces, ha sido imparable y en ocasiones insólito, como puede observarse en la letanía del santo rosario, donde abundan alusiones como casa de oro, puerta del cielo, pozo de agua viva, trono de la eterna sabiduría... Frases que, a fin de cuentas, entrañan la proclividad a eludir el

lenguaje preciso, aun en textos teológicos; en cambio, abusan del adjetivo, sobre todo en tratándose de temas marianos, tal vez porque al ponderar calidades se alimenta la fe más por el conducto de la intuición que del racionalismo.

De la vida de María en el mundo es poco lo que se sabe. Más allá de las contadas referencias del Nuevo Testamento, rodea a la Madre de Jesucristo un halo de misterio; un misterio que lejos de desentrañarse por medios históricos, la hace más y más confusa por el dogma de fe que diviniza su concepción inmaculada y, con los siglos, la perfila como una observancia preferente de España, donde a la fecha se cuentan más de 22 000 advocaciones.

Está visto que las reliquias y el culto a las imágenes pintadas o de bulto, desde tiempos inmemoriales, son uno de los soportes más firmes de la religiosidad. La India, Egipto, Grecia y Roma, entre ejemplos culturales importantes, contribuyeron a desarrollar el gusto popular por figuras que pudieran absorber un apetito de espiritualidad que ha completado el humano y casi invariable impulso por lo sagrado que antecede a los credos. Si examinamos los informes históricos respecto a la imagen de María, cuesta creer cómo se prodigó su figura durante el medievo a pesar de la cerrada oposición a las imágenes que dominaba la mentalidad de los primeros cristianos. Y si fue lenta la instauración de la costumbre devocional mariana, puede decirse que desde el siglo XII europeo y hasta nuestros días se hizo imparable la certeza de que la piedad de María complementa la obra redentora de Jesucristo en la tierra.

El episodio de la Anunciación, referido por Lucas, es la primera noticia bíblica de María y está antecedida por la revelación a Zacarías del nacimiento de Juan, lo que afianza, desde antes de sus respectivas concepciones, los vínculos cifrados entre el Bautista y Jesús. Bello, dotado con la magia oriental que en el pasado no establecía las fronteras que hoy interponemos entre lo natural y lo supranatural, el relato acentúa con claridad el carácter portentoso de un suceso del que provendría la doctrina de redención que significa el cristianismo.

Dijo Lucas que en el tiempo del reinado de Herodes y a seis meses del mensaje divino a Zacarías de que su esposa Isabel concebiría un hijo santo y varón, a pesar de su prolongada esterilidad, el ángel Gabriel fue enviado por el Señor a una ciudad de Galilea, llamada Nazareth, a decirle a la prometida de José, una doncella de nombre María, que debía alegrarse porque era la favorecida para concebir y dar a luz un vástago que sería grande, Hijo del Altísimo y, bajo el nombre de Jesús, reinaría para siempre en la casa de Jacob.

Más extrañada por su virtual preñez que por la visita del ángel, ella repuso que cómo era eso posible si no conocía varón. Luego, al saber que el Espíritu Santo bajaría sobre ella y la fuerza del Altísimo la cubriría con su sombra, María, por el prodigio de aquella manifestación, entendió a plenitud por qué al que iba a nacer de su vientre lo llamarían Consagrado, Hijo de Dios.

"Ahí tienes a tu pariente Isabel —agregó Gabriel confirmando que para Dios no hay nada imposible—: a pesar de su vejez, ha concebido un hijo, y la que decían que era estéril está ya de seis meses."

Humilde, obediente al mandato supremo, la joven no preguntó más. No exigió explicaciones y antes de que el ángel la dejara, con la docilidad que

durante siglos ha servido de modelo de perfecta sumisión religiosa, le respondió lo que en nuestra cultura cristiana representa el acatamiento por excelencia de un destino entregado al bien y al servicio divino:

—Aquí está la esclava del Señor, cúmplase en mí su palabra.

Días después, imbuida de una emoción que sobrepasaba su entendimiento, María se encaminó por la sierra de la provincia de Judea a la casa de Zacarías para quedarse allí unos tres meses, quizá hasta el nacimiento de Juan el Bautista, primo que sería de Jesús. Al verla, la criatura que Isabel llevaba en el vientre dio un salto y, llena del Espíritu Santo, la tía saludó a la joven recién llegada con la frase que 12 siglos después encabezaría la plegaria llamada avemaría, la cual fue completada en su segunda parte hasta el siglo XVI:

—Dios te salve, María... ¡Bendita tú entre las mujeres y bendito el fruto de tu vientre! —Y, después—: ¿quién soy yo para que me visite la madre de mi Señor? En cuanto tu saludo llegó a mis oídos, la criatura saltó de alegría en mi vientre. Y ¡dichosa tú, que has creído! Porque se cumplirá lo que te han dicho de parte del Señor.

Y como si entre ellas existiera un diálogo o pacto secreto, sellado por sus mutuas revelaciones, le dijo María a Isabel:

—Proclama mi alma la grandeza del Señor, se alegra mi espíritu en Dios mi Salvador porque se ha fijado en su humilde esclava. Pues mira, desde ahora me felicitarán todas las generaciones porque el Poderoso ha hecho tanto por mí: él es santo y su misericordia llega a sus fieles generación tras generación...

A partir de este encuentro entre las dos mujeres y

hasta la Natividad de Jesús, no registró la memoria de los evangelistas ningún dato esclarecedor de la biografía de María y menos aún de la de Isabel. Con el tiempo, en Siria, acaso después del Concilio de Éfeso en el siglo V, cuando se fue difundiendo la mariología y el mundo cristiano se cubrió con leyendas e innumerables reliquias que inauguraron el gran mercado de objetos de culto que pronto derivó en fuente inagotable de lucro, se multiplicaron las obligadas plegarias al lado de retratos y lugares supuestos en que la sagrada familia había dejado su huella. De la nada aparecieron un presumible anillo de bodas, trozos de un manto suyo, esta o aquella túnica que ella llevaba en su peregrinaje hacia la llamada huida a Egipto, el cinturón, cierta camisa y aun gotas de leche que veneraban sus fieles con la certeza de ser milagrosos tanto en los altares como en recintos privados de donde, en su hora, vendrían a nutrirse los grandes depósitos vaticanos y templarios.

Multicitado y enriquecido con toda suerte de complementos artísticos que en especial durante el Renacimiento sirvieron de motivo a las obras maestras de la pintura y de la escultura, la historia de María emprendió el capítulo paralelo de la imagenología interpretativa tanto de la Natividad, como de la adoración de los Magos, la huida a Egipto en compañía de José y del niño amenazado por la mano de Herodes, la escena de la multiplicación del vino durante las bodas de Caná y, desde luego, su dolor al pie de la cruz y la asunción en cuerpo y alma a los cielos tras la resurrección de Jesucristo.

Para Europa, la Iglesia reconoció oficialmente la veneración a María en la época paleocristiana y visigoda; no obstante, por causas todavía inexplicables, sería la península ibérica el territorio más inclinado a su devoción. Allá, una tras otra y con especial recurrencia a partir del siglo XII, en pleno combate religioso entre moros y cristianos, se registraron apariciones marianas portentosas, que motivaron la construcción de santuarios para alojar miles de orantes que peregrinaban desde puntos remotos; durante aquel milenarismo tramado de religiosidad y temor al fin de los tiempos se intercalaban las guerras santas, como las célebres cruzadas a Tierra Santa, con los movimientos mesiánicos y la creación de conventos, adonde fueron a confinarse multitud de mujeres para establecer, desde el claustro, la modalidad de esposas de Cristo, a quien consagraban su virginidad y su apartamiento del mundo como una manera de integrar la cristiandad en pueblos decididamente inclinados a conformar la moral cristiana de acuerdo con los principios doctrinarios de lo que, en pocos siglos, se congregaría en la espiritualidad inseparable del humanismo.

Las prácticas devocionales en torno de la figura mariana se difundieron hasta volverse costumbre indivisa del temor al pecado y la lucha contra el demonio. Dentro y fuera de los conventos, la religiosidad aportó una manera de ser conducida por la oración y la tutela de la Santísima Virgen. Del siglo XIII proviene la consagración de mayo como el mes dedicado a María; del siglo XII, las plegarias cotidianas con el saludo del ángel o ángelus, que en sus orígenes se rezaba a la medianoche con la esperanza de obtener indulgencias. La proliferación de himnos de clara influencia oriental inspiraron el salve regina, compuesto por el obispo Ademaro de Montiel en los primeros años del siglo XII, y de manera sucesiva se agregaron plegarias y poemas, como el Gaude, que serían el tronco de los cientos de letanías, rezos de horas, novenas y oficios que, en conjunto, integran lo que se reconoce como mariología o devocionario mariano.

De todos los misterios que rodean al cristianismo, uno de los mayores sin duda se relaciona con la maternidad de la Virgen María, desposada con José después de dar a luz virginalmente al niño divino. Si por el poder de la fe aceptamos su virginidad perpetua conforme al dictado del dogma, queda sin embargo el enigma de cómo su devoción se transformó en divisa de la unificación española tras la victoria de los cristianos sobre el Islam. En este sentido, Antonio Rubial García recuerda que, durante el ciclo de la conquista, se relacionó a la Virgen con los caudillos en el campo de batalla y que santos como Santiago o Miguel, actuaban directamente en el frente arrojando tierra a los ojos del enemigo.

Nuestra Señora de las Victorias, la Virgen de la Merced, la de Covadonga, la Dolorosa, la del Carmen, de Aranzazú, de la Soledad o la de Guadalupe de Extremadura son advocaciones remotas ya inseparables de la doble conquista cristiana, de España primero y después de América; en esta última llegó a arraigarse tanto el culto mariano que desde la etapa de evangelización, en el siglo XVI, emprendería por sí misma un patrón propio que lleva, en Nuestra Señora de Guadalupe, el sello de una piedad que ya suma cinco siglos.

Atribuida a San Francisco de Asís, la costumbre de representar el nacimiento con la adoración de los Magos y la huida de la sagrada familia a Egipto durante la persecución de Herodes tuvo en nuestras tierras una poderosa acción evangelizadora. De

hecho, más que la Anunciación y aun por encima de la Asunción de María, estas imágenes se integraron a la cultura mestiza antes y con más fuerza que la ortodoxia. Y eso es lo fascinante de una historia religiosa que, al menos en lo concerniente a México, no puede separarse del doble significado que la piedad de Nuestra Señora representa en la devoción popular y en la proliferación de un monoteísmo que pudo asentarse en el Nuevo Mundo gracias a las calidades marianas.

Conmovedora hasta su elevación a los cielos en cuerpo y alma, la historia de María alcanza sus puntos culminantes en tres sucesos trascendentales para la cristiandad: la Anunciación, la crucifixión de Jesucristo y la Asunción. Como madre, Ella no sólo formaba el centro de la familia, sino que se convirtió en centro espiritual de los apóstoles por ser, precisamente, la madre del Mesías; sin embargo, María, en su peculiar silencio, no significó ninguna forma de autoridad equivalente a la que, en su hora, ejerciera una Miriam, hermana de Moisés y Aarón, quien entonó un himno entusiasta y profético sobre la derrota de los egipcios, ni la más dinámica de una Débora, quien, en los momentos de máxima postración religiosa y patriótica, ejerció en las montañas de Efraim el oficio de juez de Israel y la que, por sus palabras de conjuro, dirigió victoriosamente la batalla contra Sísara.

Última figura femenina descollante del Antiguo y del Nuevo Testamento, María consumó la tradición de mujeres orientales cuya poderosa personalidad determinó transformaciones reveladoras del influjo que entonces ejercieron sobre su entorno tribal. El mundo cristiano concentró su devoción en el principio de unicidad, que vino a borrar de la conciencia cultural y religiosa un listado de logros que desaparecieron de la costumbre social, a partir de la presencia de la Madre de Jesús y de su peculiar entronización como un ser elegido por la divinidad para engendrar al Redentor de nuestros pecados. Cabe preguntarse, sin embargo, qué fue lo que ocurrió con los grandes antecedentes que florecieron siglos atrás, tales como Huldá, profetisa de la talla de los de la Antigua Alianza, a quien consultó el rey Josías o la memorable Judit, que libró de enemigos a su ciudad natal y a Palestina entera, y Ester, la más valiente de todas, quien a la voz de "si he de morir, moriré" decidió el destino de su gente.

Salvo las remotas sacerdotisas, la mujer oriental y particularmente la de Israel estuvo excluida de todos los ministerios de culto; pero compartía con los hombres ciertas celebraciones, deberes relacionados con la conducta y pequeños rituales que confirmaban su deber familiar, generalmente a la sombra de la vida social y jurídica. Tanto en los Hechos de los Apóstoles como en las referencias biográficas de Jesús relacionadas con las mujeres se confirma que, de no ser por las pecadoras, las enfermas y unas cuantas discípulas a las que se manifiesta el Nazareno, nada significativo ameritó la feminidad para ingresar a la historia, aunque, según la cristiandad, la mujer es persona ante Dios, igual que el varón, y, por lo tanto, acreedora de su acción salvadora y de su misericordia.

Nuestra Señora de la Merced

PATRONA de los mercedarios, así como de la ciudad y la diócesis de Barcelona desde el siglo XIII, a Nuestra Señora de la Merced la sustenta una doble leyenda que la vincula con el ascenso imperial de España en pleno combate entre moros y cristianos, y posteriormente con la obra misionera que habría de emprenderse en el Nuevo Mundo, a consecuencia del primer desembarco de Cristóbal Colón. Su exitosa empresa le permitió regresar a España cargado de noticias y maravillas que le valieron el crédito real y nuevos apoyos para persistir en sus travesías.

Según noticias remotas, el culto de Nuestra Señora de la Merced surgió cuando el 9 de agosto de 1218 se apareció de manera simultánea al anochecer al rey Jaime I de Aragón, conocido como *el Conquistador;* a su confesor, San Raimundo de Peñafort, y al implacable San Pedro Nolasco para pedirles que instituyesen conjuntamente una orden religiosa y militar para libertar a los cristianos en poder de los musulmanes. Obediente al mandato, al día siguiente el monarca decretó en Barcelona el establecimiento de la Orden de los Caballeros de la Merced y, acogida a la protección de la Virgen María, la ciudad tuvo también desde entonces una venerada patrona. En sus pendones llevaban los caballeros la insignia mercedaria y en el escudo la cruz que aún ostentan sus sucesores.

Medieval por su aspecto y el arte de su factura alargada, la Virgen de la Merced es una de las pocas advocaciones sedentes, tan caras a los cristianos españoles y sin embargo poco vistas en México, donde pronto se la representó de pie. Estofada con refinamiento, ésta es una de las figuras marianas de mayor belleza no sólo por su talla esmerada, sino por su fuerza expresiva y lo armonioso de sus colores. Carga al Niño Jesús en su brazo izquierdo y en la mano derecha exhibe el emblema rojo y blanco que distingue a la orden. El pequeño Jesús, por su parte, sostiene el mundo de la cristiandad en una mano mientras con la otra acaricia a su madre y la mira como si le rogara piedad. Su rica corona, digna creación del rey que la tributó con devoción singular, recuerda el culto de un medievo que

233

reconoció en ese objeto el símbolo del más alto poder, un símbolo que perdura hasta nuestros días para significar la potencia absoluta que ha cobijado a las monarquías y ha acentuado la majestad de la Madre de Dios sobre los dominios humanos.

Para los mercedarios, el 10 de agosto fue fecha conmemorativa de su fundación hasta que el papa Inocencio XII, en el siglo XVII, la extendió a toda la cristiandad para que su culto se prodigara y la Virgen de la Merced también fuera venerada en América. No deja de asombrar que en la misa propia de ese día las rogativas estuvieran extraídas del Cantar de los Cantares en una versión que vulneraba su sentido original. Se la llama todavía en los misales de los años sesenta "lirio de los valles y flor de los campos" durante la epístola, y en el gradual y la aleluya se le decían frases como éstas: "sostenedme con flores, apoyadme en manzanas: porque languidezco de amor". Y luego: "Tú eres la puerta del alto Rey, y la cámara fulgurante de luz...", versos que por corresponder al más bello canto de amor de la Antigüedad desconciertan por estar invocados como plegaria en la devoción mariana.

Los cambios posconciliares pasaron su fiesta al 24 de septiembre y en la oración de ese día suele rogarse, "por los méritos y las súplicas de María", ser liberados de todos nuestros pecados y de la cautividad del demonio. Lo contradictorio del culto de la Virgen de la Merced en América es que, contrario a su principio de liberar a los cristianos de la esclavitud de los moros, aquí los españoles esclavizaban impunemente a los naturales con una mano y con la otra los sometían a su monocredo y aun los dotaban de imágenes y de templos para que demandaran piedad y atinaran con un reducto misericorde.

Entrañable al signo fundador del Nuevo Mundo, la tradición apunta que Cristóbal Colón erigió ante los aborígenes una cruz al desembarcar por vez primera en este hemisferio en 1492. A su regreso a España, la reina Isabel I de Castilla lo recompensó con una réplica de la imagen original de Nuestra Señora de la Merced, aparecida al antecesor de Fernando de Aragón, su esposo, como acto que con seguridad simbolizaba la unión imperial de los reinos de Castilla y Aragón ante el descubrimiento de América. De hecho, el primer santuario de la cristiandad en estas tierras corresponde al erigido a la Virgen de la Merced, en 1505, en la cima del Santo Cerro, en la hoy República Dominicana.

Según la bicentenaria *Historia* del mercedario fray Luis de Cisneros, el culto mexicano a la Virgen de la Merced data de 1595, año en que fueron fundados por el señor obispo de Perpiñán, fray Francisco de Vera, el convento y la iglesia que llevan su nombre, al igual que el barrio que aún perdura en la ciudad de México. La imagen, réplica estatuaria del original de Aragón, tiene a sus pies a muchos cautivos inspirados por su piedad; se trata de una perfectísima talla traída de Guatemala —de la que existían entonces dos copias idénticas en el convento de aquella ciudad, entonces parte de la Nueva España—. Que por la gravedad de su rostro un poco moreno causaba pavor, escribió Cisneros, y la madera en que estaba esculpida despedía un aroma intensísimo. Era la joya preciosa del reino, abogada de temblores y tempestades, frecuentes en aquella región y, más que traerla, llegó a creerse que la imagen se vino por sí sola a la ciudad de México, porque fueron tantos y tan difíciles los obstáculos sorteados para poder sacarla de allá, que de no ser por su sagrada voluntad, jamás hubieran podido los frailes triunfar sobre la resistencia local.

Consciente de la batalla que tenía que emprender contra la oposición de aborígenes y sacerdotes, fray Francisco de Vera puso la imagen de la Virgen en una petaca y a medianoche la hizo sacar del convento de Guatemala en hombros de indios ignorantes del contenido de aquel empaque. Al descubrir el faltante, salieron los sacerdotes tras él; pero no dieron con la estatua porque les pareció demasiada irreverencia esculcar los muchos avíos con que viajaba el sagaz vicario.

No únicamente se hicieron de palabras, sino que muy poco faltó para que apedreasen al obstinado fraile que, en su defensa, les mostró a los mercedarios guatemaltecos que reclamaban la devolución de su imagen un rótulo en la petaca vacía que rezaba: "Quien te encaminare a México, Dios lo encamine". Al historiar el suceso, fray Luis de Cisneros recordó que seis meses después de aquella escabrosa salida de Guatemala, nadie pudo decir cómo ni quién hizo traer al convento de México la sagrada imagen de la Señora de la Merced, ya que, sin paga ninguna a los cargadores y por una vía diferente a la emprendida por Francisco de Vera, apareció a las puertas de los mercedarios de acá en 1596. "Estaba la imagen tan bien tratada y hermosa —agregó—, como si no hubiera caminado 300 leguas." Los naturales que la entregaron venían de Cuitláhuac y aseguraron que eran a su vez mensajeros de otros indios que les habían rogado que la trajeran a México sin otro mensaje.

Cisneros dio por prodigioso el suceso, toda vez que los caminos estaban llenos de riesgos. En donde no había que sortear despoblados, se topaban en la ruta con sitios habitados por una sola familia, lo que imposibilitaba la remuda de los ocho tamemes que demandaba la carga. Además escaseaban los guías y los indios de fiar; pero la Virgen, por sí misma y sin vigilancia sacerdotal, encontraba hospedaje y pasaje. Tan pronto se apareció a presidir su convento de la Merced, le organizaron en México un solemne recibimiento. Gran parte de la ciudad acudió cargada de ofrendas. Le regalaron valiosísimas joyas y su corona de oro; al Niño le ofrendaron innumerables lámparas y otras preseas. Así, desde que fue entronizada se multiplicaron las limosnas, las herencias y los portentos al grado de que, en pocos años, las devociones habían aumentado a 80 frailes conventuales, cuyos gastos ascendían de ordinario a más de 20 000 de aquellos pesos, que eran cubiertos tan sobradamente por su sagrada patrona que aun fue posible ensanchar el suntuoso santuario para que los fieles acudieran a ella en busca de bienes que nunca negaba.

Y en eso estriba su originalidad, en servir de enlace entre el ascenso de la España imperial, el descubrimiento de América y los inicios de la evangelización en la Nueva España. De hecho, el barrio que lleva su nombre en la ciudad de México está desde siempre asociado con el abasto. Su convento se considera una de las joyas arquitectónicas más bellas de la cultura novohispana, y la Orden de los Mercedarios se ha multiplicado en obras y empeños formativos, vinculados con el signo de la piedad que representa su protectora.

A partir de Bérriz y durante el siglo XX, la orden femenina de las mercedarias se expandió, gracias a la obra misionera de la madre Margarita María de la Luz de Maturana, a los Estados Unidos, México, Guatemala, Nicaragua, Ecuador, Perú y Bolivia, y hacia otros continentes; también con labor educativa en Japón, islas Marianas, Taiwan, Guam,

Palau, islas Carolinas, las Filipinas y, en África, a Zaire.

Esa labor misionera partió del ministerio de clausura en 1920. Hoy, 600 mercedarias misioneras están repartidas por todo el mundo en 22 puestos de misión, variados en sus aspectos de evangelización, beneficencia y enseñanza, mientras que los mercedarios agregan a sus tareas el cuidado espiritual de los prisioneros.

Virgen María de Guadalupe

OPORTUNA si las hay, portadora de una fuerza vivificante sobre la que se levantaría el único símbolo indiscutible de la patria, la Virgen de Guadalupe es también una de las respuestas religiosas más inteligentes de la evangelización colonial. Su presencia en el Valle del Tepeyac, zona sagrada de la región de Anáhuac, mitiga el baño de sangre que derramaron los conquistadores españoles durante años de saqueo y cruel sujeción en nombre de la grandeza imperial de la península; después, al instaurarse como creencia legítima de un pueblo que en su rostro moreno reconoce la cara de su espiritualidad, su culto emprende por sí mismo el camino en ascenso de una devoción colmada de misterio que no solamente se desprende de su tronco católico al fortalecerse por el prodigio que representa, sino que súbitamente supedita a su divinidad la expresión complementaria de un cristianismo que a la fecha ha persistido por la intensidad secular de la fe, no por su doctrina ni por la obra institucional de los prelados.

No es casual, en este sentido, que el fervor popular por la Guadalupana coincida en sus mayores ascensos con las expresiones fechadas de independencia o de unidad nacional. Con ser enigmáticos, lo que confirma su vitalidad milagrosa, los orígenes de la hermosa y sencilla tradición que eleva a Nuestra Señora de Guadalupe a signo protector de identidad no coinciden con el desarrollo histórico de su figura frente a la injusticia que, paradójicamente, aumenta a medida que se enriquece el culto de una feligresía que durante 500 años sólo ha padecido, en lo fundamental de su vida, el dolor que hoy, como ayer, alimenta sus rogativas.

A sus pies se han sollozado carencias de siglos y penas embebidas en lágrimas que no parecen tener fin. Quieta, como su gesto enternecido, en su mirada cabe la tristeza que de noche y de día asciende desde lo más profundo del corazón hasta su figura casi descolorida y siempre pendiente allá, enmarcada en plata y oro, en la altura inalcanzable de un santuario que, construido a modo de corredor adverso, no incita al recogimiento ni ofrece el ámbito de religiosidad de su basílica primitiva, pero que sin embargo vence, por el poder de la fe, el peso nefasto de su arquitectura. Y eso también acentúa su prodigio porque, a pesar de que el ámbito que la envuelve se antoja contrario a la religiosidad, ella confirma su noble función de depositaria y reflejo de un sentimiento de vaciedad tan inagotable que entenderlo equivale a entender el carácter de una cultura concentrada en su sensación desvalida, fiel a su orfandad ancestral y en alerta al acto reparador que sólo Ella, por su infinita piedad, puede causar.

Su culto, de esta manera, incrementa su ambigüedad enigmática a través de lo que sería el guadalupanismo, en lo nacional, si consideramos su potencia unificadora como madre y emblema de un pueblo desprovisto de otras divisas de identidad dotadas de su importancia; y, en lo particular, la devoción domiciliaria a su misericordia para atender las rogativas personales de las que dan fe millares de exvotos, apenas testimonio de una maravillosa confianza que habla, crece y se explica por sí misma, a pesar de las inútiles investigaciones que han pretendido inquirir el portento desde la espiritualidad unívoca de nuestra cultura ancestral.

Dotada de un vigoroso trasfondo esperanzador, la Guadalupana es más que imagen revelada en la ermita del Tepeyac, y el guadalupanismo mexicano mucho más que mito fundador de la identidad mestiza. Ella es la madre bienaventurada de una vida interior que, desde su aparición en el ayate del indio Juan Diego, brindó consuelo a una raza doliente que nada entendía de símbolos interpuestos entre la espada y la cruz, pero supo todo lo que tenía que saber en tratándose de encauzar su primitiva orfandad. Es la mujer

radiante que ofrece a los indefensos un noble motivo de adoración. Luz en medio de la tiniebla, otorga gracia, perdona y cobija al desasistido sin exigirle más sacrificio que el que voluntariamente se le quiera ofrendar. Es la figura femenina por excelencia en tierra de huérfanos. Madre de Dios, omnipresente y caritativa, pudo o no suplantar el culto a la local y prestigiada Tonantzin, pero sin tardanza probó su legítima regencia sobre un Nuevo Mundo que nadie, misionero, virrey o soldado, podía gobernar.

La fuerza justiciera de la Guadalupana se consuma en el instante en que Miguel Hidalgo esgrime su imagen como divisa de Independencia frente a la *Generala* del Virreinato, como los españoles llamaban a la Virgen de los Remedios. De tal modo, 1810 es cifra del símbolo patrio que se opone al régimen de la Nueva España en todas sus expresiones, desde lo religioso hasta lo racial y político. Su imagen reaparece con los zapatistas, en 1914, al entrar a la ciudad de México; hecho que, asociado a los antecedentes de su aparición del 9 al 12 de diciembre de 1531, la confirma como patrona de las luchas populares, en tres episodios históricos que marcan la voluntad popular: el primero, que reacciona con fervor imparable al suceso de su aparición, en medio de rosas y flores locales, contra el abuso esclavista de los encomenderos; luego, el 16 de septiembre de 1810, con el grito de Hidalgo: "¡Viva la Virgen de Guadalupe! ¡Viva la América por la cual vamos a combatir!", que emprende el brote independentista que funda la nación a la vez que vincula a la Virgen con la idea de la independencia de América; y finalmente, la lucha de los campesinos por sus tierras que principia el movimiento revolucionario de 1910.

Virgen María de Guadalupe

Ésta es la vertiente política de un guadalupanismo que el clero común se ha negado a aceptar y que, sin embargo, prevalece en la hondura de la conciencia social de un sincretismo que jamás se ha separado de la lucha por la justicia. Y la patria, en este aspecto, es hija orante del dolor y la necesidad; es también arraigo simbólico a una tierra bañada con sangre y esperanza, sobre todo esperanza, que sólo ha podido colmar la sagrada figura de una entidad femenina que, aunque mestiza por su apariencia, ostenta los atavíos de la cultura adquirida. La idea de patria anuda por sobre todo las expresiones inamovibles de una remota religiosidad que, como en ningún otro aspecto, adquiere esplendor al fundir su espíritu de sacrificio a la radiante guadalupana.

Casi apoteósicos, los minutos finales del peregrino que hasta lo posible se aproxima de rodillas al pie de su altar, con pencas de nopal espinosas atadas en pecho y espalda o con la piel atravesada por las prehispánicas púas del maguey, los del martirizado por dentro y por fuera y con los ojos entornados de tanto recogimiento, transmiten el más perfecto sentimiento de patriotismo guadalupano que sin distingo de santuario, fecha o país y aun por encima de cualquier pretensión política o clerical, dota de fuerza espiritual al indocumentado o al mexicano que partió de su tierra tres generaciones atrás, al campesino harapiento y al narcotraficante, al burócrata o al empresario, al artesano y al raterito, al preso, a la prostituta o a la monja enclaustrada. Nada se iguala a esta veneración supranatural. Ningún otro símbolo se manifiesta con similar furor ni es ostensible, en la vida social de los mexicanos, otro motivo de exaltación como el que inspira la Virgen de Guadalupe.

Asolados por todos los frentes, los naturales oraban en vano a sus propias deidades para que los libraran del yugo armado, de la muerte masiva y de la esclavitud; pero en vez de atender su clamor, los otrora temibles dioses desaparecían con sus signos bajo el doble poder del acero y de la voz que, traída por mar, nombraba y echaba a andar un mundo que no comprendían. Necesitaban un signo creador para vencidos y vencedores, una respuesta a su desamparo y algún cobijo que, siendo propio, también mereciera el respeto del amo. Aparecida o creada, la imagen de la que todos llamaron Nuestra Señora fue la primera y más aguda actitud compasiva que la Virgen María otorgaba a su pueblo elegido. Su portentosa benevolencia fechaba lo más apretado de una batalla de sujeción con la victoria del signo mestizo que, desde una ermita serrana en las alturas tlalocas, por igual asombró a propios y extraños por la cantidad de limosnas y ofrendas que recibía, en especial de comida, en medio de devociones que ni la prestigiada advocación de Loreto o la Guadalupe de Extremadura habían merecido por los recién bautizados.

Único milagro reconocido, la Guadalupana se transformó en surtidor de una fe inseparable de la piedad a sólo 10 años de la caída de Tenochtitlan. Orar fue aprendizaje anterior al de hablar. Así, mucho antes de que el español se impusiera como lenguaje dominador, ella se infiltró en las conciencias vencidas para reinar en la región del dolor; allí, precisamente, donde carecía de rival, en la zona quebrantada del alma, donde ni siquiera el Crucificado podía asentarse por su imposibilidad de competir con el signo maternal que legaba la pérdida de su amada Tonantzin. Por eso cedieron a su pesar las autoridades del Virreinato y, controversiales o no, acabaron por aceptar que si algún poder habría de instaurarse legítimamente, ése sería el de la Virgen del Tepeyac.

El cerrillo de Tonantzin fue templo y culto a la diosa madre desde tiempos inmemoriales. Tonantzin llamaron los indios durante unos 40 años, según fray Bernardino de Sahagún, a la imagen allí consagrada hasta que, hacia 1560, los españoles la comenzaron a bautizar con el único nombre de Guadalupe. Tepeácac se nombraba en lengua local a este monte sagrado al que acudían peregrinos de comarcas alejadas de México para ofrendar a la diosa con sacrificios, fiestas y dones cuya potestad atraía cíclicamente a la muchedumbre que podía renunciar a todo, menos a la necesidad de adorar a su madre Tonantzin, conocida también como Cihuacóatl o "mujer de la culebra", que daba cosas adversas como pobreza, abatimiento y trabajos, por lo que había que agradarla con extrema solicitud y rendirle la más delicada pleitesía para no provocar su ira ni suscitar descontento en ella.

A Sahagún aseguraron los informantes que Cihuacóatl solía aparecer y desaparecer en lugares públicos como una señora ricamente ataviada en blanco, en el más puro estilo palaciego, y que ella también fue engañada por una serpiente, como la Eva en el caso del Génesis, aunque no sabemos con claridad en qué consistió la empresa de la culebra ni cómo influyó este mito en la conciencia prehispánica. La casualidad sirvió a los frailes para establecer, en función del prejuicio de la mentira y de la debilidad femenina, ciertas analogías sobre las enseñanzas del bien y del mal que seguramente fueron aprovechadas para impartir su doctrina con el auxilio de ejemplos locales, lo que favoreció el

sincretismo y seguramente también la perturbación española frente al poder que lo tremendo ejercía en aquellas mentes americanas, creadoras de una vasta genealogía de dioses duales y de signos que, aunados a las disciplinas del cuerpo, al curso de la obediencia y al respeto que profesaban al saber de los viejos, contribuyeron a asentar el culto religioso de una maternidad superior sólo inclinada al bien, a la protección comprensiva y al resguardo de una suavidad tan contraria a la costumbre de adorar una ambigua función de madre castigadora, que no es difícil suponer que en el fervor progresivo a la Guadalupana se concentrara la verdadera síntesis de la cultura naciente, una cultura estrenada en el dolor del vencido, en su indudable sensación de orfandad y en la urgencia de un amparo tan prodigioso que pudiera causar el milagro de la compasión como móvil de resistencia.

Tonantzin trenzaba sus cabellos arriba, casi junto a la frente, al modo de las mexicanas de hoy, con listones o flores anudados en forma de cornezuelos. De noche bramaba, voceaba en el aire y a cuestas cargaba una cuna, como si en ella llevara a su hijo, al uso de la región. Cuando quería que la honraran, aparecía y desaparecía entre la multitud para abandonar ella misma su cuna en el tianguis con la intención de que las otras mujeres, al asomarse intrigadas creyendo que la olvidaba, descubrieran que en vez de niño la diosa dejaba el pedernal afilado con el que debían practicarse en su honor los sacrificios rituales.

Venerada y temida, Nuestra Madre o Tonantzin prodigaba males a discreción o los suspendía en la medida en que sus devotos la honraban con ceremonias y festividades. Madre de dioses, con seguridad intercedía poderosamente en favor o en contra de los creyentes, pues no es casual que, de entre la multitud de entidades abominadas por los cristianos, ella fuera la más combatida y en consecuencia de la que menos se hablara en el de por sí escaso registro de aquella singular teogonía. No es tampoco fortuito que, en tratándose de asentar un nuevo credo con la natural resistencia de los conversos, fuera el cerro del Tepeyac o Tepeaquilla, como dijeran los españoles, el sitio adecuado para fundar la tradición mariana. Lo que quizá jamás se esperó es que allí mismo, en su santuario ancestral, resurgiera el signo sagrado de la poderosa Tonantzin transmutado en la figura mestiza de una mujer clemente, también hermosamente ataviada, que al elegir a un indio ya bautizado para publicar su mensaje, no únicamente causaba el portento de trastocar los atributos temibles de la astuta Cihuacóatl; sino que, por obra del sincretismo naciente, la siempre Virgen Santa María otorgaba al pueblo desamparado y no suficientemente converso la gracia de un nuevo lenguaje monoteísta de amor, esperanza y apoyo, accesible a los macehuales.

Además del de la propia revelación mariana, el misterio que entraña este culto a la feminidad indulgente en una cultura de espaldas a las mujeres y al reconocimiento de la más elemental equidad, no deja de ser asombroso. Hasta parece que la Virgen de Guadalupe conservara a pesar del tiempo el atavismo de la dualidad al ostentar la más alta virtud maternal en su naturaleza sin mancha. Como Cihuacóatl, la Guadalupana es mujer, pero no esposa, lo que permite universalizar la piedad. Radiante, descansa sobre la luna en cuarto menguante y a sus pies asoma el ángel de la pureza perfecta. Se trata de un ángel triste, mexicanizado y distinto a la figura convencional y barroca. No sufre ni llora, como otras advocaciones, pero su mirada trasluce la hondura de una bondad que dulcifica el dolor que queda después del dolor. Viste la túnica mora, distintiva de la imaginería española del siglo XVI, y en su largo manto despliega los astros, como si la cubriera el techo del cielo.

Así, en revoltura perfecta de elementos mestizos y sobreposiciones sincréticas, se arraigó la leyenda y así cobró vida la devoción a la patrona de México y emperatriz de América, entre actos locales de adoración, con abundancia de milagros desencadenados por la noticia de las apariciones y contra desacuerdos civiles y religiosos respecto de si podían aceptar el testimonio no sólo del indio, sino el suceso mismo que involucraba críticamente todo el sistema de autoridad.

Imprecisa en principio, inclusive sin nombre propio y bajo el misterio del mensaje revelado en lengua mexicana a un pobre hombre del pueblo, macehual que andaba por ahí, caminando en la cumbre del Tepeyac, la Guadalupana deslindó, desde el origen mismo de su inscripción, su distancia litúrgica tanto del resto de las advocaciones como de santos, cultos y ceremonias cristianas para emprender en solitario el despertar de este credo, el cual, 500 años después, aún sorprende por su autonomía y por el vigor de una devoción tan original que siendo europea sólo permite explicarse desde las profundas raíces locales que tras la Conquista brotaron, fortalecidas, allí donde el colonizador pretendió erradicar el rostro y la historia locales.

Por eso fue doblemente significativo el suceso, porque en cierta forma se trataba de aceptar que, entre los vencidos, se engendraba una modalidad religiosa a la sombra de sus propios dogmas, aunque ajena a sus determinaciones litúrgicas y de fe.

Que la Madre de Dios en persona intercediera en favor de los indios era hazaña difícil de creer. De aceptar la versión expuesta al obispo Zumárraga por Juan Diego, se tambalearía el interés de los encomenderos con el cúmulo de prejuicios respecto del pobre sentido de humanidad que recaía sobre los naturales. Que fuera además morena y se hubiera aparecido tres veces seguidas al aborigen Juan Diego, en todo rompía con la decisión de no conceder al vencido ningún signo de identidad que los igualara ante Dios.

Lejos de allanar el camino de la evangelización, la Virgen aparecida a Juan Diego en realidad complicó la exclusividad religiosa porque el pensamiento español no estaba capacitado, en principio, para asimilar el sincretismo que sin tardanza adquirió su propia dinámica.

No hay que olvidar que fue prolongado el alegato español sobre si los indios tenían alma o no. La bula del papa Paulo III en que declara que los naturales, aunque fuera de la fe de Cristo, eran gente de razón y no podían ser privados de su libertad ni de sus bienes, se dio en Roma el 9 de junio de 1537, seis años después de la aparición, de la que probablemente el Vaticano tuvo noticia. La bula, sin embargo, fue asimilada con lentitud, ya que contra la ferocidad practicada por los encomenderos, el papa ordenó que los indios fuesen atraídos al cristianismo con la palabra divina y el buen ejemplo; un buen ejemplo que no únicamente se desatendió, sino que derivó en tal salvajismo que, desde entonces, decir colonización equivale a referirse al modelo de saqueo deshumanizado que en el Nuevo Mundo ejercieron los españoles.

Tales antecedentes demuestran que las apariciones de la Virgen en el cerro del Tepeyac, fechadas del 9 al 12 de diciembre de 1531, cuestionaban y aun radicalizaban los fines devastadores de la colonización en el momento en que franciscanos y dominicos emprendían la ardua tarea de pacificar políticamente a vencidos y vencedores en español y lengua mexicana. De ahí que la Virgen de Guadalupe sea, desde entonces, la frontera simbólica entre la aspiración misionera que no se logró y un virreinato que, pasadas las décadas de saqueo y furor, encauzó su propia dinámica hacia el establecimiento de sus clases, demandas y razas locales y después a la consumación de la independencia.

La historia no pudo ser más sencilla: la mañana del sábado 9 de diciembre, el macehual Juan Diego, bautizado hacía cuatro o cinco años, originario de Cuauhtitlán y avecindado en Tuletlac, caminaba por el cerro del Tepeyac cuando en uno de los senderos occidentales con vista al oriente fue sorprendido por el canto melódico de aves tan variadas y dulces que se levantó a lo que daban sus ojos para saber de qué pájaros se trataba, pues nunca oyó cosa igual ni conoció música que semejara a aquélla que, bordeada de un arco iris, acompañaba a una mujer hermosísima que lo llamó "Hijito Juan" en su lengua y le mandó aproximarse. Pasmado, imbuido de reverencia, el indio avanzó hasta el sitio del resplandor y, a pregunta de ella, respondió que se dirigía a la doctrina que los padres de San Francisco enseñaban en Tlatelolco y que también iba a oír la misa que allí se cantaba a la Virgen todos los sábados.

La Virgen empleó la suavidad distintiva del náhuatl para indicarle al modesto labriego que la que tenía ante sus ojos era María, madre del verdadero Dios y que, con el relato de lo que había visto y oído, fuera a decir al obispo en su nombre que era su voluntad que edificasen allí mismo un templo, donde ella se mostraría piadosa con el propio Juan Diego y con los de su nación, con los devotos y con quienes la buscaran en sus necesidades.

Juan Diego aceptó el mandato con la sumisión distintiva de los mexicanos y no sin dificultad, agravada por su modestia social, consiguió llegar hasta fray Juan de Zumárraga tras varias gestiones en la casa obispal. Humildemente le repitió el recado a sabiendas de que sus palabras causarían suspicacia. El franciscano escuchó, pero cautelosamente lo remitió a un nuevo encuentro para investigarlo entre tanto y examinar con madurez su respuesta.

Allá se fue el macehual otra vez, a darle noticia a la aparecida y a pedirle que escogiera a otra persona de más digno crédito para que el hueitheopixqui u obispo hiciera más caso. La Virgen, lejos de cambiar de opinión, confirmó al indio al atardecer, durante la segunda entrevista; que agradecía su obediencia, le dijo, y que, aunque otros hubiera, era su voluntad que él mismo repitiera el recado a la mañana siguiente.

Juan Diego regresó ante Zumárraga asegurando entre lágrimas que la Virgen lo enviaba. Dada la pusilanimidad de los indios y la firme seguridad con que hablaba, comenzó a dudar el obispo y a inclinarse a que podía ser verdad lo que le decía. Así que mandó pedirle a aquella Señora una señal que certificara su petición y lo obligara a creer que demandaba su templo. Por si acaso, hizo seguir subrepticiamente a Juan Diego por dos personas de confianza para conocer lo que hacía en la cumbre del Tepeyac.

Allá se fue el indio por la calzada con la respuesta, ignorante de los espías; pero éstos lo perdieron de vista al llegar al puente de cierto arroyo que pasaba cerca del cerro. Asombrados, lo buscaron por todos los rumbos, rodearon senderos y, al no encontrar rastro del macehual, regresaron ante el obispo para exigir un castigo bajo el cargo de hechicería.

Entre tanto Juan Diego, con su habitual humildad, confió a la Señora, quien ya lo aguardaba en el mismo sitio, que fray Juan de Zumárraga demandaba una prueba que acreditara su aparición. Aquí, entre la respuesta de Ella de que al día siguiente le otorgaría el pedido, y los acontecimientos que tratarían de impedir un desenlace sencillo, se tendió el mismo puente de obstáculos que en todos los mitos ponen a prueba al héroe. Uno tras otro descubrió escollos el indio al regresar a su casa: encontró enfermo de gravedad a su tío y esa noche más la jornada siguiente tuvo que encargarse de sus cuidados. Olvidado de su preciosa encomienda, en vez de acudir a su cita con la Virgen corrió al alborear del día 11 rumbo a Tlatelolco en busca del curandero y del sacerdote porque le pareció que Juan Bernardino moría.

Tan distraído estaba con su aflicción que hasta no atravesar los cerros y salir al llano que miraba a México recordó que tenía que cruzar por el sitio donde el día anterior en vano lo había esperado la Señora. Distinto a la actitud general de los santos, cuya modestia parece acentuada por el portento, y diferente a la aventurada temeridad de los héroes profanos, el comportamiento de Juan Diego, por no haber acudido a recibir la señal convenida, correspondió en su totalidad a la psicología mexicana: acobardado, temió que la Virgen lo regañara y trató de esconderse. En vez de tomar el camino real de occidente, eligió por oriente la vía hacia Texcoco para esquivarla, sin saber que para la Madre de Dios no existen rutas largas ni cortas. Macehual como era, se dobló de vergüenza casi en la punta del cerro porque la Virgen vino a salirle al paso. Se excusó entonces con abundancia de fórmulas por no haber venido el día anterior por estar ocupado en asistir al enfermo y en buscar sacerdote que lo confesara. "No tengas cuidado de la enfermedad de tu tío teniéndome a mí, que lo tengo de tus cosas", repuso ella con suavidad, y agregó: "Ya tu tío Juan Bernardino está bueno y sano". Y luego, dando algunos pasos con él hasta el manantial que manaba a borbotones, sitio donde se edificaría la primera ermita, le indicó que subiera a la parte donde otras veces la había visto. Allí encontraría diversas flores y rosas que debía cortar, recoger en su tilma y traerlas al pozo, donde le diría qué hacer con ellas.

Era el 12 de diciembre por la mañana, fecha en que sólo crecen abrojos, pero confiado en el divino mandato subió hasta encontrar el hermoso jardín anunciado. Una a una cortó las flores y, salpicadas aún de rocío, las llevó en su manta para que Ella misma las compusiera mientras él escuchaba su comisión: "Estas rosas son la señal que has de llevar al obispo para que te crea: dile de mi parte lo que has visto, y que haga luego lo que te pido. Llévalas con cuidado y no las muestres a nadie, ni las descubras a persona alguna, sino al obispo".

Como sería de esperar, Juan Diego fue detenido a la puerta de la casa obispal y se negó a mostrar su carga a los criados. Ellos, audaces, jalaron su tilma que despedía una intensa fragancia. Cuando intentaron desprenderle las flores, las hallaron de tal manera adheridas que a voces corrieron a describirle la maravilla al obispo. Fray Juan de Zumárraga, entonces, hizo pasar al indio para observar el prodigio. Escuchó su relato no únicamente con pormenores, sino con la certeza de que en aquella región algo misterioso estaba ocurriendo.

El resto es historia conocida: al soltar Juan Diego el doblez de la manta, que con burdo nudo colgaba de su cuello, comenzaron a caer las flores al tiempo que asomaba la sagrada imagen de María. Húmeda aún, intensamente perfumada, la última rosa dejó al caer la figura radiante de la Virgen en el ayate que se venera en la basílica. Admirados, el prelado y los presentes se hincaron llorosos ante ella y devotamente le rogaron para sí y la Nueva España su protección y amparo. Luego colocó el obispo la tilma en su oratorio y prometió construir un santuario sin tardanza.

El 13 de diciembre de 1531 visitaron el sitio del milagro prelados, autoridades, familiares y vecinos encabezados por Zumárraga y Juan Diego. Marcaron el lugar y después se encaminaron hasta el pueblo donde, sano y salvo, salió a recibirlos Juan Bernardino con la nueva de que el día anterior vio a su cabecera un resplandor iluminando a una hermosa y apacible señora, quien al librarlo de sus dolores le dijo que la imagen que su sobrino Juan Diego llevara entre flores a la casa obispal debía permanecer en el templo donde, a partir de entonces, sería llamada Santa María de Guadalupe.

Milagrosa, si las hubo, se le atribuyó el singular prodigio de haber acabado con la idolatría. Desplazó a la temida Tonantzin de los contornos de México y en vez de invocarla a la usanza de Madre Nuestra, los naturales la recordaban ya como

Tonanzini ya como Teotenatzin, pero no más como la madre de todos los dioses que fuera acreedora de innumerables calamidades. Si por acaso la Guadalupana se adueñó de su templo ancestral y a sus pies se postraron los mexicanos como única Señora y Madre de Dios.

Así, al modo de las historias pintadas de los nahuas remotos, su imagen selló la juntura de dos tiempos que lucharon por coexistir y que, al no atinar con un símbolo civil, armado o mesiánico, intensificaron el mito y su referencia revelada para consagrar, más en favor del vencido, la única esperanza de salvación de una Nueva España que carecía de destino propio.

La noticia de la aparición en la cima del Tepeyac corrió por llanos y montes a la velocidad misteriosa con que los mexicanos se comunicaban de pueblo en pueblo a pesar de las distancias y los accidentes territoriales. Antes de ser aceptada como patrona de México y mucho antes de que la Iglesia se imaginara la importancia que adquiriría en la devoción popular, la Guadalupana confirmó por sí misma su legítima concordancia con las expresiones locales de religiosidad. De ahí que, aunque frecuentes y en ocasiones airadas, no trascendieran las controversias sobre la idolatría remanente, ni dudas respecto de si su aparición era impostura o milagro. Mucho más expedito que las discusiones sobre los pormenores que disminuían su veracidad, el culto a la Virgen se ensanchaba con testimonios de su bondad comprobada. Aquí decían del enfermo curado, allá del que escapó de la muerte por haberla invocado, otro agradecía haber librado con bien la célebre inundación que asoló la ciudad de México, y no se descartaban las referencias de nuevos conversos ni grandes o pequeños dones que iban desde la obtención de marido hasta el salvamento de algún naufragio.

Ante el impulso forzado del cristianismo en pleno periodo de colonización, tampoco escaseaban los cuentos sobre prodigios multiplicados a cielo abierto ni los supuestos testigos de curas y revelaciones divinas. A diario se hablaba en la Nueva España del sinfín de sucesos que pudieran servir de aval fiduciario a las advocaciones marianas. Por eso se dudó tanto de su milagrosa presencia, porque los frecuentes y falsos avisos de portentos católicos, con seguridad fueron inspirados por los propios frailes.

Los jesuitas Francisco de Florencia y Juan Antonio de Oviedo consignaron en el siglo XVIII, en su obra *Zodiaco mariano,* que era fama en la Nueva España que a la santísima imagen de Guadalupe México debía no haber padecido jamás la calamidad de la peste que infestaba a los reinos de Europa. No obstante sufrir epidemias de sarampión, viruelas, tabardillos y otros males que mataron a miles, las enfermedades nunca asolaron en México con la virulencia europea ni fueron necesarios lazaretos o cuarentenas. Aquí, el contagio de los enfermos nunca llegó a extenderse tan peligrosamente que obligara a imponer medidas extremas de sanidad colectiva.

Este hecho, que para los jesuitas se consigna como milagro guadalupano, en realidad se debía a la salud y la higiene de los mexicanos, salud que, por desgracia, fue mermando a causa de la esclavitud y de las costumbres sociales impuestas por los españoles.

Los milagros consignados en el siglo XVIII confirmaban no obstante la protección de Nuestra Señora de Guadalupe al pueblo desamparado. El jesuita Francisco de Florencia aseguró que jamás se había visto endemoniado alguno en estas tierras y que cuando un español se quejó en la península de padecer infernales torturas se embarcó rumbo a Veracruz, confiado en que la Guadalupana lo libraría de sus males. En la medida en que se aproximaba al santuario del Tepeyac iba sintiendo alivio hasta zafarse definitivamente del diablo que lo acosaba cuando oró ante su altar. Así vivió durante algún tiempo en la Nueva España, bajo la tutela sagrada de la Guadalupana. Cuando creyó que nunca más el demonio se adueñaría de su espíritu, viajó de regreso a España y allá, sin remedio, volvió a ser presa del diablo. En cuanto pudo navegó en busca del alivio probado y otra vez, por su infinita clemencia, la siempre Virgen María de Guadalupe lo apartó del infierno hasta el fin de sus días.

Los testimonios de sus portentos abundan. Hay, sin embargo, algunos más destacados que otros y dignos de consideración especial. El día en que la imagen fuera trasladada del oratorio personal de fray Juan de Zumárraga, en la parroquia de Tlatelolco, a la capilla del Tepeyac, los indios discurrieron en la festividad popular representar una batalla entre mexicanos y chichimecas, como los danzantes contemporáneos la honran en su santuario. Era tanto el jaleo, en medio de aquel combate, arreciado por el ruido y la devoción, que una flecha perdida fue a atravesarse en el cuello de uno que al punto cayó casi muerto. Corrieron con el herido sin atinar un remedio. Invocaron a la Señora para que se apiadara de él y, como acto inaugural de su llegada al templo, sacaron la flecha que le atravesaba el pescuezo y al instante el mexicano quedó curado. A partir de entonces, confirmaron que la imagen en el ayate del macehual Juan Diego remediaría sus necesidades.

En 1553, unos 22 años después de las apariciones, ocurrió una peculiar confrontación simbólica entre dos vírgenes. Eran los días en que el culto local no se asentaba con seguridad y el elegido por los españoles no era cabalmente aceptado en lo referente a la advocación mariana. De ahí la reveladora importancia del testimonio de los autores del *Zodiaco mariano.* Escribieron que Juan Ceteutli, un cacique que había encontrado la imagen de Nuestra Señora de los Remedios debajo de algún maguey, quedó tullido y ciego durante un año. Se hizo llevar al santuario de la Guadalupana, tres leguas distante de su casa, y apenas entrar en andas a su santuario recobró la vista para ver que la Virgen le sonreía.

Que con rostro muy apacible, agregaron los jesuitas, aludiendo a lo que él pensaba de la Virgen de los Remedios, le preguntó la Guadalupana: "¿A qué vienes a mi casa, si me echaste de la tuya?" Don Juan Ceteutli, animado con esa benignidad, se excusó diciendo que ella bien sabía lo ocurrido. Le pidió perdón por no tenerla en su casa y rogó por la salud que tanto necesitaba. Le respondió entonces la Virgen: "Yo te la concedo. Vuelve al pueblo de donde saliste esta mañana; y en donde me hallaste procura con los vecinos edificarme una ermita".

Juan Ceteutli, primer mexicano que da testimonio de su encuentro con la advocación mariana de los Remedios, cumplió el mandato de la Guadalupana y le construyó el templo pedido, hecho que significó, en la historia del culto, la oposición que 300 años después, durante la guerra de Independencia, se daría entre la Virgen de los españoles y la identificada como típicamente mexicana; es decir, entre la de Guadalupe y *la Generala* del Virreinato, como llamaban a la de los Remedios.

Hechos curiosos abundan, todos celebrados como milagrosos. El prodigio de la Guadalupana es también literario en cierta manera, pues los relatos que el pueblo narraba a los curas se transformaron, en un tiempo no definido, en centenares de exvotos, leyendas, cantos y cuentos. Uno, por ejemplo, decía:

Rezando un hombre delante de la soberana imagen debajo de la lámpara, que era muy pesada, de repente se rompió el cordel de que pendía. Y he aquí muchos milagros en un suceso: porque dando sobre la cabeza de aquel hombre, que adoraba la santa imagen, no le hizo daño alguno, el vaso de vidrio no se quebró, no se derramó el aceite, ni se apagó la luz, que allí ardía.

Se lee en otro suceso:

Alentado un ciego con la beneficencia que todos experimentaban en la Santísima Virgen, determinó ir a su santuario y pedirle la vista, que tanto deseaba. Y lo mismo fue entrar en la iglesia, que comenzar a ver, y publicar a gritos la maravilla: creciendo más su regocijo, porque cuanto más se acercaba a la imagen iba creciendo la vista, y él aumentando la voz, hasta que puesto ya delante del altar, la cobró del todo y dio

con los que se hallaban presentes las gracias a la Señora por tan grande beneficio.

Uno más:

Admirable fue el prodigio de que fueron testigos cuantos se hallaron presentes en la Iglesia de Nuestra Señora. Acabando de decir misa el bachiller Juan Vázquez de Acuña advirtió que con un repentino recio viento se apagaron todas las velas del altar. Envió por luz, y en el ínterin venía, notó que dos rayos de aquel sol que cerca el cuerpo de la imagen, se extendieron hasta llegar a las velas, y las encendieron, con admiración y pasmo de todos los presentes.

Este último testimonio es inaudito:

Una mujer, sin saber la causa, aunque después se acordó que era obra del demonio, conoció que el vientre se le iba hinchando con tal exceso que ya le parecía que había de reventar. Hízose llevar a la Virgen de Guadalupe, pidióle con mucho fervor y fe el remedio de su mal. Bebió agua del pozo inmediato a la Iglesia y luego se quedó dormida. Entonces refirió el sacristán que debajo de la mujer salía un culebrón de nueve varas de largo, que era el que le causaba la hinchazón del vientre. Ella despertó, y se halló buena y sana, y aun pudo ayudar a matar la culebra, por lo cual dio muchas gracias a la Madre de Dios.

Nuestra Señora de los Remedios

El CULTO mariano se emprende en la ciudad de México cuando uno de los conquistadores, Juan Rodríguez de Villafuerte, compañero y soldado de Hernán Cortés, recibió al embarcarse la imagen de Nuestra Señora de los Remedios de manos de su hermano, quien le aseguró que era milagrosa, escuchaba piadosamente sus ruegos y, como a él, lo libraría de grandes peligros en las batallas.

Una vez que Cortés y sus hombres ocuparon el Templo Mayor de los aztecas, en Tenochtitlan, ordenó a Villafuerte colocar aquella imagen en la cima del cue. No quedaron registros de si la Virgen fue entronizada en el santuario de Huitzilopochtli o en el paralelo, donde los indios adoraban a Tláloc. El cue, entre los naturales, era de culto dual, como el carácter de sus deidades, y equivalía al santuario a cuyos pies se realizaban los sacrificios en el lado correspondiente a Huitzilopochtli, Sol y dios de la guerra.

De acuerdo con los escritos de Francisco de Florencia, el Templo Mayor estaba en el mismo sitio en el que hoy perdura la catedral. Tal error de situación sería rectificado a partir del descubrimiento arqueológico de 1978. Entonces se demostró que el santuario azteca no estaba en el mismo terreno de la catedral, sino en el aledaño con vista al oriente, donde a la fecha se observan algunos vestigios prehispánicos y el museo del sitio.

Nada sabemos respecto del culto inicial a la Virgen de los Remedios durante los primeros años de conquista y colonización, salvo que estaba en el antiguo corazón de la ciudad de México, quizá en un pequeño templo anterior a la primera Catedral Metropolitana y que tal vez alguien la quitó de ahí al remover el terreno para destruir el Templo Mayor de los aztecas y construir, con sus piedras y capas superiores, los muros del santuario del nuevo credo. Lo cierto es que en 1540, nueve años después de la prodigiosa aparición de la Guadalupana, fue hallada debajo de un maguey, lejos de ahí, en el cerro de los Pájaros, por el indio cacique Juan Ceteutli, que en lengua mexicana significa águila, por lo que desde entonces se lo llamó Juan Águila.

Caminaba el indio todos los días hasta el pueblo

249

de Tacuba y al pasar a un lado del cerro de Totoltepec, como se nombraba en lengua mexicana, veía con naturalidad a la Virgen suspendida en el aire y con voz sensible le decía: "Hijo, búscame en este pueblo". Ceteutli ya la conocía porque en 1519, durante la retirada española en la Noche Triste, distinguió su figura allá lejos, en medio del cerro, tutelando a su gente, acompañada de un caballero, que no era otro que Santiago el Matamoros, patrón de las Españas, que en lo más apretado de la batalla echaba tierra a los ojos de la muchedumbre de indios que cercaban a los conquistadores.

Entonces creyó Ceteutli que la Señora se mostraba con el rostro encendido y que se atareaba en ayudar a los acosados; cuando él la encontraba años después en su ruta diaria, en cambio, su gesto era apacible, y de tanta naturalidad sus movimientos que la saludaba como si fuera de carne y hueso, una persona que quién sabe por qué causas le pedía a él que la buscara y hasta le daba instrucciones de por dónde emprender el hallazgo.

Tantas veces le salió la aparición al paso que Juan Ceteutli descreyó de la casualidad. Tras cavilar durante semanas y acaso meses, típico del temperamento mexicano, decidió comunicar el suceso a los religiosos de San Francisco de Tacuba. Ellos lo escucharon con suspicacia y procuraron convencerlo de que la fantasía llega a ser tan poderosa que reviste los sueños de realidad. Que mejor se olvidara de tantos cuentos, trabajara y se encomendara. Inclusive lo amenazaron con ser castigado si volvía a perturbarlos con la misma demanda de que la susodicha Señora pedía ser hallada en alguna parte del rumbo.

Por muchos días más continuó el cacique pasando por el lugar y, según la costumbre, ella persistía con que escarbara y encontrara su imagen. No se atrevió a decirlo otra vez a los frailes por temor al castigo, ni siquiera lo comunicó a sus parientes y aprendió a sobrellevar la visión como si se tratara de una segunda naturaleza. Las señales, sin embargo, brotaron a su pesar. Cuando se edificaba la iglesia de Tacuba, subió Juan a lo alto de una columna y cayó desde arriba. Quedó medio muerto ahí, sin sentido, en medio de los materiales de construcción, y todos creyeron que no pasaría la noche. Los frailes le ungieron los óleos. Lo llevaron de regreso a su casa y en medio de su agonía, esa misma noche, se le apareció la Virgen de los Remedios tal y como estaba acostumbrado a reconocerla en el cerro de Totoltepec. Además de consuelo, le dio la Señora una banda milagrosa para que se la ciñese como pretina y, apenas ponérsela, Juan Ceteutli sintió que el alivio le entraba al cuerpo sin que dejara rastro de dolores ni herida.

Ante la admiración general, Ceteutli caminó sano y salvo al día siguiente una legua, hasta el pueblo de Tacuba, para comunicar la noticia. Demudados, los frailes le preguntaron qué prodigio era aquel que lo había sacado de la agonía y Juan, enseñándoles la cinta sanadora que llevaba atada, les narró lo sucedido en su casa; pero todo quedó consignado sin mayor trascendencia en la memoria de sus parientes.

Días después vino a repetírsele la escena de la aparición en Totoltepec, entonces región arbolada, donde iba a cazar. Allí, debajo de un maguey, por fin encontró él mismo la imagen y en medio de un tierno temblor, provocado por su sorpresa, le dijo al levantarla de entre la tierra para envolverla en su tilma, como si ocultara un tesoro: "No estás bien aquí, Señora; en mi casa estarás mejor. Allá te serviré con reverencia". Y allá, oculta a ojos extraños, quedaría Nuestra Señora de los Remedios en casa de Juan Ceteutli durante unos 10 o 12 años, donde le ofrendaba tortillas, huevos y chimole porque, de tanto mirarla en el cerro, creyó que comía igual, que hablaba o se desplazaba como persona. La Virgen, a pesar de tantos cuidados, no mostraba intenciones de permanecer encerrada. Ella insistía en darse a conocer y ser venerada. Por eso, en un descuido, se le escapó del jacal a don Juan e inexplicablemente fue a parar otra vez al pie del mismo maguey, donde él volvió a encontrarla sin ninguna dificultad.

—¿Por qué saliste de mi casa? Mi familia y yo te hemos buscado con dolor —la reprendió con modestia el cacique al desenterrarla de nuevo—. ¿Te faltaba algo? Si cometimos alguna falta, dímelo, yo la remediaré.

Como la Virgen no respondió, don Juan dio por hecho que no sólo accedía a ser removida de allí, sino que podía llevarla consigo otra vez a su casa. Redobló sus ofrendas alimenticias con frutas y le sirvió agua en un tecomate para que no pasara necesidades. En su simplicidad, creyó el mexicano que de veras estaba viva y comía porque, cuando menos lo pensaba, ella se le desaparecía. En vista de que empeoraba ese juego de perderse y encontrarla, Ceteutli determinó encerrarla en una caja con llave cuando salía. La Virgen de los Remedios, no obstante, la abría y escapaba al maguey cuando él se encaminaba a Tacuba. Del maguey la regresaba otra vez el candoroso cacique, que por más que pensaba no atinaba a concebir que lo que la Virgen deseaba era tener su templo. De tanto ir y venir de la casa al maguey, Ceteutli dedujo que en las fugas había un misterio que rebasaba su entendimiento.

Finalmente, acaso aconsejado y después de cavilar largamente, viajó a México en pos de don Álvaro de Tremiño, maestrescuela de la catedral. Le refirió con sencillez lo que le pasaba. Entre curioso y creyente, Tremiño accedió a regresar con él para mirar por sí mismo la imagen y disponer lo que podría hacerse al respecto. Le bastó mirar la imagen de la Virgen y el Niño para reconocer que, a pesar de su extrema pequeñez, había majestad en ellos. Le pareció, además, que no arriesgaba su autoridad al publicar la versión de Ceteutli y desde entonces, con facilidad digna de su graciosa figura, la Virgen fue expuesta al público para ser venerada, lo cual vino a causarle a Ceteutli tantos perjuicios que él mismo ya no podía vivir en su casa a causa de los peregrinos, por lo que rogó a Tremiño que construyera una ermita adecuada y digna de su reverencia.

Nada más sacar la imagen de la casa de Ceteutli, para que el cacique quedara ciego y tullido. Lejos de acudir al auxilio probado de la Señora de los Remedios, fue llevado por sus familiares al Tepeyac, seguros de que la Guadalupana lo aliviaría de su mal. Dicen las crónicas que se aclaraba su vista cuanto más se acercaba a la imagen y que, una vez hincado ante ella, con la salud recobrada absolutamente, Nuestra Señora le reclamó, acaso en nombre de la Virgen de los Remedios:

—¿A qué vienes a mi casa si me echaste de la tuya?

Agradecido y arrepentido, sabiendo de qué le hablaba, Juan entendió que no era ermita lo que quería la Señora, sino un verdadero templo. Cuando al fin se determinó construirlo, todos los años en que duró la labor, en la víspera de San Hipólito, mártir, fecha en que los españoles ganaron Tenochtitlan, en 1521, muchos resplandores e incendios surcaban el cielo en honor de la que sin tardanza se entronizó entre los españoles como *la Generala* del Virreinato. Los naturales tapizaban el suelo con ramas de tule y el viento traía el son de chirimías y trompetas alrededor de una iglesia que albañiles y peones iban labrando como si fuera un telar. Asegura la leyenda que una vez concluido el templo con las dificultades del caso, llegó a su altar la Virgen de los Remedios sostenida por dos ángeles que la colocaron en el sitio donde aún se venera.

Nunca llegó su culto a competir con la popularidad de la Guadalupana; pero el pueblo la invoca con devoción respetuosa y aún en nuestros días penden en su santuario y en los árboles aledaños millares de exvotos de peregrinos agradecidos. Las fiestas anuales se realizan con puntualidad y sobre todo asombra que las mujeres le ofrenden sus cabelleras por el bien recibido.

Santa María de Izamal

De entre las célebres y milagrosas imágenes reconocidas en el México colonial, Nuestra Señora de Izamal se perfila en la lista de las más protectoras. Izamal, pueblo aborigen perteneciente a la entonces villa de Valladolid, hoy Yucatán, fue evangelizado por religiosos de San Francisco, a cuyo celo se debió la principal conversión de aquella provincia. El trabajo fue arduo pero provechoso porque, a fuerza de presiones directas y de sutil persuasión, el cristianismo vino a imponerse inclusive en los más perseverantes adoradores de antiguos dioses.

En 1550, fray Diego de Landa fue electo guardián del convento de Izamal. Varón apostólico, sería tiempo después obispo de Yucatán. La suya era una rara mezcla de pastor de almas e inquisidor, de curiosidad intelectual y furibundo devastador de lo que tildaba de idolatría. Hombre de extremos y contrastes inexplicables, en el pueblo de Maní llevó a la hoguera los valiosísimos códices mayas y otras historias pintadas, que tuvo por obra diabólica. Tiempo después, paradójicamente, escribió de su mano la historia de la antigüedad maya y, con ella, una de las pocas fuentes que nos permiten reconstruir el pasado; ese pasado que él mismo abatió y destruyó con saña digna de mejores causas.

Los mayas del siglo XVI, como el resto de mexicanos, veneraban a sus propios dioses con devoción tan extrema que Landa llegó a persuadirse de que, de no ser por mediación mariana, jamás podrían mudarse sus credos ni sustituir en sus corazones la fe de la Iglesia. Por eso acentuó la presencia de Nuestra Señora, para que con su gracia abatiera la idolatría, y el cristianismo absorbiera aquella profunda religiosidad que tanto asombraba a los misioneros. Al organizar el culto y disponer símbolos, santos y advocaciones, él personalmente, en su carácter de obispo, viajó a Guatemala, famosa por la fabricación de esculturas y otros trabajos artísticos, y contrató al más célebre para que realizara dos imágenes de la Virgen que consagraría en sendos sagrarios de Mérida e Izamal. Eran los años en que la liturgia cristiana se completaba con adaptaciones locales e imaginería improvisada hasta que, principalmente en Guatemala, se instituyó una escuela artística que llegó a ser tan apreciada por la alta calidad de sus obras que se elevó a proveedora de los mejores altares del Nuevo Mundo.

Dificultoso en tiempo de secas, en temporada de lluvias empeoraba el camino, que casi se realizaba a pie y, en los puntos más escarpados, con ayuda de cuerdas y palos a costa de algunas vidas. Las sagradas imágenes iban embaladas entre papeles y bien resguardadas en un pesado cajón, que los naturales cargaban en hombros. Los aguaceros los sorprendían una y otra vez en viaje tan dilatado; sin embargo, la preocupación no era la merma de hombres que se atoraban entre los charcos o sufrían penurias accidentadas, sino el cuidado de las figuras preciosas.

La maravilla primera que realizó la que sería destinada a Izamal la hizo llegar a su tierra en medio de comentarios que celebraban sus atributos. Los historiadores se quejan de que esta santa imagen no ha sido valorada en justicia y que la mayoría de sus dones quedaron borrados en la débil memoria de la feligresía regional. De cierto confirman, no obstante, que en lo más apretado de las tormentas disputaban los indios por llevar el cajón porque un halo de sequedad los cubría como si el Altísimo mismo o algún ángel guardián formara una suerte de cápsula alrededor para que las imágenes no se dañaran. Ni siquiera se infiltró la humedad en aquellos empaques empapelados, no cayó gota alguna sobre los cargadores y menos aún en su precioso contenido.

Tal maravilla hizo que los más avisados, conscientes de la reliquia, conservaran aquellos papeles con que iban envueltas las sagradas figuras para emplearlos con fines reparadores, como tenía que ocurrir, ya que cuando una señora de Mérida consiguió algunos de ellos los utilizó en favor de un sirviente aborigen, quien cayó de lo alto de la azotea de su casa y se quebró por el golpe un brazo y una pierna. Mientras venía un cirujano a curarlo, la señora cubrió los miembros heridos con el papel y todos dieron a Dios y a su bendita Madre las debidas gracias porque, al revisarlo, no halló el médico en su minuciosa inspección huella alguna de las lesiones.

Llegó por fin la sagrada imagen a Izamal, después de que su compañera de viaje quedara en el convento de Mérida; pero, población habitada por mayoría de indios, sería al punto objetada por los españoles que, en nombre de su devoción más antigua, apelaron al falso derecho de que si una era dejada en Mérida, la otra correspondía a Valladolid, donde ellos formaban mayoría. Emprendieron el viaje para retirarla de Izamal; pero gran sorpresa se llevaron los mensajeros cuando, por más esfuerzos que hicieron y a pesar del auxilio agregado, a mitad de camino se aferró la Señora a quedarse bien fija en el suelo y nadie pudo moverla hasta que determinaron que lo que ella deseaba era permanecer en Izamal con los naturales. Entonces sí se aligeró la carga y con agilidad inusual fue regresada a su altar con la noticia de tal maravilla. Desde entonces se la llamó Nuestra Señora y Patrona de Izamal. Contribuyó a la conversión de los naturales por su caudal de prodigios; sobre todo, confirmados ante la gran epidemia de 1648. A pesar de la devoción mariana que ha distinguido a los residentes de Yucatán y de la frecuencia con que los feligreses peregrinan desde Cozumel y Tabasco y de los pueblos de Chiapas hasta Izamal, el día 8 de diciembre es su día por estar dedicado a la Purísima Concepción.

Santa María de Izamal

El *Zodiaco mariano* consigna que, hasta el siglo XVIII, fecha en que fue escrito tal testimonio, era tanta la muchedumbre de peregrinos, que en los primeros días de diciembre los caminos quedaban inundados de gente. El templo, construido en la cima de un montecito, según la costumbre indígena acaso relacionada con las pirámides, se divisaba a distancia y aun los soldados y encomenderos más orgullosos se apeaban de la cabalgadura para caminar el último trecho hasta llegar a las gradas que circundaban el santuario y, desde ahí, emprender de rodillas la difícil subida de los peldaños y rendir culto en su altar a la imagen.

La única vez que Nuestra Señora de Izamal fue trasladada a Mérida para que acabara con la peste que asolaba a los pueblos de Yucatán, se prodigaron sus dones públicos. Paseada en procesión muy solemne, a distancia se preparaba una valla de orantes, curiosos y penitentes, al modo de las devociones hispanas. Salían los indios de sus jacales a celebrarla con bailes y cantos. Todos los sanos y muchos enfermos le daban la bienvenida en los linderos de la ciudad convencidos de que, fuera cual fuese su suerte, Dios mismo, por mediación de su piadosísima Madre, lo había decidido y lo acatarían como su voluntad inequívoca. Así que, agradecidos, los que sanaron no dejarían de rendirle tributo y los agónicos se daban por satisfechos por la gracia de morir a su vista.

La leyenda de Nuestra Señora de Izamal, en aquel viaje a Mérida, se tramó con acontecimientos curiosos. Uno de ellos cita a una española loca que, asomada en lo alto al paso de la procesión, dijo a gritos para que todos la oyeran: "¿Pensáis que la Virgen os ha de dar salud? Pues no ha de ser así, que no ha venido sino a castigar los pecados de esta ciudad cometidos contra su santísimo hijo". Tales palabras, relató el cronista, sacaron a casi todos las lágrimas a los ojos y llenaron de pavor los corazones porque provenían de una loca; es decir, del espíritu de Dios a la lengua de un ser sin razón. De hecho, los supersticiosos consideraron profética aquella amenaza, pues con el tiempo las desgracias se relataban como castigos divinos, lo que tramó de reverencia y temor el culto de los nuevos creyentes.

Unos más curiosos que otros, los milagros atribuidos a la Virgen María de Izamal enriquecieron su fama de protectora de viajeros y desamparados. Se dice que, en el siglo XVIII, una pareja de naturales tenía una criatura de 12 años, tullida y contrahecha de nacimiento. Como les era cada vez más difícil cargarlo o dejarlo en su casa para oír la misa los días de fiesta, determinaron llevar al muchacho ante María de Izamal y destinaron para ofrenda tres reales, con el ánimo de ofrecer dos en principio y reservarse el tercero en caso de que no consiguieran lo que pedían. Así estuvieron orando y velando a la imagen un día cumplido. En vista de que el muchacho no sanaba ni daba muestras de cambio alguno, se retiraron desconsolados de la iglesia. Volvieron otro día y un día más para convencerse de que la Virgen no deseaba el real prometido y que, respecto a los otros dos recibidos, los daban por bien perdidos.

Tomaron los esposos el camino de vuelta con el tullido a cuestas y, al poco trecho, les dijo el niño: "Pónganme en el suelo, que quiero andar por mi cuenta". Replicaron los padres porque jamás la criatura había puesto un pie en el suelo ni sabía cómo dar paso alguno, pero porfió el enfermo que lo soltasen y lo dejasen andar, ya que sentía una profunda necesidad de pararse. No sin enojo, accedió la pareja y con tamaño asombro vieron que el niño estaba con todos sus miembros libres y sueltos. Admirados, sintieron vergüenza de su poca fe y al punto, presas aún de la confusión, regresaron a orar al santuario para pedir perdón por su desconfianza y entregar a la Virgen el real que faltaba.

En otra ocasión unos piratas herejes apresaron un navío de españoles y, en medio de insultos atroces, les gritaban papistas, embusteros y necios, y que si no abjuraban de la Iglesia católica, apostólica y romana los matarían sin remedio. Uno, el más alentado, les respondió en nombre de todos que mil veces preferían morir antes que renegar de su fe. Fue tanto el denuedo con el que defendió su causa, que los piratas le cortaron la lengua y, con el resto de compañeros, fue brutalmente arrojado en tierra, en la costa de Yucatán.

De allí emprendieron los agredidos una penosa marcha hacia Mérida en busca de auxilio. Pronto supieron, por boca de un hombre devoto, las maravillas que prodigaba Nuestra Señora de Izamal. Esto avivó la esperanza del mutilado, quien por todos los medios rogó ser llevado a su altar para que le restituyera su lengua. Allí oró con devoción sincera y, para asombro de él mismo y de sus compañeros, poco a poco, durante los nueve días que duraron sus rogativas, le iba creciendo el miembro perdido hasta recobrar el tamaño y consistencia anteriores. Al término de su novena, prometió el hombre a voces, para que todos lo oyeran, emplear su palabra en actos de agradecimiento y veneración que contribuyeran a prestigiar tan grande misericordia mariana.

Los historiadores relatan que hacía tiempo que una pareja batallaba con una hija de cinco años que estaba enferma. Como otros, ellos confiaron en que encontraría la salud en Izamal, pero a los dos días de llegados murió la criatura. Afligidos, los padres pidieron a la Virgen que se las diera viva, ya que no se las había dado sana. Eran las vísperas de la fiesta anual y un mundo de peregrinos se congregaba alrededor del santuario. Inclusive andaban ahí el gobernador de Mérida, don Antonio de Figueroa, su mujer y familia, entre la muchedumbre que iba y venía de aquí para allá, del atrio a la escalinata y del altar a la nave en espera de que la imagen fuera bajada del trono para que, en andas y bajo palio, emprendiera la procesión por las calles del pueblo. No bien descendía la sagrada imagen, en manos de mayordomos, cuando los padres con la niña difunta en brazos pidieron en medio de llanto dolido a la Señora que les resucitase a su hija. Que la Virgen los miró con piedad, dicen las crónicas y que, en medio de gran concurso, la niña comenzó a parpadear, a moverse y a emitir pequeños quejidos.

Los gritos agradecidos de aquellos padres atrajeron la atención de la concurrencia, y el propio gobernador preguntó a la pequeña quién la había resucitado si todos la vieron que era difunta. En su corta lengua respondió la criatura: "Mi Señora, la Virgen María, la que está allí puesta en alto, me resucitó". Como mal hablaba, la niña repitió a trancos el avemaría delante de toda la gente para alabar a la gran Señora porque la había vuelto a la vida. La esposa del gobernador, por su parte, la hizo vestir de gala y la llevó consigo para que presidieran juntas la procesión al día siguiente. Cuando los padres supieron que además pretendía llevarla a vivir a su casa de Mérida, huyeron con ella para que no creciera en palacio en medio de extraños. La Virgen prefiere, dijeron al despedirse, la pobreza de indios que mucho regalo en la perturbación cortesana.

Por las historias de amparos cumplidos y esperanzas que se realizan al calor de la fe se distinguen, en cada cultura, las expresiones distintas de religiosidad. Los antiguos dioses, por ejemplo, satisfacían placeres con la misma frecuencia que sanaban los males o consolaban dolores. No sabemos cómo ni dónde se rompió la costumbre de asociar la totalidad de la vida y la muerte a la devoción, lo cierto es que de pronto, quizá con el monoteísmo, la tristeza se infiltró a una sola manera de practicar la religiosidad en la orilla de las carencias. Y esa es la sensación que produce el cristianismo desde su presencia inaugural en América, la de ser refugio, asidero desesperado y paño de lamentación del desasistido. Un refugio que con claridad se asienta en el espíritu de los naturales vencidos y después, al conformarse la sociedad en un sistema de desigualdades extremas, encuentra su propio lenguaje según la clase social y el grado de instrucción de los creyentes. El culto a las advocaciones marianas en México, por ejemplo, jamás consiguió absorber la sensualidad distintiva de los españoles ni se respiró en nuestras tierras la vigorosa inspiración artística de una Edad Media o de un Renacimiento europeos. En eso, también, se resiente el colonialismo tal vez porque se impuso con demasiada violencia la palabra sagrada sobre los restos, aún encendidos, del fervor mutilado con sangre.

De tan intensa en los surcos del dolor, la historia del cristianismo en América que mal se ha estudiado, ofrece una rica veta para comprender la hondura de un carácter con abundantes indicios de sumisión resignada que en momentos extremos estalla en violencia; pero en la vida cotidiana oscila en vaivenes de devoción piadosa, aunque pasiva, y ciclos rituales de festividad popular siempre marginados de la guía formativa de la doctrina. Y eso es lo que enseña, precisamente, el repaso del culto mariano, mucho más arraigado en México que la palabra del evangelio o el casi inexistente interés por la Biblia: que el sentimiento de orfandad aún rebasa la curiosidad del espíritu y los creyentes acuden al amparo de la Madre Sagrada en busca de soluciones que por sí mismos no pueden lograr, sea a causa de la miseria o de la costumbre de apegarse a la necesidad de lo que, entre nosotros, se considera milagros.

Una sorda que oye por gracia divina, un tullido que consigue ponerse en pie, el endemoniado que reza como en un exorcismo, las llagas agusanadas que desaparecen del cuerpo doliente, las fiebres abrasadoras que se mitigan por efecto de la oración o el sinfín de accidentes consignados en los exvotos en general dan testimonio del curso natural de una enfermedad. En pueblos tan desvalidos, lo común adquiere valoraciones extraordinarias porque parece obvio que el que nada tiene nada espera, y cuando a la desgracia no sucede la fatalidad sino un fin aceptable, entonces el desenlace se toma como milagro.

Si españoles, agradecían a nuestra Señora de Izamal haber librado tormentas en alta mar o vencido el riesgo de perderse a causa de malos vientos. Unos decían que sus naves no se estrellaron en un peñasco gracias a la oportuna intervención mariana; otros, que gracias a los exhortos del capitán, pasajeros y marineros se arrepintieron de sus pecados y ofrecieron mandas con tal de salvarse del riesgo inminente de un hundimiento. Si mexicanos, la lista de ruegos gira siempre alrededor de las mismas causas: enfermos, accidentados y, en nuestra época, desempleados o alcohólicos redimidos; es decir, ante el altar se congregan las súplicas de una miseria tan secular que no cabría sino esperar un único y verdadero milagro: pedirle a la Virgen vigor para transformar las condiciones de una injusticia que, lejos de subsanarse, empeora al paso del tiempo.

Nuestra Señora
de San Juan

Inseparable de la Virgen de Zapopan, la imagen de Nuestra Señora no fue llevada en el siglo XVI por los evangelizadores al entonces villorrio de San Juan Bautista de Mexquititlán con la deliberada intención de afamarla por sus mercedes, sino para promover la piedad mariana en las modestísimas ermitas aledañas a los aún más modestos hospitales destinados a atender enfermos y hospedar peregrinos según ordenanza del primer Concilio Mexicano, en 1555, de construir esta suerte de dispensarios a consecuencia de la terrible epidemia que asoló a los pueblos de la Nueva España.

En general, las capillas debían dedicarse a la Inmaculada Concepción y se determinó que en cada localidad los padres fundadores obsequiaran la imagen de la Virgen María. En acatamiento de dicha disposición, fray Miguel de Bolonia hizo lo propio en la de San Juan a su cargo. Correlativa a la insignificancia del pueblo, aquélla era una ermita pequeña, de unos 16 metros de largo por seis de ancho, con techumbre de paja y paredes de adobe, a la que se le daba el título de hospital. Con el tiempo se le agregaron dos piezas pequeñas, una para sacristía y otra quizá para dispensario o habitación, pero de similar sencillez. Como ocurre en la mayoría de los casos, no se sabe con exactitud de dónde provino la imagen ni cuándo perdió su nombre original para reconocerse como Nuestra Señora de San Juan. Por la primitiva pasta vegetal de su estructura hecha de maíz, es de suponer que provino de Michoacán, donde Vasco de Quiroga enseñó a los indios artes y oficios, entre los que se contaba la imaginería y la pintura, como lo demuestra la presencia de la Virgen de la Salud en Pátzcuaro, también facturada de maíz. La de San Juan, sin duda, fue un encargo menor de fray Miguel de Bolonia y nadie en principio la consideró algo más que parte obligada de la ornamentación litúrgica, sin culto especial ni merecimientos, pues, desaliñada y maltrecha, permaneció arrumbada en la sacristía junto con otros objetos e imágenes de santos y vírgenes medio inservibles hasta que, casi un siglo después, se cansó del confinamiento y comenzó a prodigarse en hermosísimas maravillas.

En su hora la visitaban orantes de paso, mal se notaba en aquella localidad y nadie pensaba que las informaciones jurídicas llegarían a afirmar sin recelo hacia el siglo XVIII que era una de las advocaciones marianas más milagrosas no solamente de América septentrional, sino del resto del mundo católico, donde se difundió su piedad. Todo indica que era burda su hechura y sin arte los acabados. Entronizada con el tiempo en su propia basílica, se advierte aún ahora la diferencia con los estofados barrocos que adornaban los grandes conventos e iglesias. Ella es a la vara del maíz lo que las esculturas de culto peninsulares a la madera. La gracia de sus largos cabellos rizados y negros, como los de su hermana, la Virgen de Zapopan, así como su pequeña estatura y su rostro aguileño son una tentación para la laboriosidad femenina, siempre proclive a adornarla con joyas y atavíos muy brillantes. Su historia es más fascinante que su figura, con ser ésta reveladora de las preferencias mestizas. Abarcó la memoria de la Inmaculada Concepción, adquirió individualidad gracias a sus portentos, practicó la costumbre de mudar de sitio, color del semblante, matices y gestos, y se renombró Nuestra Señora de San Juan el día en que un maromero pasaba por ahí, con rumbo a Guadalajara, haciendo piruetas y suertes con fuego, lanzas desnudas y puntas de dagas en las que su mujer y dos hijas pequeñas participaban también, lo que acentuaba la peligrosidad de sus lances.

Sucedió que una de las niñas, acaso la menor y de escasa experiencia, erró el salto y cayó de lleno con el pecho sobre la daga. A la vista de los mirones y frente al dolor de sus padres, la criatura se desangró y quedó inerte entre los enseres. Acompañados por muchos del pueblo, los saltimbanquis la amortajaron para velarla en la capillita y después enterrarla en el camposanto.

Lloraban los padres desconsolados y, conmovida por la tragedia, lloraba también con ellos una india madura, Ana Lucía, quien de pronto, como sumida en un trance, se puso en pie para avisarles que no se afligieran más y se sosegasen porque la Zuhuapili, como llamaban a la Virgen María, le devolvería la vida a la niña, aunque estuviera refundida en el cuartito contiguo. Y diciendo y haciendo, según escribieron Francisco de Florencia y Juan Antonio de Oviedo, Ana Lucía entró a la sacristía, sacó la imagen de la Inmaculada, de la que nadie se acordaba, y con sentida devoción la puso sobre los pechos de la difunta. A poco rato advirtieron los presentes que la criatura se movía bajo la mortaja y a toda prisa le cortaron las ligaduras para que, buena y sana, pudiera ponerse en pie y diera las debidas gracias a la Santa Señora.

Cuando en 1634, 11 años después del suceso, los comisionados del Obispado indagaron con Ana Lucía acerca de aquel milagro, ella, que ya pasaba la edad de 80 años, les dijo que, siendo esposa del sacristán de aquel hospital, barría temprano todos los días afuera y adentro y todos los días se daba cuenta de que la Virgen se iba durante las noches de la sacristía, donde estaba arrumbada con otras imágenes, a la peana de la capilla, donde amanecía sin que ninguno la hubiera tocado. Y puesto que todos los días ella misma la regresaba del pedestal a su sitio y otra vez la Virgen se movía, se hizo costumbre entre ambas de la que no dijo nada, pues creía que la transportaban manos de ángeles. Seguramente estaba a la espera de algún aviso, como al fin sucedió, porque así era la Virgen María: juguetona y traviesa. Sin embargo, en su hora Ana

Lucía no comentó el prodigio porque le pareció natural que la Virgen reviviera a la niña y, además, nadie le había preguntado.

Conforme al registro del Obispado, el cabriolero consideró que la mejor manera de mostrar su agradecimiento por el favor recibido era pedirle permiso a los de San Juan de llevarse unos días la imagen consigo para que algún pintor o escultor conocido la remozara en Guadalajara, pues el tiempo y el abandono en la sacristía la tenían más que descolorida, rota de algunas partes, despeinada y con la ropa maltrecha. Los del pueblo aceptaron confiados, pues ya no dudaban de que la dignidad de la imagen debía estar a la altura de sus maravillas. Entonces, eslabonado con los otros, sucedió un nuevo prodigio en el mesón donde se alojaron los saltimbanquis aún presas del estado de encantamiento. Sin causa ni vínculo alguno, pues allí nadie tenía noticia del milagro que aún tenía en ascuas a la familia, dos jóvenes se presentaron a preguntar si había allí alguna imagen que componer. Sintiendo que la fortuna lo acompañaba, el maromero les entregó a la Virgen advirtiéndoles que pertenecía al pueblo de San Juan y que no escatimaran cuidados ni gastos porque le era entrañable y una esperanza que ya aguardaban con ansia los de San Juan.

Al amanecer de la mañana siguiente, cuando el trashumante todavía no despertaba, tocó a su puerta el posadero con la Virgen en brazos. Estaba tan compuesta y hermosa como se encuentra hasta ahora, hasta parecía diferente su hechura, más sólida y reforzada y tan radiante su rostro que deslumbraban sus ojos negros. Que hacía un rato la habían entregado los dos mancebos, le dijo, y al parecer no esperaron ningún recado, porque se

fueron sin recibir la paga. Cuando el volatinero salió a medio vestir a buscarlos descubrió que no había rastro de ellos. Nadie los vio salir ni les parecieron conocidos a los que preguntaron; tampoco estaban en las calles cercanas ni los conocían en los talleres del rumbo.

Convencido de que se trataba de aquellos ángeles referidos por Ana Lucía, trajo la noticia a San Juan con gran reverencia. La regresó a su capilla, donde a ella le gustaba posarse al amanecer, y a partir de entonces, año de 1623, los peregrinos comenzaron a arrancar pedazos de adobe tanto del altar como de las paredes para amasar una especie de panecillos que utilizaban como reliquias selladas. Débil de por sí, la ermita se derrumbó por exceso de devoción. No quedó grumo sin recoger, porque propios y ajenos llevaron por prenda suya cuanto se relacionara con la Señora. La mortaja de la pequeña corrió igual suerte, así como las flores, cabos de velas, yerbas y hasta el lodo del basamento.

Anterior a la actual basílica, donde Nuestra Señora de San Juan de los Lagos quedaría entronizada, le erigieron en seis o siete años un templo semejante a la capilla mayor de la otrora ermita. No obstante lo pulido de la obra, emprendida durante la vacante del obispo don Juan Sánchez Duque, fue menester que se derribase por su poca solidez y consistencia durante el mandato de su sucesor, el obispo Juan Ruiz Colmenero.

La Virgen de San Juan comparte con las imágenes de la Salud y de Zapopan la característica de estar hecha de una pasta de caña de maíz muy primitiva y burda, materia tan deleznable que más que otras está expuesta a la polilla y a la total destrucción. Sin embargo, es secular el asombro de que su cuerpo permanezca intacto, como siguen también en su estado la tilma de Juan Diego y las fibras muy simples de las otras dos vírgenes. Tal es su prodigio. Es imposible determinar el color de su rostro, porque unas veces está radiante y otras pálido, trigueño o renegrido, como se muestra la de Zapopan. Inclusive en nuestros días, dos siglos después de que los autores del *Zodiaco mariano* lo registraran como testimonio verídico, Nuestra Señora de San Juan se antoja con tonalidades distintas, especialmente en las fechas en que se conmemora a su Hijo o durante las celebraciones de los misterios de su vida. Entonces su rostro despide destellos muy tenues que borran sus ojos y sus facciones. De esas luces nace la célebre estrella que unas veces lleva en la frente y otras en la barbilla.

El padre Florencia afirmó bajo juramento que él mismo, viendo en el templo que muchas veces le salían a la imagen destellos del rostro, quiso corroborar si acaso se trataba de una confusión provocada por el brillo de los diamantes de que estaba adornada. A oscuras, cerró las puertas del trono y asomándose por la rejilla entreabierta vio que la imagen y el interior de su tabernáculo ardían en luces y resplandores, por lo cual quedó convencido de que las luces salían del rostro de la imagen y no de los diamantes.

Los trabajos de la Virgen de San Juan conforman la traza de un México candoroso, de almas sencillas a manera del equilibrista y su familia que se ganaban la vida saltando por entre cuchillos y aros de fuego; espíritus privilegiados con un milagro tan inaudito como la resurrección de la pequeña amortajada que, después de haber errado la suerte sobre la daga, continúan su existencia nómada para entretener en los pueblos con juegos contra la muerte hasta que la vejez, el cansancio o el hado les impone el retiro.

Está visto que en general la gente no espera más que cierta bienaventuranza: subsanar males, reparar yerros y realizar aspiraciones de mejoría material, que en ocasiones arrastran consigo eventos en las iglesias donde se infiltra el insalvable tema de las limosnas, antecedido de avisos o de portentos que indican la oportunidad de construir templos nuevos o remudar retablos. La de San Juan ha sido una de esas vírgenes que no pide directamente lujos, aunque tampoco desdeña merecimientos ni abandona el cuidado de su santuario. De ahí que en diciembre de 1659 previniera en sueños al vicario y capellán mayor, Juan de Contreras, sobre el riesgo que corrían los ricos doseles y ornamentos litúrgicos que hizo colocar en torno al altar durante arduas jornadas decorativas. Esa noche, mientras dormía, en que por vez primera lucía con esplendor el templo, le pareció escuchar una voz que le decía que el sitio adecuado para la lámpara que ardía delante de la imagen era el arco de la capilla. Lo primero que hizo al levantarse fue comprobar que ciertamente la lámpara y los cordeles que la sostenían pendían de la linternilla directamente sobre la peana del altar; pero pudo más la indolencia que el miedo y dejó que pasaran los días sin preocuparse más del asunto. El sábado 6 de diciembre, tres días después, mientras cantaba la misa, se reventaron cuatro cordeles que sostenían el carrillo de aquel lamparón de plata que apuntaba al centro de su cabeza y milagrosamente todo vino a caer entre sus pies y el altar, porque Nuestra Señora desvió la dirección con tal tino que ni siquiera el aceite del vaso manchó la alfombra o los objetos del ara, él tampoco se salpicó y apenas una leve mancha tocó su casulla.

No sería éste el único incidente entre la Virgen y Juan Contreras, porque por esa época se acentuaron sus diferencias con el recién nombrado cura de Jalostotitlán, un anciano de bríos que al enterarse de que su subalterno, por aquello de las limosnas que se multiplicaban durante las misas cantadas, en las festividades o a propósito de la Semana Santa, promovía la devoción mariana con boato y no dejaba excusa sin atender para allegar peregrinos a su santuario. Y en una Semana Santa, precisamente, prohibió desde Jalostotitlán a los cantores de San Gaspar, bajo pena de cien azotes, que fueran en esos días a cantar y a oficiar a San Juan.

Ignorante de la sanción que había recaído sobre su vicaría, Juan Contreras se encontró ante la fiesta de San José sin cantores. Estaban próximos, además, el día de la Anunciación y Semana Santa por lo que, una vez enterado de que no podría oponerse a su superior, se encomendó a Nuestra Señora. Generosa como era, la mañana del viernes 8 de abril de 1661, vísperas de Semana Santa, hizo la Virgen que tocaran al portal unos indios de buen talante que más bien le hicieron pensar en ángeles al inocente Contreras; éstos, al besarle la mano en señal de saludo, le dijeron que venían a tener esos días trabajos en su santuario. Él, confundido, supuso que le hablaban de obras de albañilería, que no le era posible aceptar porque en esas fechas todo se suspendía. "Padre —le respondieron—, no venimos a eso, sino que somos cantores que te venimos a ayudar. Somos de Michoacán. Por nuestra devoción hemos venido." Jubiloso, los alojó en el hospital y al día siguiente oficiaron la misa de Nuestra Señora.

Contreras dio parte a su compañero, Nicolás Pérez, de que la Virgen los había proveído de cantores y los llevó a ensayar la Pasión y los cantos del Domingo de Ramos. Uno tras otro se sucedieron hechos inusitados porque los indios no solamente sabían los versos del *gloria laos,* sino que pidieron papel y tinta para escribirlos en punto. Con tal suavidad y modestia cantaron al día siguiente la Pasión y la misa que no parecían indios, sino ángeles, como escribiera el cronista. No hablaron con nadie ni expresaron demanda alguna. Estuvieron cantando motetes durante los santos oficios delante de Nuestra Señora; el Jueves Santo cantaron en tonos tan bajos y lastimeros que dejaron absortos al vicario y su compañero. Durante el lavatorio cantaron las tinieblas en falsete con tal destreza que juzgaron que aun en las catedrales no se oiría cosa igual. Al día siguiente, Viernes Santo, interpretaron los llamados improperios con tal ternura, que lloraba el capellán convencido de estar oyendo a los mismos ángeles. Se despidieron el tercer día de Pascua sin paga alguna, pero contentos de recibir panecillos de la tierra de la Virgen.

A Nuestra Señora de San Juan se le atribuyen numerosas resurrecciones, especialmente de niños, aunque los registros acentúan su nobleza porque le conmueve mirar el sufrimiento o el dolor de los animales. Así como volvió a la vida a la criatura atacada por un perro furioso, también hizo lo propio con un perro ovejero del que dependía su amo para guiar al rebaño. Dio agilidad a un mulato tullido de años que, no contento con moverse, comenzó a echar piruetas frente a su altar para dejarle en prenda sus muletas a la milagrosa Señora.

Un amo echó a la calle a su esclavo negro para que mendigara porque, también tullido, ya no le era de utilidad. Como la Virgen le hizo el milagro de que recobrara la salud, el amo lo reclamó; pero intervino la Real Audiencia de Guadalajara y decretó su liberación para "pasar al servicio de la Virgen". Este prodigio, entre otros consignados por los registros marianos, tiene el doble valor de mostrar la devoción y comprobar la existencia de esclavitud de indios, negros, mulatos y otras castas que algunos historiadores han negado de manera inexplicable. De no ser una realidad cotidiana no tendría sentido que tres veces, en el siglo XIX, se decretara su abolición: primero Hidalgo, después Morelos y, por último, Vicente Guerrero.

Por desgracia, no hay testimonios respecto de cómo logró imponerse la suavidad maternal de la Inmaculada en mentes acostumbradas a rendir tributo a figuras de piedra y a entidades que estremecían de temor nada más de mirarlas; pero lo asombroso es que la devoción mariana es lo que más nos distingue a los hispanoamericanos de los cristianos anglosajones, siempre propensas a preferir santos masculinos y, desde luego, la relación directa con Cristo.

En mucho contribuyó la costumbre de pasear a la *Peregrina* o copia fiel de la imagen original por los pueblos del obispado para arraigar su culto. No se consignaron el origen de las "mandas" ni el florecimiento de las "promesas"; pero es un hecho que en nuestra América tales medios han sido las vías más poderosas de persuasión doctrinaria. Y, entre las más populares, a Nuestra Señora de San Juan de los Lagos la tributan su fieles de esta manera desde hace siglos, a partir de que, cansada de su ocultamiento en la sacristía de aquel hospital primitivo, emprendió su labor de proteger al desamparado.

De que es milagrosa nadie lo duda, pero también es graciosa. Se divierte y sabe jugar con las luces que la distinguen. Es cierto que entre sus alhajas se cuentan numerosos diamantes, perlas, turquesas y rubíes, pero los cristales sólo espejean su esplendor. Es radiante, aunque contrasta con sombras las tonalidades cambiantes de su semblante. Por eso fascina y desconcierta a quienes la miran porque, lejos de ser una figura de palo inservible, como dijera aquella abuela india a propósito de que su hija se resistía a enterrar a la nieta que hizo resucitar la Señora, su materia de maíz la ennoblece como uno de los frutos divinos de nuestra tierra mestiza.

Nuestra Señora de Zapopan

Los frailes franciscanos atendían la evangelización y creaban los medios materiales para extender su palabra, mientras los conquistadores sometían el occidente de México con singular crueldad. No obstante la prohibición del 2 de agosto de 1543, los españoles comenzaron a esclavizar a los indios para cultivar trigo y después para explotar las minas, sin dejo de piedad, como fue distintivo de la brutalidad ensañada de las huestes de Nuño de Guzmán. Tiempo de avanzada y acumulación sin reserva, la prisa era la única guía en la conciencia extranjera. Prisa que también abarcaba el imperativo de los prelados por aniquilar hasta el último reducto de idolatría. Por eso los sucesos militares estuvieron próximos a los civiles y éstos a los religiosos. En 1532, por ejemplo, tres años después de que el mismo Nuño de Guzmán saliera a la conquista de Xalisco, se hizo la primera fundación de Guadalajara. En 1546 Paulo III concedió la erección del obispado; en febrero de 1548, Carlos V dispuso la creación de la Audiencia de Nueva Galicia, y en 1575 la independizó del virrey de la Nueva España, a quien sólo reservó el mando militar. No es de extrañar que en tal vorágine fundadora los franciscanos hicieran lo propio para edificar sus conventos, a la cabeza de agustinos, jesuitas y dominicos, quienes se afincaron en periodos de aproximadamente 10 años distantes entre sí hasta completar, en 1588, la lista de congregaciones que dominarían el panorama de la cristianización regional.

Casi de manera simultánea a la penetración militar de la zona de Xalisco, los franciscanos fundaron el convento de Tetlán en 1531 y 10 años después poblaron con tecuexes originarios de la encomienda de Jalostotitlán el nuevo pueblo de Zapopan, para que Nicolás de Bobadilla, su encomendero, pudiera tenerlos concentrados y a su servicio en los linderos de Guadalajara; en esta región se extinguieron algunas comunidades a causa del salvajismo sin tregua del encomendero que no respetó Dios ni norma y sí se valió, en cambio, hasta límites inimaginables, de las ventajas de la encomienda. Así se infiltraron las contradicciones

265

en la Colonia, pues mientras unos aniquilaban, arrasaban y maldecían, otros bendecían, invocaban a Dios y sembraban los templos con vírgenes prodigiosas para que los sufridos conversos apoyaran en algo su debilitado sentido de ser y pudieran continuar su sufrimiento en el mundo por el favor de la fe.

Si lo observamos desde el punto de vista del dolor de quienes fueron despojados de signos sagrados, deidades e identidad, la presencia de diosas o vírgenes protectoras atesoraba el único reducto posible del principio esperanza que pudiera encauzar su orfandad. Para los naturales todo estaba perdido: su lengua, sus credos, las enseñanzas de sus mayores, el eje de su orden social, su capacidad defensiva, sus tierras y sus sueños. No les quedaba más que acatar esa idea de bondad que el misionero otorgaba como último consuelo en la orilla perentoria de la esclavitud o la muerte. Eso explica el apego a la promesa mariana y la plegaria bañada con la hondura de un llanto de siglos que se repite a los pies de Nuestra Señora como si se tratara de una condena sin resolver, de un sufrimiento heredado y de una misma tristeza que sólo ella, la Madre de Dios misericordioso, puede aliviar.

En México no hay culto que no haya brotado o se haya nutrido de una tragedia armada. Reacia al invasor, la comarca de Xalisco se distinguió por su repudio sostenido a los conquistadores. Resistió hasta lo posible en montañas, llanuras y valles; pero las alianzas menores y la supremacía cultural hispana arrasaron definitivamente la voluntad de los más valientes.

Después de que el tristemente célebre Pedro de Alvarado perdiera la vida tras el asalto al Peñón de Nochistlán, el 4 de julio de 1541, cuando la resistencia india lo obligó a retirarse y en su carrera fuera atropellado por el caballo de un soldado fugitivo, se confirmó la necesidad de fundar una devoción local que sosegara los ánimos de vencidos y vencedores. Aquello ardía en sangre y manifestaciones de confusión. Gravemente herido, Alvarado alcanzó a llegar a la ciudad de Guadalajara, donde falleció cristianamente. Unos, sus más fieles, lo lloraban exaltándolo como el más intrépido e infatigable de los conquistadores, tan bueno para matar y avasallar como para fundar poblaciones, saquear tesoros y sortear los peores peligros; otros, víctimas de sus desmanes, marcaban su nombre a fuego para que en la memoria de las generaciones nunca menospreciaran el acre sabor de la derrota. No desaparecieron las sublevaciones occidentales con su muerte, pero al menos se defendieron las fuerzas nativas y persistieron las mejores aunque de manera infructuosa porque, con las armas en ristre y los altares recién dispuestos, soldados y misioneros cumplieron sobradamente los propósitos de la conquista, que coronaron en el olvido del mundo nahua y de la preexistencia avanzada de Mesoamérica.

De acuerdo con el mandato obispal de edificar ermitas presididas por la Inmaculada o la Anunciación, a la Virgen recién entronizada en Zapopan se la dignificó de inmediato como la "Generala pacificadora de los indómitos chimalhuacanos", único grupo que por su tenacidad organizada hizo tambalear la prevalencia del virreinato. Acaudillados por Tenamaztli, conocido también como el Cuauhtémoc de occidente, pelearon con todo antes de rendirse al enemigo. Como los mexicanos en Tenochtitlan, aquellos hombres intuían el precio de su fracaso y no sucumbieron. Eran temibles, pero carecían de armas equivalentes a las de la fuerza invasora, por lo que gran parte de ellos cayó en los combates. Su pacificación, de hecho, implicó una gran mortandad que llegó a distinguirse entre las más cerradas batallas de la región, lo que determinó el principio de la obediencia mediante la rápida tarea de los encomenderos por la vía material, mientras que los frailes hacían lo propio en el espíritu cautivo de quienes, para siempre, serían excluidos de la actividad de la historia.

Respecto de la llegada de la Virgen María a Nueva Galicia y la difusión de su culto, nada se sabe con exactitud. No provino de España la imagen porque su factura es de maíz, lo que permite inferir que entre las primeras industrias que enseñaron los misioneros a los naturales con las materias de la comarca, estuvieron la pintura y la estatuaria litúrgicas; guarda semejanzas con la de Talpa y la de San Juan. Comparte con ellas la pasta de su estructura, el gesto mestizo y cierta precariedad en los acabados, que fueron remozados para su mejor conservación. Fray Antonio de Segovia fue quien hizo traer a Nuestra Señora en la advocación conocida como de la O o de la Expectación, por otro nombre, ambos perdidos desde que se identificó a esta pequeña imagen de cabellos rizados y negros, ataviada con gran riqueza, simplemente como la Virgen de Zapopan, quien se haría acreedora de una de las veneraciones más originales del Virreinato, por su mezcla prehispánica y devoción cristiana que se conserva a la fecha, tal vez porque el clero mexicano no se ha interesado con suficiente empeño en impartir la doctrina ni alfabetizar a sus feligreses.

Fieles a la costumbre de aprovechar la maternal virginidad de María para penetrar la conciencia religiosa de los naturales, los evangelizadores a cargo de fray Antonio de Segovia, de la orden seráfica de San Francisco, acentuaron las bondades de la Virgen frente a los indios para que, desde sus orígenes, la tuvieran por protectora del desamparado y tan pródiga en milagros, que fuera difícil, ante la evidencia de su altruismo, mantenerse aferrados al paganismo. Llegó a ser tan ostensible y creciente su fama de consoladora de almas, que los cronistas del siglo XVIII relataron que los propios creyentes se negaban a publicar el bien recibido por temor a que les quitaran aquella imagen de su santuario.

Fue en ese entonces, el 4 de diciembre de 1784, cuando se creó la Intendencia de Guadalajara, que comprendía los territorios de Xalisco, Aguascalientes y Colima; en junio de 1823 se transformó en el estado libre de Jalisco, federado a la nación mexicana; en ese mismo año, durante el gobierno de Agustín de Iturbide, se declaró a Nuestra Señora de Zapopan "Generala y Protectora Universal del Estado Libre de Xalisco", lo que acusa el asentamiento pleno de la religiosidad en un medio en el que estaba casi extinto el apego por los antiguos vínculos con lo sagrado.

Los escritos de la época indican que el templo donde se veneraba originalmente a la Virgen de Zapopan era macizo y de acabados decentes; no obstante, su popularidad animó a la feligresía a construirle algo suntuoso y bastante amplio para dar cabida a los peregrinos. La obra fue emprendida bajo el mandato del obispo don Juan de Santiago León, aunque por la pobreza de la región y lo insuficiente de las limosnas tuvieron que pasar unos 40 años antes de que, en el mes de septiembre de 1729, el ilustrísimo doctor don Nicolás Gómez de

Cervantes cantara la misa el día de la dedicación pontifical y, según testimonios, al punto se multiplicaron el número de devotos y la cuenta de sus milagros.

Nadie sabe cómo ni de dónde provino la costumbre de crearle un guardarropa a la Virgen de Zapopan; quizá se originó en las multitudinarias procesiones anuales que llevaban a la Virgen de pueblo en pueblo, donde pernoctaba en casas privadas o templos locales y allí, entre los devotos pudientes, se comenzó a engrosar su joyero y guardarropa personales, al grado de que hoy se la tiene por una de las advocaciones mejor alhajadas y mejor vestidas de América.

Especialmente en el culto mariano de la O o de la Expectación, que se celebraba en todos los reinos de España el 18 de diciembre, se sintió la imposición más agresiva de la religiosidad peninsular. Los mexicanos, sin embargo, opusieron otra manera de resistencia sutil al renombrar a sus patronas con voces locales y en casos frecuentes mudar los aniversarios para ajustarlos al calendario de sus antiguas festividades. Abiertamente se nutrió el sincretismo durante los festejos populares hasta conformar en pocas décadas un lenguaje propio que, aunque pródigo en imágenes y ritos de raíz europea, adquirió la gran originalidad que aún los distingue por su profusión de danzas autóctonas, ofrendas de productos vegetales, penitencias del cuerpo y el sinfín de mandas, promesas y formas de perdón que sustituyen el esfuerzo de la conciencia contrita, todo lo cual puede derivar en excesos embravecidos por el alcohol. Se trata de un lenguaje litúrgico que, ayer como hoy, en casi nada conserva las prácticas impuestas por los evangelizadores.

A diferencia de la Virgen de Guadalupe y la de los Remedios, la de Zapopan no se apareció a indio alguno ni se manifestó de maneras veladas. Esta advocación mariana, como la de San Juan de los Lagos o la de Talpa, sus hermanas, fue implantada como un pendón español en Nueva Galicia, el cual, para fortuna del mestizaje cultural, ya nadie recuerda, lo que podría atribuirse tanto a la potencia original de la religiosidad de los jaliscienses como a la suavidad con que Nuestra Señora se ganó la confianza de las generaciones.

En el primer centenario del culto a la Virgen de Zapopan, en 1641, y empeñado en encarecer sus títulos, el obispo de Nueva Galicia, Juan Ruiz Colmenero, descubrió con sorpresa que, salvo los datos generales de la llegada de María Santísima a la región, no contaba el clero con un archivo de sus milagros ni con detalles históricos de peregrinajes o testimonios de fiar respecto de su actitud protectora. Ella estaba ahí, inamovible en su altar, como una presencia avalada por sí misma, sin proclamas, asideros documentales ni juicios que comprobaran las rogativas atendidas de sus creyentes. Pensando que el primer historial de sus maravillas contribuiría a avivar su divina presencia, dispuso que un grupo de sacerdotes investigara sucesos dignos de ser publicados. Para asombro de los asiduos al obispado, ocurrió que los testigos no hallaron ninguna constancia digna de llamarse milagro entre el vasto anecdotario que iba de boca en boca, año tras año y al paso de décadas. Los devotos jamás se atrevieron a dudar de la potencia indudable de sus mercedes, a pesar de que cuanto se relacionara con ella hubiera permanecido al margen del interés de cronistas civiles o religiosos. Hay que reconocer que en general se hicieron registros con algún orden hacia el siglo XVII, y con mínimo rigor, hasta avanzado el siglo XVIII. La primera edición del *Zodiaco mariano* es de 1755, lo cual indica que antes de tal documento no tuvo el clero mexicano un memorial histórico, tal vez porque la tarea de la cristianización, aunada a las fundaciones, al acomodo civil y a los empeños formativos, no había madurado al grado de crear las bases bibliográficas que suelen surgir en culturas sedimentadas.

Preocupados no obstante frente al vacío que se tendía entre el historial aún inédito de la imagen y la testificación de su amparo, dijeron los informantes que los feligreses ocultaban lo sustancial de su presencia en la zona por temor a que se llevaran su Virgen a otro lugar. El obispo Ruiz Colmenero decidió comenzar, a partir de entonces, un inventario minucioso de sus servicios y el de otros cultos de su obispado para animar la fe de una población que tampoco requería refuerzos para rendir tributo a la que es, hasta nuestros días y aun por encima de sus prestigiadas hermanas, la figura más invocada del occidente de la República. Si acaso, el San José del otrora Zapotlán el Grande, ahora Ciudad Guzmán, se aproximaría en popularidad por haber sido llevado a un cerro aledaño en fecha ignorada por un par de ángeles que consagraron su devoción.

Lo curioso es que apenas interesarse el clero en averiguarla y enlistar los portentos de otras advocaciones marianas, sus mercedes comenzaron a repetirse cíclicamente en las rutas de su peregrinaje por pueblos y santuarios del obispado. Con ser buena anfitriona en Zapopan, nunca ha escatimado generosidad para dispensar a sus fieles en los templos que la convidan.

Nuestra Señora de Zapopan se vinculó a las desgracias que rayos e inundaciones causaban con saña acentuada en el valle de Atemajac. En abono del título de protectora contra las tempestades, la ciudad de Guadalajara pidió jurarla en 1734, cinco años después de la dedicación pontifical del santuario, cuando cayó la peor tormenta de que se tuviera noticia y manifestó algunos portentos que aún se recuerdan. Uno de los rayos que dibujaban el firmamento en medio de gran estruendo mató al campanero que tocaba a rogativa en la torre de San Juan de Dios. Luego subió un sacerdote a administrarle los santos óleos y un segundo rayo le quitó la vida también a él, de modo que su cuerpo quedó tendido sobre el cadáver del campanero, lo que consternó a la feligresía y la animó a discurrir la índole paseadora de la zapopana.

Es de creer la experiencia de que donde se encuentra de visita la Virgen las tormentas se aplacan porque, a propósito del cúmulo de desastres ocurridos en 1734, bastó que, mediante las licencias del caso, fuera trasladada de su santuario a la catedral para que los aguaceros se mitigaran, los rayos dejaran de provocar desgracias y el cielo recobrara su antiguo esplendor. Siguió lloviendo durante su estancia en Guadalajara porque era época de aguas; pero con una serenidad tan contraria a los aguaceros que anegaban calles y casas que, antes de regresarla a Zapopan, se hizo el juramento con toda solemnidad y fiesta durante la misa predicada por don Lucas de las Casas, canónigo doctoral catedralicio. No contenta con haber pacificado las tempestades, la Virgen deparó otra sorpresa cuando iba de regreso a su santuario en imponente procesión. La llevaban dos prebendados de la catedral y dos regidores de la ciudad, acompañados de innumerable concurso de gente. Marcaban los relojes las 6 de la mañana de un húmedo amanecer que ennoblecía la caminata coreada con rezos y cantos. De pronto, en los linderos de la ciudad, surcó los cielos un hermoso arco iris que enmarcó el paso de la Señora Santísima. No se trataba de un arco iris normal y tendido de norte a sur, como aparecen en la comarca, sino de oriente a poniente, semejante al camino que llevaba la procesión.

Entonces se fechó la costumbre de llevar a la Virgen de Zapopan a Guadalajara en las vísperas de San Antonio y, tras fastuosa estadía en la catedral, emprende en andas su paseo por las demás iglesias, en donde se le hacen novenas, ferias y toda suerte de promesas y pago de mandas. Los más devotos aprovechan que "la Virgen anda dando la vuelta" para organizar ceremonias significadas. Por eso, especialmente hasta el siglo pasado, se apretaban las bodas, los bautizos y las primeras comuniones durante los días de visita y las limosnas alcanzaban cifras muy superiores a los fondos del municipio.

Los milagros consignados a partir del siglo XVII, no obstante, se relacionan más con hechos personales que con asuntos sociales o políticos, reservados a la Guadalupana. El testimonio de uno de los primeros registros dice que cuando la Virgen de Zapopan fue llevada a peregrinar a Xochitlán se apretaba en torno suyo una muchedumbre de orantes, curiosos y enfermos, además de los imprescindibles perros famélicos, las carretas tiradas por burros y caballos. Un ciego de nacimiento se hizo llevar ante ella para pedirle que si de veras era tan milagrosa se apiadara de él y le diera la vista que tanto anhelaba. Al pasar frente a él, el mayordomo, conmovido, se inclinó para poner un instante la imagen sobre sus párpados sellados. Al apartarla, el ciego abrió los ojos por vez primera en su vida y quedó deslumbrado. Que veía, gritaba bañado en lágrimas. Veía sus manos callosas, las flores que no imaginaba, los rostros de los demás y a la divina Señora. Veía el mundo que sólo respiraba sumido en sombras; miraba la luz, sobre todo la luz, la flama y las velas. En medio del vocerío se apareció a testificar el prelado y allí mismo, coreados por todos los feligreses, dieron gracias por el favor recibido.

Es sabido, entre jaliscienses de todas las épocas, que a la Virgen de Zapopan le gusta pasear, estrenar vestuario y lucir sus alhajas. Al menos hasta avanzado el siglo XX salía y entraba en libertad de su templo, no obstante las prohibiciones civiles procedentes del anticlericalismo del presidente Calles que perduraron 70 años, hasta la década de los noventa. En andas, bajo palio o contoneándose graciosamente en su túmulo, iba y venía con gran pompa por entre caminos y pueblos y la gente la vitoreaba en rutas cada vez más nutridas de peregrinos, desde balcones y tras visillos, en puestos para vender alimentos, reliquias y los imprescindibles sombreros; se montaban juegos mecánicos y pirotécnicos, se organizaban bailes, plegarias, cantos, lluvia de flores, música y desfiles de niños disfrazados de todos los modos, de pastores o de indios locales, de acólitos o de hábitos al cumplir cierta manda, de danzantes o de charros y chinas poblanas. Esperadas con júbilo durante meses, las ferias anuales adquirieron mayor sofisticación en los pueblos hacia los años cincuenta. A las consabidas procesiones se añadieron ferias profanas para activar la economía y, con la excusa de la piedad, los comerciantes hacen su agosto en los linderos de las iglesias.

Seguramente empeñada ella misma en confirmarse ante los prelados más reacios, en pleno siglo XVII ocurrió que, al llegar en su fecha y con los permisos del caso a cierto pueblo polvoriento de aquel Xalisco, se topó la Virgen de Zapopan con el rechazo de un cura iracundo que alegaba que la traían de visita más por codicia que por devoción, ya que, aseguraba, algunos sacerdotes querían hacer milagrosas a todas las imágenes de Nuestra Señora sólo para recoger limosnas y engrosar las urnas de sus iglesias. Desconsolados, los conductores de la sagrada imagen se fueron de la parroquia y, de manera sutil, la llevaron al templo del hospital, adonde llegó cuanto antes el cura para increparlos. Que habían renunciado al solemne recibimiento, le respondieron, pero prohibirles el culto público era una atribución que no le correspondía. Asiduo como era el cura de la Virgen María, aseguró que no impedía que sus creyentes la visitaran de manera privada, lo abominable era que negociaran con la fe de los inocentes. Él mismo oró al pie del altar en la ermita para anteponer el ejemplo de devoción a quienes ya lamentaban las pérdidas por haber cancelado el jolgorio y la feria.

Rezaba el cura avemarías tan largas tan largas que uno por uno lo fueron dejando solo en la capillita. Ocurrió que de repente cayó hacia adelante la gran melena rizada que la imagen tenía a sus espaldas y le cubrió todo el rostro. Según relatan Francisco de Florencia y Juan Antonio de Oviedo, él hizo como que no miraba y la Virgen como que no quería ver ni ser vista por quien tan poco respeto le había mostrado. Inusitadamente traviesa, la imagen agitó su melena con un leve temblor. El cura se levantó extrañado; pero supuso que acaso a efecto de un vientecillo sutil se había despeinado. La arregló con sus manos y cuando se hincaba otra vez para seguir orando, la Señora

Santísima volvió a echarse los rizos sobre la cara. Sospechoso de la señal, presintió que de adentro afuera se cubría su conciencia de culpa. La piel, sus mejillas, todo su cuerpo se llenó de vergüenza. Pidió perdón por el yerro y no únicamente la hizo volver con gran pompa por la placita hasta la parroquia, sino que no consintió que saliese la imagen de allí sin hacerle un novenario sagrado.

Contaron lenguas de fiar que en otra ocasión, antes de que tuviera su iglesia de bóveda y calicanto, estaba la imagen en una ermita muy pobre y de maderas podridas que de puro vieja y maltrecha se derrumbaron la techumbre y los muros en medio de gran destrozo. Apurados por el augurio, los indios corrieron a remover escombros. No se veía más que una pila de tierra con ladrillos quebrados, astillas apolilladas y pedacería de lo que había sido el retablo. Nada quedó en pie, ni siquiera derechos los candelabros dorados; pero se autentificó jurídicamente que a la Santísima Virgen ni el polvo la había tocado. Estaban intactos su traje y sus joyas, no se ensució parte alguna, tampoco sus rizos oscuros fueron alcanzados por la más leve arenilla ni su corona perdió su forma, a pesar de la dificultad que requirió su rescate.

Amiga de las sorpresas, la Virgen de Zapopan actúa en los momentos menos previstos porque disfruta jugar con los cándidos y menos aviesos. Lo prueba el relato de lo ocurrido al construir el santuario que sustituyó al del derrumbe. Estaban los albañiles encalando paredes cuando un tal Juan Tomás entró a reforzarlos. Nomás los miraba porfiando y entre burlas y veras los desafió a que probaran si era capaz la imagen de causar un milagro. Allá abajo, en las gradas, estaban algunos cántaros ya vacíos y uno más con agua hasta la mitad. "Vosotros decís —les dijo retándolos— que esta imagen hace milagros y que vosotros mismos lo habéis visto. Yo no he mirado ninguno y no lo tengo de creer si no es que este cántaro, sin tocarlo, echa afuera el agua que tiene dentro." No bien acababa de hablar, cuando la olla empezó a moverse de un lado a otro en forma de cruz y después, inclinada, por sí sola arrojó toda el agua hasta derramarla a su alrededor. No contenta con demudarlos, nuestra Señora alzó el líquido a manera de chorro venido de lo alto y tres veces seguidas lo hizo caer a su cántaro y otra vez derramarlo sobre las baldosas sin perder una gota. Ninguno hablaba palabra. El embeleso surcaba sus rostros y porque el silencio era tanto y tan resentido a falta de ruidos entrechocados, como suele pasar en las obras, entraron los capataces a ver lo que acontecía. Mandaron llamar al prelado y éste a los testigos del obispado, quienes legalizaron la maravilla al corroborar que ninguno se contradecía en la descripción del milagro y ni siquiera el piso se mostraba mojado.

Todas las religiones comparten la certeza de que los milagros manifiestan el poder divino, a pesar de que, desde la Antigüedad, existen hombres y mujeres dotados de cierto carisma o aliento supranatural para conocer en sueños, visiones o estados meditativos lo que no es permisible a la conciencia común. También hay personas que causan prodigios curativos o participan de fenómenos físicos, mentales o psicológicos que, a falta de explicación racional y según el carácter de cada episodio, se vinculan con el mundo de la magia, del iluminismo o con diversas expresiones de lo sagrado.

En nuestra tradición católica la divinidad se manifiesta por mediación de la muchedumbre de santos, cuyas figuras, en su mayoría procedentes del clero colonial, pueblan los templos más viejos, y después, en grados ascendentes de jerarquía, por medio de las advocaciones marianas, San José y el Crucificado, de quienes existen diversas modalidades en nuestra cultura mestiza. Decir que una virgen es más milagrosa que otra sólo es obra de la fe regional, pues aun para el Vaticano existen condiciones al definir un milagro. Primero se exigen testigos y propagadores del suceso, que en todos los casos debe considerarse más allá de lo ordinario y posible y sin vínculos causales; después se añaden pruebas de que lo acontecido corresponde al lenguaje supranatural o al poder de la divinidad y finalmente, los especialistas examinan en un jurado elegido jurídicamente constancias posteriores de fiar. De ahí que los prodigios de la Virgen de Zapopan fueran tenidos por tales hasta que, a partir del siglo XVII, comenzaron a observarse con el propósito de registrarse oficialmente sus maravillas y aun así es pobre el historial confiable que sustenta sus atributos, aunque invaluable la certeza privada de los creyentes, a quienes basta la conformidad de que sus rogativas sean atendidas.

Y al terreno de la fe corresponden las proclamas más entusiastas sobre la fuerza de sus bondades, si bien algunas historias no dejan de traslucir el poder persuasivo de las limosnas, como ocurrió el día en que, según la costumbre de sacar a la Virgen de Zapopan "a dar la vuelta", como le gusta, llegaron los cargadores a las minas de Jalopan justo cuando se levantaba una tempestad furiosa, típica de Jalisco, que no obstante la devastación provocada por rayos e inundaciones, dejó intacto el camino por donde ella iba pasando con toda su compañía.

Nuestra Señora de Zapopan

Inclusive cruzaron el río con el túmulo seco y las aguas se apaciguaron en su cauce normal, como si le rindieran tributo.

En otra ocasión, paseando por Zacualpa, la Virgen de Zapopan revivió a una recién nacida que la afligida madre le presentaba en brazos siguiendo la procesión. En el trapiche de Sancho de Rentería, cercano a San Cristóbal de la Barranca, devolvió el movimiento a una india tullida de años que se llamaba Isabel Magdalena y a poco, en San Cristóbal, donde asolaba una fatal epidemia que hacía sangrar abundantemente por la nariz a la mayoría de sus pobladores, entró de visita a casa de Gaspar Pérez, donde agonizaban sus familiares y sus sirvientes, y en pocos minutos los dejó buenos y sanos.

Una vecina de Guadalajara llevó a Zapopan a su marido de poca fe, Francisco de Mendoza, un domingo 11 de noviembre de 1646, para bendecir una réplica que habían vestido para rezarle en su altar doméstico. Mientras se distraían los parientes leyendo exvotos en las paredes, un sobrino de seis años llamado Miguel cayó muerto en tierra, acaso a resultas de algún ataque. Doña Antonia de Arbides, la tía, puso en el cuerpo inerte la imagen recién bendita y pasado un buen rato la criatura dio muestras de vida, lo que provocó la total transformación religiosa del descreído. El propio jesuita, Francisco de Florencia, acreditó y dio a la luz el suceso que, tras prueba jurídica, fue aceptado tanto por el cura de Zapopan, don Diego de Herrera, como por el obispo Colmenero, el 11 de noviembre de 1653. El caso fue presentado al Santo Concilio Tridentino para que una doble comisión revisara los pormenores, toda vez que abundaban reparos en torno del hecho, demasiado próximo al

antecedente de las dos candelas negras que, al encenderlas dos indios al pie del altar, se blanquearon completamente. De los cabos restantes hicieron reliquias que también obraron prodigios entre sus poseedores, lo que permitió confirmar sendos registros.

Devolvió la vista a María Ramírez, oriunda de la ciudad de Guadalajara y ella, agradecida, acudió de rodillas por los caminos para cumplir su manda. El obispo Colmenero dejó escrito que a un muchacho que le destrozó la cabeza una carreta y allí mismo quedó muerto a mitad de la calle, la sagrada imagen le colocó en su sitio los ojos, que estaban fuera de órbita, y lo resucitó en su santuario sin dejarle huella del daño en la vista. Aseguran también que tres veces se le apareció a un pertinaz suicida que, agobiado por la tristeza de ser, pretendía tirarse desde lo alto de la barranca de Oblatos. En la última intentona no solamente le impidió la Virgen de Zapopan que se arrojara, sino que mudó su ánimo, alivió su melancolía y, a través de la fe, recomenzó una vida tan grata que años después murió en paz de su muerte y satisfecho por haberse conducido con rectitud, gracias a los favores recibidos.

Curadora puntual y amante de la vida orientada con rectitud, la Virgen de Zapopan se presenta en las horas decisivas, como también dicen que hace de suyo el Señor San José, por quienes cumplen novenarios los primeros viernes de mes. Se ha distinguido públicamente por extender su merced a quienes tienen la muerte enfrente, aunque no padezcan síntomas de enfermedades letales. Para que se preparen cristianamente a morir, ella avisa la hora a sus fieles devotos con unos golpecitos que se perciben en el interior de su tabernáculo. También incurre en sus travesuras de siempre y se voltea tres veces hacia atrás, a un lado o adelante, de cara al que le da la señal para que no quepa duda de que su fin está cerca, como constó en 1624 al mismo Gaspar Pérez, en uno de los ranchos vecinos al pueblo de Zapopan, donde atestiguó que en otra de sus visitas foráneas la imagen mudaba postura para indicarle al indio Francisco Hernández, quien iba inmediatamente detrás de las andas en la procesión, que su fin era inminente. Sin agonías lastimosas, murió en santa paz aquel hombre a los 15 días de ocurrido el suceso.

Bien morir, entre cristianos, es recompensa del bien vivir. Enferma de gravedad, una señora de Guadalajara pidió un novenario por la salud de su alma al cura don Diego de Herrera quien, al celebrar la tercera misa, oyó desde el ara los tres golpecitos provenientes del tabernáculo. Antes de cumplirse los nueve días, la señora en cuestión falleció resignada y habiendo recibido los sacramentos. El año de la epidemia mortal, 1652, la Virgen de Zapopan golpeó y aun se movió ella misma reiteradamente a derecha e izquierda; después dejó escuchar alguna palmada en su altar como señal de advertencia de la gran mortandad. Organizaba sonidos de cinco en cinco, de seis en seis, en plena misa y con movimientos del tabernáculo que atraían la atención de quienes estaban en misa y al punto sabían los orantes marcados que por ahí les andaba rondando la muerte y que debían disponerse a entregar su alma. Hasta hizo en otra ocasión que los goznes se abrieran en medio de gran estruendo, cuando una sirvienta mulata, llamada Pascuala, se anticipó a sus amos para orar por su salud a la Virgen, ya que le acometía un terrible dolor de vientre. Consciente de

que algo terrible se anticipaba, el cura le dijo que se conformara con la voluntad de Dios, porque era obvio que algún trabajo le deparaba, si no para ella, para aquellos que la rodeaban. Pascuala misma, la tarde del 30 de diciembre de 1653, enfermó de gravedad, pero no murió. A poco falleció una hija de la familia de aquel Juan de Ribera Piedra y después él también, su mujer y el resto de sus hijos, aquejados del cruel tabardillo, además de la india que los acompañó a visitar el santuario y hasta una hija de la mulata Pascuala. Ya que en Guadalajara corrió la voz de que en casa de los Ribera había peste, los vecinos corrieron a refugiarse a barrios distintos. Don Diego de Herrera, testigo de la señal, confesó a los enfermos y en un espacio de 15 días murió gran parte de la familia restante y su servidumbre, lo que acreditó la fama de avisadora de Nuestra Señora por medio de toquidos o rechinidos de su vidriera.

Durante el siglo XVIII atestiguaron la prevalencia de esta costumbre algunos jesuitas, como el padre Cristóbal Gutiérrez, quien celebrando la misa oyó, hacia 1740, como que se quebraba un cristal del sagrado nicho. A poco vino a decirle doña María de Mazariegos que oyó el tronido también y que al punto sintió que moría. Tuvo tiempo de legar sus alhajas a la Virgen y de apaciguar su espíritu, pues en un plazo de 15 días el propio jesuita estaba presidiendo sus funerales.

De entre pequeños y grandes detalles, todos nos hemos topado alguna vez con hechos que por incrédulos atribuimos a la casualidad, a la ciencia o al desenlace que tenía que ocurrir por voluntad del destino. Yo misma, enferma de la epidemia de poliomielitis que afectó a cientos de niños pequeños en Guadalajara a mediados de los cincuenta, fui curada completamente por mediación de Nuestra Virgen de Zapopan, después de meses de padecer el mal y permanecer con las piernas paralizadas. Agradecido, mi padre peregrinó descalzo desde Guadalajara hasta su santuario y aprendí desde entonces que, por sobre la habilidad de los médicos, existen curas extraordinarias que sólo pueden atribuirse a la gracia divina.

En su oportunidad, ya adulta y sin secuela ninguna de la enfermedad que dejó con lesiones graves a muchos coetáneos míos, visité su santuario en Zapopan, acompañada otra vez de mi padre. Durante un largo rato permanecí mirando la diminuta figura de aquella Señora entrañable. Era una tarde soleada de junio, estaba fresca la nave del templo y sentí un estremecimiento súbito que me hizo entender por qué, en mi tarea de escritora, el tema de lo sagrado sella mi persecución de la luz en el trasfondo de la palabra.

Nuestra Señora de la Salud

La MÁS alta voluntad de organizar la vida americana es inseparable de Vasco de Quiroga y, con él, de algunos humanistas como Alonso de la Vera Cruz, que arraigaron en estas tierras la mejor herencia de las aulas de Salamanca. Ellos, indudables héroes del conocimiento educado, emprendieron la difícil tarea de incorporar a los mexicanos al universo de la escritura y del libro en la hora en que, con el ascenso imperial de España, también la lengua, la literatura y las ideas alcanzaban su más perfecta expresión. Gracias a la tenacidad de hombres de pensamiento y de acción que encabezaron la aventura espiritual del Nuevo Mundo, los naturales más avezados dieron el salto de la cultura oral, propia del estado superior de la barbarie, a la filosofía y el derecho, y pudo establecerse aquí, a partir de sus fundaciones académicas, la distinción entre la muchedumbre de bautizados que se incorporaban al cristianismo por la vía de la devoción dirigida y las individualidades en quienes descansaría la obra del espíritu.

Desde entonces y hasta nuestros días puede afirmarse que bajo la doble guía de la fe y del helenocentrismo, según Alfonso Reyes considerara nuestra pertenencia vital, México quedó dividido en las dos partes inconciliables que aún nos distinguen: una, correspondiente a la mayoría que se inclina emocionalmente a la devoción mariana a partir del bautismo; otra, la minoría que, formada en el conocimiento, entiende, crea, participa y critica su realidad. Si de una parte Vasco de Quiroga procuró educar a una población intermedia entre el saber laborioso, el orden comunitario y la observancia cristiana; de otra, la estirpe intelectual de Alonso de la Vera Cruz, Bartolomé de las Casas, fray Diego Durán o fray Bernardino de Sahagún, entre los más destacados, atendieron la simiente intelectual, sin la cual nuestro destino se hubiera reducido a una conquista sin cauce de salvación.

Y por ser eje entre lo sagrado y lo profano, además de punto de partida de una expresión naciente en los reinos de Nueva España, el culto mariano cobró la más alta importancia histórica. Nada más inquirir el modo como se fueron arraigando su culto y la respuesta popular al dictado de la fe para asombrarse del mínimo cuidado que han puesto los especialistas en este tema, sin distingo de fuentes seglares o clericales. Mal podría entenderse nuestra circunstancia sin el examen de la evangelización y sus peculiaridades sincréticas; pero la realidad religiosa, con su carga de templos, de numerosos prejuicios y señales de identidad, adquirió una dinámica totalizadora y al mismo tiempo marginada del desarrollo social y político de estos pueblos.

Paradójicamente y a diferencia de los estudiosos contemporáneos, Vasco de Quiroga comprendió tempranamente la intensidad religiosa de los aborígenes. De ahí que, con el signo mariano en el centro de sus afanes, emprendiera una compleja misión civilizadora a partir de su certeza de que la colonización debía ser pacífica por ser más conforme con el evangelio y con la bula papal que, en principio, 1530, prohibía la esclavitud que finalmente triunfó. No obstante los elementos en contra, él argüía que así como a las obras de paz y amor se les opone la mala voluntad, a los impulsos violentos debe interponérseles el derecho natural de la defensa.

No venció su punto de vista ni se distinguió este buen fraile por sus proposiciones teóricas, como Las Casas; empero, designado oidor de la Nueva España en 1530 y siete años después obispo de Michoacán, Vasco de Quiroga fue el humanista más apasionado de los ideales del Renacimiento europeo. Y en eso consistió su originalidad, en ensayar la obra civilizadora más importante de la Colonia con sus hospitales-pueblo; el primero, Santa Fe, que fuera construido a dos leguas de México, y en Michoacán algunos como el de Atamataho y Santa Marta, en Pátzcuaro. Allí, en su indispensable capilla, comenzó la costumbre mexicana de venerar a Nuestra Señora y de cultivar su presencia benéfica, siempre protectora del desamparado y maternal al grado de otorgar gracias inconcebibles bajo el rigor que avasallaba a los vencidos.

Pertinaz pacifista, Quiroga acudió a la devoción mariana para difundir lo fundamental de la fe con el auxilio de ceremonias litúrgicas que incluían procesiones servidas semanalmente por grupos alternados de indios adoctrinados, a quienes enseñó a cantar alabanzas a Dios y a su Madre. Él mismo diseñó de una pieza de 1.25 metros de altura y mandó hacer la imagen de Nuestra Señora de caña de maíz amasada en pasta, cuyo ropaje no podía ser cambiado por estar hecho en bloque del mismo material, que con seguridad el obispo descubrió en estas tierras y supo aprovechar para sustituir los laboriosos estofados del arte europeo.

Al tiempo, 125 años después, aquella modesta imagen sirvió de tentación a sus sucesores en Michoacán para mudar el diseño, protegerlo con barnices, pinturas y dorados y adaptar el cuerpo de Nuestra Señora para el uso y remuda de vestimentas de tela, como lo demandaba el estilo barroco que ya se desarrollaba con esplendor en los principales centros urbanos y religiosos.

Reconocida por sus prodigios, manifestados de manera temprana por esta imagen, es la que al entronizarla personalmente para amparo de los enfermos en el hospital Santa Marta, en Pátzcuaro, don Vasco de Quiroga hizo llamar desde entonces Nuestra Señora de la Salud y la misma que, modificada casi en su totalidad, salvo la cabeza y los brazos, perdura en un santuario aledaño, edificado posteriormente, donde aún se venera.

Nuestra Señora de la Salud

Tanto por sus aspiraciones religiosas como por la transformación que emprendió mediante la enseñanza fusionada al trabajo artesanal y a la prédica como ejemplo de una doctrina de amor, Tata Vasco, como le decían los indios, se aventuró en otra versión de la cristiandad que no prosperó; pero sentó las bases para desarrollar principios del humanismo crítico que derivaron en la Independencia y su lucha de derechos y libertades.

Cuenta la tradición que a fines del siglo XVII, en 1690, para sorpresa de los dos afamados artistas elegidos para remozar el cuerpo de la imagen, la Virgen comenzó a trasudar en la sacristía como si sintiera vergüenza y a mostrarse afligida al sentirse tocada por manos profanas. Tras ofrendarle las letanías lauretanas, dispuestas por el padre rector Bartolomé de Aldana al enterarse de su reacción, sólo manos sacerdotales pudieron realizar el proyecto de embellecerla y procurarle ropajes y joyas. Dicen también que con los sobrantes se fabricaron pequeñas réplicas para culto domiciliario y que de cada pedazo de pasta salían muchas más de las calculadas porque Nuestra Señora se multiplicaba, igual que los panes del evangelio.

En la actualidad se la mira coronada y cercada de gran aureola. Viste rica túnica blanca bordada en oro y manto azul profusamente recamado, también con hilos de oro. De cabellos largos y bien peinados, su tez blanquísima contrasta con las líneas de sus cejas y la mirada piadosa que acentúa su actitud protectora. Luce numerosos anillos en todos los dedos, collares y aretes, así como el cetro precioso, que con seguridad fue agregado al integrarle su guardarropa con joyería proveniente de algunas herencias. Típica de advocaciones relacionadas con el triunfo sobre los infieles referido en el apartado de "La mujer y el dragón", del Apocalipsis, evoca la magnífica señal que apareció en el cielo de una mujer envuelta en el sol, con la luna bajo sus pies y en la cabeza una corona con doce estrellas, que los teólogos relacionan, indistintamente, con la Iglesia católica o con la Madre de Cristo.

Por sobre cualquier otro símbolo inseparable de las imágenes de Nuestra Señora, en la Virgen de la Salud recaen los más altos ideales del humanismo cristiano y la devoción temprana de una provincia que accedió con facilidad al lenguaje de la fe tanto porque Michoacán no se distinguió por su resistencia, como por los trabajos que allí comprometió Quiroga en favor de su anhelo de un mundo perfecto, sencillo y esperanzado en recobrar la virtud de la Iglesia en la vida indígena. Y con ser importante, diríase figura central de esta corriente redentora de la conquista espiritual de América, no se ha estudiado hasta la fecha la presencia mariana en los principios, durante su consolidación ni en nuestros días, cuando puede hablarse de un país cristianizado, y sin embargo en la orilla de la letra en lo que respecta al registro puntual de los sucesos.

Por los pasos populares de Nuestra Señora de la Salud pueden entreverse las partes menos conocidas de una utopía espiritual y material tan grandiosa que aún hoy los municipios aledaños a Pátzcuaro siguen viviendo de las artesanías y de las enseñanzas inmodificadas de don Vasco; pero por encima de eso prevalecen el ideal de fe no cumplido y una proposición civilizadora sin precedentes y, junto a las jurídicas y morales de Las Casas, la más alta conquista de que el humanismo español fue capaz en América.

Mal podrían referirse los prodigios de Nuestra

Señora de la Salud sin atender el más grande, el de su presencia en el pequeño nicho del hospital discurrido por Tata Vasco y extendido a otras provincias, como Xalisco, aunque ya sin sus intenciones de consolidar una comunidad en perfecta armonía. Verdadera patrona del humanismo en América, no se la reconoce así por falta de imaginación o por exceso de indiferencia erudita. Verla equivale a evocar el instante en que en aquel lago mítico y grandioso, ahora casi extinto, convergieron en su culto las dos vertientes espirituales que inspiraron al Tata un proyecto creativo de vida perfecta: la *Utopía* de Tomás Moro y el estado de inocencia de indios llamados a redimir la virtud perdida en Europa. Indios consagrados al bien por el favor de enseñanzas que, a partir del principio de la *tabula rasa,* sólo estarían inclinadas a la racionalidad en equilibrio con la pureza de su cultura mestiza.

Entre las aportaciones más valiosas de Tata Vasco, típica de la mentalidad renacentista que anhelaba un mundo nuevo libre de las impurezas que impedían reformar inclusive al clero, se cuenta el proyecto social que ideó bajo la forma de hospitales-pueblo, esa original síntesis de cooperativas quiméricas que, aunadas a la experiencia del trabajo comunal que se practicaba de tiempo atrás entre grupos indígenas, le hicieron creer que la evangelización persuasiva, virtuosa y pacífica, no se contraponía a los propósitos platónicos expresados en la *República*. Al deslindar lo fundamental de su tesis, aseguró que haciendo hábito en la bondad comprensiva y mediante el trabajo y la labranza planificados, según la lección de los primeros cristianos, podrían no sólo incorporar civilizadamente a los indios al estado religioso de

naturaleza, sino llevar a cabo las mejores proposiciones de las *Saturnales* de Luciano, por un lado, y por otro, las indicadas de modo directo en *Utopía,* por el influyente Tomás Moro.

Típico producto del humanismo español, comandado por las lecciones de Francisco de Vitoria en San Esteban de Salamanca, e inseparable de referencias críticas como las aportadas por Domingo de Soto, Juan de la Peña, fray Luis de León, Melchor Cano y el mismo Alonso de la Vera Cruz —indudable referencia intelectual del grupo—, la otra vertiente no pragmática se desarrolló con los alegatos jurídicos, políticos y religiosos sobre la dudosa naturaleza humana de los vencidos, que entrañaba la más abyecta batalla en favor de la esclavitud y de la explotación indiscriminada de las riquezas de la tierra.

Fray Antón de Montesinos, en su memorable sermón del domingo Cuarto de Adviento, el 30 de noviembre de 1511, leyó en la actual República Dominicana el fragmento del evangelio de San Juan que refiere la escena en que los fariseos enviaron a preguntar al Bautista quién era, y él respondió: "Yo soy la voz que clama en el desierto..." Escena que vino a derivar en la célebre pregunta: "¿Qué, acaso éstos no son hombres?", por la cual fundó una combatividad espiritual tan lúcida y colmada de proposiciones que con seguridad podría afirmarse que allí mismo surgió la dualidad entre el cristianismo emotivo que difundió la liturgia bajo el signo de la veneración mariana y el cristianismo crítico, protagonizado por los hombres de razón, no obstante su sacerdocio.

Por esta última vertiente se fortaleció una espiritualidad tramada de crítica en casos como el de fray Bartolomé de las Casas, por ejemplo, mientras crecía con el bautismo la piedad sustitutiva de la doctrina, como ocurrió casi de manera absoluta en los pueblos de Nueva España. Hay que insistir en que era más sencillo para el común de los evangelizadores apelar al recurso de la misericordia que persuadir teológicamente con argumentos monoteístas a quienes estaban formados con tanta firmeza en el politeísmo y la idolatría.

La inteligencia de Vasco de Quiroga consistió en atinar con un cristianismo social que, auxiliado por la figura maternal de María e inspirado en indicios platónicos relativos a la edad dorada, lo llevó a discurrir sus hospitales precisamente aquí, para "elevar la vida india a metas de virtud y humanidad superiores a las europeas".

Centrada en torno del culto a Nuestra Señora de la Salud, esta visión de la cultura en estado de inocencia es ya inseparable de la memoria histórica de Vasco de Quiroga. Observador acucioso, advirtió que los lugareños fabricaban figuras de una mezcla de médula de caña de maíz seca, molida y prensada con un engrudo proveniente del bulbo de una orquídea común en los bosques michoacanos y que esa original materia no se usaba en ninguna otra región. De ahí que, al ordenar la elaboración de la imagen, instituyó la primera artesanía de las varias que proliferaron entre aquellas laboriosas manos.

Su Michoacán primordial es el ejemplo perfecto de lo que era posible al ideal de la cristianización en una colonia sin resistencia agresiva. Aquella figura obispal, siempre deseosa de impulsar la virtud ordenadora y creativa, pertenece a la de los grandes humanistas del siglo XVI. Combatió la violencia y confió en el alma y la razón de los indios para organizar, con ellos y desde México, la más audaz empresa utópica de Tomás Moro. Gracias a su inspiración pudo fundar dos grandes hospitales experimentales, que no eran curativos exactamente, sino sedes de civilización, de doctrina y trabajo, tanto en Santa Fe como en Michoacán.

En esa hendidura religiosa se infiltró Nuestra Señora de la Salud. Sus maravillas, con ser coincidentes con curaciones súbitas y ayudas inesperadas, consisten de logros menos tangibles, aunque perdurables por estar integrados en el talante de la devoción popular. No le faltan anécdotas para avalar su presencia ni motivos que justifiquen la fe que le tienen miles de peregrinos que acuden a su santuario en pos de consuelo. Y es que Pátzcuaro es de esos poblados que guardan la magia de la intemporalidad, el sello de una antigua humildad aborigen y la evidencia de lecciones de vida que aún se practican como modos de ser. Allí se presienten las sombras benéficas del Tata y más allá, en Tiripitío, la de un Alonso de la Vera Cruz en soledad reflexiva.

Desde que fuera proclamada Patrona de Pátzcuaro, en 1737, venció el clero de las limosnas, al modo del empeñado en acumular fondos para construir un santuario de paredes y bóvedas de calicanto. También triunfó la costumbre de fabricar réplicas para llevar a la Virgen a peregrinar con fines diversos, en especial económicos, y a pesar de que las impurezas abominadas por el aliento renacentista de los grandes reformadores se impusieron en estas tierras, algo muy hondo quedó en el espíritu religioso de los nuevos cristianos, quizá la piedad, el entendimiento entrañable de la misericordia y la fidelidad al principio esperanza que distinguió a Tata Vasco.

La Virgen de la Salud, por su parte, hizo lo suyo por inscribirse en las preferencias devocionales. Es de creer, como lo registraran en el *Zodiaco mariano,* que cuando el cura Carreño mandó quitarle unas cuentas de vidrio que en forma de gargantilla la adornaban hacia 1731, las repartió entre vecinos de la ciudad. Uno de los beneficiados las arrumbó en su escritorio envueltas en un papel y no se acordó más, pues eran de poco valor. Una noche cayó en cama y mandó pedir algo que necesitaba de sus gavetas. Al abrirla, el papel de los abalorios se reventó y uno de ellos, como si se tratara de un rayo, salió disparado hasta el lecho para golpearle la cara. Entre las sábanas se encontraron los pedazos de la envoltura con el resto de las cuentas. Tenidas por reliquias preciosas, las insertaron en un rosario, pero al estar engarzadas éstas se fusionaron a las demás y fue imposible reconocerlas.

En medio de festividades suntuosas, con la cauda de exvotos y reconocimientos locales a su generosa tutela, se celebró el 8 de diciembre de 1899 la coronación canónica de Nuestra Señora de la Salud, decretada por breve del 5 de abril de 1898 del papa León XIII, a cargo de los obispos de Michoacán, Chihuahua y Querétaro. Poco después, por breve del 29 de junio de 1907, el papa Pío X elevó la iglesia parroquial de Pátzcuaro al rango de iglesia colegiata de Nuestra Señora de la Salud y su erección se hizo con gran solemnidad el 8 de enero siguiente. En atención a su culto, la colegiata a su vez fue elevada por breve del 25 de junio de 1924 del papa Pío XI a la dignidad de basílica menor y en el mismo documento la Bienaventurada Virgen de la Salud fue declarada patrona principal del arzobispado de Morelia.

Un fanático baleó 10 veces la imagen el 20 de diciembre de 1962 con un máuser a corta distancia, pero quedó intacta. Junto a este prodigio se repite en la actualidad que desde el fondo del lago se deja escuchar todos los Viernes Santos el tañido de una misteriosa campana que recuerda la muerte del Redentor; se dice que cierto hechicero, en horas de la Conquista, la robó en la ermita a los frailes como desquite y, arrastrándola, se fue con ella a la orilla del lago. Enojado Dios y para terror de los lugareños, el indio se ahogó con todo y campana para hacerla sonar anualmente en señal de advertencia.

Hay códices que refieren que cuando don Vasco ordenara en canoas desde Tzintzuntzan el cambio de muebles de su recién instituida sede episcopal, los indios dieron al fondo con la embarcación y allá fue a parar la campana, cuya leyenda completa el misterio de esta Virgen, curandera de almas y cuerpos. Lo cierto es que a Nuestra Señora de la Salud la acompaña el misterio de una utopía que, de volverse milagro, bien podría haber cambiado la historia del cristianismo y de la colonización en América.

Teresa de Jesús

SOBRE una colina a orilla del Adaja, Ávila se anuncia con las durezas de la tierra castellana. En la meseta, resquebrajada de aridez de siglos y del misterio que entraña un *Camino de perfección* sembrado de palos desnudos y de una sensación de hondura que cala hasta el hueso, se presiente la distancia de aquella monja carmelita que se hablaba de tú con Dios. Huele a pan y a chimenea encendida cuando sobre el paisaje descubierto se tienden las piedras de su vieja muralla y el caserío de los años austeros en que se cultivó la riqueza mística en almas saturadas de humanidad. Allá lejos, entre manos resguardadas y la mirada de soslayo que distingue al español del campo, se respira el centro del universo, aquel donde se bañaba el espíritu de Teresa cuando salía de sí misma para colmarse de ardor durante su entrega ciega a los más altos misterios del corazón.

El tiempo conservó la prenda oscura que acaso impusieran los moros en las costumbres de la península y que a fuerza de sumar renuncias del cuerpo y siglos de batallar con el azadón y los rigores del clima acabó por asimilarse en el talante de los labriegos. Y es que el horizonte de aridez se antoja propicio al recogimiento de espíritu y a las sotanas que deambulan vigilando conciencias. Ávila es silencio, zozobra que comienza en los maderos del crucificado, atraviesa sus recintos sagrados y, al esquivar el clamor de los antiguos comuneros, se va volviendo palabra hasta elevarse a oración. En sus calles, la procesión cotidiana de los hijos de un extraño dolor y cierta austeridad contrapone las noticias del oro americano con los arrobamientos memorables de la santa Teresa de Jesús.

La monja María de San José en su *Libro de recreaciones* escribiría:

Era una santa de mediana estatura, antes grande que pequeña. Tuvo en su mocedad fama de muy hermosa, y hasta su última edad mostraba serlo. Era su rostro no nada común, sino extraordinario, y de suerte que no se puede decir redondo ni aguileño; los tercios de él, iguales; la frente, ancha y igual y muy hermosa; las cejas, de color rubio oscuro, con poca semejanza de negro, anchas y algo arqueadas; los ojos, negros, vivos

283

y redondos, no muy grandes, mas muy bien puestos. La nariz, redonda y en derecho de los lagrimales para arriba, disminuida hasta igualar con las cejas, formando un apacible entrecejo... Era gruesa más que flaca, y en todo bien proporcionada; tenía muy lindas manos, aunque pequeñas; en el rostro, al lado izquierdo, tres lunares... en derecho unos de otros, comenzando desde abajo de la boca el que mayor era, y el otro entre la boca y la nariz, y el último en la nariz, más cerca de abajo que de arriba. Era en todo perfecta.

Perfecta, fascinante por su obra espiritual y por su pluma, Teresa de Jesús respondió así a los atributos que la distinguían:

Tres cosas han dicho de mí en todo el discurso de mi vida: que era, cuando moza, de bien parecer, que era discreta, y ahora dicen algunos que soy santa. Las dos primeras en algún tiempo las creí, y me he confesado por haber dado crédito a esta vanidad; pero en la tercera nunca me he engañado tanto que haya jamás venido a creerla.

Desde que ella misma fechara su conversión espiritual, en 1555, Teresa de Ávila se entregó en alma y cuerpo a cultivar sus gracias extraordinarias. Reformó a los carmelitas de ambos sexos hasta simbolizar en sus pies desnudos el retorno a la humildad esencial que demandaba la sencillez de su profundo sentido apostólico. En la *Vida*, escrita de su mano, describió su trayectoria hacia Dios en hermosos pasajes que no sólo revelan los contrastes materiales de sus estados de arrobamiento, sino el tiempo espiritual de una España que se debatía entre el furor causado por el oro de la Colonia y la búsqueda de espiritualidad, que encendía la pasión

de cuando menos tres de las más grandes voces en la religiosidad española: ella misma, San Juan de la Cruz y fray Luis de León.

Es precisamente el calor de la mística teología, la que se respira en Castilla y la que hace sentir que el tiempo se detiene en Ávila para evocar también los contrastes de la intolerancia del siglo. Se funden aún en sus paredes el sacrificio de los perseguidos, los pregones de la Inquisición y el hervor de alma que se derrama en aquella, su aspiración a la soledad con Dios. Se trata, quizá, de un anhelo de divinidad que, no obstante el dolor que distingue nuestra época de persecuciones y renuncias, pervive en el aislamiento de su lindero amurallado y en la palabra consagrada por santos y poetas.

Ninguna morada se iguala al Castillo *interior*. Ávila es Teresa de Jesús, su memoria en las Carmelitas de La Encarnación y una fecunda actividad espiritual que comenzara en su primer convento reformado, San José, recinto simbólico que parece repetir las palabras de Antonio Machado:

Castilla miserable, ayer dominadora; envuelta en sus harapos, desprecia cuanto ignora....

Ávila, por sobre Madrid, Segovia o Salamanca, es signo inequívoco de la hispanidad católica, contraste de sólidas influencias culturales y herencia poderosa de los misterios de la fe. Piedra y oro se combinan en espacios marcados por la sanción y el dolor, por la aspiración inconfesable del espíritu. Ciudad pequeña, resguardada por murallas medievales, ensombrecida por la niebla y por huellas imborrables del ayuno, del cuerpo castigado con cilicios y por aquellas que dejan los arbustos espinosos en la arcilla.

En Ávila, monasterios, relicarios, oraciones, indulgencias y leyendas. A ella se asignó el dedo de su Santa, Teresa de Jesús, como recuerdo de su obra infatigable, como advertencia que intimida desde cierta urna que repite: "el entendimiento, si se entiende, no se sabe cómo entiende; al menos, no puede comprender nada de lo que no entiende". Signo más allá de razones que revela el horror que los místicos tuvieron al pecado de soberbia intelectual. Sólo allí adquiere sentido la entrega plena, la sumisión ciega a ese Dios de luz que a nadie le está dado vislumbrar. Sin embargo, allí comenzó Teresa de Cepeda y Ahumada a experimentar estados de arrobamiento, de exaltación alucinante y de enfermedad física que parecían depurar su aguda inteligencia y su ánimo creador.

La apetencia indomable que ha desasosegado a los místicos de todos los tiempos está contenida en la convicción de Teresa de que no era "pobre de espíritu", aunque lo tenía profesado, sino "loca de espíritu", lo cual se vincula con el arrebatamiento santo que consigue levantarse sobre sí mismo, ir más allá de la "inteligencia del ánima" y alcanzar el calor intenso de la mística teología. Como dijera Francisco de Osuna, el ánima encendida, "cuando concibe el espíritu del amor en fervor del corazón, en alguna manera sale de sí misma saltando de sí o volando sobre sí". De sí salió la de Teresa de Jesús para alcanzar la soledad con Dios: única inspiración verdadera porque es capaz de borrar la inutilidad de lo mundano y de dar a la vida un sentido verdaderamente trascendental: "esencialmente, yo soy, Dios es"; en otras palabras: ser en sí, por sí mismo.

Por eso domina en Ávila la presencia de Teresa. Ella sobrevive en cada calle, en cada muro, en la luz acerada que penetra el cuerpo y en la voluntad inútil de "contemplar", siquiera "admirar", a Dios. Para nosotros quedó la evidencia de tiempos diferentes, realidad que rebasa al delirio creador para depositarse en la obligada humildad de los que carecen de ocasión para elegir destino.

Sor Juana Inés de la Cruz

POR SU obra, reserva al lector un puñado de enigmas; por su vida, Sor Juana Inés de la Cruz es el prodigio mexicano de todos los tiempos. Nacida en Nepantla el 12 de noviembre de 1648 o 1651, según investigaciones recientes, es la niña que a los tres años de edad aprende casi por sí misma a leer y en la biblioteca del abuelo principia una precoz aventura intelectual que le permitió asimilar el latín en 20 lecciones. Es la huérfana errabunda de un pueblo olvidado al pie del mítico volcán humeante que, en su pubertad, atenta contra la soberbia académica de unos 40 contertulios palaciegos, entre los que se contaban teólogos, escriturarios, filósofos, matemáticos, historiadores, poetas, humanistas y los ingeniosos de siempre, a quienes dejó demudados con sus respuestas. Es también una hábil adolescente que sabe que, para sobrevivir en el más adverso de los medios, debe ganar la simpatía de las mujeres en el poder, para lo cual absorbe hasta en pormenores el juego y las galanterías cortesanas. Es la monja estudiosa de la escolástica, de la ciencia, de las artes y del neoplatonismo que reveló tan extraordinaria maestría para versificar como para esgrimir su autodefensa espiritual con alegatos que fundaron el brote de una cultura mexicana basada en la tolerancia consciente; es decir, en la libertad de imaginar y crear no a la sombra de la Iglesia, sino como resultado de las ideas que suscitan pequeñas o grandes digresiones que, en su caso, la condujeron a tan profunda frustración que se volvió símbolo de una voluntad que perturba tanto por su silencio como por su escritura.

Probó el hábito de las carmelitas; pero después de unos dos años y hasta el fin de su vida, a los 48 de edad, vistió el de las jerónimas. Su poderosa individualidad le impedía repetir la costumbre social asignada a las mujeres; entonces eligió la soledad creadora a costa del castigo intelectual que padeció por su voto de obediencia religiosa. Su destino careció de alternativa. De allí el enigma de fe literaria y la lección de que ni por la libertad interior que ofrece el conocimiento se atina con un cauce reparador cuando la circunstancia es adversa.

Fundadora de la cultura nacional, ninguna otra mexicana ha podido igualar sus méritos durante casi 400 años de vivir marginadas de los asuntos del pensamiento. Transgredió la norma no declarada al pensar y escribir; sobre todo al denunciar su opresión en su memorable *Respuesta a sor Filotea de la Cruz:*

> Entreme religiosa, porque aunque conocía que tenía el estado de cosas (de las accesorias hablo, no de las formales), muchas repugnantes a mi genio, con todo, para la total negación que tenía al matrimonio, era lo menos desproporcionado y lo más decente que podía elegir en materia de la seguridad que deseaba de mi salvación; a cuyo primer respecto (como al fin más importante) se dieron y sujetaron la cerviz de todas las impertinencillas de mi genio, que eran de querer vivir sola; de no querer tener ocupación obligatoria que embarazase la libertad de mi estudio, ni rumor de comunidad que impidiese el sosegado silencio de mis libros.

Por su gracia y su talento, además de que no se descarta la piedad que inspiraba una muchacha sola en el mundo, servicial y discreta, fue protegida de Leonor María Carreto, marquesa de Mancera, quien la incorporó a su servicio con el título de "muy querida de la señora virreina", de cuya corte de honor salió para ingresar al convento. La profunda amistad con esta mujer celebrada por su finura, inspiró a Sor Juana numerosos escritos de una exaltada cortesanía que no revelan exactamente gratitud o afinidad platónica, sino una pasión cuando menos extraña entre dos mujeres que únicamente se profesaron admiración. De estos homenajes algunos críticos han inferido brotes de lesbianismo no confirmados si tomamos en cuenta que era común en la época, inclusive en monarquías europeas, el abuso de figuras emotivas y adjetivadas por parte de los artistas para demostrar agradecimiento a sus protectores. Su erotismo, sin embargo, resulta tan sugestivo como su forma de sortear las envidias y los problemas que la cercaron al grado de deshacerse, en el momento de su abjuración, de los 4 000 libros que formaban su biblioteca, así como de mapas e instrumentos musicales, cuando corroboró que el peso de las represiones había triunfado sobre su natural impulso que Dios puso en ella, tal vez para acentuar la necedad de que son capaces los hombres cuando perciben la luminosidad de quien es diferente por su talento.

Monja jerónima, abomina de la vida conventual, pero descubre la libertad entre los muros de su celda consagrada. Perseguida, al final de su vida es la escritora que abjura con sangre sus conocimientos mundanos para rubricar su protesta de fe y amor a Dios que la acompañó hasta la tumba. Hacia los 46 o 48 años de edad sufre con sus compañeras de clausura los rigores de una fiebre maligna de la que poco sabemos, excepto que murió contagiada el 17 de abril de 1697 y que durante los dos últimos años de su vida estuvo dedicada al ayuno, a la aspereza de espíritu y a las mortificaciones del cuerpo, como sería de esperar en una inteligencia expiatoria. No es que padeciera el talento culpable, distintivo del síndrome de Eva, sino la amenaza concreta por su natural discrepancia, por su forma de ser diferente en un medio en el que todo estaba dispuesto para la obediencia y la mediocridad.

Fue precoz, hermosa y criolla. Sufrió eventos trágicos en una cultura ajena completamente a la experiencia trágica, pero entrenada en la abyección y el rencor. Introdujo en nuestra historia literaria, junto con Carlos de Sigüenza y Góngora, menos afortunado que ella, el capítulo de las persecuciones al pensamiento crítico, que con el tiempo se volvió costumbre distintiva, inclusive, del periodismo de nuestro siglo. Dueña de una inusual entereza, sostuvo el derecho de disentir con la misma pasión con la que pugnó en favor de una educación femenina, que tardaría más de dos siglos en instituirse en nuestro país, aunque la igualdad aún esté lejos de la experiencia contemporánea.

Sobre ella venció la cifra de la obediencia, pero ni la brutalidad de su época consiguió ensombrecerla. Han transcurrido más de 300 años desde entonces y perdura intacto su enigma. Cada generación se vanagloria de algún hallazgo para entenderla mejor; pero Sor Juana no solamente se niega a revelarnos su identidad verdadera, sino que más indescifrable parece bajo los manifiestos de los curiosos ya que, como ella misma insistiera, su móvil era intelectual nada más para conocer y asombrarse frente al divino misterio de lo creado.

La severa ley de la que se quejó por padecer, según dijo, determinación de la Iglesia o dictamen de la razón en contra de las mujeres ha sido una constante de los prejuicios de nuestra sociedad cerrada. Ella buscó su libertad personal en las normas estrictas de su aprendizaje y provocó a su pesar el enfrentamiento con el clero y con una forma de ser que la exhortaba a que elevara el pensamiento al cielo, fijara la mirada en el piso y se apartara de las letras para consagrarse por entero a la religión, según le exigiera el cauteloso obispo de Puebla, Manuel Fernández de Santa Cruz, en su misiva firmada con el seudónimo de sor Filotea de la Cruz.

En su célebre *Respuesta,* Sor Juana insistió en que no quería ruidos con el Santo Oficio, sino estudiar para saber menos, propósito que durante su infancia la hizo abstenerse de comer queso porque oyó decir que dañaba el entendimiento; inquieta como era, poco después quiso vestirse de hombre para asistir a la universidad. Allí, en este testimonio autobiográfico sin precedentes en nuestra cultura, consignó la guía de su obra, con reflexiones sobre los obstáculos de su vida intelectual y algunos desengaños que explican su aislamiento por ser mujer pensante, por ser monja excepcional y por haber conservado su fidelidad a las letras hasta coronar su derrota con el silencio definitivo, que seguramente la sumió en la tristeza.

Nada más por sobrevivir practicó, con similar agilidad, el lenguaje cortesano y el ocultamiento del estilo barroco vigente al aventurarse por la doble ruta de la intuición y del humanismo, en cuyo ejercicio fincó su derecho a la igualdad sexual frente al pensamiento.

Acaso en el énfasis con el que señaló las causas de su decisión de entrar en el convento para eludir obligaciones que entorpecieran su pasión de estudiar, Juana Inés de la Cruz resolvió, sólo en parte, la contradicción entre la conciencia de su genio y el estado de cosas que le impedían satisfacer su desarrollo como mujer que abomina del matrimonio. Escritora de raza, a pesar de afirmar que no escribió sino "violentada, forzada y sólo por dar gusto a otros", en los temas profanos, comedias y sonetos, principalmente, es notable cómo descubre oportunamente que no sería aquella sociedad la que determinaría su historia, sino ella quien habría de protagonizar los extremos inconciliables de su realidad colonial. Corte y clero, en una Nueva España de espaldas al formidable movimiento espiritual de la península, no difirieron al invocar el amor a Dios ni al aplicar sanciones al pensamiento rebelde, y por eso su cancelación fue absoluta.

Transgresora hasta lo posible, percibe el influjo inquisitorial cuando en su interior se debatía frente a los obstáculos interpuestos a su talento perturbador. Un talento que la inclinaba a la desobediencia al aventurarse en lo desconocido; pero que al mismo tiempo se revertía contra ella al corroborar que nadie puede saltar por sobre su circunstancia.

Una tras otra, las imágenes de mitos, signos, nombres, letras y palabras pasaban de una orilla a otra de un mismo laberinto. Es el juego incesante de Sor Juana al crear uno de los mayores poemas mexicanos, *Primero sueño,* donde el universo que evoca sin dueño ni orden o fundamento viaja a través de una oscura espiral metafórica de la noche de la ignorancia hacia la luz del conocimiento.

En *Primero sueño* están las claves complementarias de la dolorosa autobiografía de una mujer mexicana que sólo pudo colmar su afán de saber por sus propios medios. Ésta es la razón de su metáfora, porque las mujeres no hemos sido otra cosa en México que una sombra fugitiva.

Alma suspensa, sin gobierno, elige una forma de muerte en libertad: el sueño. No el dormir, que es recompensa del cuerpo fatigado. El alma admira, percibe el movimiento oculto en las visiones del acontecer al modo de la máquina de un reloj preciso: el corazón, el mundo, el flujo de las aguas, el surgimiento de la idea o los latidos de la vida. Sor Juana auscultó lo más oscuro, luces y colores y vino a rozar la hondura de la poesía, allí donde la crítica se manifiesta por sí misma y no es posible eludir la responsabilidad a la que compromete la razón educada, especialmente en una mujer. Todo comenzó al dormir en una noche; pero después de un día y de otro y otro más, el sueño continuaba desafiando el sentido de sus palabras, el enigma de la voz, el secreto del verbo, hasta caer en su silencio de siglos...

¿Qué saber buscaba? Los misterios de la existencia y de las cosas; lo relacionado con el hecho de vivir y de morir. No deja de ser revelador que fuera precisamente una mujer quien fundara la literatura mexicana, una mujer convencida de que el alma carece de sexo y de que en la razón se finca la única sustancia de humanidad. Sor Juana Inés de la Cruz es, por todo eso, el símbolo de una lucha por la individualidad y emblema cultural de la razón que a pesar de todo no puede ser vencida.

Nuestro tiempo

Virginia Woolf

HAY SERES que hasta en su discrepancia son hijos perfectos de su tiempo. Virginia Woolf nació en Londres, en 1882, en una familia victoriana, dotada y extensa, que se preciaba de sus conquistas literarias, así como de sus frecuentes contactos con figuras eminentes. Todo indica, sin embargo, que la inclinación maniaco-depresiva que la condujo al suicidio lanzándose al río Ouse con pesadas piedras en los bolsillos, en marzo de 1941, se manifestó dos veces en su infancia: a los 13 años de edad, en la depresión nerviosa que sufrió a la muerte de su madre, en 1895, y al recaer unos meses después, en 1897, a causa de la muerte trágica de su hermanastra Stella. Nunca desapareció su temor a la demencia. El brote de mentalidad culpable que serpenteó en sus declives tuvo también el ingrediente del escarceo temprano que sus hermanastros Gerald y George, particularmente éste último, acompañaban de confusos sentimientos sexuales contra las indefensas Vanessa y Virginia, quienes nunca olvidaron el dolor de su dignidad mancillada.

De pocas mujeres se ha escrito tanto como de Virginia Woolf, un verdadero mito inspirador de leyendas tan contrastantes que, por sobre el contenido de sus obras, atraen las nutridas interpretaciones que año tras año engrosan los pormenores de su biografía. Estudiada como hija, se la relaciona con sir Leslie Stephen, eminente periodista, filósofo, autor y editor del *Dictionary of National Biography* y de otras publicaciones importantes en la Inglaterra victoriana cuyo mayor regalo, en los años en que las mujeres sólo podían estudiar en casa, consistió en permitirle a Virginia el libre acceso a su biblioteca. Si partícipe de incidentes extravagantes, no hay más que acudir a las referencias del Grupo de Bloomsbury, que ella y sus hermanos Thoby —muerto en 1906 de fiebre tifoidea, a su regreso de Grecia— y Vanessa fundaron al trasladarse los tres, primero, del lujoso barrio familiar de Hide Park a Bloomsbury, al número 46 de Gordon Square, sede oficial de sus reuniones; después, tras el matrimonio de Vanessa con Clive Bell, se mudaron al 38 de Brunswick

Square, donde se instalaron Virginia y Adrián, su hermano menor; allí, para escándalo de vecinos y familiares, practicaron toda suerte de extravagancias con jóvenes que se convertirían en figuras tan relevantes como los asiduos Lytton Strachey, Leonard Woolf, John Maynard Keynes y Clive Bell, compañeros de Thoby en el Trinity, uno de los más prestigiados College de la Universidad de Cambridge, donde estudiaban a los clásicos.

Esposa de Leonard Woolf, reconocido por su talento, juntos crearon en 1917 la Hogarth Press, en la que no solamente publicaron sus obras, sino las de autores continentales o proscritos, como las de Katherine Mansfield, T. S. Eliot, Freud y hasta el *Ulises* de James Joyce, combatido y rechazado por sus cautelosos coetáneos. Virginia, además, contribuyó después de la guerra de 1914 a la organización de la Liga de las Naciones y fueron célebres sus alegatos condenatorios de la discriminación femenina. Amiga de la aristócrata Vita Sackville-West, que era lo que se dice un carácter y prueba fehaciente de reciedumbre, se vio envuelta en escándalos homosexuales y, no contenta con luchar contra el demonio de la angustia y oponerse al conservadurismo inglés que la asfixiaba, también innovó la literatura moderna con obras de ensayo y ficción de inigualable valor artístico y crítico que todavía se consideran de actualidad.

A fuerza de sumar dosis de una extraordinaria devoción marital por parte de Leonard, quien, después de la de 1913, no pudo evitar la última intentona de suicidio, o de atinar con un lenguaje propio que le permitió ocupar un lugar preponderante en las letras del siglo XX, de participar en actividades vanguardistas desde Bloomsbury y de asumir posiciones políticas antimperialistas y liberales, Virginia Woolf forjó su leyenda de intelectual en todos los sentidos del término gracias a su interés por plegarse a los hechos y de fortalecer su formación autodidacta, producto de una poderosa mentalidad, característica de su familia, que ella cultivó disciplinadamente en su madurez mediante visitas cotidianas a la Biblioteca del Museo Británico, que sustituyeron la imposibilidad de acudir a una universidad, según denunciara en su célebre ensayo *Tres guineas,* que escribió, para reivindicar sus derechos, por encargo en favor de la causa de la paz, de la educación femenina y del trabajo de la mujer.

La muerte, la pasión por el arte, la paz y la confirmación de la individualidad eran presencias constantes en aquella Inglaterra asolada por el rigor monárquico y el conservadurismo intelectual de una sociedad imperial tan celosa de sus formas excluyentes como de sus aspiraciones perfeccionistas de legalidad y bienestar; la vida de Virginia, sin embargo, tramaba su propia tragedia bajo los velos de una impresionante lucidez que discrepaba más y más de su circunstancia cuanto mayor era su conciencia de que ahí, en ese Londres en ebullición estructural, como mujer sufría los desajustes del escritor, y como escritora, el drama femenino de su desubicación existencial.

Su lenguaje no era el lenguaje de los otros. Su mundo interior tampoco encontraba el ánimo exterior que le permitiera dialogar o atinar con las respuestas de su inquietud esencial. Los numerosos tomos autobiográficos de Leonard repiten la figura de lo que siempre, él mismo y Roger Fry, Vanessa y Quintin Bell, su sobrino y biógrafo principal, llamaron "locura" cuando en realidad se trataba de una catástrofe de identidad y de situación frente a

Virginia Woolf

su ímpetu creador que, lejos de ser tratada a base de curas de reposo, vasos de leche, exámenes médicos y recetas absurdas, ameritaba un cuestionamiento a fondo de la verdad, su verdad, en la ruta de sus preocupaciones manifiestas, como la sensación de desconocimiento de su propio cuerpo, que tanto la inquietaba, o los desajustes existenciales que dividieron el cauce racional del de sus sentimientos obvios.

Virginia, en parte, fue víctima de sí misma y de la pavorosa incomprensión de los seres talentosos que la rodeaban, a pesar del halo afectivo que la cubría. Protagonizó hasta el extremo de la muerte el drama del genio creador, con el agravante de su realidad femenina. Como la figura del agua que dominó en sus obras mayores, ella misma se desintegró a manera del fluido informe frente a su imposibilidad de resolver conflictos insoportables con la vida, su ímpetu autodestructivo y la tentación del fin definitivo. Víctima de una dualidad recóndita, mientras que su naturaleza femenina la impelía a armonizar, la presión masculina la jalaba hacia la división de su integridad sin salida. No era "sensata", como los varones ingleses, aunque por su talento participara de sus preocupaciones, proscritas a la calma asignada por los prejuicios al talante femenino, que ella, en su perturbación inconciliable con los hechos que recreaba magistralmente en sus libros, derivó a la formulación de una supuesta "mentalidad andrógina", particularmente tratada en *Un cuarto propio.* Tal discernimiento no la liberó ni satisfizo su urgencia por conciliar la doble conciencia de su función corporal, el orden de las cosas, el intelecto en sí ni lo que derivó, en sus *Diarios,* en "razón objetiva".

Está más que probado que cuando una escritora asume a plenitud el sentido de la palabra su vida se vuelve incesante camino de transgresión, inclusive a su pesar, pues sólo la palabra es capaz de sacudir la propia razón de ser y de plantear ante los demás, de una vez para siempre, la posición individual en el mundo. Una posición que de pronto salta de la intimidad hasta la página escrita y se vuelve denuncia, revelación y acto de rebeldía por el solo hecho de imprimirse, por el hecho, importantísimo, de poder pensarse y escribirse. Virginia extremó sus contrarios en detrimento de la paz y de la concordia que la hubieran salvado del propio discernimiento creador y desobediente. Se rindió al final porque su forzada mentalidad masculina no atinó con el punto conciliatorio de su exigencia intuitiva como mujer.

Carolyn Heilbrun afirmó que existen cuatro maneras de escribir la vida de una mujer: la que ella misma se decide a contar e inclusive a llamar autobiografía; otra, la selección anecdótica o de sucesos que, fabulados en ocasiones, pueden definirse como ficción; la tercera corresponde a la biografía realizada, indistintamente, por un hombre o una mujer sobre un personaje femenino real; y, por último, la mujer puede escribir su vida al paso de los días y de las páginas de manera casi inconsciente, al través de páginas del diario: ese género secreto que en ocasiones se vuelve arma de dos filos contra su autora para denunciar los tránsitos inconfesables de una vida. Se trata de esos pasajes que se van rasgando sobre el papel como pequeños surcos de la memoria, aprendices de voz, apenas eco de la palabra fugitiva, que acaban por calar la propia individualidad o por desnudar la hebra imperceptible del espíritu.

Inexplorado hasta entonces por una mujer,

295

Virginia probó el género del ensayo y en él desveló magistralmente las claves de una mentira que ha confinado la razón femenina en los avernos de la irracionalidad, la servidumbre sumisa y el dolor silenciado. No es casual que en la historia de la literatura de todas las lenguas escasee la aportación intelectual de las mujeres. Y esto lo entendió Virginia cuando, en *Fin de viaje,* expresó su dolor en boca de uno de sus personajes:

—Pero nunca lo comprenderás —exclamó— porque con todas tus virtudes, nunca te empeñarás con todas las fibras de tu ser en la búsqueda de la verdad. No tienes respeto por los hechos, Rachel; eres esencialmente femenina.

Ella no se molestó en negarlo...

—Pero me gusta —dijo ella, y pensó que también le compadecía, como se compadece a los desdichados que están fuera del cálido y misterioso globo lleno de variaciones y milagros en que nos movemos: pensó que debía ser muy aburrido ser St. John Hirst.

Virginia Woolf abordó las manifestaciones de una realidad que la condujo a la muerte. Ella era, como Rachel, esencialmente femenina, una poderosa inteligencia femenina aunque, para su desgracia, jamás pudo gozar los beneficios de la compasión. La rodeó el talento, pero careció de entendimiento intuitivo. Tuvo a su alrededor hombres y mujeres dotados para inquirir aspectos circunstanciales de la verdad, pero ninguno penetró la íntima, la más radical batalla de este ser atormentado por su razón. Fue imaginativa; pero la imposibilidad de encauzar lo que consideró "su propia experiencia como cuerpo" la condenó a la disolución esencial.

El agua, esa gran metáfora que ella intuyó fundamentalmente femenina, la absorbió en las marismas de su desintegración cabal, definitiva. Nacida Adelina Virginia Stephens, Virginia Woolf, desde entonces, encabeza el signo de la intelectual doliente, una mujer que escribe para entender y no asume el compromiso de la escritora consigo misma. De ahí la fuerza de su lenguaje interior, de ahí el magnetismo y el misterio del conflicto sin resolver entre la mentalidad masculina y femenina. Artista de la palabra, *Orlando* no es un accidente temático, sino hilo secreto de su padecimiento sin resolver.

Orlando (1928), según advirtió con agudeza Jorge Luis Borges, contiene una preocupación del tiempo. Fue, sin duda, la novela de mayor intensidad de Virginia Woolf y una de las obras más desesperantes y singulares de nuestra época. Símbolo de Inglaterra en ocasiones, víctima de la amargura y de la felicidad esporádica, Orlando vive 300 años ya como hombre ya como mujer, suficientes para rastrear la dualidad sexual que le inspirara la escritora Vita Sackville-West en cuya obra *Knole y los Sackvilles,* de 1922, encontró el trasfondo histórico de este personaje que, aunque dubitativa como la reconoció al evocarla E. M. Forster en 1941 en la Senate House de Cambridge, bien podría haber compartido su propia cabeza. Virginia exploraba con entusiasmo sensaciones visuales, gustativas o sonoras para recrearlas después, con teorías y recuerdos, en su expresión literaria. *Orlando* es la mayor prueba de su oleaje entre lo poético y el tratamiento intrascendente de las cosas en las que logra páginas de excepción, como las que describen a Frost el Grande, y otras de factura casi desalentada en las que deja caer lo poco que le convencía su propio arte, no obstante su escrupulosa fidelidad a las demandas lingüísticas y estructurales de cada tema.

Por encima de la compositora Ethel Smith, Vita jugó un papel verdaderamente importante en las relaciones femeninas que agitaron la sensualidad de una Virginia a la que a todas luces aterrorizaban los hombres. Desde su primera novela clamó su horror, su miedo a la civilización masculina, que la atenazó como un arma mortal, a pesar de que Leonard, custodio invaluable de su libertad, la protegía por la doble razón de que la amaba y la consideraba uno de los pocos seres que merecían ser llamados geniales. En este sentido, dijo al ser entrevistado para la BBC de Londres:

> Naturalmente los genios son seres un poco más complicados que los demás. Creo haberme encontrado con dos genios durante mi vida: Uno fue George Moore, el filósofo; el otro, mi mujer. Creo que fue un genio porque ella tenía una manera totalmente natural de pensar, de hablar y considerar las cosas y la vida, pero tenía también, en muchos momentos, una visión nada corriente...

La visión nada corriente de Virginia, aludida por su esposo Leonard después de su muerte, estuvo bañada con la profunda poesía que desarrolló en sus novelas y el interés por los problemas políticos de su tiempo. Ella comprendió que las mujeres somos nuestro pasado, somos nuestra palabra, el lenguaje que nos constituye y la voz que después del cedazo de los recuerdos y del filtro cultural que se transmuta en íntimo pudor, define la identidad personal que, sin embargo, no consumó en su favor a través de un personaje novelado ni verdaderamente logrado. Ella, sin cortapisas, se aventuró en la palabra porque fue su pasión. Reina la soledad en sus páginas y el constante desasosiego que la distinguió porque a pesar de todo la palabra,

en su caso, no fue cauce de salvación, sino alto recurso para sobrevivirse y enfrentar su circunstancia en una sociedad regida por convencionalismos.

Además del citado George Moore, en quien reconocieron la fuerza mayor de las ideas críticas que al menos en sus orígenes los aproximaron al Partido Laborista o al socialismo que sólo perduró en los intereses de Leonard, el poeta T. S. Eliot, Bertrand Russell, el pintor Duncan Grant y el escritor E. M. Forster se sumaron al grupo de Bloomsbury, lo que acentuaba la inclinación filosófica de sus miembros en los terrenos de la economía y del arte que Keynes, Roger Fry y Lytton Strachey, grandes escritores y biógrafos, enriquecieron hasta constituirse, gracias al complemento editorial de la Hogarth Press, en una generación de vanguardia desde el punto de vista estético y liberal que tuvo la característica de su común procedencia de las clases dirigentes, hecho que además acentuó su doble sentimiento de élite excluyente y su gusto por la delectación en la austera y puritana Inglaterra de las primeras décadas del siglo, en la que solían formarse capillas intelectuales que jamás se mezclaban entre sí.

Hay entre la vida y la obra de Virginia Woolf algunas vertientes que podrían ser vasos comunicantes. Son los corredores típicamente británicos que algunas personalidades respiran como formas de ser generacionales. Amaba el campo tanto como el ritual del té y las caminatas como el buen guisado, que en *Al faro* se constituyó en parte esencial del libro y receta cifrada del *boeuf en daube*. Es imposible ignorar su sensibilidad refinada que en cada título reflejó de modos diversos, en la sala del piano de Rachel o ante el maravilloso paisaje floral de *La señora Dalloway,* sin que la fuerza de los sentidos desmereciera su fervor por la inteligencia, que cultivó con maestría. Creyó en la perennidad de las piedras y los monumentos, en símbolos patrios, como la bóveda casi eterna de la sala de lectura del Museo Británico, y en los secretos mensajes que se esconden bajo la apariencia de los objetos.

Uno de esos secretos, que lejos de avergonzarla acentuaba su orgullo, era la conciencia de pertenecer a una especie de refinamiento en extinción. Su clara conciencia de clase le permitió apreciar los privilegios de su origen familiar y deslindar los términos de un feminismo que, no obstante su simpatía por las sufragistas, en la primera década del siglo, jamás confundió el alto valor de ser, como ella, "una dama" que no emulaba la tentación de uniformarse, típicamente masculina, ni la de integrarse a comités o firmar declaraciones; tampoco comprendió los padecimientos de las obreras ni pudo desarrollar la más simple proclividad a la compasión. Conoció su sitio social y jamás se apartó de él.

Sin temor a equivocarse, más de una vez aseguró que la mujer "no debe participar en ese denigrante banquete de varones, ni aceptar las migajas de poder que desde su repugnante festín le echa el hombre de vez en cuando". Pero sucumbió Virginia, como sucumbió Lisístrata en la antigua Grecia, y, refunfuñando o no, acabó firmando esto y aquello o participando en actividades políticas que, con frecuencia, ni siquiera le interesaban. A Virginia Woolf le sucedió, en este aspecto y con la relatividad que merece su prestigio, lo que en nuestros días es lugar común del compromiso menor de escritores que añaden su nombre a listados ociosos al pie de cierta inconformidad intrascendente, con la salvedad de que ella sí conceptuó con valentía sus puntos de vista en ensayos críticos y en publicaciones significadas. Su convicción de que la sociedad está hecha a la medida masculina se transformó en denuncia de cómo las inteligencias femeninas tropiezan con obstáculos interpuestos por los hombres para evitarles el reconocimiento justo y posiciones que se consideran exitosas en la academia o en los recintos reservados históricamente a la consagración del talento.

Tanto en *Tres guineas* como en *Un cuarto propio* quedaría el testimonio de su más abierta actitud crítica, de su oposición razonada al medio del cual jamás pudo sustraerse ni dejó de enorgullecerla. De ahí la originalidad de una postura aristocratizante que le permitió valorar su legado espiritual y, al mismo tiempo, protestar por el papel secundario que, en cultura tan admirable, se asignaba hasta entonces a la parte femenina, como lo reveló en el siguiente párrafo de la primera *Guinea:*

Cuando nos encontramos, hombres y mujeres hablamos con el mismo acento; utilizamos los cuchillos y los tenedores de la misma manera. Esperamos que el servicio doméstico guise la comida y lave los platos, y, sin grandes dificultades, podemos hablar de gente y de política, de la guerra y la paz, de barbarie y civilización, de todas las cuestiones... Pero estos tres puntos suspensivos representan un abismo, una separación tan profunda y abrupta entre nosotros que, durante estos años, he estado sentada en mi propio lado del abismo preguntándome si acaso puede servir para algo hablar al otro lado. Por lo tanto, más valdrá que pidamos a otra persona —se trata de Mary Kingsley— que hable por nuestra cuenta: "No sé si

Virginia Woolf

alguna vez le he dicho —me escribió Mary— que el permiso para aprender alemán y el estudio de dicho idioma representó cuanta educación de pago he recibido. En cambio, en la educación de mi hermano se gastaron 2 000 libras que todavía espero no fuera un gasto en vano".

Virginia Woolf empleó el delicado subterfugio de una supuesta carta de Mary Kingsley para describir su desventura femenina y referir la trágica costumbre de separar su circunstancia en dos mundos inconciliables, el de los hombres educados y el de las mujeres enmudecidas, costumbre que quedaría cifrada en el memorable "Fondo para Arturo" o alcancía consagrada a subsidiar el destino educativo y social de los varones. Esa mentalidad discriminadora e imperial, que su generación fue la última en padecer con semejante rigor, explica la importancia que tuvo para Inglaterra el signo masculino como transmisor del honor y del prestigio de la Corona. Inclusive a costa de la renuncia involuntaria de las hermanas, las familias se sacrificaban económicamente para formar de la mejor manera a quienes honraban el apellido y la fuerza misma del Reino Unido.

Pese a sus lamentos, Virginia Woolf no sufrió la incomprensión de sus coetáneos ni murió sin haber paladeado los regustos del reconocimiento oportuno. Innovó como escritora su rica tradición literaria. Como mujer practicó libertades sólo posibles por su desahogo económico, producto de la herencia paterna. Llevó al extremo de la transgresión ejemplar las humoradas en grupo, privativas de su educación privilegiada. Inclusive en su suicidio, sumida como estuvo en una larga depresión en la que se confundieron la sensación del sinsentido y el pavor de no poder escribir una línea más, mantuvo su elegancia distintiva. Sus libros no solamente no se han olvidado, sino que decir Virginia Woolf, en nuestros días, equivale a evocar una vertiente liberadora que ninguna escritora que busca una voz propia puede pasar por alto.

Djuna Barnes

Una de las novelistas norteamericanas más controvertidas, independientes y sensibles de la generación nacida a fines del siglo XIX, la que sucedió a la de los clásicos modernistas estadunidenses William Carlos Williams, Ezra Pound, T. S. Eliot y otros, a la caprichosa Djuna Barnes correspondió ejercer un arquetipo de mujer bella, liberada, culta, irónica, mordaz y creativa, que décadas después se consideró modelo de transgresión e inconformismo social. Agitó con su conducta licenciosa al París de los años treinta. No dejó experiencia sin probar ni anomalía sin tipificar en ese universo tan suyo, sellado por la perversidad, por situaciones límite entre mentalidades culpables y por la fascinación dramática de una época que, para los creadores y artistas más connotados, osciló entre el desbordamiento poético, el apetito de lucidez y la aventura de irrealidad de quienes, como ella, rozaron las profundidades del infierno quizá para emprender una peculiar forma de humanidad teñida de ímpetu novelesco y de la imprescindible bohemia que arrastraría el prejuicio de que el escritor, para serlo en verdad, debía descender a los recovecos del autodesprecio. El arte y la vida se encontraron, así, en la región del absurdo. Un absurdo activo, diferente al de Kafka, que se ensañó en la propia existencia, contra los convencionalismos y la conformidad.

Ilustradora temprana, Djuna Barnes se consideró autodidacta por su inusual cultura. Ejerció el periodismo en su Nueva York natal de los 21 a los 38 años de edad, hasta 1930. Después de casi tres años de residencia accidentada, se estableció en París y en Londres para sumarse a la vorágine europea de entreguerras y participar de la escena ultrafeminista y decadente que otras novelistas, como Anaïs Nin o Jane Bowles, extremaron hasta el delirio en salones de mujeres, bares de lesbianas y largas jornadas de adicción al alcohol, al sexo y las drogas. Insólita por su precocidad, su formación clásica y su resistencia física, Djuna Barnes pudo ser el mejor de sus personajes, el más descarnado habitante de *El bosque de la noche* y tan sutil en su refinamiento intelectual que, hija fidelísima de la "teología de la crisis", resulta explicable el ostracismo que practicó durante la etapa final de su vida.

De no ser por la semblanza de su traductora italiana, Ana María Becciú, poco sabríamos de lo ocurrido durante su largo retiro en una habitación del *village* neoyorquino donde, enferma, célebre y olvidada, casi ciega y sin embargo hermosa, logró un absoluto desapego de los demás y de sí misma que conservó hasta su muerte, en 1982, a los 90 años. Odió "la boca común y el veredicto de lo vulgar"; le aburrió la estupidez y descreyó de las buenas conciencias. En el ensayo *Djuna Barnes o el horror de lo sagrado,* Cristina Campo relató sus encuentros con poetas tan destacados como William Carlos Williams y T. S. Eliot, quien, al prologar *El bosque de la noche,* "una novela tan buena que sólo las sensibilidades educadas en poesía pueden apreciar por entero", en 1936 la consideró "el genio más grande de nuestros días".

Presididas en Nueva York por Mariane Moore, las reuniones en honor de Hilda Doolitle, por ejemplo, a las que acudía con frecuencia Djuna como una extensión de sus costumbres parisinas, se harían legendarias por su capacidad de convocatoria y por la fácil conservación de una atmósfera intelectual emparentada con la del Templo de la Amistad que Natalie Clifford Barney animara en la Rue Jacob en las horas en que Colette, Renée Vivian, Janet Flanner y otras celebridades enmascaradas por la Barnes en su *Almanaque de las mujeres* hablaban de temas cultos sin aflojar su pasión e intercambiaban amores convencidas de que, por su singularidad y talento creador, pertenecían a esa estirpe de mujeres demasiado sutiles para el infierno y demasiado impetuosas para aspirar al cielo.

Por las breves noticias que aparecieron en algunos de sus libros, como el *Almanaque de las mujeres,* publicado por Harper and Row en 1972, sabemos que Djuna Barnes nació en Nueva York, sobre el Hudson, el 12 de julio de 1892. Su padre, Wald Barnes, pintor, músico y poeta, inventó su nombre como un homenaje al sonido de las palabras, aunque estuviera inspirado por un personaje de *El judío errante.* De su abuela Zadel, quien a su vez mantuvo un salón literario en Grosvenor Square, Djuna heredó el espíritu de liberalidad que elevó a emblema de claustrofobia interior. Desde muy joven publicó en revistas connotadas, como *Vanity Fair* o *The Little Review.* Su primer libro conocido, *A Book,* en el que reunió relatos, poesías y dibujos, fue uno de los éxitos literarios de 1925, aunque ya en 1911, a sus escasos 20 años, Djuna mostró indicios de su agudeza introspectiva en *A Book of Repulsive Women,* también mezcla de poemas y dibujos y quizá antecedente de *Ryder,* un extraordinario monólogo novelado, lleno de humor negro, sobre las triples relaciones de un hombre con su madre, con su esposa y con su amante.

Nada se sabe de su madre, quizá porque la influencia de los Barnes abarcó lo fundamental de su temperamento. Su padre y su abuela, precisamente, se encargaron de su educación artística en el Pratt Institute y en la Arts Students League; pero en realidad fue ella misma quien templó su personalidad con la sola guía del talento, como sucede a las inteligencias singulares. Como sus coetáneos Henry Miller, Gertrude Stein, James Joyce, Man Ray, Jane Bowles o Anaïs Nin, la Barnes acometió todas las sensaciones, sin límites ni temores, y como algunos de ellos, los más radicales en la búsqueda del infierno, esta hermosa e inquieta

Djuna Barnes

mujer también viajó a Tánger en pos del misterio. No permaneció alojada en casa de los Bowles por la abundancia de ratas que pululaban en aquel ambiente de prostitución y bajeza. Paul Bowles, atrapado por su belleza, se contuvo ante ella porque, a pesar de sus propios desbordamientos, consideró demasiado extravagante el maquillaje azul, púrpura y verde con el que Djuna alucinaba a los marroquíes y peligroso el ritmo inalcanzable de su sensibilidad. Sin embargo, reconoció su genio y esa valentía introspectiva que sólo consiguen las inteligencias críticas.

El tiempo y una enorme cantidad de memorias dispersas de aquella etapa han desentrañado el infierno compartido por una generación de náufragos. Ellos, producto de la transgresión y el temor, padecieron esa pasión de la noche que cifró la mejor literatura de la Barnes. Antes de descubrir un embarazo indeseado en Tánger y de correr a París para abortar clandestinamente en un barrio bajo, concluyó su segunda novela, *El bosque de la noche* y, por sobre el entusiasmo de sus primeros lectores, ella intuyó la importancia de sus revelaciones. Con este símbolo a las puertas de la imprenta, reorganizó su propia existencia. Arrepentida por el tiempo perdido, según confesó a Eliot, reapareció a principios de los cuarenta en el legendario y decimonónico Patchim Place, un conjunto de apartamentos que antes albergaba inmigrantes vascos, para reemprender la estación neoyorquina que permanecería sellada por la obsesión epistolar de Anaïs Nin que tanto repudió Djuna, sobre todo porque Anaïs, implacable como era, utilizó su nombre para uno de los personajes más turbios de sus novelas. Sin embargo Anaïs, indiferente al odio que le profesaba la Barnes, acuñó

un elogio que perduraría para siempre: "Ve demasiado, sabe demasiado, es intolerable".

De que fueran talentosas, ni quien lo dudara. El mundo de los treinta y los cuarenta se pobló de mujeres excepcionales; el arte, como en un estallido de luz, de figuraciones poéticas y revelaciones sobre una parte del ser y de la conducta que permanecía inmencionada, la cual se enriqueció con las aportaciones de actrices, escritoras, bailarinas, pintoras, escultoras, biógrafas, amantes o disolutas, cuyas aventuras demostraron que sin verdad ni decisión de calar hasta el hueso ninguna obra capital es posible. Y en este sentido, Djuna Barnes apostó por el terrorismo espiritual y extrajo, con su genio sin par, una de las alusiones literarias más poderosas del siglo XX. Prosa poética, dijo T. S. Eliot del estilo embravecido de *El bosque de la noche:* suerte de gemido de la humanidad y recreación descarnada para hacerles más soportable su vergüenza a los itinerantes tenebrosos y menos vil la miseria de esta colección de personajes que todo supieron de la degradación y de la noche, menos del arrepentimiento y la contrición.

A la agudeza de Djuna Barnes, en unas cuantas obras de gran aliento y factura rigurosa, debemos uno de los paisajes literarios más intensos de la desgracia y la esclavitud humanas, que en temperamentos considerados "normales" suelen permanecer en el desván de la miseria escondida. No la arredraron los convencionalismos ni su inteligencia se plegó a los prejuicios de lo conveniente o provechoso. Djuna padeció y disfrutó la vida, endureció su talento, enriqueció su cultura y hasta el final conservó la brillantez de su ingenio, el sentido del horror que caracteriza a los convencidos de que es trágico el destino del hombre y la fatalidad de seres llamados a explorar confines en los hallazgos del alma.

Diversa y colmada de anécdotas transgresoras, su biografía llena una época de decadentismo e impaciencia del corazón. Su obra, en cambio, permanece a la cabeza de una caracterización literaria de residentes descarnados, esos que nacen tal vez como los demás, pero que a poco se van identificando por su trasfondo cenagoso y sin embargo sobreviven gracias a una estremecedora lucidez.

Por Djuna Barnes se confirmó, para las letras de siempre, que existe un mundo de la noche. Es la dimensión del tiempo tenebroso, donde deambulan los atribulados. Se trata de un estado espiritual apavorado que comienza en el temor, sigue a través de las dudas, transmuta en figuraciones perturbadas por un crujido seco, de esos que suelen saltar por sobre el sueño, balancean las pantorrillas y acaban fundidos a una identidad enajenada para enfrentarse con una muerte sin concesiones.

El mundo de la noche, aseguró Djuna Barnes, corresponde a voluntades modificadas por un sufrimiento atroz, anónimo, que "duerme en una Ciudad de Tinieblas". Es la pertenencia a una hermandad secreta y es, también, esa oscuridad variable, adherida a las profundidades del alma, de los que se arrojan al dolor como si fuera el único pozo de la vida, de donde extraen el sentido de la sinrazón al rendir la cuenta de sus días.

Obsceno, inhóspito, duro de escalar y estéril es el tronco de la noche. Espejo puntual del deterioro, sólo él puede reflejar la gran incógnita del desasosiego errante. Desprotegidas por la ausencia de luz, dueñas únicas de su tormenta, esas víctimas de una ronda de muerte van descendiendo entre tinieblas,

con la cara por delante, hasta beber aguas negras en el "abrevadero de los condenados". Los perturbados nocturnos de Djuna no son de los que nacen tras el postigo de la vida ni envejecen con el cobijo de sus recuerdos. Ellos sobreviven en un círculo de muerte, cuyo centro contiene el impacto decisivo, la huella dolorida. Su existencia es un constante retroceso hacia la nada. Su oscuridad está en alerta, en el rincón del alba, al acecho de un quebranto, en la orilla del ser desesperado.

Los signos de la noche ocupan calles maltrechas y vertederos recónditos. A veces se estacionan en cantinas malolientes, como les ocurriera en Tánger a los Bowles y a la propia Djuna, o transitan, impúdicamente, con las fantasías grotescas, al modo de los travestidos. Pendones del dolor, se los mira en rostros de niños que lo mismo lavan parabrisas que cabriolean en las esquinas. Hay mujeres que ostentan su índole nocturna en reflejos demoniacos que se vuelven galardones de una imposible absolución, y hay hombres atildados que procuran simular su talante atribulado. No hay edad, género o condición sin pobladores de este averno. Los hijos de la noche van por el mundo con la cabeza hundida en el crepúsculo y los sentidos esclavizados a su aflicción.

Nuestra ciudad tiene mucho de nocturna. Abunda el tormento entre nosotros, a pesar del intenso sol que nos abruma. Los atribulados arrastran su condena como uniforme familiar. Drogadictos, depresivos, borrachos, pícaros o dolientes domiciliarios: de todo se encuentra en esta región-existencia de la tiniebla.

Djuna Barnes, en breve descripción de lo que llamara *El bosque de la noche,* legó las claves del lenguaje de la muerte. Sus pasajes nos remontan a un infierno que pudo ser nombrado desde horas ancestrales, el del miedo horizontal, el miedo insoportable, "porque sólo en sentido perpendicular puede enfrentarse con su destino el ser humano". Víctima de la tiniebla que recubre su espíritu, ningún sosiego le está dado a esta especie de durmiente atormentado, al residente de una noche inacabable.

Desde muy joven, Djuna participó en los vaivenes subversivos de la bohemia internacional y de ahí extrajo los elementos macabros que ponderó Kenneth Rexroth, el gran poeta norteamericano y traductor de clásicos griegos y chinos, al observarla como "arquetipo de la mujer liberada". Su prestigio como escritora se consolidó con las semblanzas apesadumbradas de *El bosque de la noche* y la fuerza poética de su expresión desbordada. Pasados los 40 años, Djuna se convirtió en leyenda: aparece en los temas, cartas, diarios y novelas de Anaïs Nin, en los diarios de Henry Miller y en las evocaciones de Paul Bowles. La Nin, inclusive, confesó que nada deseaba más que escribir una novela poética como la de Djuna Barnes, o páginas al modo de Giraudoux.

Algunos escritores norteamericanos, en los años cuarenta, exploraron analogías sinfónicas en las prosas para armonizar en una sola expresión el canto y la lectura. Pretendían, como Djuna o Anaïs, que la cuartilla emulara el ritmo melódico de una partitura, para que las letras hicieran del arte de la palabra un arte musical y metafórico sellado por la armonía sonora. Djuna Barnes y Anaïs Nin fueron amigas durante una época. Además del talento, compartieron semejanzas literarias: las dos inquirieron la metáfora del alma perturbada; ambas fueron rebeldes, inconformes y ávidas de construir un mundo interior resistente a las acometidas

devastadoras que ingenuamente hicieron creer a Jean Paul Sartre que el infierno era el otro, cuando en verdad el infierno crecía con la propia tiniebla. Así lo supieron estas representantes de una especie en extinción, a cuyos nombres podríamos sumar los de Virginia Woolf, Alma Mahler, Zelda Fitzgerald, Misia Zert, Gertrude Stein, Vita Sackville-West o a la propia Jane Bowles, la más decadente de todas.

Djuna, con su estilo, obcecó a Henry Miller, autor de los *Trópicos* y creador de *Primavera negra,* entonces amante de Anaïs, quien a su vez mantenía complicadas relaciones con su psicoanalista Allendy, con su marido Hugo Guiller, con el idílico Antonin Artaud y, secreto entre secretos, también con el compositor catalán Joaquín Nin, su propio padre, de donde provino *Incesto,* confesión que permaneció inédita durante 50 años y que se dio a conocer en 1995. La Barnes influyó, asimismo, en Nathanael West y en Nelson Algren al crear la atmósfera del horror existencial y la pesadilla que crece en el siglo del apogeo capitalista. Entre Djuna Barnes y Anaïs Nin podría señalarse más de una coincidencia. Vidas paralelas, estuvieron orientadas por el empeño emancipador y regidas por una voluntad liberadora. No es casual que ambas adquirieran el "pozo personal" de los residentes de la noche, entre afanes desesperados pero, a diferencia de su rival, Anaïs sucumbió a la tentación de la vorágine y mucho de sí misma fue extremado por los efectos de aquel incesto que la llevó a decir públicamente: "soy neurótica, pervertida, destructiva, ardiente y peligrosa".

Más que el nuestro, su tiempo, hasta el medio siglo, dio la espalda a la inteligencia femenina; pero se impusieron sus obras por el vigor de sus metáforas y la fuerza de su estilo, no obstante la ola de repudio que ensombreció sus biografías. Djuna expresó el signo de entreguerras: melancolía y conciencia frente a la muerte; Anaïs, el descenso del alma. Las feministas de los sesenta, ávidas de pendones y guías, exaltaron a Anaïs e ignoraron a Djuna, aunque el universo de la Barnes acabaría por imponerse por sí mismo en esta década finisecular, en la que concurren lo mejor y lo peor de la historia.

La aflicción de Matthew O'Connor, eje en *El bosque de la noche,* salta por sobre las líneas. Casi se toca su ridícula peluca de mujer. Casi lo miramos, aquí, a nuestro lado, enfundado en su camisón con mugre entramada con encajes, reinando su caos impío. Y allí, en cada sucesor de la tiniebla, perdura Matthew O'Connor, afligido aún, con su olor a cuerpo vencido por la fuerza del absurdo. Nora y él representan los extremos de la pasión que pernocta.

Ambos podrían encabezar un almanaque de atribulados. Si Robin es peregrina de una pasión confusa, Nora expresa la intensidad sacudida por la evidencia del vacío. El afán de posesión, forma divagada del deseo de ser a través del otro, es lo único permanente y firme en la naturaleza de quienes se han olvidado de la propia cara, a cambio de viajar hacia el día, después de explorar el oráculo nocturno.

La vida, a veces, se parece a la literatura. La de Djuna Barnes es como la de sus caracteres más logrados. Suyos fueron el ánimo viajero, la tormenta y una pasión insaciable por inquirir el lenguaje de la noche. Murió sumida en el silencio, con la lucidez distintiva de los ciegos y sin importarle absolutamente el agitado caudal que removió al crear la gran metáfora de nuestro siglo atribulado.

Isadora Duncan

UNO de los primeros mitos de la mujer contemporánea, Isadora Duncan, llevó al extremo del caos su clamor de que la vida carece de límites. Hija del mejor final del siglo XIX y del más perturbado principio del XX, absorbió del romanticismo un destino dramático y de su generación femenina la avidez, casi desesperada, que la condujo a una sucesión de rupturas tan radicales que ella misma se alejó de la síntesis armoniosa que pudiera librarla de la violencia interior.

Mujer de contrastes, Isadora es sinónimo de pasión, de búsqueda exacerbada. Fue precoz, insaciable y consecuente con su certeza de que sin libertad el cuerpo y la razón permanecen ceñidos a cánones que paralizan la conciencia o estancan el crecimiento interior. Ansiaba la fama, la consiguió y no le bastó. A los 21 años de edad abandonó los Estados Unidos en busca del reconocimiento que no tardó en cosechar. La Duncan, hija de una inteligente maestra de música de tendencias anarquizantes, conoció la pobreza extrema y los sacrificios de una familia sin padre que crece bajo la sombra promisoria del sueño americano, al menos en lo que respecta a la fantasía de la autorrealización que vence los peores obstáculos. Sus estaciones en pos del éxito cumplen hasta en pormenores los triunfos esperados por su intrepidez y los anticipos de un desenlace trágico, pero congruente con las altas temperaturas que templaron su espíritu.

Creyó en la belleza perfecta e hizo de Grecia el templo de un clasicismo tan renovador, que es casi imposible referirse a la danza moderna sin mencionar su nombre. Lejos de salvarse por el camino del arte, la atenazó su demonio y arrastró al escenario las huellas de su ímpetu autodestructivo, como si se empeñara en confirmar que su memoria era de fuego, de la misma manera que sus sensaciones la vinculaban al mar, mientras que manos y pies la mantenían con firmeza en la tierra, para afianzar el oleaje en el que inquirió el misterio de la creación.

Se deleitaba evocando los elementos, pregonando virtudes de una desnudez escénica que ahora se practica con naturalidad. En el uso de ropas ligeras y el desafío a las ataduras sociales encontró el sentido de la levedad que, casi siete décadas después, Milan Kundera desarrollaría en su personal alfabeto de símbolos literarios. Sostuvo la libre expresión de un equilibrio dancístico que sólo obedecía mandatos, cuyo centro o motor descubrió en el plexo solar. Abominó de la rigidez del ballet, pero absorbió sus normas para abatirlo desde que, en su California natal, desairaran sus primeras interpretaciones originales. Influida poderosamente por sus lecturas, construyó un proyecto de vida casi idílico, demasiado artificioso para adaptarse a su realidad y apegado a las grandes empresas que en ocasiones discurren seres dotados con un talento equiparable a su vitalidad de excepción. Son los hombres y mujeres condenados a sufrir faltantes imaginarios, cuando ignoran sus propios límites y se entregan con mayor pasión a sus apetitos que al cultivo disciplinado de su creatividad. Y el mundo occidental de la primera mitad del siglo que le tocó en suerte fue especialmente proclive a engendrar mentalidades desapacibles, obstinadas en jugar papeles estratégicos en el ámbito de la creatividad y con frecuencia tramados del doble temor a la muerte y al anonimato.

Ella misma se encargó de acentuar en su autobiografía la guía de sus primeros años y los escollos que nutrieron el desajuste que marcaría a la norteamericana que deseaba comerse el mundo a grandes trozos y a la precoz artista que supo romper las costumbres al atentar contra el gusto del público para fundar un estilo cuya expresión, paradójicamente, demandaba una cabal libertad que ella simbolizaba con los movimientos acuáticos de su cuerpo, mientras su madre la acompañaba al piano. Su inclinación al escándalo, no obstante,

castigaba más que ayudar el curso de sus propósitos, porque más de una vez privaba el exhibicionismo sobre su alarde revolucionario por los giros de ese temperamento suyo, que no siempre le permitían concluir lo emprendido ni conservar la fidelidad a la que llamó su mayor pasión. Parece que su natural atormentado buscaba los peores hombres para enamorarse hasta la locura y luego sufrir desgastes atroces, que fueron reduciendo su cuerpo y su espíritu a reflejo puntual de un declive ensombrecido por el alcohol y la pérdida de escrúpulos. Acabó sin asidero, de espaldas a sí misma, particularmente después de la muerte trágica de sus dos pequeños hijos.

No sólo hizo a un lado las composiciones tradicionales, sino que también descreyó de la formación escolar y, según las lecciones maternas que atendió como guía del destino, hasta el final repitió las frases que hacia los cinco años de edad abolieron de su conciencia la natural tentación del sentimentalismo de las clases medias: "No hay Reyes Magos; no hay Dios; no hay nada más que tu propio espíritu para ayudarte". Y un gran espíritu fue lo que ponderó como condición única de lucha contra la adversidad, ya que no conoció otra cosa que privaciones inteligentemente compensadas con el alimento espiritual que aquella profesora que impartía lecciones a domicilio nunca se cansó de prodigar.

Más de una vez escribió que su verdadera educación se realizaba por las noches, cuando su madre interpretaba para ella y sus hermanos obras de Beethoven, Schumann, Schubert, Mozart o Chopin o leía en voz alta pasajes de Shakespeare, Shelley, Keats o Burns, autores que, lejos de abandonar, nutrieron su repertorio hasta hacerse imprescindibles en sus coreografías. Que eran "horas encantadas", decía con nostalgia, e Isadora misma conservó la costumbre familiar de recitar poesías de memoria para probar que la educación verdadera, cuando entra por el oído y es capaz de sumarse a una forma de ser, sustituye a las aulas con tal vigor, que nada de lo aprendido en el sistema escolar consigue satisfacer la curiosidad de las almas sensibles, porque los sistemas comunes anulan la dinámica del despertar, reprimen emociones e imaginación y estrechan la mente para entrenar, en vez de liberar, el potencial de la mente infantil.

Isadora sintió devoción por cuanto le representaba su madre irlandesa. Agradecida por la atípica infancia que le permitió consagrarse a lo bello, se definió a sí misma como una talentosa criatura que desde la cuna acarreó el desprecio por los falsos valores de una sociedad hecha para domesticar a sus miembros, apartándolos de la originalidad y de la crítica del pensamiento creador. Toda ella claroscuro, a sus iluminaciones súbitas seguían las tinieblas de una inteligencia abatida por impulsos opuestos. Amada y aborrecida, deslumbraba en sus aciertos e intimidaba por sus desplantes y ni el filtro de las décadas ha conseguido deslindar a la mujer de la artista, porque de esa personalidad múltiple estuvo hecha su materia ígnea.

No es de extrañar, en personalidad tan proclive a imponer sus cánones, que para probar su convicción de que cualquier música era bailable y posible de proyectarse teatralmente, se atreviera con Wagner, Beethoven, Brahms y hasta con el célebre coro de niños griegos, que la harían danzar en Londres, Viena, Munich o Berlín temas tan inusitados como *Las suplicantes, El Danubio azul* o adaptaciones de los antiguos himnos helenos, musicalizadas en Alemania por un profesor bizantino de la Iglesia ortodoxa.

En plena madurez, con el doble peso de la fama y de sus fracasos amorosos, abatida por la desgana y la frustración, desatendió los ruegos de su agente que en vano trataba de hacerla desistir de sus viajes para que regresara a los escenarios europeos, donde, según los periódicos, otras intérpretes copiaban sus cortinas azules, la simpleza de sus escenarios, sus trajes y sus coreografías, que eran recibidos con gran éxito y aclamados como originales. Desde luego le importaba mantener su liderazgo artístico; pero era más fuerte su impulso cuando tenía que elegir entre su vena idílica y una rutina de contratos prestablecidos. Un rostro, un nombre afamado, la promesa de una velada intelectual compartida con prelados del arte o del pensamiento causaban en ella el efecto de un filtro mágico. Dejaba todo con tal de encontrarse cara a cara con el símbolo o de participar en el intercambio de voces que animaban la imaginación europea. Lo único importante, decía por haber recibido la visita mítica de Cósima, era trasladarse cuanto antes a Bayreuth para absorber la música de Wagner. Lo fundamental era beber hasta el último aliento del legado del genio, sus óperas, sus personajes legendarios, las palabras de su viuda monumental y el rumor de poesía que sólo se respiraba en un ambiente consagrado a la música. Así era Isadora Duncan: un torbellino sin más guía que su empuje arbitrario.

Al margen de la nutrida evocación familiar, que determina el carácter de la artista, este primer encuentro de dos mujeres singulares es eje en su autobiografía. Que nunca había conocido a ninguna otra que la impresionara tan vivamente, y que por sus ojos brillantes y su nariz prominente destacaba en ella una frente radiante de inteligencia. Desbordada inclusive para calificar a quienes recién conocía, su facilidad para impresionarse con destellos de razón quizá la llevó a exagerar en Cósima un supuesto dominio de lo que consideró "los más profundos sistemas filosóficos". Más de una vez se refirió al influjo de sus críticas vanguardistas, heredadas en parte de Richard Wagner, y en especial a su férrea oposición a las escuelas de ballet en boga. Inclusive abominó de los vestuarios en uso y del abigarramiento en los escenarios. Esta primera entrevista con la que además fuera hija predilecta de Franz Lizt, decisiva si las hubo, reanimó en Isadora su viejo sueño de instituir una escuela de danza para llevar a Bayreuth el grupo de ninfas, faunos, sátiros y gracias con los que el propio músico acaso soñara para completar una misma universalidad musical. A partir de que en Cósima reconoció la señal de un nuevo entusiasmo, nada deseó más que representar *Tannhauser* con un sentido de la belleza que creyó compartir con los movimientos suaves, voluptuosos y amables que imaginó característicos de las *Tres gracias* de Wagner.

Así que, como si fuera lo fundamental de su destino, viajó una soleada tarde de mayo hasta el sagrario de Bayreuth. Se hospedó en varias habitaciones del hotel Águila Negra, e instaló allí su piano para completar sus ensayos de *Tannhauser* y elaborar estudios coreográficos de *El anillo de los nibelungos* y *Parsifal* para posibles representaciones que, como reiterara en numerosas páginas descriptivas, la "tenían sumida en un estado de embriaguez estética".

Bogar sin dinero de Nueva York a Inglaterra en un barco que transportaba ganado, con su madre y dos de sus tres hermanos, para probar fortuna en Londres en estaciones de miseria y exaltación, la hacía sentirse suma de personaje de Dickens y heroína de una cruzada estética que distraía sus peores momentos alimentando en los parques, museos y bibliotecas británicos la fogosidad creciente de su espíritu. Isadora Duncan tuvo uno de esos temples que nunca dejan de fantasear lo extraordinarios que son por sí mismos los encuentros con intelectuales, políticos o aristócratas. Esa parte social del arte quizá predominó sobre la verdadera soledad del creador, porque al evocarla con rasgos que podrían lindar en la neurastenia, descargó en sus páginas tal entusiasmo que resultaría incompleta cualquier semblanza sin la importancia que asignó a la tertulia como nutriente imprescindible de su espíritu.

De Londres a Moscú y de París a Berlín, Budapest o Viena, sus itinerarios dibujan un mapa o geografía de notables hasta los años veinte de nuestro siglo, los más vertiginosos no solamente por la psicología de la posguerra, que de hecho cierra el pensamiento del siglo XIX, sino por su complementario estallido de personalidades voluptuosas, de cuya disipación habrían de surgir las claves de una modernidad basada en la idea de que, consumada la primera transgresión, todo está permitido.

Isadora reconoció que las angustias, las penas y las desilusiones incontables del amor modificaron su arte. En el colmo de la sobreposición mítica, durante sus horas más críticas inclusive discurrió una coreografía con el tema de Ifigenia y su adiós a la vida en el altar de la muerte para representar sus estados de desamor.

Isadora Duncan

En Cósima, por ejemplo, acentuó la herencia viva de Richard Wagner con la intensidad con la que, años después, exaltaría la personalidad de Eleonora Duse. En su villa Wahnfried de Bayreuth la situó sobre la tumba del héroe como una estatua viviente, en el centro de la intelectualidad alemana. Recibía con regularidad a artistas, músicos y a la aristocracia que venía desde cualquier punto, con la religiosidad de los creyentes en las reliquias, lo que colmaba su fantasía del saber y el *glamour* acentuado al calor de charlas privilegiadas. Isadora misma cultivó tal costumbre, también en torno de críticos y poetas, hombres de mundo y mujeres destacadas por su sofisticación, su fortuna o su popularidad, aunque jamás pudo sostener esa función de animadora de la cultura porque careció de una residencia fija.

El filón de frivolidad que la animó a trasladarse a los sitios preferidos por la aristocracia se manifestó aun en su orgullo por haber inventado en Abbazia, de camino a Munich, un traje de baño inspirado en una túnica azul celeste de gasa china, profundamente escotado, con pequeñas aplicaciones en la espalda y faldón hasta las rodillas, similar a la túnica de sus preferencias griegas. Por sobre el escándalo que causara al mostrar brazos y piernas, su modelo no tardó en imitarse en las playas de moda, pues las señoras se bañaban cubiertas severamente de negro, con trapos hasta los tobillos, medias negras y zapatos de nadar también negros.

Isadora no resistía nada inferior al estado de adoración. Por eso, no asombra que al redactar las primeras páginas de *Mi vida,* con casi 50 años mal vividos, obesa, desgastada por el dolor, el exceso de alcohol, la ruina moral y el descuido artístico, escribiera en el tono provocativo de los años veinte que le gustaría incluir una fotografía suya para que los lectores le hicieran saber qué opinaban de su belleza perfecta.

"El genio es el rigor en la desesperación." Esta brillante definición de Jean Genet retrata a la mejor Isadora, que gastaba sus noches perfeccionando sus movimientos y sus días absorbiendo todo lo que deseaba saber del conocimiento y la vida. Imbuida de furor juvenil, desde su primera mañana en Londres estudiaba el arte de la antigua Grecia en el Museo Británico, mientras su hermano Raimundo trazaba bocetos de escenas heroicas que después ella aprovecharía para coreografías inspiradas en la graciosa soltura de ninfas descalzas sobre la yerba, que la hicieron saltar de los salones palaciegos al gran público de los teatros más prestigiados y, cuando en la cima donde se congregaban el desamor y su infatigable pasión, en el templo de ladrillos rojos situado en la colina de Bayreuth para representar, en un paroxismo de síntesis simbólica, los cuadros de *Primavera,* con la rubia Segelinda reposando en los brazos de su hermano Segismundo, mientras se elevaba en aquel paisaje brumoso y wagneriano del corazón de Europa el canto glorioso de un coro que repetía: Amor, baila; baila, Amor...

Creó a su propio personaje y lo explotó hasta agotarlo. Era la dulce doncella helena que bajo los pliegues de su túnica alojaba una transgresora implacable; era la más delicada artista que apenas rozaba el piso al caminar sobre sandalias que motivaron más de un estrépito periodístico, a propósito de sus extravagancias, quizá exageradas; era a su pesar una típica norteamericana que, desde la conciencia de su país improvisado, quiso beberse hasta el último aliento de la cultura europea; era, también a su pesar, una californiana inclinada a la impostura, que carecía de control sobre sus emociones; pero inclinada a todo con tal de impresionar a intelectuales y artistas, para emprender a su costa los más intensos episodios entre la poesía y la danza, la música y la pintura o la escultura y el baile. Era una bella irlandesa, mágica y seductora, que soñaba en la eternidad como otros fantaseaban pequeños delirios. Y era, por sobre todo lo demás, ella misma: un talento al rojo que estuvo dispuesta a sufrir las equivalencias emocionales de su insaciable furor.

En su California natal probó los primeros deleites liberadores mientras paseaba descalza a la orilla del mar. Años después, al emprender sus primeros triunfos, cuando Carlos Hallé era director de la New Gallery en Londres, donde exponían los pintores modernos, bailaría casi desnuda alrededor de la fuente en el patiecillo central, rodeada de palmeras mediterráneas y plantas exóticas, para un selecto grupo que le arrendaría el reconocimiento anhelado de la minoría. Era el Londres que concluía la primera década del siglo XX, con el sopor victoriano que haría lamentarse a Virginia Woolf en *Tres guineas* por la situación femenina, y a las sufragistas bravías tomar las calles o llenar las cárceles en nombre de una lucha por la igualdad que, a partir del derecho al voto, abarcaría el siglo con demandas sin resolver en casi todas las sociedades del mundo. Era aquél un mundo teñido de violencia, represión y voluntad de ruptura, cuna de las escritoras —niñas aún o jóvenes encarreradas en atrevimientos distintivos de décadas consideradas gloriosas— que se encargarían de dejar en la letra impresa algo más que relatos señaladamente autobiográficos, además de novelas, cuentos y crónicas perturbadores. Era aquélla la geografía espiritual de Colette, Vita Sackville-West,

Gertrude Stein, Alma Mahler, de la propia Virginia Woolf. Simiente inspiradora de la excesiva Jane Bowles, que en el legendario Tánger, escenografía ideal para los tránsitos paganos hasta pasado el medio siglo, donde tantos escritores encontraron el misterio exacto para enmarcar sus agonías homosexuales, suicidas y desmesuradas, atinó con la temperatura demandada por su infierno. Ese Tánger recóndito, donde vino a descender la última Bowles, avasallada en un bar de lesbianas por Cherifa, la marroquí analfabeta, vendedora de grano en el bazar, que la drogaba para explotarla económicamente por la vía de la dependencia sexual hasta provocarle un coma que le causó la muerte, en 1957, por ingerir *majoum* en exceso. Eran, pues, las décadas culturales de la ruptura y la desesperación, que fijaron en los años veinte la referencia fatal de su fiebre devoradora de todas las prohibiciones.

No menos intensa, aunque en ella privaba su ímpetu fundador, la vida de Isadora Duncan no puede entenderse sin la animación cultural que campeaba entre la locura y la genialidad de sus mejores hombres y mujeres. Nacida en 1878 en la ciudad de San Francisco, sería difícil determinar si revolucionó la danza por su inconformidad o si su rebeldía enraizada en su formación familiar fue deslindado un estilo que, en esencia, consistió de rupturas, de oposición al rigor paralizante, de contrapunto entre proyecciones heroicas y legendarias, típicamente griegas, y la necesidad de barrerlo todo y barrerlo bien, como diría Albert Camus en su nueva versión del hombre moderno.

Prisionera de sí misma en el centro de un conflicto sin resolver, para Isadora Duncan la verdad osciló entre dos absolutos: el Amor y el Arte. Uno y otro se estrecharon como vasos comunicantes en correspondencias cada vez más voluptuosas, cada vez más complejas y enfrentadas en el escenario como en campo de batalla. Transformó su intimidad en móvil de una pasión creadora que la devastaba en las fases del desamor o le provocaba estallidos ocasionales de exaltación, cuando daba por sublimes los que en realidad eran accidentes de una incalculable violencia por su imposibilidad de cultivar la vida en pareja. Desde los días de sus representaciones privadas en Londres, se aferró a la certeza de que bailaba para seducir y seducía porque bailaba. No conoció fisuras entre la voluntad de trascender como artista y la de inmortalizarse por sus regustos vitales. Por eso sus crisis fueron devastadoras, porque careció de la autodefensa indispensable para preservarse con una pasión cuando la otra se desbordaba. Por eso, también, sus extremos la encumbraron a costa del dolor de una inevitable autodestrucción.

Al creer en la inmortalidad personal demostró ser tan ingenua como incapaz de distinguir entre vanidad y talento. Se enamoraba de hombres a los que dotaba de atributos sobrenaturales y después, cuando la violencia serpenteaba por entre vericuetos de su realidad indeseada, acudía a la señal del destino para justificar su naturaleza salvaje y el foco de energía vital y cinética de su cuerpo, del que surgió su idea de bailar sobre la base de unos 500 ejercicios dancísticos que a poco reunió, en pleno embarazo, para enseñarlos en la escuela de niñas, que en su ausencia dirigía en Alemania su hermana Isabel. De ahí que sus mayores descensos provinieran de la elección del amante y que sus peores abandonos artísticos coincidieran con la disipación y sus excesos de frivolidad, típicos de la época. Escandalosos de principio a fin, sus amoríos

se integraban a las noticias públicas al ritmo cambiante de sus representaciones escénicas. Se trataba de desafiar los tabúes en todos los frentes, de transgredir y escandalizar, quizá con el prejuicio de que una vida desordenada es más propensa a fomentar la popularidad del artista porque contribuye a publicitar sus aciertos.

Gordon Craig, actor inglés, productor, director y crítico de teatro que apreciaba su arte como nadie, fue el padre de su infortunada Deirdre, la pequeñita que dos veces soñó Isadora, durante las primeras semanas de gravidez, caminando con sus rizos dorados de la mano de su abuela, la actriz Ellen Terry, quien como en un anticipo de la fatalidad que recaería en la criatura le decía: "Isadora, amor mío. Amor... Amor..."

Uno de los genios más extraordinarios de la época consideraba a Craig de la misma especie metafísica de Shelley: seres de fuego y luz, en estado de exaltación de la mañana a la noche, que pasan del furor colérico al más vivo entusiasmo sin ninguna emoción intermedia. De ahí la voluptuosa relación que comenzó en Berlín una noche primaveral de 1905, cuando al estar bailando divisó entre el público a ese joven, a quien desde entonces asoció con un ángel de William Blake, y llamó su alma gemela, hijo del arte y de la más grande artista, su amor perfecto, hasta que la angustia previa al alumbramiento la hizo sumirse en una depresión de la que no se repuso sino meses después cuando, de regreso a Berlín, tras su estancia en Holanda, nombraron Deirdre, "la amada de Irlanda", a la pequeña y ella recobrara la elasticidad de su cuerpo transformado.

Unidos por el rechazo a los convencionalismos, Isadora y Gordon Craig compartieron un mismo repudio al símbolo del matrimonio. El celo profesional, sin embargo, se infiltraba entre ellos con los anticipos de una tormenta que coronaba con alegatos inconciliables sobre las exigencias de la obra de cada quien y sus invariables discusiones sobre la genialidad teórica de él, siempre preocupado por los espacios de la disciplina perdida a causa de ella, y la expresión del ser viviente en la escena, que Isadora identificaba en la danza para enmarcar la perfecta belleza que pregonaba como condición de armonía libertaria.

Insalvable como era la relación, confesó Isadora que su destino era inspirar un gran amor a ese genio, aunque les fuera imposible adaptarse a las exigencias distintas de sus carreras. De ahí que, tras unas cuantas semanas de amor salvaje y apasionado, emprendieron una feroz batalla entre el talento disciplinado de Gordon y el arrebato de esta artista que, en la cúspide del éxito, se daba el lujo de dirigir con Isabel una escuela en Grünewald para cultivar la ruptura patrocinada por la más conservadora representación femenina de la burguesía alemana.

Así era Isadora, contradictoria y temeraria hasta el fin, desafiante al grado de alquilar la Sala Filarmónica de Berlín para dictar una conferencia sobre la danza como arte de liberación y, como de paso, defender el derecho de la mujer a amar libremente y tener los hijos que y como quisiera, sin el yugo del matrimonio ni las obligaciones mortificantes que en aquellos días enarbolaban las feministas en una Europa dividida entre el temor a los cambios y la corriente de una estupidez moral que derivaría en pocos años en la ferocidad del fascismo.

Eran los meses de su identificación intelectual con Eleanora Duse y de las tentativas de conciliar su maternidad con las exigencias teatrales de Craig para montar, en Florencia, *Rosmersholm,* de Ibsen, con la caprichosa actriz italiana que no solamente no hablaba una palabra de inglés, sino que dependía de la intervención de Isadora para mediar los conflictos interpretativos sobre la obra y el escenario que Craig vigilaba con el mismo autoritarismo con el que la actriz se empeñaba en imponer sus normas. Eran también los meses en que, tras la exitosa representación de la obra, descubriría sus arcas vacías y la imperiosa necesidad de bailar en Holanda, tras sufrir una larga y penosa neuritis que concluyó en otra batalla con Craig que, tras una más de sus habituales depresiones, la arrojaría temporalmente a los brazos de Pim, un joven coleccionista de maletas, de quien se hizo acompañar subrepticiamente para bailar en varias ciudades rusas, sin la carga emocional que le provocaban las viejas discusiones sobre sus respectivas exigencias artísticas.

Que con Pim era despreocupada y dichosa, recordó en *Mi vida,* y gracias a su fácil frivolidad sus danzas se aligeraron con renovada vitalidad. De esta experiencia, que Isadora calificó distintivas de "el placer del momento", surgió una de sus coreografías más famosas, "Momento musical", que por los aplausos del público tenía que repetir hasta seis veces cada noche y con la que coronó el *solo* en el escenario.

La pequeña escuela de Grünewald, mientras tanto, significaba la otra orilla inalcanzable de su sueño creador; un sueño incosteable a pesar de su desesperado afán de conseguir fondos en Rusia, Inglaterra o en la propia Alemania; un sueño que la obligó a regresar a América, el gran error de su vida porque, a ocho años de haber salido de allá y con el éxito que la consagraba en Europa, vino a descubrir algo más que indiferencia entre el público de Nueva York.

Salvo la acogida de unos cuantos poetas y escultores agrupados en Greenwich Village, Isadora Duncan no tuvo más que desaliento en su patria. Apenas acudieron un puñado de espectadores a presenciar una mal tocada *Ifigenia* de Gluck o la peor interpretada *Séptima sinfonía* de Beethoven, en un Broadway que no acababa de entender si Isadora era una pésima actriz que se movía de manera extraña al ritmo de música sinfónica o si se trataba de una mutante exhibicionista entre el ballet y la actuación experimental. Sea cual fuere la confusión, el resultado fue un apabullante fracaso. Los críticos reconocidos la ignoraron y los demás, unos cuantos que asistieron por rutina, la maltrataron en sus escritos. Carlos Frohman, director influyente y su contratista, jamás llegó a entender que su arte no era una representación teatral ordinaria. La programó en un caluroso agosto, con una orquesta pequeña e insuficiente, como una más de las atracciones de Broadway. Al corroborar que ni en ciudades pequeñas recobraría su inversión, dio por concluido el contrato y le recomendó volver a los escenarios de Europa. "Las cabezas de América —dijo Frohman como en una oración— están todavía por debajo del arte. Aquí la creatividad sigue otra lógica. Nunca la aceptarán." Finalizaba 1908 y, lejos de rendirse, Isadora se aferró al recurso de las representaciones privadas para no abandonar Nueva York sin el reconocimiento de sus mejores hombres.

El principio del fin, de acuerdo con la lógica de la turbulencia, tuvo en Isadora Duncan el sello de la pasión insaciable. De suites hoteleras a villas de millonarios transportaba baúles, doncellas e hija de tren en tren, de yates a restaurantes de lujo o de tertulias nocturnas a discusiones diurnas, siempre corriendo de un teatro a otro y de un desencanto amoroso al falso consuelo de brazos furtivos, que le servían de acicate para aventurarse en atrevimientos cada vez más cercanos al llamado de la tragedia.

Que el amor destruyó en ocasiones al arte, insistió, y el arte interpuso sus condiciones cortantes al curso de sus relaciones prometedoras. De su tormentoso amasiato con Paris Singer, el prominente mecenas y heredero de una fortuna por la invaluable invención familiar de la máquina de coser, obtuvo Isadora la puerta de entrada al mundo del dinero y de los caprichos cumplidos; pero también la experiencia del odio teñido de celos con fascinación amorosa y el nacimiento de su hijo Patrick, quien en 1913 murió a los cuatro años de edad con su hermana Deirdre, más la institutriz y el chofer, cuando el coche en el que viajaban cayó al Sena en un pavoroso accidente que estremeció a la ciudad de París.

Isadora Duncan jamás se recuperó. Atravesada por la congoja, vivió su tragedia a saltos de inestabilidad y búsquedas desesperadas, que salpicaban su esperanza en refundar una escuela de niñas para afianzar la permanencia de su arte dancístico. El episodio remató con arrebatos violentos con Paris Singer por dinero o resentimientos, que se complicaban con el furor de la pérdida o explosiones desesperadas que, teñidas con la sangrienta crueldad de la primera Guerra Mundial, le despertaron una necesidad febril de moverse y cambiar, quizá para no mirar el trasfondo del dolor que la carcomía.

Para ella, la guerra significó el mayor itinerario

de su carrera. Recorrió Hispanoamérica, otra vez Alemania, Francia y pueblos pequeños o grandes en todas las lenguas, sin que en ninguno obtuviera éxitos similares a los del pasado inmediato. No obstante su madurez, su universo se le deshacía entre las manos. Lo mejor de su carrera parecía atenazado por los episodios dolientes de su maternidad y, por sobre alegatos artísticos alrededor de la danza, eligió el camino de escandalizar con alardes revolucionarios en favor del marxismo y de la naciente sociedad soviética.

A partir de los funerales de sus pequeños, la vida se convirtió en un remolino hasta que, en 1920, vislumbró la posibilidad de crear una escuela de danza en Moscú subsidiada por el Estado. Más romántica que realista, supuso que el comunismo significaba ruptura con todos los convencionalismos burgueses y que el proletariado en el mando levantaría un templo en su honor, agradecido por su existencia.

La dureza de un régimen dictatorial inclinado a la persecución no tardaría en mostrarle los rigores de una verdad social que, para imponerse, antepuso el prejuicio de abolir libertades en el pensamiento y el arte. No sólo no realizó su ambición, sino que en el corazón de Moscú, precisamente, vino a encontrarse con el hombre que consumaría su desdicha y, con ella, el fin definitivo de la esperanza.

Sergey Aleksandrovich Yesenin, poeta reputado durante la transición al ascenso comunista, nunca pudo adaptarse a los nuevos tiempos. De acentuada religiosidad y profundamente arraigado a su modesto origen labriego, su mundo quedó relegado a las metáforas de una Rusia boscosa que agonizaba bajo el peso de la "cortina de hierro" y su creciente desarrollo industrial, que abatía hasta la última astilla de la rosada utopía que expresara en su libro *Otra tierra,* con la nostalgia de los refugios extintos. Como otros jóvenes de su generación, Yesenin se acogió al exhibicionismo que aún se permitía en breves dosis en los cafés literarios, con la vana intención de alimentar sus metáforas de los tiempos en vilo. Alcohólico temprano, su desmesura teñida de desorden sentimental y de un inocultable deseo de notoriedad ofreció a la Duncan el complemento perfecto de la disipación y del oportunismo. Además de una lista de notables, incluido D'Annunzio, ella arrastraba en su torrencial biografía la puerta de entrada a una Europa en libertad que Yesenin prefiguró como boleto hacia su propia realización.

Hija del Sol la llamó una adivina en Armenia, que nació para alegrar a los hombres y consagrar la belleza. Recibió presagios que anticiparon sus penas y, en los momentos difíciles, practicó la telepatía. Los augurios que en forma de sueños o de señales materializadas con símbolos trágicos no evitaron ningún desenlace anunciado. "No busques de nuevo la dicha" —le indicó Eleanora Duse— "Llevas en la frente el signo de los predestinados al infortunio. Confórmate con lo que tienes y sobrelleva tu pena con orden sereno. Lo que ocurrió a tus pequeños es mero anticipo de algo peor que vendrá... Nunca hay que tentar al Destino".

Isadora desoyó la advertencia de la célebre actriz y nunca se lamentó suficientemente. La Duse murió mientras arreglaba una excursión por América que le daría fondos suficientes para poner en escena su obra maestra. Sobrevivieron sus depresiones, los viajes a Sudamérica y, finalmente, la nefasta experiencia soviética que, en 1922, la determinaría a casarse con Yesenin, 17 años más joven que ella, para librarlo del yugo del comunismo y llevarlo consigo a los Estados Unidos. Claudicar al que parecía inviolable rechazo a la institución del matrimonio sería el principio de una larga cadena de errores, ya que no pudo ser más inoportuna la decisión de regresar a su patria. Reinaba en la mentalidad norteamericana el temor más cerrado a la "amenaza roja", que al punto recayó en la pareja con la acusación que los condenaba como agentes bolcheviques.

Tenaz y libertaria, Isadora persistió en su misión de proteger al joven y cada vez más degradado poeta. Un hilo de su locura, no precisamente poética, se había infiltrado en sus actuaciones y aun al bailar discurría algún desatino que irritaba a los críticos o la enemistaba con el público que sólo esperaba de ella el cumplimiento de un espectáculo. Intempestivamente, a espaldas del empresario y sus músicos, la Duncan interrumpió uno de sus conciertos para presentar a Yesenin al mundo americano en el Symphony Hall, de Boston. La respuesta no se hizo esperar: llovieron los gritos y las protestas del auditorio y después arrojaron objetos que la obligaron a salir huyendo del escenario y de los Estados Unidos tan imbuida de resentimiento y en medio de insultos a los que ella respondía con más violencia, que al embarcarse dijo, en voz de los reporteros: "Adiós para siempre, América. Nunca te volveré a ver".

Lo demás sería el rayo, una tormenta cada vez más oscura que la desajustó para siempre.

Abatido, Yesenin regresó a su patria en 1924 para rehacerse, pero era tarde para rectificar. Al alcohol se sumaron los efectos de un terrible sentimiento de culpa, una imparable adicción a la cocaína, otro matrimonio fallido con una nieta de Tolstoi y la crisis nerviosa que, tras una prolongada e infructuosa hospitalización, lo orilló a ahorcarse en 1925 en un hotel de Leningrado, después de haber escrito sus últimos versos con su propia sangre.

Isadora no tuvo mejor suerte. Refundida en Niza, en la Costa Azul, se redujo a una figura patética. Perdió vanidad y escrúpulos hasta límites inimaginables. Lloraba a solas y en compañía. Visitaba los bares, trasnochaba y se embriagaba hasta la inconsciencia. Gorda, desasistida, gastó su capital y se endeudó sin remedio. Su inteligencia excepcional, sin embargo, la hizo vivir a plenitud hasta los pormenores de su infierno. En Niza escribió sus dos libros. En Niza paladeó sus mejores recuerdos y en Niza, también, encontró la muerte.

La noche del 14 de septiembre de 1927, cuando conducía su automóvil deportivo por la carretera costera en estado de ebriedad, la punta de una larga mascada que adornaba su cuello se atoró en una de las ruedas y se ahorcó de un solo tirón.

Su muerte trágica consumó su leyenda. Entonces comenzó a resurgir la diosa en los templos que invocaban su nombre con la súbita proliferación de la danza moderna que ella fundó, en escenarios desnudos, como sus brazos y piernas, sin más adornos que su célebre cortina azul y su túnica, para enmarcar la belleza perfecta que la apasionó en vida.

María Izquierdo

Así como hay épocas de cosechar talentos, también existen regiones que prodigan artistas. Jalisco es uno de esos focos que, en México, se distingue por la abundancia de nombres que en las voces y en los pinceles transmiten la esencia del barro, el furor de sus llanos y el sabor de sus tierras ocres, blancas, rojas y verdes que se han paladeado en lienzos que huelen al caliche de cerros pelones o al apetitoso guayabo que enriquece las mesas de las familias en los jacales.

El Jalisco que tocó en suerte a María Cenobia Izquierdo es un mundo de sombras enmudecidas, de mujeres enlutadas y del hombre de fuego que despunta hacia el universo. Es un silencio que muerde hasta el hueso y transmuta en metáforas que deslumbran. Es el dolor de viudas tempranas, la fiesta circense o la hondura de una religiosidad que, de los Altos al Litoral, se ha tendido como un alfabeto de hogueras y muerte, perfecta reliquia consagrada a la vida que ha perdurado en algunas mujeres tras la costumbre de venerar a sus vírgenes peregrinas de Zapopan a San Juan de los Lagos y de Ocotlán a San Gabriel, en un torneo de festejos paganos, que comienza al revestirlas anualmente con lujosos atuendos, en un espectáculo cada vez más barroco, cada vez más popular y apegado al goce del sacrificio representado en el altar de Dolores, para sellar la tristeza con figuraciones de vivos colores.

Y de los Altos precisamente, donde su gente más brava se habla de tú con la caballada, provino el pincel de una María Izquierdo de ojos negrísimos y sangre tan india, que bastaba mirarla para leer en su piel la reciedumbre del mejor mestizaje, el de una región que también enseñó a las mujeres a sonreír o llorar con la frescura del alfarero, legítimo portador de las historias pintadas por los remotos toltecas.

Desde su nacimiento en San Juan de los Lagos, en 1902, y hasta su muerte, en 1955, su vida fue accidentada. A cargo de sus abuelos hasta los cinco años de edad, dos episodios marcaron sus líneas temáticas. Primero fue arrollada por una manada de caballos salvajes en la feria de San Juan y, aunque ilesa, conservó con el trauma una mezcla de fascinación y pavor por la figura equina. En otra ocasión se perdió en un circo ambulante y, de no rescatarla a tiempo su abuelo, habría desaparecido con ellos. A esta experiencia atribuyó María el nomadismo que la llevó a decir que a falta de viajes cambiaba continuamente de casa desde el día en que su madre la llevó a vivir a Saltillo, en 1915, donde la desposaron antes de cumplir los 15 años con un coronel, Cándido Posadas, que en pleno carrancismo le mostró los rigores del norte y el tedio de los matrimonios comunes.

Al cumplir los 21 se trasladaron a la ciudad de México y poco después, con tres hijos y un divorcio reciente, que en sociedad tan cerrada acentuaban su extravagancia por amar la pintura, pretender estudiar en San Carlos y vivir en una independencia cuando menos contraria al prejuicio que ha marginado a las mexicanas de la más sostenida expresión del pensamiento y el arte, la determinaron a no obedecer más dictado que su conciencia ni ceder a las vejaciones que, como algunos del grupo Contemporáneos, le espetaban con ironías de doble sentido, tales como: "Nació en Jalisco y fue criada en México".

Gracias a la cordialidad que mantuvo con Cándido Posadas no sufrió penurias económicas, al menos al divorciarse. Asidua de cabaretuchos y del "ambiente de la fregada", definido por Alí Chumacero al evocar la popularidad del Leda en la colonia de los Doctores, María participó de una bohemia que, desde entonces y hasta los años cincuenta, estrechó la cultura de avanzada con el bajo mundo de pelados, ficheras, toreros, coristas y homosexuales, para causar en las noches el prodigio del olvido de las distancias sociales. Tiempo de nostalgia, de cafés vespertinos y temperaturas que

espejeaban el ritmo cambiante del bolero diurno al danzón nocturno, se respiraba un aliento expansivo y divergente de la estrechez ideológica del país que lentamente se industrializaba, en pleno estallido urbano.

De entonces provino la moda de inspirarse en el folklore y lo popular. Los artistas pintaban obras que vendían a los ricos y los ricos se enorgullecían de los pobres pintados que adornaban sus muros domiciliarios. Con esta costumbre todos satisfacían su espejismo, a costa de una miseria que dejó de incomodar desde que los artistas descubrieron en ella el espíritu mexicano y la perfecta solución para cobrar grandes sumas de dinero sin traicionar sus inclinaciones izquierdizantes.

Discípula del selecto taller de Gedovius, allí emprendió una amistad vitalicia con el museógrafo Fernando Gamboa, quien habría de convertirse en el mayor promotor de la pintura mexicana. Éste ponderó la cordialidad de María, su provincianismo espontáneo y su visión candorosa del México menospreciado hasta entonces.

De Jalisco también y amiga suya, al igual que su esposo Manuel, pero con los matices del criollismo complementario de lo naif o expresión de la voz profunda, síntesis de la memoria y de la infancia pueblerina, en estampas tan voluptuosas como los bodegones de María Izquierdo, Lola Álvarez Bravo fue la fotógrafa de la otra orilla de este país cactáceo, que recrearon a partir de un puñado de símbolos que, pese a las deformaciones urbanas, instituyeron el emblema de la escuela mexicana de pintura. De ahí que, de Diego Rivera a Frida Kahlo, de José Clemente Orozco y el Doctor Atl a Rufino Tamayo, de Roberto Montenegro a Ángel Zárraga, Guerrero Galván y Rodríguez Lozano o de

María Izquierdo

María Izquierdo a Lola Álvarez Bravo, la plástica cursara un mismo rumbo hacia la identidad, que no tardó en expandirse a las letras y la arquitectura. Es la hebra que anuda el pasado nahua con la perturbación del levantamiento armado. Es el estallido que cifra y libera un rostro enmascarado de siglos. Es la coincidencia de tiempos y búsquedas para sosegar un ímpetu de modernidad teñido de alardes comunistas y es, también, el despertar de la serpiente emplumada al emprender el diálogo con otras culturas en el más vertiginoso capítulo de la creatividad mexicana.

Recibió cierta influencia de la Academia de San Carlos cuando, en abril de 1928, Diego Rivera fuera nombrado director, y Rufino Tamayo encargado del taller de pintura. A sus 26 años de entonces, María acometió el misterio de su espontaneidad tiñendo de rojo pescados o frutos y Adanes y Evas paradisiacos que, en pleno alarde nacionalista, abarcarían la época de pasión por lo autóctono que incorporaba a los políticos a las preocupaciones artísticas y a los artistas a la organización política del poder que, no obstante sus desvaríos ideológicos y sus actitudes intolerantes, sentaría las bases del complejo presidencialismo que, desde su fundación por Lázaro Cárdenas, en 1935, hasta su declive finisecular, resguardaría el ascenso económico de la minoría, con una paz social desconocida hasta entonces.

Fue intensa y fructífera su cercanía con Rufino Tamayo. Trabajaron juntos en un céntrico estudio y en la obra de ambos perduró una afinidad técnica y temática que trascendió la relación amorosa. A su lado, María no sólo precisó su individualidad, también incorporó texturas, dibujos sencillos, objetos utilitarios y colores hasta entonces confinados en el universo primitivo. De la vena popular, ponderada por sus críticos más avezados, María compartió con Frida Kahlo la modalidad de vestirse a la tehuana o con atuendos autóctonos que ellas exageraban con abundancia de listones trenzados en los cabellos y aliños de un barroquismo personalizado, que ha perdurado en las décadas como señal de vanguardia o atisbo de identidad.

A diferencia de las europeas de su tiempo e inclusive de Frida Kahlo, María no respiró en el México de la primera mitad del siglo ninguno de los fenómenos transgresores del feminismo ni del furor reformista de la posguerra; sí participó, en cambio, de las inclinaciones marxistas de los intelectuales en boga. Vivía lo suyo con placidez, sin exagerados sobresaltos biográficos ni tentaciones protagónicas, que caracterizaban a Diego Rivera o al grupo Contemporáneos. Disfrutaba viajar con amigos por la República, comer moles oaxaqueños en los mercados, bailar en el Salón México e imbuirse de lo típico hasta en pormenores, mejor si sus hallazgos provenían de pulquerías o festividades profanas de aquel espíritu, cuyas aventuras indigenistas completaron la acreditación de la arqueología.

País dominado por la política institucional y la afirmación psicológica de la revuelta armada, unos buscaban el orden y otros el liderazgo en un ámbito de notoriedad que campeaba entre el poder y las artes, durante décadas que los más intrépidos supieron aprovechar para reinventar, con el potencial del retablo y la alacena, un carácter que deseaban telúrico para enmarcar el renacimiento del pueblo historiado por sus pinturas.

Humorismo, nostalgia poética, vegetaciones floridas y ligereza en la pincelada: en la obra de

María Izquierdo comenzó a reconocerse la fuerza que, con violencia opresiva, se ocultaba en la visión femenina que supo extraer de su pueblo una de nuestras mejores artistas.

Para numerosas generaciones, María Izquierdo fue sólo un nombre entre los grandes de la pintura mexicana. Nada sabíamos del volcán de colores ni del fuego circense que animaba a sus seres de barro. Después de 30 años de muerta y con una retrospectiva incompleta, reapareció su obra a finales de los ochenta para sacudir, con el solitario gesto de una mujer magnífica, la abulia de un tiempo sin asombros.

Su lenguaje surgió de lo simple y cotidiano; sus figuras, regordetas y torpes, reproducen el orden divagado de una arraigada sobrevivencia semirrural de la que han brotado cuenteros, repentistas y pintores líricos, cuya improvisación, más que graciosa, participa del México que tardaría en aceptarse por propios y extraños. No obstante ser la primera mexicana en exponer en los Estados Unidos, en 1930, llamó más la atención, tanto en el Art Center de Nueva York como en el Metropolitan Museum of Art, por sus atuendos que por el estilo de su pintura.

El padecimiento cardiaco que le causaría la muerte, la apartaba periódicamente del caballete, pero no de las funciones políticas. Vendía poco y mal al principio, cuando para mantener a sus hijos impartía clases o se contrataba en empleos subalternos, sin que por eso desatendiera la jefatura de la Sección de Artes Plásticas de la Liga de Escritores y Artistas Revolucionarios (LEAR), que era el escenario de la discusión marxista, pero, sobre todo, el foro donde se dieron a conocer los intelectuales que apoyaban el cardenismo.

La lista de organizaciones en las que figuró confirma que a la mayoría de mexicanas pensantes no bastaba la satisfacción creativa. Acaso contagiadas del movimiento europeo, participaron de la tribuna con la religiosidad que entonces se trasladó de los templos a las batallas dogmáticas, con idéntica intransigencia. A pesar de la discriminación sexual y de arrastrar en los hechos las consecuencias del machismo, arraigado con mayor potencia en los extremos de la izquierda y la derecha, María Izquierdo empeñó gran energía en esas luchas por la justicia, las cuales jamás le arrendaron ningún beneficio, mientras que a sus colegas del Comité de Ayuda a Rusia o del Primer Congreso Internacional de Artistas y Escritores Antifascistas, por ejemplo, sirvieron de indudable plataforma para afianzar su notoriedad, lo que demuestra que, en México, ni el proselitismo justiciero, generalmente apoyado en el quehacer femenino, ha derivado en otra cosa que no sea en la conveniencia personal de algunas figuras.

La llegada de Antonin Artaud al país, en 1936, significó para aquella generación un salto al reconocimiento. Sus juicios en torno de la inspiración indiana, el alma nacional y el renacimiento de la raíz remota de Mesoamérica fueron decisivos en la autovaloración de una cultura forjada en el menosprecio. Era el ojo extranjero, la voz que aliviaba el hondo sentimiento de inferioridad que poco después examinaría Samuel Ramos en una obra de apertura al entendimiento de limitaciones que, a la fecha, caracterizan a nuestra cultura.

Hacia 1938 pintaba a Juan Soriano, Elías Nandino, Isabela Corona, Tamara Schee o Rafael Solana, además de naturalezas muertas, mientras aceptaba favores de un chileno, Raúl Uribe Castillo, a quien sus colegas calificaron de pésimo pintor y pigmalión de pacotilla porque, devoto de su talento, sacó a María de una vecindad para llevarla a una residencia de la colonia Roma, con *limousine* a la puerta. Le organizó recepciones y el escenario adecuado con el cuerpo diplomático para vender su pintura; finalmente la desposó y compartió la mejor época de su vida artística. No obstante ser criticada por relacionarse con este falso agregado cultural de la embajada de Chile, que llegó a México con la vana intención de aprender muralismo, con él despuntó comercialmente la obra de María y confirmó su estética, al grado de que aun sus detractores reconocieron en Tamayo y Uribe sus verdaderas influencias.

Equilibrista entre la comicidad y la tragedia, María Izquierdo no se sustrajo al surrealismo que, por momentos, encontró magníficos representantes naturales en los pueblos del México más apartado. El escritor Jorge Cuesta fue de los primeros en señalar su búsqueda del cono o del cilindro, emprendida por Cézanne, que acentuaba la naturaleza de las cosas, y sus acuarelas al aguazo, óleos al dibujo, xilografías y aguafuertes revelan un estilo de composiciones concentradas en el totemismo atávico de su raza.

El circo es uno de los reductos modernos del destino trágico. Su gesto festivo parece distraer la desdicha de seres condenados a permanecer en una lobreguez sólo contrarrestada por el color de los aliños de malabaristas y payasos, enanos y domadores, cabrioleros y gimnastas, quienes comparten una misma dualidad entre lo real y el espectáculo en ese ruedo de risas habituadas a balancearse sobre el abismo. Allí se juega con el fuego, la vida pende de un alambre o de la punta de los pies y se aprende a dialogar con fieras sometidas por el látigo a cambio de un bocado.

Máscara del sueño, el circo se ha situado entre las supuestas figuraciones infantiles que María remontaba con fidelidad provinciana al altar de Dolores. Al advertir en sus temas la inmensa soledad de seres en constante movimiento se piensa en la huida que el sedentarismo inventa frente a la vaguedad de la esperanza, cuando la torpeza se encubre con el detalle simbólico que, en su caso, se colma de lunas, soles o esferas para iluminar el paisaje florido como telón de fondo.

Seguramente María pasaba horas mirándose al espejo: inquiría su mestizaje adusto, repasaba con la punta de sus dedos su quijada medio prognata, trenzaba y destrenzaba sus cabellos, para después tejerlos con listones rojos, azules o amarillos. Así pintaba, como si delineara la distancia de un silencio secular. Variaba el fondo, el traje, una ilusión de vastedad orgánica o su ficción de pesadilla; nunca su mirada. Tampoco se olvidaba del olor a anafre y a nixtamal de madrugada, de animales y palos como dispersos en el campo, del jacal de adobe o del altar domiciliario, en composiciones familiarizadas con la desproporción del barro y la simpleza de los dibujos más primitivos.

Lo sagrado no se reduce a la significación del espacio o los objetos. Por María sabemos que el mexicano consagra también los recuerdos y que los altares reproducen el orden del color ancestral. Color y abundancia que se aprietan con la pena. Los de Dolores son altares del culto a una dualidad de vida y muerte que prevalece en el alma mexicana. Vida aquí y en otro mundo, el de la fe que se alimenta con retoños y semillas; mundo de esperanza redentora y de reconquista de lo que se ha ido para siempre. El contraste de la muerte se sugiere en el dolor irreversible de la Virgen. En su llanto cabe la certeza del fin definitivo, el miedo a morir que nos distingue.

Las pinturas de María recrean una infancia hecha de voces, de paisajes que lindan con lo insólito y de figuras matriarcales que envuelven, con sus carnes y sus prendas vastas, un tiempo que se antoja eterno, entre llanos y montañas jaliscienses. Es la magia en contrastes de abundancia y soledad, objetos y recuerdos que se mezclan en la paradójica armonía de los opuestos, y sirenas regordetas que aparecen y desaparecen como parpadeos de la vigilia.

Pinturas ingenuas, dicen, que rescatan el mito y las quimeras; pero, más que todo, señalan una poderosa habilidad para trazar signos con una visión redentora de la vida. El arte de María Izquierdo armoniza una identidad que siempre aparece dividida por las cosas mexicanas, en las oposiciones del paisaje y en el gesto cultural de nuestro pueblo. Ella tuvo un punto fijo, su mirada, como eje y raíz

de su mundo solitario y desde él diversificó las máscaras que encubren un país de barro.

Tras una exitosa década de viajes y exposiciones, María sufre una grave hemiplejía, en febrero de 1948, que la sume en un estado de parálisis y semiconsciencia durante más de ocho meses. Abundaron las notas periodísticas y los actos de apoyo hasta coronar en la subasta organizada por sus colegas para reunir los fondos necesarios para su sobrevivencia. A las sucesivas embolias siguieron las crisis morales y la psicosis de tragedia artística que, a pesar de su voluntad inusual, la llenaron de amargura. Sus últimos años fueron dolorosos, de sinsabores y de una decepción tan profunda que públicamente afirmó que carecía de sentido pintar, pues sus éxitos sólo le habían causado frustraciones y envidias. Su enfermedad le impidió acudir al homenaje nacional que las autoridades realizaron para ella en el Palacio de Bellas Artes. El 2 de diciembre de 1955 murió de embolia a los 53 años de edad y al día siguiente, seguida de un numeroso cortejo, fue sepultada en el panteón Jardín de la ciudad de México.

Simone de Beauvoir

En el mes de abril de 1978, al filmar *Simone de Beauvoir por ella misma,* la escritora francesa insistió a uno de sus dialogantes, Claude Lanzmann, que deseaba ser conocida entre quienes jamás la hubieran leído y que un vanidoso deseo de veracidad la incitaba a crear un testimonio perdurable de su naturaleza poco apacible, mezcla de angustia y gusto por la vida, que si bien determinó su situación en la corriente existencialista de la posguerra, también encendió su afán de notoriedad al extremar el argumento de la libertad en sus juegos amorosos.

Atacada por la tentación de la palabra, abusaba de ella en detrimento de sus ideas y a su pesar caminaba con la sombra de Jean Paul Sartre, aun cuando abominaba de él o alardeaba de alcances trascendentales en su emancipación literaria. "El mayor logro de mi vida es Sartre", dijo al reconocer que por él había descubierto que no estaría sola frente al porvenir, aunque en más de una ocasión, a lo largo de las décadas, su vínculo seudomatrimonial se antojara una obra ensayada para el público y no el producto armonioso, con todas sus consecuencias, de una convicción compartida con que los dos avalaban su idea de pareja que perdura en el tiempo, no obstante sus accidentes circunstanciales y por sobre esas pequeñeces en las que se dejan caer menosprecios machistas tan ofensivos como el que profiriera Sartre, creyendo que la elogiaba: "Lo maravilloso de Simone —declaró— es que tiene la inteligencia de un hombre y la sensibilidad de una mujer". Y es que así era el *Castor,* como la llamaba el filósofo, aunque aun en nuestros días los hombres no se acostumbren al raciocinio femenino ni haya quien no repita el prejuicio de que, ante una poderosa capacidad de discernimiento, seguramente se oculta cierta virtud viril que por cierto tampoco es frecuente en la generalidad masculina porque la razón educada, a fin de cuentas, es atributo de la individualidad, sin distingo de sexo.

Simone, desde pequeña, estuvo dotada de una inteligencia a toda velocidad a la que no preocupaban demasiado la contradicción ni las definiciones explicativas, sino el caudal de deslumbramientos "al pensar contra sí misma" que prodigaba como parte de su reflexión sobre el papel del intelectual para agitar la conciencia de los otros. Por eso cedió en lo menor y se interesó en lo fundamental, ya que, al elegir la sinceridad total en su experiencia amorosa, probó con su compañero que el matrimonio era una institución burguesa obscena, dañina para hombres y mujeres. Sólo el respeto fincado en el reconocimiento del otro salva lo perdurable de dos que se juntan sin casarse ni vivir unidos. Y así permanecieron uno al lado del otro desde sus días estudiantiles hasta la muerte de Jean Paul, el martes 15 de abril de 1979.

En su conmovedora despedida, *La ceremonia del adiós,* Simone de Beauvoir se retiró para siempre de la literatura en 1981 con estas palabras dirigidas al amado:

> He aquí el primero de mis libros —sin duda el único— que usted no habrá leído antes de ser impreso. Le está completamente consagrado, pero no le atañe.
>
> Cuando éramos jóvenes y al término de una discusión apasionada uno de los dos triunfaba con brillantez, le decía al otro: "¡Lo tengo en la cajita!" Usted está ahora en la cajita; no saldrá de ella y no me reuniré con usted: aunque me entierren a su lado, de sus cenizas a mis restos no habrá ningún pasadizo.

Ciertamente, no se tendió ningún pasadizo entre los restos de ambos; sin embargo, la memoria logró lo que la materia y la muerte impidieron: permanecer unidos en el balance inquietante de una época que reveló la vida como inadmisible contingencia.

Sartre consideró al intelectual como "un técnico del saber práctico" que, según interpretaciones de Simone, "desgarraba la contradicción entre la universalidad del saber y el particularismo de la clase dominante cuyo producto era". De ahí que, convencida ella misma de que el nuevo intelectual no podía ni debía sustraerse del sentido popular del pensamiento, cifrara su concepto de universalidad en la toma de posición de lo que una y otra vez contemplaba bajo el criterio de su postura "comprometida".

Por la vastedad de sus miras, Simone creó un universo que no han conseguido superar otras escritoras contemporáneas: viajó, enseñó, discutió, escribió, participó en las actividades políticas más connotadas de la izquierda y mantuvo un ojo siempre en alerta frente a los cambios. Miembro del Congreso del Movimiento de la Paz, viajó a Helsinki, y de su multicitada visita a la China de Mao extrajo su novela *Los mandarines,* galardonada con el Premio Goncourt, en 1954. No obstante su éxito al novelar sus ideas, prefirió la fidelidad al ensayo porque ahí se encontraba en libertad para conciliar a la memorista con la denunciante implacable que no despreciaba la imaginación para avivar su búsqueda de la verdad, siempre indivisa del sentido de sinceridad que reconoció como guía de conducta. Además, la obsesionaban las imágenes del destino, la ambigüedad y la ética humanista, que desarrollaba a sus anchas desde su postura existencialista.

La dosis de artificio con que exageraba su protagonismo en aquella cultura francesa que oscilaba entre las fronteras de la intransigencia ideológica, el idealismo redentor y la literatura de compromiso le resultaría contraproducente tanto en sus alegatos feministas posteriores al notable y original ensayo en dos tomos, *El segundo sexo,* como en la consolidación de una imagen personal menos novelesca frente a las generaciones prorrevolucionarias que consagraban en la pareja Sartre-Beauvoir el primer logro intelectual compartido de los tiempos modernos.

Su problema era la tentación del exceso, nunca la cortedad; de ahí que, en décadas atribuladas por veredictos sentenciosos, proliferación de dictaduras y sistemas autoritarios que abarcaban inclusive las tareas del pensamiento, Simone de Beauvoir encontrará una correspondencia social adecuada a su urgencia por cambiarlo todo y cambiarlo bien, en especial tratándose de su hallazgo teórico sobre la servidumbre femenina, cuyo brote liberador coincidía como nunca con los destellos revolucionarios que anticipaban un cambio esperanzador en el mundo.

El ámbito académico e intelectual del medio siglo vivía en alerta a los juicios de estos protagonistas de un existencialismo que, de acuerdo con las presiones izquierdizantes, se inclinaba con avidez al lenguaje de lo que bien se definiría, como los títulos arrasadores de Simone, *La fuerza de las cosas* (1963) o *Para una moral de la ambigüedad* (1947). Prefirió ubicarse del lado del acierto que, en la confusión empeorada por la posguerra mundial, lo representaba el antifascismo, que pronto se mudaría en comunismo, de una parte, y de otra en antimperialismo, prejuiciosamente asignado a la expansión territorial capitalista por los más férreos seguidores de una Unión Soviética tan cerrada que era imposible atribuirle el cúmulo de atrocidades que, al término de la Guerra Fría, la descubrieron como un modelo de fracaso persecutorio y de atroces secuelas económicas y sociales.

Como nunca antes lo hiciera escritora alguna en el mundo, Simone echó a la grupa de la filosofía sus embates políticos y, a caballo de su ateísmo, confirmado desde los 14 años de edad, una pasión creadora que la acompañó hasta su muerte. Emprendió con bríos inusuales un radicalismo demoledor de lo inaceptable; pero, después de 23 libros publicados, de abordar temas como la vejez y la muerte desde perspectivas tan dolorosas como la aceptación del deterioro físico y las luchas personales contra el propio pasado, y tras incontables batallas contestatarias para crear, modestamente, el desorden que acaso reordenaría algunas vidas o los sistemas sociales, confesó su desaliento ante la derrota.

> Todo lo que hay es una inmensa desesperación que se expresa a través de ciertas formas de terrorismo. Quizá no es el momento de construir [...] No veo una esperanza positiva ni un porvenir radiante [...] aun despés de la derrota del capitalismo, estaremos todavía lejos de destruir las actitudes patriarcales,

agregó con tristeza a sus 76 años de edad, cuando a iniciativa del gobierno de François Mitterrand, en 1984, presidió una comisión oficial para incrementar las expresiones culturales de la mujer, de las que se volvió símbolo y precursora del siglo XXI.

Escribir y vivir fue, para Simone, una y la misma cosa. Escribir ensayos, novelas y memorias para vivir, y vivir para escribir en cualquier lugar, de cualquier manera, pero a condición de poner más de ella misma y de su experiencia, como oportunamente le recomendara Sartre, que de las cosas que suponía importantes por el hecho de ocupar la atención política de sus contemporáneos.

La invitada fue su primera obra novelada de gran aliento, aunque decía preocuparle la exactitud del pensamiento. Muy joven aún, desde los 15 años, tuvo cosas que decir; pero reconoció en sus primicias páginas imitativas de sus lecturas adolescentes.

Hizo de su desesperación absoluta, como escribiera citando a Lagneau en *Memorias de una joven formal* (1958), su único sostén, al menos de manera literaria, para rellenar la ausencia de Dios y el sentido de su vida. Celosa del lenguaje de la soledad, le aterraba el aislamiento. Para combatirlo enarboló un feminismo profundamente intelectual sobre las bases de su necesidad de bastarse a sí misma. Maestra de mujeres, advirtió con agudeza las desigualdades de clase y los abismos que separaban los papeles masculino y femenino en las sociedades ricas y pobres, tercermundistas y avanzadas.

Nació en París, el 9 de enero de 1908, en una familia católica y sensible al valor de la cultura. Seguramente en su infancia escuchó noticias de las sufragistas inglesas y, como todos los de su generación, también creció marcada por las guerras. Especuló sin pudor, batalló con las palabras, alardeó, se lamentó por la atroz realidad femenina y jamás sucumbió frente a la tentación de la indolencia o del miedo a envejecer, que tan agudamente desentrañó en *La vejez,* obra maestra que desenmascara la cruel marginación del anciano que gasta sus años sorteando amenazas de soledad y miseria. "La desdicha de los ancianos —aseguró— es un signo de fracaso de la civilización contemporánea." Y no se equivocó: la propia Simone de Beauvoir prefirió ocultarse desde la desaparición del compañero hasta su propia muerte, el 14 de abril de 1986, a los 78 años.

Marguerite Yourcenar

Su ORFANDAD temprana la enseñó a comprender, como cantara Job, que la vida es corta, pero llena de tormentos hasta la saciedad. Creyó, sin embargo, en la intensidad y durante 84 años de inquirir el misterio de su linaje y reconstruir literariamente la casa de la memoria, Marguerite Yourcenar cultivó dos pasiones, escribir y viajar, que su padre supo encender con lecturas y situaciones extravagantes en una infancia tan privilegiada y contraria al curso rutinario de los días, que con ella nutrió tres obras maestras del arte intermedio entre la biografía y la novela histórica: *Archivos del norte, Recordatorios* y *¿Qué?, La eternidad,* en cuyas páginas cobraron vida las sombras que, a saltos de hipocresía de una clase de "ateos exigentes que esperan ver un santo en cada eclesiástico", laicos en nada, eruditos burgueses y mujeres obstinadas en pervivir entre la ficción y la realidad, convirtieron a Michel de Crayencour en un personaje moderno, diverso e inteligente, quien, además de proveerla de un universo poblado de héroes y campeones de la individualidad, prodigó la simiente idílica de un talento aferrado a la belleza como virtud.

Gracias a estas cronologías familiares, enriquecidas por el influjo épico de los griegos, el humanismo latino y la reflexión sobre la intolerancia que recayó de Campanella a Giordano Bruno, Marguerite persiguió el trasfondo imperial de la Roma de los primeros siglos de nuestra era. Reconstruidos en boca de un Adriano cuya sensibilidad lo situó más allá de la historia al pensar su circunstancia, los componentes sutiles de su declive y la mezcla de mando, pasión y religiosidad probaron, en uno de los estilos más depurados y bellos, el alcance de la sanción poética de su entrañable Kavafis: "Ahí donde has destruido tu vida, la has destruido para todo el universo..."

Sabia intérprete del poder, partió de la idea de que uno es el hombre en la oscilación de sus pasiones y uno el existir que nos repite y permanece. Tal nuestro atavismo y la hendidura para vislumbrar el sello trágico del destino. Tal la raíz del ser en su lucha apasionada y causa, para todos los tiempos, del afán liberador de las grandes voluntades.

Aunó el rigor del ensayista al lenguaje del creador de ficciones. Atendió la superficie, pero se inconformó ante la apariencia. Comparó testimonios, cruzó datos e infirió deseos, un sueño fundador y la secreta fuerza que antecede a los sucesos hasta probar que la historia es resultado de la era y del instante; espiral que arrastra al yo en una circunstancia que acaso obedece, en su razón primera, al impulso de una emoción recóndita.

Por eso es válido afirmar que Shakespeare es su antecesor literario, porque ambos coincidieron en que el poder político, aunque jale a un reino entero, se vincula a la razón individual.

Son actuales las figuras de Adriano o de Zenón; las meditaciones de Hamlet o los extremos críticos de Enrique VIII: entre la codicia y el mando se erige un defensor de la ley, siempre hay alguien que comanda una esperanza, el desafío de un nuevo orden. Ronda la imagen de la justicia en el círculo del dominio y la responsabilidad profesional del gobernante que reina y goza en una época de desastres públicos, como lo escribió en *A beneficio de inventario.*

El acierto de la Yourcenar, como el de Shakespeare, consistió en haber sustraído de hechos políticos un talante que salta por sobre la historia para elevarlo a cifra universal, más allá de las épocas. Es la conciencia del poder, su lucha denodada por alcanzarlo, la nostalgia de dejarlo y, a veces, la muerte al no recuperarlo.

La Yourcenar reserva el insospechado hallazgo del dolor; Shakespeare, en cambio, la complejidad de la intriga. Trashumante, él vivió entre comediantes; luego, esperó la muerte retirado en su pequeña aldea. Nómada la mitad de su vida, Yourcenar eligió la quietud de una isla solitaria para crear, y ambos se afamaron por su repudio a los convencionalismos.

Nacida Marguerite de Crayencour, en la Bruselas aún cerrada de 1903, la Yourcenar nunca ignoró su naturaleza distinta ni se lamentó por la carga de símbolos en su dibujo interior. Con ellos creó los contornos de su situación en el mundo y por ellos vino a saber que no somos más que una gota de agua en el río continuo de la existencia. Más filósofa que novelista, las construcciones secretas de "sus pequeñas historias", como gustaba llamar a las agudas alusiones de su espíritu, remontan al ser en el tiempo en busca del hombre. Y al hombre es al que descubre sólo en la conciencia de ser útil a los demás y desde la perspectiva universal de un budismo reelaborado con lecturas clásicas y dos o tres claves que, en sus leves disquisiciones sexuales, le esclarecieron una suerte de mitología de la hostilidad que, como en el caso de Alexis, le sirvieron para entender las deformaciones intelectuales o morales que suelen cursar la vida.

Asida al impulso primordial de lo sagrado, comprendió que todo es perecedero y más que inútil la vanidad, por lo que hay que trabajar hasta el fin, conscientes de que la aceptación racional de la muerte conduce tanto a la esperanza como a la desesperación; es éste el verdadero laberinto del mundo, donde la única aventura digna de ser vivida es la del alma que participa del todo con la modestia de la pequeña cuchara de palo que nos hace pensar en el artesano que la moldeó, el árbol de origen y la naturaleza que la engendró.

Convencida de la fugacidad del presente, mezcló el pasado a cada momento no porque creyera en él, sino para contemplar mejor la naturaleza y apreciar los escasos instantes en que se siente algo más grande que la presión del tiempo. Por esta avidez de integridad elaboró una obra autobiográfica sin precedentes a partir del Flandes del duque de Alba, en una de sus orillas, y del imperio de Adriano en otra; más allá, con la Grecia remota y la voz de la Alejandría de Kavafis, uno de sus contemporáneos amados, así como con el arco que vinculó al Japón legendario con la visión de Mishima o el salto de civilización de la hechicería adivinatoria a la alquimia renacentista, como si deseara abarcar el sentido taoísta de totalidad, sin desatender pormenores del furor persecutorio que recayó en su prodigioso Zenón ni los episodios cambiantes que por la historia avalaban su simpatía por la compasión.

Marguerite Yourcenar fue, por la rica diversidad de sus temas y su vigor espiritualista, una de las últimas representantes del humanismo. Poeta, novelista, cuentista, ensayista y traductora, la suya fue una vida consagrada a las letras, sin reparar en los prejuicios sobre la pertenencia a una lengua, a una nación o a una cultura. De padre francés y madre belga, viajó por casi todo el mundo y fijó su residencia final en Maine, al norte de los Estados Unidos, en 1939.

Su curiosidad se concentró en la idea del hombre, el trascendente y el oscuro hombre que permanece en la dinámica del mundo. Por sobre sus obras magistrales, ya consideradas clásicas, habrá de rescatar su deseo de equilibrio universal sólo posible si el individuo y la sociedad perfeccionan la moral y el sentimiento compasivo por los demás.

Apoyada en la certeza de que no somos más que peregrinos en un universo que pasa, Marguerite Yourcenar fue plegándose a la sabiduría "parecida a un agua límpida, unas veces clara, otras oscura, bajo la cual se descubre el trasfondo de las cosas", al grado de fundirse, con su obra, en una religiosidad de culto a la naturaleza. Ese trasfondo suyo se vislumbra en sus aproximaciones a la idea de libertad, siempre asida a la ruta interior.

A través del poder, Marguerite Yourcenar rozó el enigma teológico y el furor de los dogmas que han deslizado a los hombres hacia la muerte de lo absoluto a cambio de formas o modelos de contradicción irresoluble, por sus dotes sobrenaturales y sus contrapartes de ingenua omnipotencia. Es muy clara al precisar que sólo el hombre de Occidente ha pretendido hacer de su dios una fortaleza, y de sus figuraciones sobre la inmortalidad, una defensa contra el tiempo. Más aún, Dios, el dios español que se trasluce en las escenas flamencas, oscila entre la más extrema violencia persecutoria contra el individuo y las etnias —en nombre de la unidad del Estado— y el legado alquimista, siempre reservado a los iniciados.

Pocos niños, como Marguerite Yourcenar, han crecido con los privilegios de la inteligencia y el afán civilizador. El resultado de su excelente formación nutrió su conciencia de ser útil como escritora, a la vez que trascendente como mujer hasta cosechar, con su vida y con su obra, un concepto contemporáneo de humanismo: intelectual compasiva y con los ojos abiertos, siempre en alerta frente a los dolores del mundo.

Marguerite Yourcenar murió el 17 de diciembre de 1987, convencida de que la palabra es la única herramienta que permite transformar en único lo más común y en universal un modesto sueño de luz.

María Zambrano

PEREGRINA de la luz y el despertar del pensamiento, María Zambrano discurrió en la metáfora del corazón la guía de un sueño creador. Buscó la claridad en las oscuras zonas del olvido y de la muerte. Dignificó el lugar de la palabra al formular la imagen de la aurora como emblema de lo sagrado e inquirió los sueños —su estructura y el soñar— como si fuesen surtidor del tiempo, continuo avance hacia un centro ordenador de la vigilia, para "recuperar" la libertad vital.

Alto símbolo de la España transterrada, María inició su trayectoria hacia un saber del alma a partir del camino del lenguaje, de ese lenguaje liberador y paradójico que se convierte en guía de transgresiones, búsquedas y atisbos que tienden a purificar una expresión mediante la conquista de un estilo, el estilo del auténtico escritor, que en su caso consistió en dotar de voz poética al filósofo; es decir, ella fue capaz de un pensar poético al vislumbrar un sistema de preguntas en el sendero desesperado del idioma y concebir allí, en la región de las palabras, el alborear de la esperanza como única vía de salvación.

José Ortega y Gasset, maestro de María y su mayor influencia vitalista, afirmó en *Las dos grandes metáforas* que la poesía es metáfora, mientras que la ciencia nada más se sirve de ella. Infiel a su enseñanza, Zambrano acometió los contenidos y los continentes de conciencia, examinados por su maestro, para aventurarse en el vigor creativo de la imagen; en esa imagen real del estar en el mundo como "un sueño desmedido de la vida", luminoso e intimidante, que a fragmentos, sin las distracciones retóricas de Ortega, conduce hacia lo que José Luis López Aranguren considera una "completitud siempre buscada pero nunca forzada" en la idea de la existencia.

Es la imagen clara, justamente, el sustento de ese desnacer poético del sueño desmedido de María, el sueño como rapto, que deslinda la función mediadora del pensamiento allí donde "lo nacido gime y la palabra balbucea": laberinto —dice ella— "donde el sentir, el solo sentir sin luz y sin tiempo, aguardan cuando no acechan, donde se agazapan entre las raíces de la psique, la avidez y el temor".

Filósofa de lo sagrado y lo divino, María Zambrano se fue inclinando hacia la mística desde ese quedarse en suspenso en la forma del sueño, ser atónito, que Aranguren define como peculiaridad innovadora:

> La del filósofo puro sería otra, sería la de la perplejidad, la admiración, si se quiere, sería lo característico de la filosofía. En verdad no hay mucha diferencia entre la perplejidad y el sentirse suspenso o atónito, pero esta diferencia, que la hay, es la que existe entre una filosofía filosófica, reduplicativamente filosófica si se quiere llamar así, y una filosofía poética como es la filosofía de María Zambrano. Y este estar habitando en la frontera del ser es algo de una filosofía poética y no de la filosofía reduplicativamente filosófica.

Al concebir el sueño como un despertar a lo real, María concentró una vigilante atención reflexiva en la imagen de la visibilidad "estando" en la vida, sin fracturas temporales. Tal el movimiento de lo humano que le permitió pensar su legado cultural como sombra peregrina en el horizonte creativo del idioma. A cuestas tuvo a la España de las dos orillas, la de la creación y la de la violencia, que la sitúa en la historia como un país solar coronado por la bruma. Es la España de la Inquisición y la de Cervantes, la de la conquista genocida y la del cristianismo utópico de Vasco de Quiroga; país, en fin, que va del sacrificio a la voluntad de poderío al modo de un torero que sacrifica al animal sacrificándose en torno de la figura de la muerte, "para formar con él el jeroglífico toro-pájaro".

Luz y víctima de la España negra del franquismo, salió María de allí como hija del conflicto entre los designios y los dioses. Salió en el barco legendario, encargada de los huérfanos, pero resultó infortunado su tránsito por México. Con los designios iba el sueño ambiguo de Cervantes, los mitos consagrados, el "idiota" de Vallecas —misteriosa verdad envuelta en su figura opaca— y el compendio penumbroso que iniciaría su "desnacer" para alborear sin asideros temporales; con los dioses, su clamor piadoso, la inhibición que ha impedido al hombre manifestar sus pretensiones de creerse Dios, de ser como Él; no obstante, por los dioses comenzó la revelación de la fría claridad de la conciencia, soñadora y fiel al sucesivo desengaño, que la llevaría a albergar el principio de esperanza como el más puro y alto reflejo de lo humano.

En camino, siempre aguijoneada por una inexcusable urgencia de volver, desprendida en parte del común destino del exilio en México, rompiendo su angustia con la acción creadora, María fue recogiendo el drama de una realidad despedazada como Osiris hasta orientar el despertar de la inocencia y encontrarse, igual que España, con la figura de la muerte en el aspa de la historia. Distinta en todo a sus compañeros de desdicha, inició la exploración de su pensar poético con las herramientas rigurosas del vitalismo, ya explorado por Ortega y también difundido por Xavier Zubiri. En 1933, precisamente en la *Revista de Occidente,* publica los primeros indicios de su estilo con los trazos que después completaría en *Hacia un saber del alma;* de entonces data su amistad, conservada hasta la muerte de él, con el poeta José Bergamín, fundador de *Cruz y Raya,* revista en la que también colaboró y por la que habría de confirmar las filiaciones de una generación de trasterrados.

Para ella, 1937 es cifra decisiva: publica en Chile un revelador ensayo que recoge la conciencia ambigua de su España trágica. A mediados de ese año se integra al grupo fundador de la memorable *Hora de España* y participa activamente en favor de la República. También escribe, sin su nombre, en Madrid en otra revista notable, cuyo último número dirige ella misma, sin desatender su infatigable desempeño en los consejos de Propaganda y de la Infancia Evacuada, a los que pertenecían destacados intelectuales republicanos.

Al despuntar el '39 inicia las estaciones de un exilio de casi cinco décadas que habría de rellenar con una obra de excepción, la obra de un talento peregrino que enriqueció al sentir la aurora entre el corazón y su incesante despertar y al clamar piedad, misericordia, desde un fecundo tránsito vital de la oscuridad hacia la luz. Antes de colaborar en la Casa de España, en México, o de ensayar una inútil adaptación en Morelia, donde enseñó filosofía por breve tiempo, María estuvo en París y en La Habana, donde tampoco encontró las correspondencias culturales demandadas por su espíritu, en plena ebullición creadora. Entre nosotros publicó *Pensamiento y poesía en la vida española, Filosofía y poesía,* así como un ensayo comenzado en Barcelona para la *Hora de España* y publicado en Sur de Buenos Aires *San Juan de la Cruz: de la "noche oscura" a la más clara mística.*

No obstante su breve permanencia en América, colaboró en numerosas publicaciones de México e Hispanoamérica: *Taller, Luminar, El Hijo Pródigo; Asomante y la Torre; Romance, Nuestra España* y *Las Españas;* pero, al menos en lo que respecta a la reconocida hostilidad literaria de los mexicanos, María Zambrano es apenas un nombre en la casi inexplorada penumbra americana.

Quizá intuyó la sequedad del llano, quizá viajó a La Habana, luego a Puerto Rico, para enseñar allí lo que no interesaba demasiado en nuestra tierra. No por nada México ha carecido de filósofos, aunque hay quienes divulgan algunas teorías del pensamiento. Sea cual fuese la razón de su definitiva despedida, María Zambrano se afincó en Europa —Francia, Roma, Suiza— para proseguir el curso de la unión irrenunciable, una unión que acaso no se logre nunca, entre la fe y la razón, en la que todo lo humano está propuesto. "Y que el hombre ha de hacer haciéndose él mismo, humanizando su historia."

Única mujer galardonada con el prestigiado Premio Cervantes (1988), comienza a repatriarse en 1981, cuando es distinguida con el Premio Príncipe de Asturias y nombrada hija predilecta de Vélez-Málaga, su ciudad natal; dos años después, al doctorarla *honoris causa* de la propia Universidad de Málaga, en 1990, la España socialista comienza a descubrirla, a asombrarse ante su obra, a deslumbrarse con esa prodigiosa anciana que durante 45 años pensó su circunstancia como el más alto y claro sueño creador de la razón hispana. Por eso su obra comienza a difundirse entonces al ritmo de sus metáforas de luz; por eso María, tránsfuga del rayo y sin embargo asida a su fervor por la razón, es reconocida por dos o tres generaciones de españoles que de pronto descubrieron que no era Ortega y Gasset el único pendón del vitalismo ni su representante más apasionado. Cuidada en el destiempo de su larga enfermedad, protegida por el Estado en la ciudad de Madrid, María fue celebrada en su agonía como los peninsulares suelen celebrar un hallazgo entre signos perdurables.

Con el doloroso resabio de las penurias del transterrado, María volvió a su España amada al declinar noviembre de 1984. Seis años después

—a dos meses de cumplir los 87 años de su edad—, murió vaciada de su germen, desustanciada de su latente oscuridad, como la palabra clara, la palabra-luz que emana mansamente de su espíritu poético.

Al filo de la muerte, bordo extraño del silencio radical, quizá María cayó en la cuenta de que Antígona le hablaba, que susurraba con lamento trágico algo relativo a los tránsitos de una muerta viva que, en la hora radical, atina con la voz que la consuela. La miró a su lado. Encontró a una Antígona tan natural que tardó en reconocerla. Estremecida, escribió después el recuerdo indeleble de las primeras palabras que le removieron el corazón: "Nacida para el amor he sido devorada por la piedad". Y como Antígona, quizá María se consumió también por la piedad. Una piedad bañada con el mejor cristianismo, inseparable de la poesía, de donde vino a confirmar el origen sagrado del verbo, el carácter luminoso de la palabra.

De su vasta herencia, siempre oscilante entre el neoplatonismo y la poesía, destaca el símbolo que la define y define la circunstancia en una suerte de temblor de humanidad. Es el temblor que clama por la aurora en este desnacer de los combatientes de los dioses.

Índice

Este libro se terminó de imprimir y encuadernar en el mes de agosto de 1997 en Impresora y Encuadernadora Progreso, S. A. de C. V. (IEPSA), Calz. de San Lorenzo, 244; 09830 México, D. F. Se tiraron 2 000 ejemplares.